LAS CRUZADAS

LAS CRUZADAS

ORIGEN, DESARROLLO Y CRISIS

Carlos de Ayala Martínez

Editor: Ramiro Domínguez Hernanz

Edición y maquetación: Ángela del Castillo

© Imagen de cubierta: Biblia ilustrada de La Haya, fol. 1r (siglo xiii)
Mapas: Elena Vega y Enrique Daza (Ergástula)

C/ San Gregorio, 8, 2, 2ª Madrid
España
www.silexediciones.com

ISBN: 978-84-19077-38-7
Depósito Legal: M-7078-2024
Colección: Sílex Historia

Impreso y encuadernado en España

CONTENIDO

PRESENTACIÓN DE LA NUEVA EDICIÓN

A mediados del siglo XIII el francés Otón de Châteauroux, un predicador de la cruzada contra los tártaros que entonces amenazaban Europa, proclamaba abiertamente que "la cruz es la espada" y con ella Cristo seguía venciendo a sus enemigos hasta el día de hoy. Ese día tenía ya poco futuro en Tierra Santa, pero algunos responsables de la cristiandad seguían pensando que la cruzada era el único medio para su subsistencia, en ese momento amenazada por los mongoles. Cruzada y cristiandad se identificaron durante algún tiempo, y hoy día seguimos teniendo la convicción de que la Europa actual, parcialmente heredera de aquella cristiandad occidental, no se hubiera desarrollado en los mismos términos históricos si la cruzada no hubiera llegado a ser uno de sus referentes identitarios.

Más allá de un imaginario popular inclinado a hacer de la Edad Media un escenario de castillos, empresas heroicas y batallas campales, el legítimo interés que seguimos mostrando hacia el tema de las cruzadas tiene un fundamento sólido. La primitiva Europa a partir del siglo XI conformó su identidad adoptando una postura defensiva contra quienes pudieran amenazarla. Las amenazas no siempre eran reales, pero sí útiles para justificar algo más que una defensa: una voluntad expansiva que una coyuntura económica favorable parecía posibilitar. El islam no era la única amenaza esgrimida. Judíos y herejes compartían el dudoso honor de ser concebidos como las otras caras de una misma realidad diabólica dispuesta a destruir la Europa cristiana. Pero el islam ciertamente sí era la amenaza que parecía más patente. Así al menos lo constataba hacia 1125 otro clérigo, en este caso el monje inglés Guillermo de Malmesbury, cuando ponía en boca de Urbano II, el papa del llamamiento de Clermont, que era preciso defender Europa porque en ese momento era ya la única parte del mundo que estaba en poder de los cristianos; pero incluso sobre esa parte libre de la ocupación de los paganos se cernía la amenaza de turcos y sarracenos, y ello hasta el punto de que estos últimos hacía ya 300 años que se habían apoderado de "Hispania y las Baleares". La conciencia de Europa se forjaba en una identidad cristiana cuya permanencia solo la cruzada podía garantizar. Este mensaje resucitaría una y otra vez en el transcurso del tiempo. Todavía en 1683 la victoriosa defensa de Viena frente a los turcos se entendió en clave de cruzada, siendo el fruto una alianza, la Liga Santa, que es el nombre con que el papa Inocencio XI, su hacedor, la había bautizado. No es extraño, por tanto, que la idea de cruzada haya condicionado una perspectiva, al menos una y no poco significativa, a la hora de entender la historia europea.

El interés por el tema de la cruzada ha ido creciendo en los últimos años. Es verdad que ya hace veinte, cuando se publicó la primera edición de este libro en 2004, ese crecimiento se constataba como una realidad, pero una realidad que no ha dejado de hacerse cada vez más visible. El número de publicaciones ha ido incrementándose exponencialmente y la especialización en la materia viene ofreciéndonos muy valiosas aportaciones. Sirva de ejemplo la revista *Crusades*, vinculada a la *Society for the Study of the Crusades and the Latin East (SSCLE)*, una entidad nacida ya en 1980 pero que solo a partir de 2003 ha editado hasta 2022 un total de 21 volúmenes bajo la dirección de Benjamin Z. Kedar, Jonathan Phillips y, hasta su muerte en 2016, Jonathan Riley-Smith. Naturalmente, las obras de síntesis han proliferado. Podemos destacar como un auténtico referente *Las Guerras de Dios* de Christopher Tyerman cuya edición original inglesa es de 2006. Pero también, y más recientemente han surgido síntesis de vocación mas divulgadora pero que no renuncian a la solidez académica; el libro de Dan Jones, *Los Cruzados* (2020), puede ser un buen ejemplo de ello.

Nuevas síntesis, pero también obras monográficas con enfoques renovadores que conectan con nuevas y no tan nuevas líneas de investigación, desde la "historia de las emociones" (Stephen Spencer, *Emotions in a Crusading Context*, 2019) hasta la comprensión apocalíptica de la cruzada (Jay Rubenstein, *Nebuchadnezzar's Dream*, 2020), pasando por una reconsideración metodológicamente renovada del uso de las fuentes tanto desde el ámbito islámico (Niall Christie, *Muslims and Crusaders*, 2014) como cristiano (Elisabeth Lapina y Nicholas Morton, eds., *The Uses of the Bible in Crusader Sources*, 2017), sin olvidar, por supuesto, los estudios sobre aspectos específicamente militares como es el caso de la obra de S. Tibble, *The Crusader Armies*, New Havend and London: Yale University Press, 2018. Sin duda la lista de referencias podía alargarse casi indefinidamente. Baste indicar que también la ecología es campo de interés en el ámbito de los estudios de cruzada como demuestran los estudios reunidos en 2019 por Aleksander Pluskowski en *Ecologies of Crusading, Colonization, and Religious Conversin in the Medieval Baltic.*

Todo ello justifica que esta nueva edición haya incorporado, sin ánimo de exhaustividad, las nuevas y principales aportaciones que permitirán actualizar las notas bibliográficas con que finalizan los capítulos. Por supuesto, en algún caso ello ha obligado a enriquecer el propio cuerpo del texto con perspectivas que hace un par de décadas no se habían contemplado o con temas que entonces no se incluyeron por razones diversas.

Por lo demás la estructura del libro se mantiene, y se mantiene también el enfoque que en su día imprimimos, mas "pluralista" que "tradicionalista". Esta es una distinción que mantuvo entretenidos a los especialistas en el tema desde prácticamente mediados del siglo pasado cuando Giles Constable hizo ver que la *segunda cruzada* realmente englobó, además del de Ultramar, otros dos escenarios, el ibérico y el báltico, y que por tanto el concepto mismo de cruzada no debía vincularse exclusivamente al objetivo de la recuperación de Jerusalén y los Santos Lugares. Eso abrió la posibilidad de entender que la cruzada estaba en realidad asociada a la defensa de los intereses de la cristiandad y de la Iglesia que la lideraba y no tanto a un objetivo concreto y focalizado en Jerusalén. Es la visión "pluralista", en la que sin embargo no se llegó a sentir tan cómodo Giles Constable como más adelante sí lo hizo Jonathan Riley-Smith. Frente a ella, se alzaron voces que deseaban devolver al redil jerosolimitano la idea de cruzada, entendida en todo caso como la guerra destinada a la recuperación y preservación bajo control cristiano del Santo Sepulcro y la Tierra Santa. Esta visión más restrictiva, y que en los años sesenta del siglo xx ya defendió Hans Mayer, es la llamada "tradicionalista".

Visto con perspectiva quizá ambas posturas pueden llegar a justificarse con cierta facilidad. A los "tradicionalistas" no les falta razón al convertir Jerusalén en el eje propagandístico y justificador del movimiento cruzado. Sin duda es lo que puso en marcha la maquinaria de una iniciativa que se esperaba única y definitiva, y con la que el papa obtendría réditos más que suficientes para imponer su liderazgo en la cristiandad que le disputaban los dos emperadores, el del Imperio romano-germánico y el del Imperio bizantino. El problema es que la cruzada, aunque obtuvo la conquista de Jerusalén, no alcanzó todos los objetivos planeados y, en buena parte, constituyó una "victoria pírrica" que no tardaría en evidenciar la debilidad de lo conseguido. Por eso, los "pluralistas" se cubren de razón cuando proponen que los intereses en juego, los de la Iglesia y su liderazgo, exigieron convertir el movimiento cruzado en toda una realidad institucionalizada, en "las cruzadas", que, situadas al servicio de esos intereses, se fueron viendo obligadas a ampliar escenarios de intervención y objetivos a doblegar. Conforme se debilitaba la presencia cristiana en Tierra Santa se iba fortaleciendo más y más una concepción de cruzada a la que ya no solo le preocupaba el destino de Jerusalén y los Santos Lugares, ni tan siquiera únicamente el islam y su expansión, sino todo aquel que, en cualquier parte, incluido el interior mismo de la cristiandad, pudiera poner en jaque el poder de la Iglesia cada vez más amenazado en su pretensión de universalidad.

Eso sí, la artificiosa numeración de las cruzadas, que empieza a divulgarse desde comienzos del siglo XVIII, y que únicamente se refiere a las cruzadas orientales –ocho en total–, la hemos mantenido en esta segunda edición. Es algo tan reconocido y aceptado que no es fácil desprenderse de ello, aunque, como muy bien ha señalado Christopher Tyerman, la mayoría de los actuales especialistas, y con bastante razón, se dan por satisfechos cuando llegan a la quinta cruzada y prescinden después de la numeración. En cualquier caso, y cuando hay conciencia de lo artificioso pero útil que puede ser un término no hay necesidad de buscar alternativa. A fin de cuentas, la propia palabra "cruzada" nunca la utilizaron los papas en los doscientos años que duró la etapa clásica de "las cruzadas". Es un término que nació a comienzos del siglo XIII en tierras navarras y del Midi francés para designar empresas bélicas que nada tenían que ver con Jerusalén: la batalla de Las Navas de Tolosa y la guerra emprendida contra los cátaros.

Por lo demás, y como ya hemos avanzado, respetamos en esta nueva edición la estructura y contenido fundamental de los capítulos de la primera. Empezaremos por dedicar unas páginas, algo más enriquecidas -los dos primeros capítulos-, al nacimiento del fenómeno recabando antecedentes y tradiciones que forjaron la nueva realidad de la cruzada. En estas cuestiones hemos introducido bastantes más matices y añadidos a la antigua edición que en la mayoría del resto de capítulos. Luego, echaremos una ojeada al ámbito mediterráneo y su situación previa al llamamiento de Clermont. Y a partir de aquí, iremos analizando las distintas cruzadas sin perder de vista ni los "Estados" a que dieron lugar, ni tampoco la progresiva secularización de un fenómeno que, cada vez más desligado del control papal, acabará "desnaturalizándose" a lo largo del siglo XIII. Después de repasar el fin de la presencia cristiana en Ultramar, dedicaremos un último capítulo a los otros ámbitos de la cruzada, con especial atención a la península ibérica, pero sin descuidar el Báltico y, en esta ocasión, sobre todo, el importante acontecimiento cruzado de la guerra contra los cátaros, que no se incluyó en la primera edición. A modo de epílogo acabaremos la exposición con una doble reflexión que no deja de evidenciar una realidad sorprendente, porque, si, por un lado, el fenómeno cruzado fue objeto desde muy pronto de una crítica, no generalizada, pero sí significativa y desde luego creciente; por otro lado, perviviría con llamativa recurrencia incluso siglos después de que la caída del último bastión cruzado en Ultramar la privara de su inicial razón de ser. De este modo, la cruzada, enaltecida o denostada, ha sido y es sin duda seña de identidad relevante para ese periodo que seguimos llamando Edad Media.

Quisiera acabar estas líneas agradeciendo a mis alumnos de la Universidad Autónoma de Madrid a los que he tenido oportunidad de impartir una asignatura monográfica sobre el tema de las cruzadas por haberme ayudado a plantearme dudas y problemas que, creo, han podido mejorar la primera edición de este libro. También quisiera agradecer a otros alumnos de hace algunos años más, Elena Vega y Enrique Daza, actuales responsables de La Ergástula, que hayan sacado tiempo de donde no lo tienen para elaborar los mapas que ilustran el presente volumen. Y, por supuesto, no quiero tampoco en esta ocasión dejar de agradecer muy sinceramente a Ramiro Domínguez, responsable de la editorial Sílex y amigo desde hace años, la oportunidad que me ha ofrecido para poner al día el texto, y contribuir con él a ese ejercicio tan difícil como necesario de ofrecer a los interesados en el tema un trabajo de síntesis.

1.
SACRALIZACIÓN DE LA VIOLENCIA Y TRADICIÓN CRISTIANA

DE LAS *GUERRAS DE LOS DIOSES* A LA *GUERRA POR DIOS*

La guerra, a lo largo de la Historia y hasta tiempos relativamente recientes, se ha visto siempre asistida por elementos sacralizadores tendentes a justificarla. Todos los pueblos de la Antigüedad combatían en nombre de sus dioses, a ellos consultaban el inicio de las campañas y a ellos les dedicaban sus frutos. Las guerras eran las de los dioses que presidían la vida religiosa de los pueblos que las protagonizaban. A los más poderosos de entre estos pueblos correspondían divinidades igualmente poderosas que, así, se imponían a otras más débiles, y cuando se producía una conquista, el panteón de las divinidades conquistadoras veía cómo se enriquecían los graneros de sus templos con los bienes y tributos de los vencidos.

Israel, por tantos motivos arsenal de justificaciones político-ideológicas para el occidente medieval, durante mucho tiempo no introdujo grandes modificaciones en su esquema de hacer y justificar la guerra. Todo lo más fue adaptando al Dios celoso de su progresivo monoteísmo una vieja institución religioso-militar que, probablemente desde antes del siglo IX a.C., compartía con otros pueblos de la zona como los moabitas. Nos referimos al *herem* o anatema, consistente en la separación de todo o una parte del botín de guerra, hombres vencidos incluidos, y su consagración a la divinidad mediante su aniquilamiento purificador. No pocos historiadores han querido ver en esta radical expresión de la violencia sagrada el más claro exponente de la antigua guerra santa.

De todas formas, la guerra de los israelitas responde, al menos en un primer momento, al mismo concepto que el que preside la de los pueblos de la Antigüedad que le preceden o que le son contemporáneos. Pero ciertamente advertimos una evolución que nos permite establecer dos fases de muy desigual duración en el tiempo.

En un primer momento, el que iría desde la ocupación de Canaán entre los siglos XIII y XI a.C. al exilio babilónico del siglo VI a.C., el panorama bélico lo protagonizan "las guerras de Yahvé". En este momento no es el pueblo el que combate por Yahvé, sino que es Yahvé quien combate por su pueblo. Su presencia en medio del pueblo adquiere un carácter privilegiado. Una de las pocas antropomorfizaciones de Dios en el Antiguo Testamento lo presenta como un guerrero armado (Jos 5:13-15). Esa presencia, no siempre acompañada de signos visibles, es una constante (Dt 20:1-4), y por ello mismo la ritualización de la guerra en este periodo está perfectamente pautada mediante un "manual", el *Libro de las Guerras de Yahvé* (Num 21:14), hoy desaparecido. A través de la reconstrucción que es posible hacer de él vemos que existían condiciones previas para participar en el combate, condiciones ligadas al desarrollo del combate, y condiciones asociadas a su desenlace. Entre las primeras se situaba la necesidad de que los combatientes conservaran un estado de pureza ritual en el campamento para asegurar que la presencia de Dios en él fuera una realidad (Dt 23:10-15). Una vez iniciado el combate, era preciso que los guerreros mantuvieran una confianza radical en Dios, cuya presencia en el campo de batalla se hacía patente a través del *Arca de la Alianza* que los acompañaba. Una vez finalizado el combate victorioso, el *herem* o anatema ejecutado sobre el enemigo vencido y sus bienes constituía el ritual de agradecimiento (Jos 6:17-21).

En una segunda fase, ya "postexílica", es decir, desde el siglo V a.C. hasta el II d.C, en un periodo que pronto vendría marcado por la impronta cultural helenística, nos encontramos con el belicismo liberador de "las guerras del pueblo de Yahvé". La iniciativa parte ahora del pueblo creyente, de los judíos fieles que pugnaban por defender el credo y costumbres religiosas del judaísmo frente al helenismo política y culturalmente imperante. Son guerras de liberación en defensa de la fe de Israel, en definitiva, "guerras por Dios". Los tardíos libros bíblicos primero y segundo de Macabeos, redactados hacia el año 100 a.C., reflejan muy bien este profundo cambio. El sometimiento del pueblo de Israel al control político de los seleúcidas se traduce, durante el reinado de Antíoco IV *Epífanes* (175-164 a.C.), en una insufrible persecución religiosa. La sublevación de Matatías y sus hijos, entre ellos el primero y más conocido Judas *el Martillo* o *Macabeo*, fue la cristalización de la defensa religiosa del judaísmo amenazado por los seleúcidas y sus partidarios los judíos filohelenistas.

En la llamada *Guerra de los Macabeos* obviamente los elementos sacrales están muy presentes. Concretamente los *Libros de los Macabeos* acabarán constituyendo un repertorio de temas y elementos que servirán en el futuro para justificar no pocas de las guerras santas medievales: defensa de la fe mediante voluntarios animados por una legítima y santa ira, solidaridad con correligionarios oprimidos por sus creencias en tierras extrañas, búsqueda de la gloria y fama eternas, ritualización de la guerra mediante liturgias previas a la entrada en combate e, incluso, aparición, en momentos de máximo apuro, de aliados celestes en forma de caballeros vestidos de blanco y blandiendo armas de oro (2 Mac 11:8). Por otra parte, y esto tendrá también consecuencias muy importantes cara al futuro, se comienza a desarrollar una teología martirial al hilo de las nuevas ideas judías acerca de la resurrección (2 Mac 7:28-29). Por ello, al final del combate se celebran sacrificios expiatorios por la resurrección de los muertos que, por sus pecados, no hayan merecido el martirio (2 Mac 12:43-46).

También en el seno del judaísmo, pero al margen de la tradición bíblica, podemos rastrear algún otro signo de este cambio de mentalidad bélico-religiosa que tiende a identificar la guerra sacralizada con la propia causa de Dios. En torno a los comienzos mismos de nuestra era las comunidades esenias de Qumrán manejaban un manuscrito, la conocida como *Regla de la Guerra,* en que, en términos apocalípticos, se narra el plan de campaña y distribución de las fuerzas de los *hijos de la luz* que, guiados por los ángeles Miguel, Rafael y Sariel, harán realidad la victoria escatológica del bien sobre los *hijos de las tinieblas* liderados por Belial.

A través de estos ejemplos, entre los que pueden también incluirse las guerras celotas del "nacionalismo" anti-romano (66-73 y 132-135 d.C.), no es difícil rastrear la forja de la nueva concepción de una guerra sacralizada al servicio de la causa de Dios. Será el cristianismo el que acabará dándole forma, aunque, como veremos en seguida, no antes del siglo IV.

IGLESIA Y VIOLENCIA

POSTURA DEL CRISTIANISMO INICIAL ANTE EL EJÉRCITO

Se ha dicho con frecuencia que en sus 300 primeros años de historia los cristianos asumieron y defendieron, en ocasiones con vehemencia, los postulados propios del pacifismo que, en líneas generales, viene a caracterizar los textos del Nuevo Testamento y muy especialmente los evangelios canónicos. Desde hace algún tiempo, sin embargo, un sector representativo de especialistas tiende a matizar este reduccionista e idealizado panorama. De los datos de que disponemos nada autoriza a pensar que por parte de la Iglesia pudiera existir un rechazo generalizado, y mucho menos oficial, hacia la prestación del servicio militar. De hecho, los primitivos apologistas de la nueva religión se esforzaban en presentarla como una opción respetuosa con el orden establecido y digna, por tanto, de ser ella misma respetada, por lo que en nada hubiera ayudado a sus propósitos condenar el oficio de las armas que autoridades y el propio consenso social consideraban como una cívica y desde luego legítima exigencia por parte del Estado.

Es más, todo apunta a una activa, aunque no numerosa, presencia de cristianos en las filas de las legiones romanas desde por lo menos las últimas décadas del siglo II. La leyenda del milagro de la lluvia asociado a la *legio XII fulminata* puede resultar ilustrativo. Parece ser que dicha legión, movilizada por el emperador Marco Aurelio (161-180) para neutralizar la presión de los bárbaros en la frontera danubiana, estaba integrada en una proporción importante por cristianos. Pues bien, en un momento en que los legionarios se hallaban en situación de franca inferioridad, sin víveres y torturados por la sed, sus oraciones al Dios de los cristianos provocaron una abundante y reparadora lluvia para ellos, convertida en amenazadores rayos para sus enemigos. En realidad, no sabemos si los datos que ilustran el portento, incluida la propia presencia de la *legio XII* en el Danubio y el carácter cristiano y proporción de sus componentes, son ciertos o no. Lo que nos interesa es que el relato nos ha sido transmitido, en buena parte, por autores cristianos cercanos a los hechos que no solo no se asombran de la participación de sus correligionarios en las tropas imperiales, sino que aplauden su ejemplar comportamiento militar.

Ese ejemplar comportamiento está también presente en los soldados relativamente numerosos que han pasado al santoral de los cristianos como consecuencia, sobre todo, de sus actitudes testimoniales frente a las últimas persecuciones de finales del siglo III y comienzos del IV. Sus *passiones* e incluso su propia identidad pueden, en algún caso, cuestionarse, pero su expreso reconocimiento de ejemplaridad en momentos todavía cercanos a su existencia real o imaginaria nos habla de conformidad eclesiástica con su dedicación militar. En casi todos los casos –pensemos por ejemplo en santos tan populares como Sebastián, Jorge o Sergio– nos hallamos ante oficiales del ejército de modélica trayectoria profesional –como suelen subrayar las fuentes hagiográficas– que en un momento dado se negaron a prestar explícitos juramentos de fidelidad que supusieran sometimiento idolátrico al emperador, o que sencillamente rechazaron la exigencia oficial de realizar sacrificios rituales a las distintas divinidades como hacía también el resto de los cristianos represaliados. Fue este el gran problema que los cristianos hubieron de arrostrar en la Roma pagana y que llevó a muchos de ellos al martirio. Los soldados no fueron en ello una excepción. Pero no estamos ante una objeción de conciencia militar sino meramente religiosa y cultual.

Es verdad, sin embargo, que hubo ciertas tendencias de pacifismo cristiano que, en ocasiones, adoptaron formas de notable radicalidad, pero esas tendencias fueron fundamentalmente patrimonio de grupos sectarios, muchos de coloración gnóstica, que la *Gran Iglesia*, calificándolos de heterodoxos, iría marginando de su propia estructura. Por su parte, esa *Gran Iglesia*, lentamente conformada a partir de movimientos cristianos muy diversos, y cincelada en la moderación del acercamiento estratégico al Estado, no adoptó hasta el siglo IV ninguna postura oficial respecto al tema del ejército y sus funciones, y se mostraba, en todo caso, comprensiva con sus fieles comprometidos con la milicia, siempre y cuando, eso sí, el servicio de armas no les reportara determinadas obligaciones cultuales que, por otra parte solo ocasionalmente, el gobierno exigía. Así ocurrió, por ejemplo, cuando hacia 300, en vísperas de la gran persecución de

Diocleciano, se produjo una generalizada depuración entre la tropa: se obligaba a sus miembros a elegir entre el sacrificio a los dioses o sencillamente el abandono de la milicia. Fue en este contexto en el que se produjeron renombrados casos de martirio entre los soldados romanos, pero siempre por objeción religiosa y no militar.

EL "GIRO CONSTANTINIANO"

El primer pronunciamiento formal de la Iglesia con relación al ejército data de 314 cuando los obispos de una buena parte de las provincias occidentales del Imperio, reunidos en el concilio de Arlés, condenaron abiertamente la deserción de cuantos fieles cristianos formaran parte de la milicia. La condena implicaba la pena máxima de la excomunión. Es cierto que el texto ha sido objeto de interpretaciones alternativas, quizá por lo llamativo de su significado. Pero todo apunta a que la primera vez que la Iglesia afronta oficialmente el tema del ejército lo hace no para condenar su actividad sino para legitimarla protegiéndola.

Desde luego no estamos ante la legitimación del ejército como instrumento al servicio de la idea de "guerra por Dios" que siglos atrás se había forjado en la mentalidad judía. La mayoría de los cristianos, a lo largo de 300 años, había intentado disipar las dudas que la sociedad romana en su conjunto proyectaba sobre su lealtad al Imperio y a sus proyectos expansivos, y por eso no dudó a la hora de apoyar a su ejército y dirigir sus oraciones a propiciar el auxilio divino hacia él y hacia el emperador, legítima autoridad del Estado según la propia tradición paulina. Pero ese ejército era el del emperador y no el de Dios. Dios deseaba la estabilidad del Estado y sus instituciones, pero ni uno ni otras se identificaban con sus planes: la causa de Dios no era la del Imperio.

Cuando los obispos reunidos en Arlés se pronuncian en 314, la situación ciertamente había comenzado a cambiar. Aunque no sepamos con exactitud qué es lo que pasó por la mente de Constantino en octubre de 312, en vísperas de la batalla de Puente Milvio frente a Majencio, lo cierto es que aquella victoria, que le dio el control de Roma y de todo el occidente del imperio, fue vivida y sentida por el propio emperador como un signo de la aprobación del Dios de los cristianos. En aquella ocasión había hecho grabar en los escudos de sus soldados el *labarum* o monograma de Cristo que acabaría convirtiéndose en el símbolo del futuro Imperio cristiano, y apenas unos meses después, de común acuerdo con el emperador de Oriente, Licinio, decidía reconocer en todo el ámbito del imperio la libertad de culto para los seguidores de Cristo. De este modo, el llamado con no mucha propiedad *Edicto de Milán* de 313 –en realidad un rescripto o respuesta jurídica a una consulta– era el reconocimiento agradecido del emperador al Dios que le había ayudado, y aunque Constantino todavía durante algunos años se seguiría mostrando ambiguo en sus convicciones religiosas, comenzó ya desde entonces a favorecer a la Iglesia. Desde luego, su política en esta materia era ya inequívoca cuando en 325 hizo reunir el que ha pasado por ser el primer concilio ecuménico de la historia, el de Nicea, en el que inevitablemente se pusieron las bases de la nueva *Iglesia imperial.*

Fue a partir de entonces cuando el emperador intensifica su más que significativo programa de construcción de iglesias. A la primitiva basílica de San Pedro de Roma hay que añadir, sobre todo, el complejo constructivo del Santo Sepulcro de Jerusalén, donde según una antiquísima tradición, que se remonta a los días de san Ambrosio a finales del siglo IV, la emperatriz Elena, madre de Constantino, habría hallado la *Vera Cruz.* Otras iglesias, la de la Ascensión situada en el Monte de los Olivos y la de la Natividad de Belén, fueron generosamente dotadas por el emperador, constituyendo todas ellas el foco dinamizador del peregrinaje cristiano a Jerusalén que muy pronto empezaría a ser una realidad.

La imagen que la propaganda oficial, cincelada en la nueva teología política constantiniana, deseaba dar del imperio, acabaría también impregnando el ámbito de lo militar. Por eso no es de extrañar que podamos encontrar ya por entonces algún ejemplo de algo semejante a una "guerra por Dios". Al menos, el ideólogo del emperador, el obispo Eusebio de Cesarea, proyecta esta caracterización sobre la campaña que al final de su vida, en 337, Constantino concibió llevar a cabo en defensa de los cristianos persas que tan cruelmente perseguía el emperador sasánida Sapor II (309-379). Este mismo emperador "anticristiano" es el inspirador de una leyenda recogida por un tratadista del siglo v, Teodoreto, que él fecha a mediados del anterior, durante el gobierno de Constancio, hijo de Constantino. Según su relato, el obispo Santiago de Nísibe habría vencido el bloqueo persa de su ciudad invocando el auxilio divino y propiciando, por este medio, que una nube de mosquitos taponara las trompas de los elefantes enemigos e impidiera el avance de sus caballos. Sucesos de naturaleza no muy distinta inundarían siglos después los relatos de los esforzados cruzados en Tierra Santa. La sacralización de la guerra como expresión de una voluntad divina favorecedora de sus planes, empezaba a tomar carta de naturaleza entre los cristianos. Faltaban las formulaciones doctrinales, y estas no tardarían en llegar de la mano de alguno de los más significados *Padres de la Iglesia.*

ADAPTACIÓN DE LA ESPIRITUALIDAD A LOS NUEVOS RETOS: JUSTIFICACIONES DOCTRINALES Y MANIFESTACIONES PRÁCTICAS

La futura "guerra santa" entendida como formulación cristiana de la "guerra por Dios" inicia su desarrollo doctrinal en el siglo IV pero no adquirirá plena fuerza hasta bastantes siglos después. Como veremos, son varias las circunstancias que condicionan un proceso tan lento, y entre ellas no ocupa un lugar secundario el mantenimiento en el seno de la Iglesia de una cierta conciencia pacifista que, enrocada en posiciones heterodoxas, aflora tímidamente, aunque con persistencia, en el campo de las regulaciones canónico-normativas.

PRIMERAS JUSTIFICACIONES DOCTRINALES: SAN AGUSTÍN

Las primeras formulaciones doctrinales de una sacralización cristiana de la guerra llamadas a una larga existencia legitimadora se basaron en el concepto de "guerra justa", presente en la cultura clásica romana y de modo especial en el pensamiento ciceroniano. En realidad, la formulación del concepto, incluso la expresión "guerra justa", cuenta con un antecedente en la *Política* de Aristóteles, pero será Cicerón ya en el siglo I a.C., el gran muñidor del concepto de *iustum bellum.*

Encontramos sus principios en dos de sus obras: *De Officiis* y *De Republica*. Para él, existen tres condiciones que permiten que una guerra pueda ser considerada como justa. La primera es que se produzca una auténtica *causa belli*, lo cual solo se da en dos supuestos: reclamación desatendida de bienes o derechos injustamente arrebatados (*rebus repetitis*) y respuesta a un ataque enemigo. La segunda condición es la de la existencia de una autoridad y procedimientos legítimos a la hora de declarar la guerra. La tercera, finalmente, es que el desarrollo de la contienda se atenga a los principios de la lealtad y del honor, con respeto de los derechos de los vencidos y salvaguarda de las mayorías inofensivas. De este modo, la guerra se convierte así en algo moralmente aceptable: defiende a los agredidos y débiles y castiga a los culpables. A esa guerra justa se aludirá, siglos después, en el frontispicio del arco de Constantino que, situado junto al Coliseo romano, conmemora la victoria del emperador cristiano frente a Majencio en Puente Milvio.

Es san Ambrosio en el último tercio del siglo IV el que de manera más clara asume el pensamiento ciceroniano intentando adecuarlo a parámetros bíblicos. Si las guerras de Moisés y David fueron justas es porque, siguiendo la voluntad de Dios, se acomodaron a criterios de defensa, necesidad y mesura. Pero será un aventajado admirador de la elocuencia ambrosiana, san Agustín, obispo africano de Hipona, quien, en las primeras décadas del siglo V, desarrollará estas mismas ideas, aunque con matizaciones de hondo significado. Asume, desde luego, las premisas ciceronianas de la guerra justa, pero algunos desarrollos son muy personales. Para Agustín la guerra es una necesidad para garantizar la paz. Aunque la paz humana es moralmente muy inferior a la paz de Dios, es algo necesario para la convivencia, un servicio a la comunidad. Pero es algo más, puede llegar a constituir una acción inequívocamente solidaria. Lo es cuando implica un sacrificio en defensa de esa comunidad o cuando sirve para apartar al pecador del mal haciendo que se arrepienta. En estas circunstancias, la guerra es aceptada por Dios, y solo la guerra aceptada por Dios y proclamada por la autoridad legal del príncipe es una guerra legítima. En ella no caben, por tanto, motivaciones inconfesables como la mera expansión territorial o la apropiación de nuevas riquezas, sino solo la recta intención; y tampoco es contemplable ninguna acción bélica concreta que no esté dictada por el deber de la moral cristiana y en consecuencia tenga objetivos y utilice medios proporcionados. La corrección reparadora es, pues, el objetivo de unas guerras que solo pueden ser justas cuando en realidad vienen a constituir auténticos actos de amor.

En la larga marcha hacia la definitiva formulación de una guerra santa cristiana, san Agustín puso las bases al cristianizar la "guerra justa" e iniciar con contundencia su sacralización. Pero la guerra en san Agustín dista aún mucho de ser una "guerra santa" propiamente dicha: una cosa es decir que la guerra es un mal necesario, un medio justificado por el fin, y otra muy distinta considerar la guerra como algo bueno en sí mismo, como algo santo. Eso exigirá un cambio radical en los esquemas eclesiásticos que no se producirá hasta avanzado el siglo XI.

LA "GUERRA JUSTA" CRISTIANA Y SU LENTA Y PROGRESIVA SACRALIZACIÓN

Hasta ese todavía lejano momento, y a lo largo de todo el periodo altomedieval, la "guerra justa" va adquiriendo connotaciones cada vez más sacrales. Se trata de un prolongado proceso de casi 500 años en que podemos ir comprobando cómo esa sacralización se concreta en diversas y sucesivas fórmulas de expresión militar y de ritualización bélica.

Así, en la etapa propiamente germánica, la de los siglos VI y VII, es frecuente que la "guerra justa" adopte la forma de un "juicio de Dios" en el que la gracia sobrenatural, inclinada del lado justo, decide el resultado al margen de la lógica humana de la proporción de efectivos. Para ello es frecuente ilustrar las narraciones con citas bíblicas que recuerdan cómo el poder de Dios es suficiente para hacer que un ejército de limitados efectivos pero cargado con la razón de la fe sea capaz de derrotar una tropa inmensa pero desasistida de legitimidad religiosa. Es así, por ejemplo, como el cronista hispano Juan de Bíclaro, a finales del siglo VI, narraba la victoria del rey visigodo Recaredo contra el merovingio Gontrán, rey de Burgundia. No importa que este último fuera un rey católico reconocido como santo nada más morir en reconocimiento a una vida virtuosa. Al cronista lo que le interesa es legitimar la victoria del rey hispano y por ello recuerda que "fue determinante la gracia divina y la fe católica que Recaredo había fielmente adoptado", de modo que con solo 300 hombres fue capaz de poner en fuga a casi 60.000 francos, al igual que el juez bíblico Gedeón con también 300 hombres derrotó en su momento a miles de madianitas.

Muy pronto, sin embargo, claramente desde finales del siglo VIII, en época carolingia, se impuso un nuevo relato de "guerra justa". En este caso la legitimación estribaba en llevar la salvación a otros sin ahorrar para ello los medios coactivos de la violencia. Son lo que podemos definir como "guerras misioneras". La campaña llevada a cabo por Carlomagno contra los sajones constituye un buen ejemplo al respecto. Según los *Anales* reales la campaña tenía por objeto la victoria y sometimiento de los sajones a la religión cristiana o sencillamente su destrucción. La crueldad de tan sagrado objetivo se manifestó con especial crudeza en 782, cuando un alzamiento del líder sajón Widukin acabó en el exterminio de 4.500 sajones degollados en Verden, según un procedimiento que recuerda modelos veterotestamentarios de venganza, modelos que sirvieron siempre de referencia a un monarca que hizo de su identificación con el bíblico David clave de su propia legitimación. Que estamos ante una manifestación de una guerra justa y misionera lo subrayan dos circunstancias. Por un lado, las condiciones impuestas a los vencidos que, según el cronista Eginhardo, se reducían fundamentalmente a dos: el abandono del culto a los demonios y otras ceremonias paganas y la adopción de los sacramentos de la fe y la religión cristiana. Por otro lado, también lo demuestra el cruel contenido de la *Capitulare de Partibus Saxonie*, impuesta a los vencidos, que aplicaba el mismo castigo –pena de muerte– para quien no aceptara el bautismo y para quien no observara el ayuno cuaresmal.

La sacralización progresiva que acompaña a estas y otras modalidades altomedievales de "guerra justa" se manifiesta simbólicamente a través de una ritualización cada vez más rica y bien pautada. Desde fechas tempranas que podemos retrotraer al siglo VII se conocen recopilaciones de carácter litúrgico conteniendo oraciones, oficios específicos y misas relacionadas con la guerra y la petición de victoria. En la Península Ibérica contamos con el *Liber Ordinum*, compilado por el metropolitano de Toledo, Julián, a finales de aquella centuria, y en él se contiene el *Ordo quando rex cum exercitu ad prelium egreditur* ("El rito de cuando el rey sale en campaña con su ejército"), y que no es sino la liturgia de despedida del monarca desde la iglesia pretoriana de San Pedro y San Pablo de Toledo, junto al palacio real, articulada en torno a dos acciones especialmente significativas: el obispo entrega el *lignum crucis* al rey, una reliquia que el papa Gregorio *Magno* (590-604) había enviado a Recaredo a raíz de su conversión, y que los reyes portarán siempre al campo de batalla; y los comandantes de la tropa reciben, por su parte, los *bandos* o estandartes provenientes del presbiterio de la iglesia, previamente bendecidos. Por supuesto, no es esta la única recopilación litúrgica en que hallamos material sacralizador de la guerra. El conocido como *Sacramentario gelasiano*, una compilación de origen franco-romano confeccionada en torno al 750, por ejemplo, contiene misas votivas solicitando la victoria en el campo de batalla.

Todos estos textos, bien adobados de citas veterotestamentarias, se construyen sobre un triple argumentario: la guerra es un mal que no es sino la consecuencia del pecado cometido; la victoria, en todo caso, es fruto de la confianza en Dios; y en ella resultan un complemento eficacísimo las reliquias trasladadas al campo de batalla. Ya nos hemos referido a la importancia del *lignum crucis* en la Hispania visigoda. Otra reliquia de la cruz de Cristo se consideró también decisiva para las victorias carolingias de la segunda mitad del siglo IX. Y desde luego, para el mundo franco fue también especialmente destacable la capa rasgada de San Martín de Tours, el santo protector de las Galias, que era conducida en época merovingia al campo de batalla, y para la que finalmente Carlomagno construyó una "capilla" –alusiva precisamente a la reliquia que custodiaba–, en su iglesia palatina de Aquisgrán. Décadas después, por su parte, los cronistas germánicos proclamaban que la *Santa Lanza*, tachonada por los clavos de la pasión de Cristo, una reliquia que había pertenecido al emperador Constantino y ahora estaba en poder del rey germano Otón I, fue el eficaz instrumento que le dio la victoria frente a los magiares en la batalla de Lech de 955.

UNA TEMPRANA "GUERRA JUSTA" PONTIFICIA: LA DEFENSA DE ROMA Y EL PERDÓN DE LOS PECADOS

De todas formas, sería en Occidente y bajo la cobertura ideológica de la guerra justa tal y como la concebía san Agustín donde poco a poco iría abriéndose paso la idea de una guerra santa convertida finalmente en cruzada. Desde el siglo IX tenemos ya ejemplos de lo que algunos especialistas consideran como antecedentes serios de las cruzadas venideras. No es un tema que suscite plena unanimidad, pero es evidente que a mediados de aquella centuria un obispo de Roma, el papa León IV (847-855), aquel que fortificó la basílica de San Pedro creando la llamada "ciudad leonina", se aplicó a la defensa de la *Ciudad Eterna,* peligrosamente amenazada por los ataques piráticos de los musulmanes, y lo hizo garantizando que quien muriera en tal empresa lo haría por la verdadera fe, la salvación de la "patria" y la defensa de los cristianos que en ella habitaban. Independientemente que podamos o no empezar ya a considerar la identificación de Roma con la patria de la cristiandad, lo cierto es que por vez primera un papa asumía decididamente el tema de la sacralización de la guerra como un medio de salvación. Estos dos aspectos se encuentran mucho más claramente desarrollados en el interesante pontificado de uno de sus inmediatos sucesores, concretamente en el de Juan VIII (872-882). En efecto, cuando en 877 se dirigía al emperador de los francos, Carlos *el Calvo,* para defender Roma del asalto de los sarracenos, esta aparece a sus ojos como la simbólica patria de todos los cristianos que el carolingio tiene el deber de defender; pero es más, un año después, en otra carta dirigida en este caso a contestar dudas planteadas por los obispos francos, el papa, asegura que quienes cayeran en el campo de batalla luchando con valor contra paganos e infieles por la Iglesia, la religión y el Estado (*res publica*), podrían ser acreedores del perdón de sus pecados y, en consecuencia, merecedores de la vida eterna.

Sería de todo punto exagerado afirmar que nos encontramos aquí con la primera concesión de indulgencia o remisión de penas derivadas del pecado al estilo de las futuras bulas de cruzada. Como en seguida veremos, hasta mediados del siglo XI el ejercicio de las armas, incluso en el contexto de una guerra justa y bendecida por la Iglesia, comportaba penas espirituales, y por tanto, al menos en opinión de Jean Flori, es probable que el papa Juan VIII únicamente estuviera suspendiendo la aplicación de tales penas, y desde luego no, como se hará más adelante, ofreciendo la participación en la guerra santa como una vía de salvación en sí misma.

Pero es incluso posible que ni siquiera estemos ante esa suspensión de penas. Una lectura atenta de los documentos papales que contienen los llamamientos en defensa de Roma nos descubre que, además de la defensa de la fe y de la Iglesia, la dimensión estrictamente política está presente en ambos casos: defensa de la "patria" y, concretamente en el caso de Juan VIII, el amparo del Estado. Esta dimensión política remite inmediatamente al poder de ese Estado, en este caso el emperador carolingio, como defensor de Roma que no era sino un protectorado del Imperio. Hay ciertamente recompensa: los reinos de los cielos no se le negarán a quienes caigan, dice León IV, y se les perdonarán los pecados, según Juan VIII. Pero, en cualquier caso, reciben un perdón que no garantiza automáticamente la vida eterna: el papa León IV confía en que los reinos celestiales no se les negarán y Juan VIII les encomienda a Dios mediante sus oraciones y se atreve a vaticinar que quienes mueran tendrán vida eterna, pero nada más. Prima, por tanto, la opinión del papa sobre lo que será el automatismo que veremos más adelante en la guerra meritoria. A este respecto, Mayer ha relacionado este primitivo posicionamiento papal no tanto con la idea de recompensa martirial como con la certeza del galardón del héroe de que habla san Isidoro en *Las Etimologías*: "Se llaman héroes a quienes por su sabiduría o valor se hacen acreedores del cielo" (I, 39:9).

En cualquier caso, no cabe duda de que estamos ante un paso más, y un paso decisivo, en la carrera sacralizadora de la guerra justa por Dios: el hecho de morir en ella se empezaba a equipar a un sacrificio y, por consiguiente, aunque aún con todas las reservas, a la acción purificadora y salvífica de la penitencia.

RESCOLDOS DEL "PACIFISMO" CRISTIANO

Faltaba, por tanto, dar un paso más, el de la santificación de la violencia en sí misma como medio lícito de alcanzar la salvación. Aún se tardaría un poco en llegar a ello. ¿Qué es lo que estaba ralentizando de manera tan patente el proceso que, en último término, permitiría alumbrar las primeras auténticas guerras santas? Un poco más arriba aludíamos a una cierta vena pacifista que la Iglesia tardaría mucho en acallar. Es cierto que el pacifismo de esa vena corría con más fluidez entre cristianos tachados de heterodoxos que en el interior de la *Gran Iglesia*, pero tampoco esta fue del todo inmune a ella. El indicador más significativo al respecto no es tanto la condena del hecho militar, que en realidad nunca llegó a producirse, como la prevención canónica a la participación en él de los cristianos.

En relación con los consagrados la postura oficial es clara y se mantendría inalterada durante siglos. Ya el concilio de Roma de 386 prohibía la ordenación sacerdotal de quienes hubieran ejercido la profesión militar, y el canon ocho del primer concilio de Toledo se mostraba taxativo en el año 400: "si alguno después del bautismo se alistase en el ejército y vistiese la clámide y cinto militar, aunque no haya cometido pecados graves, si fuere admitido al clero, no recibirá la dignidad del diaconado". Pronunciamientos conciliares y papales se sucederán en esta misma línea hasta mucho tiempo después. Una capitular carolingia de 769, que recogía prescripciones conciliares anteriores, reiteraba la prohibición que tenían los clérigos de pertenecer a la *militia* e ir a la guerra, salvo en el caso de que, en calidad de capellanes, hubieran de ir a ella para celebrar misa y portar las reliquias correspondientes. Un siglo después el papa Nicolás I (858-867) hacía una clara y clásica distinción entre los *milites Christi*, es decir los clérigos, y los *milites saeculi* o laicos: los primeros en ningún caso debían portar armas ni acudir a la guerra, aunque esta fuera defensiva y contra infieles. En realidad, la posición de la Iglesia en este punto no llegaría a cambiar nunca: la pureza ritual del clérigo no podía verse en ningún supuesto teñida de sangre; cuestión distinta es la de las numerosas excepciones que ya entonces y desde mucho tiempo atrás venían produciéndose.

Pero lo que realmente nos interesa es saber qué efectos tenía en el cristiano laico el uso legítimo de las armas, que desde luego la Iglesia no condenaba. A mediados del siglo IV, todo un *Padre de la Iglesia* de la talla humana de Basilio de Cesarea, recomendaba a quienes hubieran participado en una guerra, por justa y asumible que fuera, que se viera privado de la comunión durante un periodo de tres años, y el papa Inocencio I (401-417), mucho más radical, no dudaba en negar el bautismo a quienes lo solicitaran ejerciendo la carrera militar, y en imponerles nada menos que trece años de penitencia si, después de abandonar el ejército y recibir el bautismo, se reincorporaban a la vida castrense. Para el papa era claro que empuñar las armas era un ejercicio indispensable y desde luego legítimo, pero resultaba incompatible con la limpieza espiritual que garantizaba la salvación. Es evidente que la Iglesia vivía en este punto –lo haría durante muchos siglos– en una casi esquizofrénica contradicción. Por un lado, apoyaba las iniciativas bélicas de reyes y emperadores, desarrollaba liturgias específicas para ellas y las bendecía como guerras justas cuando no misioneras. Pero, por otro lado, esa misma Iglesia seguía pensando que quitar la vida, incluso en el contexto de guerras bendecidas por ella, era un pecado grave. En otras palabras, la guerra, por muy sacralizada que estuviera, era siempre pecado; ahora bien, dado que sus fines se podían ajustar a la voluntad de Dios, no era posible renunciar a ella.

Ante esta paradójica realidad se imponía, al menos, encontrar fórmulas que permitieran al guerrero obtener el perdón por ejercer sus obligaciones bélicas. Una de esas fórmulas la constituyen las prescripciones tarifadas de los llamados *penitenciales*. Como es sabido, entre los siglos VII y XI, todos los pecados posibles se hallaban relacionados en libros que incluían la correspondiente penitencia que debían satisfacer. Existían muchos y muy diversos "manuales de confesión" de este tipo, y en ellos podemos contemplar una amplia horquilla de penitencias que no hacen sino evidenciar el debate, no bien resuelto, que suscitaba la cuestión. Así, por ejemplo, el penitencial sajón de Merseburg, fechado a finales del siglo VIII, establecía penitencia de treinta días de ayuno para quien matara a un hombre *in publico bello*. Por su parte, el penitencial hispano del *Vigilano*, que data de mediados del siglo IX, prescribía pena de un año de penitencia para quienes mataran a alguien en un combate, ya fuera *in publico bello* o *in prelio cum rege*. Finalmente, el penitencial anglosajón de Arundel de finales del siglo x, contemplaba nada menos que tres años de penitencia para quien matara a un enemigo invasor de su patria, es decir, un caso patente de guerra justa. Sabemos que las batallas altomedievales no eran excesivamente sangrientas pero, según este último penitencial, para un guerrero que diera muerte a media docena de enemigos se le presentaba una perspectiva de dieciocho años de penitencia.

Mientras la lógica que presidía estos penitenciales estuvo vigente, y lo estuvo hasta bien avanzado el siglo XI, no era fácil que se diera paso a una guerra santa animada por un auténtico espíritu de cruzada. En esta superación de las antiguas "rémoras pacifistas", el siglo x y, sobre todo, la primera mitad del XI desempeñaron un papel decisivo; en el transcurso de esos ciento cincuenta años se acabó imponiendo la aceptación de la guerra, no solo como el mal inevitable y por consiguiente legítimo, sino como una posible vía de salvación. Entre tanto, ¿qué había ocurrido en la cristiandad oriental correspondiente al Imperio bizantino?

LA SACRALIZACIÓN DE LA GUERRA EN BIZANCIO

A diferencia de Occidente, la sacralización de la guerra en el Oriente cristiano, que sin duda se produjo, no fue deudora de la doctrina agustiniana de la guerra justa y se caracterizó por una fuerte resistencia de la Iglesia a favorecerla más allá de lo estrictamente necesario. Un primer dato significativo es cuando en 571 los cristianos armenios, sojuzgados por los persas sasánidas, apelaron al emperador cristiano de Bizancio, Justino II (565-578), para que los liberara de la opresión pagana; era la excusa que los bizantinos necesitaban para intervenir en la estratégica Armenia, y la guerra debió adquirir pronto una coloración sagrada, a la que sin duda ayudó la firme actitud de dos mil jóvenes cautivas sirias que, según una piadosa tradición, prefirieron inmolarse ahogadas en el río Tigris a soportar la pérdida de su fe y de su virginidad bajo el dominio persa.

Medio siglo después, otro emperador bizantino, el gran Heraclio (610-641), protagonizó también contra los persas lo que muchos autores no dudan en calificar de auténtica guerra santa y algunos pocos, incluso, de cruzada. Por supuesto que tampoco en este caso es probable la directa influencia occidental de la doctrina agustiniana, pero en la acción llevada a cabo por Heraclio nos encontramos con circunstancias y justificaciones que nos recuerdan las posteriores guerras santas de connotaciones cruzadas. Para empezar, casi al mismo tiempo que Heraclio asumía por la fuerza de un golpe de Estado la corona, los persas iniciaban una ofensiva territorial que supuso la amputación de más de dos tercios del Imperio bizantino: toda Siria, incluida Palestina, y el granero egipcio se rindieron a la soberanía persa, en tanto lo poco que quedaba en pie del régimen amenazaba con derrumbarse como consecuencia de una crisis política y económica sin precedentes. En este ambiente de anarquía, las tropas persas, con la activa colaboración de la colonia judía, saquearon cruelmente Jerusalén en 614, tras un asedio de más de veinte días. Fue esta una fecha muy triste para el Imperio cristiano. Las fuentes cercanas a los acontecimientos hablan de los persas como de "bestias furiosas" entregadas al pillaje y de la sistemática destrucción de los santuarios cristianos, entre ellos el más importante y emblemático de todos, el del Santo Sepulcro erigido por Constantino. Algunos hablaron de sesenta mil cristianos muertos, pero había algo que, para la conciencia de muchos, era todavía casi peor: los invasores se llevaron consigo a su capital Ctesifonte como botín de su sacrílega victoria las preciosas reliquias de la cruz de Cristo, la lanza del centurión romano que atravesó su cuerpo y la esponja con que se intentó aliviar su sed. Al sufrimiento de la guerra y a sus funestas consecuencias humanas y materiales, había que unir la humillación inferida al mismo Dios que, sin dudarlo, los cristianos debían reparar. No conocemos bien todos los extremos de la propaganda oficial bizantina, pero es más que probable que la contraofensiva esgrimiera como argumento clave la reconquista cristiana y la restitución del propio honor de Dios.

No hace mucho tiempo Tommaso Tesei ha ido más lejos proponiendo que, a través de diversos canales, Heraclio difundió el mensaje de que su enfrentamiento contra los sasánidas representaba un momento crucial en la historia sagrada. No era un simple choque entre imperios, sino más bien una confrontación entre la verdadera religión, el cristianismo, y el falso culto zoroastriano. A los soldados se les dijo que luchaban no solo en nombre del emperador, sino también para vengar las ofensas que los sasánidas habían cometido contra Dios, y que su muerte sería un sacrificio que les reportaría la corona del martirio. No parece, en opinión del propio Tesei, que tal novedad martirial fuera en ningún momento reconocida formalmente, sino que no sería más que una herramienta de propaganda difundida en el estrecho círculo de los soldados a los que iba dirigida.

Sea de ello lo que fuere, lo cierto es que el emperador, que decidió acaudillar personalmente a sus tropas, dispuso de todo el caudal económico que pudo movilizar a su favor el patriarca de Constantinopla, y no olvidemos que la Iglesia bizantina era extraordinariamente rica. Este hecho, desde luego, influyó en el éxito de las operaciones que se produciría seis años después de iniciadas. En efecto, en 628 Heraclio obtenía un rotundo éxito frente a los persas que obligó a estos, sumidos, en una honda crisis política, a negociar una paz que contemplaba expresamente la devolución de la *Vera Cruz* y del resto de las reliquias de la crucifixión, junto naturalmente a los territorios ocupados. La restitución de los símbolos de la cristiandad a la *Ciudad Santa* supuso el fin de esta guerra de profundo significado religioso, aunque muy pronto el emperador victorioso volvería a ver sus provincias orientales nuevamente sumidas en la dominación de otro enemigo extranjero llamado a catalizar en el futuro el más genuino espíritu de cruzada, los musulmanes.

Sin embargo, ese espíritu, ni siquiera siglos después, llegaría a calar en Bizancio, cuya Iglesia nunca estuvo dispuesta a reconocer el carácter martirial a las víctimas de la guerra contra el infiel. A este respecto es muy significativa la respuesta que el emperador Nicéforo II Focas (963-969) obtendría del patriarca Polyeucto de Constantinopla al solicitarle la consideración de mártires a los soldados caídos en combate contra los infieles en el marco de su ofensiva contra la Siria islámica. En aquella ocasión el patriarca se apoyaba en la autoridad de san Basilio para contestar al emperador que "¿cómo podrían ser tenidos por mártires, o iguales a los mártires, aquellos que han matado o han sido matados en la guerra, cuando los santos cánones los someten a penitencia apartándolos durante tres años de la santa y venerable comunión?"

Fig. 1. Enkolpion de época macedónica (MAN, Madrid)

Por tanto, y pese a la evidente sacralización de la guerra bizantina, hubo siempre un rechazo a considerarla como un medio de santificación martirial. La sacralización, en efecto, se manifestó de muchas maneras. Hubo un temprano culto que remonta a los siglos VI y VII centrado en santos militares como Demetrio, Teodoro, Miguel y, sobre todo, Jorge, protector del Imperio desde el siglo VIII. También estaba extendido el uso de reliquias en el campo de batalla. Al menos desde el siglo X los soldados portaban las *enkolpia* o cruces-relicario pectorales y utilizaban el *myron* o crisma consagrado antes de entrar en batalla. Y todo ello por no hablar del clima bélico de exaltación de la cruz, patente desde los días de Heraclio. Pero pese a todo ello, el rechazo eclesiástico de la jerarquía bizantina a ir más allá en el proceso de sacralización pudo deberse, según nos indican los especialistas, al peso, en primer lugar, de la tradición romana asociada a la *victoria augusta* que, desde el bajo Imperio, convertía al emperador en el único responsable de la defensa de la Cristiandad, correspondiéndole a él solo liderar la guerra y gestionar su triunfo; y en segundo lugar, al conservadurismo eclesiástico incapaz de revisar el carácter incuestionable de las prescripciones conciliares y de los Padres de la Iglesia.

GUERRA COMO VÍA DE SALVACIÓN

Un mayor protagonismo de la Iglesia y cierta flexibilidad a la hora de interpretar su propia tradición fueron factores que, frente al modelo bizantino, en Occidente sí permitieron una sorprendente evolución que se produciría en la centuria que transcurre entre finales del siglo X y finales del XI y que acabaría por dar plena forma al concepto de guerra santa. Hasta ahora hemos visto únicamente manifestaciones de guerra justa cristiana progresivamente sacralizada; en ningún caso, manifestaciones de auténtica guerra santa. Las diferencias son claras. En el primer caso el actor que proclama la guerra es el poder o autoridad pública, es decir, el poder civil o laico; la Iglesia se limita, y no es poco, a bendecirla. La guerra santa, en cambio, es la proclamada directamente por Dios a través de sus instancias representativas, es decir, la propia Iglesia. Pero en esta evolución hay, sobre todo, una diferencia de fondo consistente en una auténtica "inversión de valores", la del tránsito de una guerra que es justa por ser necesaria y adecuada a los designios de Dios e intereses de los cristianos, pero que es generadora de pecado, a una guerra que es santa porque, lejos de ser pecaminosa, se presenta como vía de salvación y expresión loable de una nueva espiritualidad.

Naturalmente estamos ante un fenómeno complejo, plagado de contradicciones, no siempre lineal en su desarrollo y al que, desde luego, contribuyeron factores de lo más diverso cuyo despliegue cronológico, como ya hemos apuntado, se sitúa en un amplio periodo que cubre parte del siglo X y todo el XI. Obviamente ese proceso transicional se consumará definitivamente a raíz de la predicación y desarrollo de la *primera cruzada* a partir de 1095. Fijémonos en este apartado en algunos de esos elementos previos que nos ayudarán a entenderlo.

En primer lugar, era necesario, en la medida de lo posible, liberar el uso de las armas del tabú de impureza que recaía sobre ellas, en otras palabras, era preciso santificar el oficio de la guerra haciendo extensiva la *militia Dei* no solo a los que se consagraban a Dios mediante la oración, sino también a quienes defendían su causa mediante el uso de las armas, es decir, a los caballeros.

Pero naturalmente no todo uso de las armas resultaba moralmente aceptable y mucho menos digno de ejemplaridad edificante. La violencia contraria a los valores defendidos por la Iglesia debía ser literalmente extirpada de la sociedad. A ello va destinado el complejo *movimiento de la paz y tregua de Dios,* y a ello también va dirigido el esfuerzo eclesiástico por arrogarse, en último término, el monopolio de la violencia legítima y su capacidad de administrarlo en beneficio de la defensa de la expansión de la cristiandad y de cuantos príncipes fieles a ella contribuyeran al mantenimiento de la fe.

SACRALIZACIÓN DE LA CABALLERÍA

Una manera efectiva de sacralizar el uso de las armas fue, sin duda, el de atribuirlo a esos modelos de vida cristiana que eran los santos. El desarrollo y difusión del culto a viejos y nuevos santos guerreros era un buen mecanismo legitimador, lo sería aún mayor la santificación de ciertos personajes como consecuencia precisamente de su actividad militar.

La tipología de los santos guerreros es de lo más variado. Algunos eran antiguos soldados romanos que, en época de persecución, sufrieron martirio por negarse a sacrificar a los dioses y, sobre todo, a levantar sus armas contra los cristianos. Uno de los más conocidos por la extraordinaria difusión de su culto tanto en Oriente como en Occidente es san Jorge. Desde el siglo VIII, como ya hemos indicado, era considerado protector del Imperio bizantino y algún tiempo después, en el XI, santo patrono de su ejército. Para entonces era ya conocido en Occidente, concretamente en el sur de Italia, antiguo territorio bizantino, donde, según la tradición, en 1063, en Cerami, ayudaba a los normandos del conde Roger I en su ocupación de Sicilia frente a los musulmanes, y lo hacía en persona, vestido de blanco sobre un caballo del mismo color que también era el del estandarte que enarbolaba. Lo narra el monje benedictino Godofredo Malaterra en su crónica sobre las gestas del conde Roger y su hermano Roberto Guiscardo, compuesta muy poco después de 1098.

Otros santos constituyen estrictas creaciones legendarias de cuño bíblico. Es el caso de san Miguel, el arcángel que acaudilla las legiones celestiales y cuya imagen ya decoraba el estandarte de los reyes germánicos en sus campañas contra los magiares de la primera mitad del siglo x: a su ayuda, además de a la reliquia de la *Santa Lanza*, atribuye la tradición la espectacular y decisiva victoria frente a ellos que Otón I obtuvo en Lech en 955. Años más tarde, a mediados del siglo xi, un cronista benedictino, Andrés de Fleury, contaba en sus *Miracula Sancti Benedicti* una curiosa historia de intervenciones celestiales con motivo de una incursión contra musulmanes de Abd al-Malik, el hijo de Almanzor, llevada a cabo por cuatro condes catalanes; es una curiosa versión de la batalla de Torà de 1006, la única de que disponemos. Según el monje, uno de esos condes, Bernardo de Besalù, prometió a sus compañeros de campaña que sus exiguas fuerzas –quinientos guerreros– obtendrían la victoria frente a los veinte mil hombres con los que habrían de enfrentarse gracias a la intervención de san Miguel, ya que él solo se encargaría de derribar a cinco mil enemigos, pero es que, además, en aquella ocasión no actuaría en solitario: la Virgen María en persona se encargaría de eliminar otros cinco mil, e igual número sería neutralizado por el apóstol san Pedro. Ante tal coalición, la victoria cristiana estaba garantizada y, de hecho, así le fue comunicado a un clérigo del santuario siciliano de San Miguel, en Monte Gargano, por la propia Virgen María.

Santiago, el apóstol de España, es otra figura celestial de fundamento bíblico que podría encuadrarse en la categoría de santos guerreros a la que pertenece san Miguel. Su "actividad militar" es, sin embargo, algo posterior a la de este último, escapando en parte a la cronología que estamos ahora estimando. Es cierto que desde muy antiguo –pensemos en el himno de Mauregato de finales del siglo viii– se le invocaba como santo protector de la monarquía asturiana y que, más adelante, a finales del siglo ix el rey asturiano Alfonso III lo invocaba para obtener la victoria, mediante su intercesión, sobre los musulmanes, pero esas invocaciones no se transforman hasta comienzos del siglo XII en milagrosas apariciones sobre blanco corcel para apoyar la acción de los monarcas. Así ocurre, por vez primera, en la *Crónica Silense* que, al narrar la toma de Coimbra por Fernando I en 1064, informa de los ruegos del monarca al Apóstol –al que el texto define ya como *miles Christi*– y de su aparición sobre caballo blanco anunciando la caída de la ciudad en manos cristianas. Con todo, todavía entonces Santiago no hacía patentes sus cualidades guerreras. Habrá que esperar a la conocida falsificación del *Privilegio de los Votos*, no anterior a mediados del siglo XII, para que aparezca la clásica y combativa evocación de Santiago junto a las fuerzas del rey Ramiro I en la legendaria batalla de Clavijo. Solo bastante más adelante, seguramente no antes de 1300, comenzarían las representaciones del Apóstol como caudillo vencedor sobre enemigos visibles, toda vez que la famosa representación del apóstol del Tímpano de Clavijo, en Compostela, tradicionalmente fechada en el siglo XII, es probablemente una representación bastante más tardía.

Fig. 2. Tímpano de Clavijo. Catedral de Santiago de Compostela

Un tercer grupo de santos guerreros lo constituyen esforzados y belicosos príncipes que no tardarían en ser canonizados tras su desaparición. Es cierto que algunos de ellos no murieron con las armas en la mano, pero en vida fueron indiscutibles campeones armados de la fe. Como tal, la hagiografía de finales del siglo x nos presenta al joven y valeroso rey anglosajón Edmundo que, en 870, murió martirizado a manos de los daneses paganos por no renegar de su fe. Otros monarcas, en cambio, no solo habrían hecho de su vida militar un testimonio de fe cristiana, sino que alcanzaron la muerte precisamente guerreando contra el infiel, constituyendo este acto en sí mismo la prueba martirial que confirmaba su subida a los altares. Es un paso más en el proceso de sacralización del uso de las armas que, con anterioridad a 1050, cuenta ya con algún interesante ejemplo. Paradigmático es el caso de Olav II de Noruega; miembro de la familia real, se hizo con el trono de su reino tras recibir el bautismo hacia 1015 y contribuyó de manera decisiva a la cristianización de su país, lo cual unido a la fuerte centralización política que llevó a cabo, favoreció un amplio movimiento opositor liderado por la aristocracia pagana y animado por el rey danés Knut *el Grande* que acabó destronándolo en 1028. Fue precisamente al intentar recuperar su trono cuando Olav pereció en la batalla de Stiklarstajir en 1030: la Iglesia noruega lo proclamó santo, en medio de una creciente fama milagrera, apenas transcurrido un año.

En efecto, a mediados del siglo XI el uso de las armas, lejos de ser un serio obstáculo para alcanzar la perfección cristiana, podía en determinados supuestos ser un mérito para ello. En este sentido, y precisamente en las décadas centrales de aquella centuria, el monje y cronista francés Raúl Glaber nos narra un curioso episodio sobre el que pocos autores han reparado y que se sitúa cronológicamente muy poco antes del año 1000, en el momento en que la amenaza de Almanzor sumía en el desconcierto a la España cristiana y generaba intentos de desesperada reacción entre sus reyes. Uno de ellos, Bermudo II de León (984-999), intentó neutralizar la amenaza incrementando sus efectivos con milicias de fuera del reino, incluso de más allá de los Pirineos. Pues bien, el cronista nos dice que entre los participantes extrapeninsulares presentes en el ejército del rey leonés se pudo observar la presencia en cierta ocasión de unos monjes gascones que respondiendo no tanto a la llamada de la gloria militar como al amor hacia sus hermanos cristianos, empuñaron las armas y murieron en el combate; más tarde una milagrosa aparición en su monasterio de procedencia certificaba el carácter de mártires santos que habían adquirido dadas las circunstancias de su muerte. No cabe mayor identificación entre uso de las armas y consagración religiosa. Estamos ante un temprano ejemplo, ciertamente aún anacrónico, de "monje-guerrero" que el espíritu cruzado tardará aún más de setenta años en "inventar", pero que nos descubre ya cómo el divorcio entre protagonismo militar activo y edificante vida religiosa comienza claramente a superarse ante el nacimiento de una nueva espiritualidad que no excluye el uso de las armas.

BENDICIÓN DE ARMAS Y "CABALLEROS DE LA IGLESIA"

El conocimiento y generalización del culto a santos guerreros fue un medio efectivo, sin duda el más contundente, para afianzar esa nueva espiritualidad que conciliaba armas y santidad. Pero cabe aludir a un segundo cauce, en realidad íntimamente ligado al anterior. Nos referimos a las ceremonias litúrgicas de bendición de armas y de los estandartes –*vexilla*– bajo los que eran desplegadas, y al que hemos tenido ocasión de referirnos al aludir al temprano antecedente que nos ofrecía la liturgia hispano-visigoda. El tema es más complejo de lo que parece a simple vista y su desarrollo se relaciona con el problema de la protección de las iglesias y monasterios en un contexto de clara desarticulación social y desorden público como es precisamente el del periodo del que ahora nos estamos ocupando, es decir, los más de 150 años que transcurren entre finales del siglo IX y mediados del XI. Lo que algunos han llamado la "anarquía feudal", fruto del paulatino deterioro de las pocas instituciones públicas que sobrevivieron en Occidente a la desaparición del Imperio carolingio, es un periodo de extraordinaria violencia en el que la depredación y obtención de botín se convierten en forma y medio de vida para quienes estaban en posesión de un mínimo equipo militar de caballero. La sociedad se vio, de este modo, sometida a la extorsión y la violencia por parte de esa *militia mundi* que, en ciertos medios eclesiásticos, llegaría a ser identificada como la *militia diaboli*. No hace falta decir que nos hallamos ante el reverso de los santos guerreros, aquellos que precisamente debían de servir de modelo alternativo para el desarrollo de una *militia Christi* secular y, por consiguiente, desvinculada de la heroicidad contemplativa del monje y de la vida de sus claustros.

Pues bien, son dependencias monásticas, iglesias y los bienes que unas y otras atesoraban el objetivo prioritario de los violentos y su mundanizada caballería. Clérigos y monjes acudieron entonces a sus santos patronos para que les protegieran, unos santos que cada vez más coincidían con las advocaciones belicosas a las que hemos aludido un poco más arriba. Pero las intervenciones milagrosas de los santos no siempre se producían, y desde iglesias y monasterios surgió la idea de crear pequeños ejércitos con que proteger sus bienes y, naturalmente, a ellos mismos. Quienes ingresaban en estos grupos armados lo hacían, a su vez, bajo la protección del titular de la correspondiente iglesia, y sus armas, así como el estandarte que los identificaba, eran bendecidas de modo que su uso no solo se convertía en legítimo sino incluso en santo, porque santo era el fin que lo determinaba, el de la defensa de personas y bienes eclesiásticos. A cambio, estos *milites ecclesiae* recibían tierras y otras retribuciones temporales por parte de sus protegidos. Con cierta frecuencia esas "mesnadas sacralizadas" no eran sino los hombres dependientes de ciertos caballeros especialmente destacados cuyos señoríos se hallaban ubicados en las cercanías de la institución que debían proteger. Se trataba de los *advocati* o "defensores", una especie de representantes judiciales de los intereses de la institución protegida a la que, naturalmente, defendían con el uso de las armas. Estos *advocati*, cuando ellos mismos no acababan convirtiéndose en los primeros extorsionadores de los bienes que debían preservar, se erigían en auténticos *milites Christi* de reconocida ejemplaridad.

A través de esta vía, la del loable oficio de quienes defendían con las armas bendecidas los santuarios de Dios, la sociedad empezó a acostumbrarse a no ver en cualquier acción militar un hecho cuanto menos impuro que exigía compensación satisfactoria: aplicar la violencia a la causa justa de Dios podía ser un ejercicio de santificación.

De entre todas las iglesias de Occidente sin duda era la de Roma la que encerraba mayores riquezas y por tanto la más codiciada para los depredadores. También ella quiso organizar su propia *militia* bajo la advocación y estandarte de san Pedro. En realidad, desde mediados del siglo X, Roma poseía ya un *advocatus* en la persona del titular del Imperio romano-germánico, pero no siempre la armonía presidía las relaciones entre ambas entidades y más aún cuando, conforme avanza el siglo XI, las ansias reformistas del pontificado se empiezan a mostrar incompatibles con el intervencionismo cesaropapista de los emperadores. Por ello, los papas, sin prescindir mientras pudieron hacerlo de tropas germánicas, procuraron ir organizando su propio ejército al que acudían voluntarios, pero también, sobre todo, mercenarios. Con una tropa de estas características el papa León IX (1049-1054) intentó en 1053 neutralizar la amenazadora anarquía en que se había convertido la presencia normanda en el sur de Italia. La campaña, dirigida por el propio pontífice, fue un fracaso y los *milites sancti Petri* fueron literalmente barridos junto a Cività-al-Mare y el papa "retenido" durante nueve meses en sus posesiones de Benevento. Los cronistas no tardarían en designar a las víctimas de la derrota como *milites Christi* inmolados en el martirio de una causa justa y santa.

MONOPOLIO ECLESIÁSTICO DE LA VIOLENCIA LEGÍTIMA: LA PAZ Y TREGUA DE DIOS

La Iglesia, además de arbitrar medidas concretas que, en determinados supuestos, permitiesen convertir la guerra en un loable ejercicio de santificación, estuvo profundamente interesada en evitar la violencia que consideraba ilegítima, y para ello procuró dosificar, en la medida de lo posible, una actividad que, desde luego en los siglos X y XI, era imposible de erradicar por completo. En efecto, en el ambiente de anarquía que hemos descrito un poco más arriba, y que de modo particular afectaba a extensas áreas de la actual Francia meridional y Cataluña, surge el llamado movimiento de la *Paz de Dios*. No entraremos aquí en el debate suscitado en los últimos años acerca de este fenómeno. Lo que sí parece evidente es que obispos de las regiones aludidas, normalmente conectados con las tendencias renovadoras del monacato cluniacense, son sus protagonistas. Entre 990 y 1020 convocaron y presidieron concilios provinciales constituidos en auténticas asambleas de paz en las que se exigía de nobles armados y caballeros que respetasen las personas y bienes de las iglesias y que se abstuvieran de cualquier extorsión contra campesinos o pacíficos comerciantes. La violencia de los señores de la guerra era moralmente inaceptable y debía ser castigada no solo con las penas espirituales del anatema sino también con una legítima defensa que, en ocasiones, adoptó la inquietante forma de tumultuosas acciones de campesinos armados y dirigidos por clérigos y monjes comprometidos con el movimiento de la *Paz de Dios*. Algunos denunciaron a la Iglesia como responsable moral de iniciativas subversivas que harían peligrar la paz social tanto o más que la violencia señorial. Pero lo cierto es que la Iglesia estaba decidida a imponer, de un modo u otro, su propio criterio a la hora de valorar tipos de violencia y de impedir todo aquel brote que no contara con su bendición. Por ello, entre 1037 y 1041, y a través de sendos concilios celebrados en Arlés, los responsables del movimiento de la *Paz de Dios* dieron con otra fórmula aún más drástica: ningún caballero podría practicar la violencia de su oficio entre la tarde del miércoles y la madrugada del lunes. Es lo que se conoce como *Tregua de Dios*, un periodo que se correspondía con los días de la semana especialmente vinculados a las prácticas devocionales de la fe cristiana y que, bajo ningún concepto, podía verse turbado por la insensata violencia de la *militia mundi*.

Es evidente que las instituciones eclesiásticas de paz y tregua no fueron siempre respetadas, pero no es menos cierto, sin embargo, que ayudaron a generar un clima social que demandaba como deseable el nuevo orden que la Iglesia se esforzaba en imponer. Fijémonos solo en un ejemplo cercano: entre 1064 y 1068 son los propios condes de Barcelona, Ramón Berenguer I y Almodis, los que convocan y presiden en Barcelona y Gerona sendas asambleas de paz en que adoptan forma jurídica algunos de estos planteamientos eclesiásticos; es más, en opinión de Pierre Bonassie, el hecho de que los acuerdos de entonces fueran más adelante agregados al corpus jurídico de los *Usatges de Barcelona*, muestra a las claras que recibieron la consideración de auténticas "leyes de la tierra".

¿Qué perseguía realmente la Iglesia con todo ello? Evidentemente hay un deseo sincero de garantizar el orden social y la paz pública: todos sufrían los efectos de su ruptura, aunque de modo especial los más desfavorecidos y, por supuesto también, los propios establecimientos religiosos. Hay asimismo una firme voluntad de hacer del discernimiento de los distintos tipos de violencia un monopolio eclesiástico, de inestimable valor a la hora de imponer un controlado programa de sacralización en el uso de las armas. Hay también, y quizá de manera especial, toda una pedagogía de la conversión que, privando al caballero de su "mundanizado" oficio, lo llegara a transformar en válido instrumento de la Iglesia.

En efecto, no se insistirá bastante en que el movimiento de la *Paz y Tregua de Dios* constituye una suerte de redentora purificación penitencial: privándolos del uso de la violencia, los caballeros se veían impedidos de practicar algo que no solo les proporcionaba placer sino que, en cierto modo, era su cauce de subsistencia; la abstención de hacer la guerra se sitúa en el plano de la penitencia colectiva que alejando el pecado permite atisbar la imposición de un orden justo, pero es también el procedimiento que, mediante el ahorro de energía bélica, posibilitaría su ulterior canalización hacia los propios objetivos de la Iglesia.

Pero conviene hacer una última e importante reflexión. Por vez primera, la *Paz y Tregua de Dios*, supone una iniciativa de acción violenta que no partía de una legítima autoridad laica, sino de cualificados representantes de Dios. La violencia –entendida naturalmente como contra-violencia– era ordenada por el mismo Dios. Sus acciones tenían el marchamo de la santidad. Ya no estamos ante simples guerras justas sacralizadas sino ante manifestaciones de guerra santa, aún pendientes de perfeccionar. En cualquier caso, como de hecho han señalado muchos autores, con la *Paz y Tregua de Dios* estamos en la antesala –una más– de la cruzada. No conviene olvidar que la asamblea de Clermont de 1095 en que Urbano II predicaría la primera de ellas, no fue más que un concilio reformador cuyo primer capítulo fue consagrado a la ratificación formal de la *Tregua de Dios*.

NOTAS BIBLIOGRÁFICAS

Para lo referente a la primitiva institución del *herem* en Israel y a todo el cambio de mentalidad bélico-religiosa en la cultura hebrea en la etapa post-exílica, vid. la clásica obra de R. DE VAUX, *Instituciones del Antiguo Testamento*, Barcelona, 1992, en especial pp. 346-357, y también R. FIRESTONE, *Holy War in Judaism. The Fall and Rise of a Controversial Idea*, Oxford University Press, 2012. Sobre la *Regla de la Guerra* puede consultarse F. GARCÍA MARTÍNEZ y J. TREBOLLE BARRERA, *Los hombres de Qumrán. Literatura, estructura social y concepciones religiosas*, Madrid, 1993, en especial pp. 84-85; el texto de Qumrán ha sido editado por el primero de estos dos investigadores: *Textos de Qumrán*, Madrid, 1992, pp. 145 y ss.

Una magnífica síntesis que aborda la postura del cristianismo antiguo acerca del ejército y de la violencia en J. FERNÁNDEZ UBIÑA, *Cristianos y militares. La iglesia antigua ante el ejército y la guerra*, Universidad de Granada, 2000. Puede consultarse también L.S. CAHILL, "La tradición cristiana de la guerra justa: tensiones y evolución", *Concilium*, 290 (2001), pp. 257-267. Una interpretación contraria a la de Fernández Ubiña para el debatido canon sobre el ejército del Concilio de Arlés, en J.A. JIMÉNEZ SÁNCHEZ, *La cruz y la escena: cristianismo y espectáculos durante la Antigüedad Tardía*, Alcalá de Henares, 2006. Para una correcta contextualización del tema y un seguimiento del llamado "giro constantiniano" pueden verse algunas de las publicaciones sobre el bajo Imperio romano en general como las de A. CAMERON, *El Bajo Imperio romano (284-430 d. C)*, Madrid: Ediciones Encuentro, 2001 (orig. inglés 1993), o L.A. GARCÍA MORENO, *El Bajo Imperio romano*, Madrid, 1998, y también algunos estudios relativamente recientes sobre la figura de Constantino: P. VEYNE, *El sueño de Constantino. El fin del imperio pagano y el nacimiento del mundo cristiano*, Barcelona: Paidós, 2008 (orig. francés 2007), S. CASTELLANOS, *Constantino. Crear un emperador*, Madrid: Sílex, 2010, o D. POTTER, *Constantino el Grande*, Barcelona: Crítica, 2013 (orig. inglés 2013).

Las primeras justificaciones doctrinales de la violencia elaboradas por el cristianismo, y de modo especial por san Agustín, han sido sintetizadas en un artículo general sobre el tema: L. SOWLE CAHILL, "La tradición cristiana de la guerra justa: tensiones y evolución", *Concilium*, 290 (2001), pp. 257-267. Vid. también R. HOLMES, "Saint augustine and the Just War Theory", en G.B. Matthews (ed.), *The Agustinian Tradition*, California: Berkeley, 1999, pp. 323-344. Sigue siendo muy útil la síntesis general de F.H. RUSSELL, *The Just War in the Middle Ages*, Cambridge University Press, 1975. Puede consultarse también A.J. BELLAMY, *Guerras Justas. De Cicerón a Iraq*, Madrid: Fondo de Cultura Económica, 2009 (orig. inglés 2006). La monografía de Francisco García Fitz recoge en una buena y sistemática síntesis de cuantos aspectos de carácter ideológico atañen al desarrollo premedieval y medieval de la concepción de guerra: F. GARCÍA FITZ, *Edad Media: Guerra e Ideología. Justificaciones religiosas y jurídicas,* Madrid: Sílex, 2003.

El complejo y debatido problema de la sacralización de la guerra en Bizancio es objeto de intenso debate desde hace décadas. Vid. T.M. KOLBABA, "Fighting for Christianity. Holy War in the Byzantine Empire", *Byzantion*, 68 (1988), pp. 194-221; J.-C. CHEYNET, "La guerre sainte à Byzance au Moyen Âge: un malentendu", en Daniel Baloup et Philippe Josserand (eds.), *Regards croisés sur la guerre sainte. Guerre, religion, idéologie dans l'espace méditerranéen latin (XIe-XIIIe siècle)*, CNRS-Université de Toulouse-Le Mirail, 2006, pp. 13-32. Una visión de síntesis en J. MARÍN RIVEROS, "Bizancio, cruzada y guerra santa", *Tiempo y Espacio*, 11-12 (2001-2002), pp. 77-101. El innovador punto de vista que asocia ya experiencia martirial con las campañas de Heraclio en T. TESEI, "Heraclius' War Propaganda and the Qur' n's Promise of Reward for Dying in Battle", en *Studia Islamica*, 114 (2019), pp. 219-247. El tema simbólico de las *enkolpia* en S. VIDAL ÁLVAREZ, "Tres piezas bizantinas con funciones apotropaicas conservadas en el Museo Arqueológico Nacional: dos *Enkolpia* y un 'sello' bivalvo inédito", *Estudios bizantinos*, 3 (2014), pp. 87-124.

Para las "campañas misioneras" de Carlomagno en Sajonia, vid. A. BARBERO, *Carlomagno,* Barcelona: Ariel, 2001, pp. 48-51; J. FRIED, *Charlemagne*, Harvard University Press, 2016, pp. 120-130; la visión contemporánea en EGINHARDO, *Vida de Carlomagno* (A. de Riquer, ed. Barcelona, 1986), p. 62. Una nota al respecto en A.

MORISI, *La guerra nel pensiero cristiano dalle origini alle crociate*, Florencia, 1963, p. 391.

La obra de Jean FLORI, *La guerra santa. La formación de la idea de cruzada en el Occidente cristiano,* Trotta-Universidad de Granada, 2003 (orig. francés 2001), resulta de extraordinario interés para todo lo que supone la antesala ideológica del concepto de cruzada y el nacimiento de la espiritualidad militar. Puede completarse con el clásico libro de M. KEEN, *La caballería,* Barcelona: Ariel, 1986 (orig. inglés 1984), y del propio J. FLORI, *Caballeros y caballería en la Edad Media,* Barcelona: Paidós Ibérica, 2001 (orig. francés 1998). Como obra general de referencia, puede consultarse R.W. KAEUPER, *Chivalry and violence in Medieval Europe,* Oxford, 1999. De forma más específica el tratamiento de la violencia sacralizada en D. BARTHÉLEMY, *Caballeros y milagros. Violencia y sacralidad en la sociedad feudal,* Universitat de València-Universidad dc granada, 2006 (orig. francés 2004) y A.G. REMENSNYDER, *La Conquistadora. The Virgin Mary at War and Peace in the Old and New Worlds,* Oxford University Press, 2014. La nota sobre la nueva cronología de la imagen de Santiago representada en el Tímpano de Clavijo de la Catedral de Compostela: R. SÁNCHEZ AMEIJEIRAS, "Un asunto con mala pinta: el testimonio de las imágenes en el pleito sobre el Voto de Santiago en el siglo XVIII", en F.J. Hernández, R. Sánchez Ameijeiras y E. Falque (eds.), *Medieval Studies in Honour of Peter Linehan,* Florencia: SISMEL-Edizioni del Galluzzo, 2018, pp. 809-850. Una visión general sobre los orígenes de la espiritualidad militar en C. de AYALA MARTÍNEZ, "Espiritualidad y práctica religiosa entre las órdenes militares. Los orígenes de la espiritualidad militar", en Isabel Cristina Ferreira Fernandes (Coord.), *As Ordens Militares. Freires, Guerreiros, Cavaleiros. Actas do VI Encontro sobre Ordens Militares,* GEsOS, Municipío de Palmela, Palmela, 2012, I, pp. 139-172. Y en cuanto a participación del clero en la guerra, pueden consultarse algunos de los capítulos de R. KOTECKI, J. MACIEJEWSKI y J.S. OTT (eds.), *Between Sword and Prayer. Warfare and Medieval Clergy in Cultural Perspective,* Leiden-Boston: Brill, 2017. La alusión a los "anacrónicos" monjes-guerreros muertos en España en torno al año 1000, en el estudio de J. FLORI, "Guerre sainte et rétributions spirituelles dans la 2e moitié du XIe siècle. Lutte contre l'islam ou pour la papauté?", en *Revue d'Histoire Ecclésiastique,* 85 (1990), pp. 637-638.

Sobre los antecedentes hispánicos de la bendición de estandartes así como otras cuestiones relativas a la sacralización de la violencia en el marco peninsular: A.P. BRONISCH, *Reconquista y guerra santa. La concepción de la guerra en la España cristiana desde los visigodos hasta comienzos del siglo XII,* Granada, 2006 (orig. alemán, 1998). Acerca del "movimiento de la paz y tregua de Dios" el gran especialista es H.E.J. COWDRY, "The Peace and the Truce of God in the Eleventh Century", en *Past and Present,* 46 (1970), pp. 42-67; del mismo autor ID., "From the Peace of God to the First Crusade", en L. García-Guijarro (ed.), *La primera cruzada, novecientos años después: el concilio de Clermont y los orígenes del movimiento cruzado*, Universidad Autónoma de Madrid, 1997, pp. 51-61. Asimismo, para una visión más matizada: D. BARTHÉLEMY, *El año mil y la Paz de Dios. La Iglesia y la Sociedad Feudal,* Universidad de Granada-Universitat de València, 2005 (orig, francés 1999). Para la proyección del fenómeno en tierras catalanas puede verse en P. BONNASSIE, *Cataluña mil años atrás (Siglos X-XI),* Barcelona, 1988.

2.
LA GUERRA SANTA CRISTIANA Y LA DEFINICIÓN DE CRUZADA

EL CONCEPTO DE GUERRA SANTA CRISTIANA Y LA DOCTRINA DE LA RETRIBUCIÓN

Como hemos visto en el capítulo anterior, la guerra santa estuvo prácticamente ausente del ideario del cristianismo en su primer milenio de existencia, si exceptuamos la experiencia no demasiado conseguida del movimiento de la *Paz y Tregua de Dios*. Lo que primó es una guerra justa cristianizada y progresivamente sacralizada. Y es que, más allá de la excepción aludida, con anterioridad al siglo XI, no son abundantes las ocasiones en que encontramos al frente de concretas manifestaciones de guerra a la jerarquía eclesiástica, y menos todavía al papa de Roma. Sin duda había obispos que colaboraban en ellas, y algunos lo hicieron muy activamente, pero con frecuencia sosteniendo acciones cuyo liderazgo último correspondía a los poderes seculares. También es verdad que algunos papas de la segunda mitad del siglo IX, León IV (847-855) y Juan VIII (872-882), hicieron llamamientos en defensa de una Roma que se adivinaba ya como concreción sintetizadora de la cristiandad; estamos, ciertamente, ante otra excepción, y, pese a todo, esos llamamientos meramente defensivos, se dirigían sobre todo, como ya hemos tenido ocasión de ver, a las autoridades carolingias responsables últimas de la defensa del *Patrimonium Petri* o dominio secular del papa en torno a Roma.

Efectivamente eran los poderes seculares, y no los eclesiásticos, los que venían asumiendo el liderazgo de la guerra y sus diversas manifestaciones, todas ellas, hasta por lo menos el siglo XI, cinceladas en los modelos de una guerra justa no totalmente clericalizados. Es decir, no es la Iglesia la que impone las pautas para su convocatoria y desarrollo, sino que son los poderes civiles los que se encargan de hacerlo. Estos se hallan envueltos en un aura sacral que los legitima para el ejercicio del poder y para desarrollar su labor protectora sobre la Iglesia. Esta, por otra parte, se encuentra sometida a ellos, asumiendo un papel subsidiario que la convierte en mera entidad sancionadora de las iniciativas regias y que, ante todo, pone de manifiesto su extraordinaria debilidad.

La situación cambia de manera radical a partir del siglo XI. Es el momento de la llamada *reforma gregoriana*, cuando la Iglesia consigue emanciparse del poder secular creando un modelo propio de sociedad a cuyo frente se sitúa el pontificado romano. Es un modelo lógicamente clericalizado en el que la fuente última de autoridad corresponde al papa. "Solo él puede usar las insignias imperiales", según reza esa especie de programa del *reformismo gregoriano* que fue el *Dictatus Papae* de 1075, y por consiguiente solo él puede convocar y dirigir la guerra convertida, ahora sí, en auténtica guerra santa. Esta, expresión del poder del papa y materialización de su renovado programa expansivo, es desvinculada de reyes y emperadores y esencialmente eclesializada. Por eso, cuando en 1074 el papa Gregorio VII decide intervenir a favor del Imperio bizantino seriamente amenazado por los turcos, y lo quiere hacer poniéndose personalmente al frente de un ejército de cincuenta mil hombres, se dirige al emperador romano-germánico Enrique IV para que, en su ausencia, se encargue de la defensa de la Iglesia occidental. Se han invertido totalmente los términos.

La guerra santa cristiana, forjada sobre modelos bíblicos propios del Antiguo Testamento, es, por tanto, una acción militar ordenada directamente por Dios a través de su legítima representación eclesial. Y frente a los prematuros y frustrados intentos del movimiento de la *Paz y Tregua de Dios*, lo cierto es que solo a partir de la constitución de una sólida monarquía pontificia de carácter teocrático es posible hablar con propiedad de guerra santa cristiana. Estamos aludiendo ya a las décadas centrales del siglo XI, si bien las manifestaciones más acabadas del concepto de guerra santa cristiana, las que propiamente se corresponden con la idea de cruzada, no son anteriores, como es obvio, a finales de la centuria.

Recogiendo cuestiones ya apuntadas, podemos sintetizar la naturaleza de una guerra santa cristiana a través de lo que podrían ser sus tres principales características. En primer lugar, y como ya hemos comentado, su origen debe ser netamente eclesiástico, y más en concreto pontificio. Es el papa, en cuanto depositario de todo principio de autoridad legítima (Mt 16:18) y representante directo del mismo Dios –la teocracia que encarna es el "gobierno de Dios"–, el único capaz de discernir su voluntad y poder convocar una guerra santa, que es expresión de esa voluntad. En otras palabras, solo a él corresponde, por consiguiente, administrar la violencia ajustada a derecho en nombre de Dios. En segundo lugar, la guerra santa es incompatible con la práctica del homicidio. Obviamente, si la guerra es la directa manifestación de la voluntad de Dios y se practica con recta intención, no cabe en ella margen para el pecado. Finalmente, en tercer lugar, se trata de un ejercicio meritorio de ascesis purificadora. El combatiente, que en principio no peca haciendo la guerra querida por Dios, está contribuyendo con su esfuerzo y su sacrificio a la obra santa de la imposición de su voluntad. En consecuencia, está realizando un ejercicio purificador que lo convierte potencialmente en mártir.

Estas últimas consideraciones nos llevan a plantear el tema de la doctrina de la retribución, solo parcialmente presente en las anteriores manifestaciones de guerras justas sacralizadas. El mérito traducido en recompensa terrenal y celestial para quien contribuyera a materializar la voluntad de Dios es algo ya específico de las guerras santas. En efecto, los que participaban en ellas, respondiendo de este modo a un llamamiento papal, y tuvieran la suerte de sobrevivir, se les concedía la indulgencia, es decir la remisión de las penas temporales por la comisión de sus pecados, pero si murieran, se les garantizaba la inmediata entrada en la vida eterna, reservada a mártires y santos.

En realidad, la compleja doctrina sobre las indulgencias, a la que habremos de referirnos en extenso más adelante, no empezará a tomar forma jurídica hasta fechas tardías, no antes de mediados del siglo XII, pero el carácter retributivo de la guerra santa no es ciertamente una novedad. Lo hallamos, aunque de manera incompleta y solo embrionariamente apuntado, en tardíos textos bíblicos de influjo helenístico como el *Segundo Libro de los Macabeos* (2 Mac 12:45), y de forma mucho más explícita y acabada en el libro sagrado de los musulmanes: "Borraré las malas acciones de quienes emigraron y fueron expulsados de sus hogares, de quienes padecieron por causa mía, de quienes combatieron y fueron muertos, y, a título de recompensa de Dios, los introduciré en jardines por donde corren arroyos" (Corán 3:195). El Imperio bizantino tampoco desconocía la doctrina de la retribución martirial como consecuencia de la guerra, aunque, como ya hemos tenido oportunidad de ver, su Iglesia fue reacia a consagrarla cuando así lo solicitó formalmente el emperador Nicéforo Focas (963-969), empeñado como estaba en la reconquista de los *Santos Lugares* que ocupaban los musulmanes. Por lo demás, poco antes, y si hemos de creer al obispo Thietmar de Merseburgo, cuya crónica data de los primeros años del siglo XI, el rey germano Otón I habría prometido recompensas celestiales a los caballeros que murieran en la batalla de Lech de 955.

El problema es saber cuándo la Iglesia romana empezó a asumir abiertamente la doctrina de la retribución porque, en buena medida, las guerras santas pontificias habrían de descansar sobre ella. Y no es fácil determinarlo. El antecedente del papa Juan VIII que ya conocemos es digno de consideración, pero conviene también tener presente las matizaciones a las que en su momento aludíamos. No parece digno de crédito, en cambio, el llamamiento que en 1010 habría hecho el papa Sergio IV (1009-1012) para vengar el ultraje cometido poco antes por el califa fatimí al-Hakam ordenando la destrucción del Santo Sepulcro, un llamamiento que habría incluido la concesión de indulgencia para quienes murieran en la loable empresa de su recuperación. La mayor parte de los especialistas atribuye la presunta iniciativa papal a una tardía elaboración contemporánea a la convocatoria de la *primera cruzada*, es decir, no anterior a 1095.

Sin embargo, sí son anteriores a esa fecha otros episodios que no pueden ser vinculados con la figura del obispo de Roma. Pensemos en el que nos narra Raúl Glaber a propósito de unos monjes guerreros muertos como mártires en la península Ibérica, y al que ya hemos aludido; también es previo el que, antes de 1020, recoge el cronista Bernado de Angers en relación con un prior de Conques que consideraba aún más digna de recompensa martirial la muerte en defensa de su monasterio frente a los depredadores que la que pudiera producirse en combate con los infieles. Más interés tiene para nosotros un conocido y temprano texto literario que recoge con mayor fidelidad que muchos otros la doctrina de la retribución. Nos referimos a la *Chanson de Roland.* Su autor muy posiblemente es un clérigo de origen normando, Turoldo de Fécamp, un hombre vinculado a Guillermo *el Conquistador*, que combatió junto a él en la batalla de Hastings de 1066 y se estableció definitivamente en Inglaterra tras la conquista; allí probablemente escribió la *Chanson* siendo ya titular de la abadía-fortaleza de Peterborough después de 1070. Pues bien, en dicha obra Turoldo pone en boca del belicoso arzobispo Turpín, el fiel colaborador del emperador Carlos y proyección de la propia personalidad del autor, una soflama cruzadista que no tiene desperdicio:

> Señores barones, Carlos nos ha dejado aquí, debemos morir por nuestro señor. ¡Ayudad a mantener la cristiandad!; sabed que habrá una batalla, pues tenéis a los sarracenos ante vuestros ojos. Proclamad vuestros pecados, pedid perdón a Dios. Os daré la absolución para salvar vuestras almas. Si morís, seréis santos mártires y tendréis un sitio en lo más alto del paraíso. Los franceses desmontan y se ponen en tierra y el arzobispo los bendice [en nombre] de Dios; como penitencia les ordena atacar [vv. 1124-1138].

Estamos lejos ya, aunque desde luego no en el tiempo, de las imposiciones de penitencia por haber participado en una guerra por justa y sacralizada que fuera. Para el clérigo normando autor de la *Chanson* está claro que la participación en la guerra santa era en sí penitencia purificadora. Ya se había pronunciado con anterioridad el papado cuando Alejandro II en 1064 promulgó indulgencia para los participantes de la ofensiva que, en la península ibérica, devolvería Barbastro por poco tiempo al poder de los cristianos. Así ocurriría también cuando el papa Víctor III (1086-1087) decidiese perdonar sus pecados a cuantos italianos acudieran bajo el *vexillum sancti Petri* a combatir a los sarracenos en Tunicia. De modo no muy distinto a como lo hizo el novelado arzobispo Turpín o los papas Alejandro II y Víctor III, harán expresarse a Urbano II los cronistas que a principios del siglo XII ponen en su boca el discurso de convocatoria de la *primera cruzada*, un discurso que, si no fue pronunciado en estos términos, bien lo podría haber sido:

> Quien sucumbiere en esa expedición por amor de Dios y de sus hermanos, no dude en modo alguno de que hallará perdón de sus pecados, y participará de la vida eterna, gracias a la clementísima misericordia de nuestro Dios.

Se puede afirmar, por tanto, que, aunque desde luego no por primera vez, es con motivo de la *primera cruzada* cuando el pontificado asume plena y definitivamente la doctrina de la retribución, una doctrina que supone legitimación potenciadora de las guerras santas convocadas o animadas por él. Ahora bien, no pensemos que se halla claramente explicitada en todas ellas. Y aunque no sea este el criterio que nos permite hacer una distinción entre unas y otras, conviene advertir que la guerra santa pontificia adoptó diversas modalidades de presentación

TIPOLOGÍA DE LAS GUERRAS SANTAS CRISTIANAS

En efecto, existe toda una tipología de guerras santas cristianas, siendo la cruzada la más perfecta de sus manifestaciones. Es por ello por lo que alguna de estas características que de forma embrionaria están presentes en todas ellas, solo alcanzarán pleno desarrollo con la cruzada propiamente dicha. La tipología puede establecerse teniendo presente cuáles eran los tres grandes retos del pontificado, fortalecido a raíz de la *reforma gregoriana*: imposición de su liderazgo en Occidente, control de la ortodoxia doctrinal y reunificación de la Iglesia universal.

IMPOSICIÓN DEL LIDERAZGO EN OCCIDENTE: LAS RECONQUISTAS PONTIFICIAS

El proceso de reforma eclesiástica, que culminó durante el pontificado de Gregorio VII (1173-1185), supuso para el papado un pulso de emancipación política respecto del poder secular, y de modo especial respecto del emperador germánico, por el control de nombramientos y disponibilidad de recursos eclesiásticos. Pero es que, además, concretamente con el emperador, el papa disputaba el control hegemónico sobre la cristiandad occidental. La libertad de la Iglesia implicaba independencia y la independencia no era posible sino desde un plano de superioridad. Ambos "poderes universales" deseaban proyectar su influencia sobre el mismo espacio y ambos se disputaron su control efectivo en un momento en que las esferas de los espiritual y lo temporal no se hallaban nítidamente diferenciadas.

Fig. 3: Donación de Constantino. Fresco del siglo XIII. Basílica romana de los Cuatro Santos Coronados

En esta pugna, los papas utilizaron un viejo documento jurídico que, pese a su carácter apócrifo, durante mucho tiempo sería pieza capital en la construcción político-ideológica de la Iglesia: la *Constitutum Constantini* o "Donación de Constantino". El documento fue probablemente elaborado en la curia papal a mediados delo siglo VIII y se basaba en una antigua leyenda, la de san Silvestre, de finales del siglo V. Según el texto de la "donación", el emperador Constantino decidió tras su conversión renunciar al Imperio y a sus símbolos entregándolos al papa Silvestre. Este, convertido así en dueño del Imperio y su corona, decidió que Constantino siguiera ejerciendo el poder en su nombre desde Constantinopla, quedando el papa instalado en el palacio imperial de Roma, dueño de la ciudad, de Italia y de todos los territorios occidentales del Imperio. Era una manera de explicar que al papa y a sus sucesores pertenecía la *auctoritas* propia de los emperadores, es decir, la máxima autoridad soberana a la que el emperador había renunciado.

Ahora, en el siglo XI, el pontificado se veía con fuerza suficiente de esgrimir este argumento frente al emperador y el resto de los reyes de Occidente que, según la "Donación de Constantino", le pertenecía. Para ello, no dudó en utilizar la guerra, ya inevitablemente santa, en forma de "reconquista pontificia". Fue esta una realidad concebida por el papa Alejandro II (1061-1073) y puesta en práctica fundamentalmente por él y por sus sucesores Gregorio VII (1073-1085) y, en menor medida, Víctor III (1086-1087). Sus características esenciales eran básicamente tres. Se trataba, en primer lugar, de una guerra promovida por el papa, en cuanto obispo de Roma y responsable del *Patrimonium Petri* para la restauración de la soberanía pontificia sobre todos los dominios que le habían sido arrebatados en Occidente o en los que se desoía la voz de su autoridad. Estamos, en segundo lugar, ante una guerra dirigida contra los infieles que hubieran podido ocupar estos territorios supuestamente pontificios, y también contra aquellos cristianos que no reconocían la soberanía papal o la autoridad del obispo de Roma. En cualquier caso, se trata de operaciones parciales, no concebidas como defensa del conjunto de la cristiandad. Finalmente, en tercer lugar, hablamos de movilizaciones realizadas a base de convocatorias dirigidas a los *milites sancti Petri*, es decir, a aquellos que se encuentran formalmente ligados al papa mediante lazos de vasallaje o expresos compromisos de dependencia. La guerra así entendida tiene, por tanto, connotaciones claramente feudales.

Son muchos los ejemplos de "reconquista pontificia" que nos ofrecen los aludidos gobiernos papales de Alejandro II, Gregorio VII y Víctor III. Cabe presentarlos según distintas modalidades. La primera de ellas obedece a un objetivo de reconquista pura y simple que permite restaurar la soberanía pontificia en un territorio ilegítimamente ocupado. Es el caso de la invasión normanda del sur de Italia y Sicilia consumada en el último cuarto del siglo XI. Tras el desacuerdo inicial, Roberto Guiscardo, de la casa normanda de Hauteville, fue reconocido como duque de Apulia y Calabria por el papa, y después de aceptar una formal dependencia respecto a la Sede Apostólica, expulsó a los bizantinos del sur de Italia y diseñó el plan de ocupación de la Sicilia musulmana. Esta última fue llevada a cabo por su hermano el conde Roger I. En los planes del papa entraba "recuperar" definitivamente el control soberano del territorio a través de una monarquía, la de los normandos de la familia de Hauteville, que en efecto más adelante renovarían su vasallaje a la Sede Apostólica. Por ahora, y con motivo de la batalla de Cerami de 1063, la de la aparición de san Jorge, el papa Alejandro II concedía a los hombres de Roger "el *vexillum* (estandarte) autorizado por la Sede romana, de modo que, como recompensa y confiados en la protección de san Pedro, lo enarbolasen para, protegidos, vencer a los sarracenos". Años después, en 1087, el *vexillum sancti Petri* fue confiado, en esta ocasión por Víctor III, a genoveses y pisanos que en aquella fecha y en nombre del papa ocupaban la plaza norteafricana de Mahdia en tierras de la actual Tunicia; parte del inmenso botín obtenido entonces fue invertido en la construcción de la catedral de Pisa.

Una segunda modalidad de "reconquista pontificia" es la que tiene por objeto no tanto la conquista de un territorio como la mera restauración de la autoridad eclesiástica del papa en el mismo. Cabe situar en esta perspectiva la invasión normanda de Inglaterra por Guillermo *el Conquistador* en 1066. Guillermo pudo ser el medio utilizado por el papa para introducir la reforma pontificia en una Inglaterra de tibia cristianización y refractaria al centralismo papal. Pues bien, parece que el *vexillum sancti Petri* probablemente también en esta ocasión fue enarbolado en la batalla de Hastings.

Una última modalidad, la más compleja, es la que pretende combinar la reconquista material con vistas al restablecimiento de la soberanía papal con estrategias destinadas a la normalización de la autoridad eclesiástica en la zona. Un primer ejemplo podría ser el de la fugaz toma de Barbastro de 1064. Se trata, como sabemos, de una expedición que contaba con todas las bendiciones del papa Alejandro II y que no pocos historiadores han considerado una auténtica cruzada, quizá la primera propiamente dicha de la historia. El tema es más que discutible, lo que no lo es, en cambio, es la participación en la ofensiva de nobles aragoneses y catalanes a los que se sumaron numerosos caballeros francos provenientes de Aquitania, Normandía, Champaña y Borgoña, dirigidos, si hemos de creer al cronista musulmán Ibn Ḥayyān, por "el comandante de la caballería de Roma" enarbolando con toda probabilidad el *vexillum sancti Petri*. El objetivo último de la expedición, aunque quizá indirecto, era consolidar el debilitado reino de Aragón y a su titular Sancho Ramírez, pero la factura del papa no tardaría en materializarse: en 1068 el monarca aragonés entregaba su reino a la Sede Apostólica recibiéndolo, a cambio, en calidad de feudo, y solo dos años después, en 1070, el nuevo vasallo pontificio autorizaba la introducción del rito romano en sus dominios.

El ejemplo más claro de esta última y compleja modalidad es, sin embargo, el de la ambigua guerra santa decretada en 1073 en territorios castellanoleoneses por el papa Gregorio VII, recogiendo la iniciativa de su antecesor Alejandro II. Aunque la operación nunca fue llevada a cabo, la documentación sobre el particular dirigida a los nobles francos pone de relieve cuatro hechos de sumo interés: lo que el papa denomina como *regnum Hyspanie* era propiedad de la Sede Apostólica –expresamente se dice que fue desde antiguo propiedad de san Pedro– y ahora se hallaba ocupado por los musulmanes; la dirección de la empresa era entregada a un noble muy cercano a la curia, el conde Ebles de Roucy, yerno de Roberto Guiscardo y cuñado y primo del rey Sancho Ramírez, vasallo del papa, como acabamos de ver, desde 1068; la iniciativa se hallaba vinculada a la legación de un representante papal de significado *curriculum* reformista, el cardenal Hugo Cándido, responsable de la introducción del rito romano en la Península; y finalmente, todo este plan se verificaba de espaldas al rey Alfonso VI (1065-1109), reticente a los planes normalizadores del papa –aunque no a la introducción de la liturgia romana– y, sobre todo, contradictor de la soberanía pontificia sobre la Península.

CONTROL DE LA ORTODOXIA DOCTRINAL: LAS GUERRAS DE DIOS

El segundo gran reto del pontificado en este momento de fortalecimiento que fue capaz de conferirle la *reforma gregoriana* fue el de alcanzar niveles adecuados de control sobre sus fieles en todo aquello que ese mismo pontificado consideraba como la ortodoxia. Y es que el liderazgo papal dependía, en buena medida, de un discurso coherente y uniforme, y en ocasiones su implementación requirió a los ojos del papado de medios coercitivos. Es curioso que sea precisamente en este campo en el que aparece, no exactamente por primera vez, aunque sí con especial rotundidad, la expresión bíblica *bellum Dei* ("guerra de Dios") para designar el combate que defendía los intereses de la Iglesia. El ejemplo de un caballero milanés, Erlembaldo, patarino protegido del papa, líder de ese *bellum Dei* y considerado mártir, es suficientemente expresivo.

La *pataria* en sus orígenes había sido un movimiento popular surgido en Lombardía, con foco principal en Milán, y que desde mediados del siglo XI se había alineado con las propuestas reformistas que empezaban a abrirse camino en la Roma pontificia. De hecho, parece que Anselmo de Baggio, el que sería papa Alejandro II, tuvo contacto con ellos, y ya papa, concedió el *vexillum* pontificio a Erlembaldo. El ideal de pobreza y austeridad propio del movimiento conectaba con la idea renovada de un clero "desmundanizado" y ajeno a la corrupción que enarbolaría la *reforma gregoriana*. Pues bien, antes de que muy pronto la deriva de los patarinos se radicalizara y acabara fuera de los márgenes impuestos por la ortodoxia pontificia, Gregorio VII en 1073 hacía todo un llamamiento a apoyar a Erlembaldo, líder de la *pataria* en abierta confrontación con el arzobispo de Milán, para que se le prestase ayuda en la empresa emprendida con consejo y apoyo del papa resistiéndose "a los enemigos de la santa Iglesia y combatiendo con él la guerra de Dios". Poco importa que el final de Erlembaldo estuviera envuelto en una revuelta callejera. Gregorio VII le dio el tratamiento de mártir y pocos años después un obispo gregoriano, también de origen patarino, Bonizo de Sutri, no dudaba en afirmar que "hasta el día de hoy Dios opera muchos milagros en su sepulcro".

REUNIFICACIÓN DE LA IGLESIA UNIVERSAL: LAS CRUZADAS

El tercer y último reto al que hubo de enfrentarse el pontificado reformista fue el de la reunificación de la Iglesia universal. Ahora bien, cuando hablamos de este objetivo nos estamos refiriendo a la introducción clave de la recuperación de Jerusalén en el discurso papal. Jerusalén es el símbolo y razón de ser de todo cristianismo y su posesión daba sentido a la pretensión totalizadora del liderazgo papal. En las guerras santas cristianas destinadas a la recuperación de Jerusalén, las cruzadas, vemos su más acabada representación. Todos los elementos que hemos visto en ellas se dan íntegramente y de manera sistemática en las cruzadas, pero conviene que nos detengamos de una manera más detallada en todo ello.

Fig. 4: Biblia ilustrada de La Haya, fol. 1r (s. XIII)

EL CONCEPTO DE CRUZADA

EL NOMBRE Y EL NÚMERO

El de la cruzada es uno de los ejemplos en los que una realidad precede al término con que acabará conociéndose. La palabra "cruzada" y sus variantes en lenguas romances no aparecen hasta las primeras décadas del siglo XIII. Hasta ese momento, y a lo largo de todo el siglo XII, los términos utilizados hacen referencia a tres campos semánticos: el de viaje/peregrinación *–iter, peregrinatio, passagium–*, el de expedición *–expeditio–*, y el de asunto o empresa relacionada con la cruz o con Cristo *–negotium crucis/Christi, opus Dei.*

La palabra aparece por vez primera en el ámbito navarro-occitano, y no para designar a la ofensiva de Ultramar, sino iniciativas distintas como la batalla de Las Navas de Tolosa –a *illa crozada* alude un documento navarro de 1212 para referirse a la participación de Sancho VII en ella– o la cruzada anti-albigense: Guillermo de Tudela lo utiliza en una *cansó*, escrita en occitano en 1212-1213 y referida a la guerra contra los cátaros. A partir de ese momento el término aparece con relativa frecuencia en la Península Ibérica y de modo particular en tierras de Castilla y León. Esta vinculación del origen de la palabra con tierras ibéricas podría confirmarla una alusión a ese origen en la primera mención papal del término, una bula de Bonifacio VIII de 1300, pero tampoco se refiere a Oriente. Más tarde los papas, cuando ya no existía ni remota posibilidad de recuperar Jerusalén, también emplearon el término en las bulas de indulgencia que acompañaban a los llamamientos papales en defensa de la fe y en escenarios muy diversos, desde luego no el de Tierra Santa. En realidad, la generalización del uso del término no es anterior al pontificado del valenciano Calixto III, es decir, no anterior a mediados del siglo XV, a raíz de la caída de Constantinopla en poder de los otomanos, cuando la preocupación del papa y la del conjunto de la cristiandad no estaba ya en Jerusalén sino en la ofensiva turca; y aun en aquel momento la palabra "cruzada" habitualmente seguía designando mecanismos espirituales o fiscales asociados a expediciones en defensa de la fe, y solo ocasionalmente a estas últimas.

Nada de ello quiere decir que el objetivo jerosolimitano no estuviera, y desde un principio, asociado a la defensa de la cruz en el marco de un movimiento nacido precisamente para recuperar Tierra Santa. En efecto, al menos desde mediados del siglo XII se documenta ya la palabra *crucesignati* o directamente *cruciati* para designar a los fieles comprometidos en la empresa.

Sea de ello lo que fuere, lo cierto es que el uso de la palabra "cruzada" no coincide con el tiempo en que tuvieron lugar las famosas "ocho cruzadas". Pero, como ya sabemos, esa numeración es otro artificio convencional nacido en el siglo XVIII, y no obediente a otro criterio que el de una arbitraria consideración de la importancia que habrían adquirido cada una de ellas, ya sea por el carácter decisivo que en su momento se les dio o por los personajes que las protagonizaron. En cualquier caso, hacen referencia, en este caso sí, a expediciones contra el islam oriental en Palestina o en Egipto, y no a otros ámbitos en los que, sin embargo, sí se llegó a aplicar la consideración canónica de cruzada.

DEFINICIÓN

Pero es hora ya de establecer una definición concreta para el concepto de cruzada, tarea nada fácil si tenemos en cuenta, como razonablemente sugiere Alain Demurger, que se trata de una idea dinámica que no nos permite identificar la cruzada del siglo XII con la del XIII o centurias siguientes. Siendo esto verdad, vamos, sin embargo, a establecer una definición que nos permita movernos con cierta seguridad en tema tan complejo. Y en este sentido, optamos por retener la que nos ha proporcionado Jonathan Riley-Smith, el gran especialista británico fallecido en 2016: una guerra santa por vez primera proclamada por el papa en nombre de Cristo, cuyos participantes recibían el tratamiento de peregrinos, se comprometían mediante votos y disfrutaban de indulgencias.

Tendremos ocasión en un próximo capítulo, centrado en la *primera cruzada*, de desarrollar los distintos puntos que integran la definición. Por ahora, nos limitaremos a destacar tres notas –dos de ellas explícitamente presentes en la definición y una tercera en la que insistió en su día Jean Flori– que nos permiten distinguir claramente la cruzada de las otras modalidades de guerra santa.

La primera de esas notas es la de la proclamación papal en nombre de Cristo. Ciertamente en las guerras santas anteriores el papa actuaba como intérprete de la voluntad de Dios, pero en defensa fundamentalmente de los intereses de la Iglesia. Ahora no eran esos intereses los que estaban en juego, sino el destino de la cristiandad en su conjunto herida por la humillación inferida al mismísimo Cristo en su Tierra Santa. El planteamiento teórico de la cruzada, por tanto, es el de resarcir esa humillación a través de la que se desangra toda la cristiandad. Por eso no es propiamente el papa sino Cristo mismo a través de las palabras del pontífice quien realiza el llamamiento, un llamamiento que, en consecuencia, ya no es a unos específicos vasallos de la Iglesia *–milites sancti Petri–* sino al conjunto universal de los fieles. A todos les invita a tomar la cruz y seguir a Cristo. La *imitatio Christi* es el gran tema que recorre las sucesivas convocatorias de cruzada.

No es extraño que sea en estas circunstancias, las del planteamiento de la cruzada, cuando se hable expresamente de "guerra santa", utilizando la expresión *praelium sanctum*, inédita hasta entonces. La vemos en un antológico texto del monje benedictino Guiberto de Nogent († c. 1124) de su *Gesta Dei per Francos* (c. 1108) en que se narra la *primera cruzada*. El texto, en concreto, plantea la alternativa de abandono del mundo y apuesta de salvación que significaba para los caballeros, sin emitir compromisos religiosos, implicarse en las "nuevas guerras santas instituidas por Dios". La expresión, como afirma Franco Cardini, fue recogida y legitimada por Guiberto de Nogent, pero no exactamente inventada por él.

La cruzada, y esta es la segunda nota que queremos destacar, se dirige a la liberación de Jerusalén y de cuantos símbolos de la *Tierra Santa* cristiana han sido mancillados por el infiel. La recuperación de los "Lugares Santos", objetivo prioritario y concreto de la cruzada, es condición necesaria para la rehabilitación del honor de Dios, y también para el perdón de los hombres cuyos pecados no son ajenos a la desastrosa amenaza que sufre la cristiandad. Por ello, la cruzada debe entenderse como una forma de peregrinaje redentor, un peregrinaje armado que, en el esfuerzo penitencial, encuentra la salvación de quienes lo asumen.

Y finalmente, la tercera nota es la dimensión esencialmente escatológica que posee la cruzada. De un modo u otro se vincula a la venganza decisiva de Dios, la que erradicará la increencia, derrocará al Anticristo y establecerá el definitivo reinado de Dios sobre la tierra. Pero todo ello ha de ocurrir al final de los tiempos, cuando el poder de Dios haga coincidir la Jerusalén terrestre con la Jerusalén bajada del cielo, en la que, según el Apocalipsis, *no entrará nada manchado* (Ap 21: 27). Por eso el acceso a ella debe ir precedido por la purificadora experiencia del aludido peregrinaje liberador. Esta dimensión escatológica, como veremos muy pronto, está sin duda presente entre los seguidores de la cruzada popular de Pedro *el Ermitaño*, pero con toda probabilidad lo estuvo también de modo específico en la convocatoria papal de Urbano II.

RECONVERSIÓN DEL CONCEPTO PONTIFICIO DE CRUZADA

Es precisamente el incumplimiento de esta importante dimensión escatológica, lo que obligó a redefinir de una forma inmediata el sentido y naturaleza originaria de la cruzada. Esta siguió respondiendo al llamamiento universal del papa en tanto responsable del conjunto de la cristiandad y siguió haciendo de la recuperación definitiva de la *Tierra Santa* su principal preocupación, pero obviamente su carácter absoluto en cuanto campaña única y definitiva que daba cumplimiento al tiempo presente, se relativizó: la cruzada se reinstaló en la Historia, se aplicó a realidades espaciales desvinculadas de Jerusalén, se acomodó al realismo juridicista de los cánones y, sobre todo, redefinió sus planteamientos.

UNIVERSALIZACIÓN DEL FENÓMENO CRUZADO

En efecto, como tendremos ocasión de ver con más calma, a partir del mismo momento de la toma de Jerusalén en 1099 el movimiento cruzado tendió a universalizar sus objetivos. La conquista de la *Ciudad*

Santa hizo despertar de sus ensoñaciones a los cristianos descubriendo a sus ojos que no se hallaban ante el receptáculo mismo del Reino de Dios sino ante las fauces de un peligroso enemigo, el islam, cuyos tentáculos rodeaban una buena parte de las costas mediterráneas y amenazaban en sus propias bases la seguridad misma de la cristiandad. La virulencia con que, al otro lado del Mediterráneo, en la Península Ibérica, se mostraba entonces el movimiento integrista de los almorávides norteafricanos, lo ponía crudamente de manifiesto.

Por ello no es extraño que desde muy pronto, se empezaran a realizar las primeras equiparaciones entre la cruzada palestina y la guerra contra el islam que se desarrollaba en la península ibérica. A decir verdad, y de modo absolutamente excepcional esas equiparaciones, tal y como tendremos ocasión de ver más adelante, se encuentran ya en la documentación de Urbano II posterior a la convocatoria de Clermont, y las reitera Pascual II en 1100 y 1101, pero sería un poco después, en 1123, cuando el I Concilio Lateranense identificará plena y canónicamente la cruzada jerosolimitana con la hispánica; incluso el componente de *iter* o peregrinaje redentor sería considerado común a los objetivos de las dos realidades geográficas. De hecho, el *Pseudo-Turpín*, una antigua crónica atribuida al legendario arzobispo de la *Chanson de Roland*, al que ya conocemos, no dudará en presentar la intervención de Carlomagno en España como la respuesta del emperador a la invitación del Apóstol a que verificase un peregrinaje militar que liberaría su tumba de los invasores sarracenos y que a él le garantizaría la corona de los santos.

PLENA CANONIZACIÓN DE LA CRUZADA

La desaparición del señuelo escatológico obligó también a las autoridades eclesiásticas a practicar un notable ejercicio de realismo jurídico haciendo fondear el movimiento cruzado sobre las seguras aguas del Derecho canónico. No se trataba de algo nuevo. De hecho, después de todo lo que venimos apuntando en páginas anteriores, no cabe duda de que las cruzadas son una manifestación más, la más espectacular, del rearme que para el pontificado supuso la llamada *reforma gregoriana*. La larga carrera de la Sede Apostólica por afirmar su autoridad en Occidente y proyectarse como referente soberano sobre el conjunto de la cristiandad va acompañada de todo un armazón jurídico que favorece la centralización romana y del que esta se vale para imponer sus criterios. Ese armazón, al sostener la acción de los papas y sus objetivos, constituye igualmente la base del movimiento cruzado.

La cuestión tiene hondas raíces. No es casual que cuando a mediados del siglo IX el pontificado empiece a dar muestras de una vocación claramente centralizadora y, en consecuencia, se atreva a hacer llamamientos para la defensa de esa patria de la cristiandad que era Roma, nos encontremos ya con el respaldo jurídico de las llamadas *Falsas Decretales* o *Decretales Pseudoisidorianas*, un primer compendio de Derecho canónico atribuido a san Isidoro de Sevilla pero realmente compuesto en medios curiales en torno a 850, y del que se valió el enérgico Nicolás I (858-867) para hacer presente en el conjunto de la Iglesia una autoridad, la suya propia, que él consideraba inapelable.

Siglos después otro papa enérgico y centralista, Gregorio VII (1073-1085), epicentro del reformismo que lleva su nombre, forjador de la guerra santa cristiana y precursor de las cruzadas, encargaba al canonista Anselmo de Lucca la confección de una nueva compilación jurídica, la *Collectio Canonum* o *Apologeticum*, compuesta en 1083 y que constituye todo un monumento en defensa del primado de la Iglesia de Roma, en el que, no en vano, se recogen específicamente cuantas citas patrísticas, y en especial de san Agustín, pudieran justificar el uso de la guerra desde una óptica cristiana.

Pero la vinculación del movimiento cruzado con el juridicismo centralizador de Roma no solo no acaba aquí, sino que se potencia de manera extraordinaria tras la *primera cruzada*, y ahí está para demostrarlo el *Decretum*, la mayor compilación canónica hasta la fecha, obra realizada por un monje camaldulense llamado Graciano que probablemente la confeccionó hacia 1140 en el monasterio de San Félix de Bolonia. Un buen especialista, como James A. Brundage, ha estudiado de manera particular las desviaciones justificadoras que para el encauzamiento de la violencia cristiana tuvo la labor de Graciano y los llamados decretistas. Para empezar, a ellos debemos una elaborada clasificación terminológico-conceptual que perfila con claridad algunas de las categorías que hemos tenido ocasión de ir analizando en páginas anteriores. Se distinguía, en primer lugar, entre *violencia privada* y *pública*. Esta última, a su vez, podía ser *profana* o *sagrada*. La *violencia pública sagrada* se correspondía con la *guerra justa*, que podía practicarse tanto en *defensa del reino*, de la familia y de la legítima propiedad, como en *defensa de la Iglesia* y de la religión cristiana. En este último caso, nos encontramos, según el *Decretum*, con la *guerra santa*, de la que la *cruzada* no sería más que una manifestación.

En efecto, eran posibles diversas modalidades de guerra santa. Para que una cruzada fuera canónicamente reconocida como tal, el *Decretum* establecía las siguientes características: a diferencia de otras guerras santas que podían ser predicadas por los obispos en virtud del *ius gladii* que poseían, la cruzada solo podía ser proclamada por el papa; solo a él correspondía, además, autorizar la concesión de indulgencia plenaria; los cruzados, y no otros participantes en guerras santas, se juramentaban mediante la emisión de votos; gozaban, además, mientras duraba la cruzada, de determinados privilegios temporales: protección sobre sus personas, familia y propiedades, inmunidades semejantes a las de los clérigos y ciertas exenciones fiscales; y finalmente, solo los cruzados podían combatir bajo la enseña de la cruz, como símbolo y manifestación de su específico estatus. La cruzada entraba así en la vía de la formalización jurídica derivando hacia la cristalización canónica. Los restos de espontaneidad que aún podían quedarle al inicial movimiento cruzado desaparecían por completo.

REDEFINICIÓN DE PLANTEAMIENTOS. LAS CRUZADAS Y SU DIVERSIDAD TIPOLÓGICA

Al tiempo que, a raíz de la conquista de Jerusalén, el marco geográfico del movimiento cruzado se amplía y se va perfilando su definitiva caracterización jurídico-formal, también la definición de sus planteamientos experimenta importantes transformaciones que afectan a su propia naturaleza originaria. La defensa de la cristiandad sigue siendo el valor supremo, pero esa cristiandad, por obra de la teocracia pontificia, cada vez se identifica más con la Iglesia. La defensa de la Iglesia frente a la agresión de los infieles, la provocación de los paganos y la amenaza de los herejes se convierten ahora en el objetivo múltiple de la cruzada. A esos mismos enemigos de la Iglesia –los infieles musulmanes de *Tierra Santa* y de España, los paganos eslavos de Prusia y el Báltico, los cismáticos griegos y los herejes diseminados por toda la cristiandad– se referirá en el siglo XIII un hombre que sabía mucho de cruzadas, Jacobo de Vitry, obispo franco de San Juan de Acre, participante activo en la *quinta cruzada* y cardenal de la curia romana donde murió en 1240.

A partir del siglo XII, en efecto, las cruzadas, con independencia del destino liberador de *Tierra Santa* y, por tanto, del marco geográfico en donde se produjeran, se relacionan con uno de estos tres grandes grupos que responden, a su vez, a la naturaleza del enemigo a abatir. Lógicamente los musulmanes seguirán manteniendo la primacía en la contraimagen del cruzadismo, pero como veremos en próximos capítulos, su protagonismo será compartido ocasionalmente por paganos centroeuropeos o cristianos heterodoxos.

También veremos más adelante cómo desde mediados del siglo XII los reyes empiezan a pensar en una instrumentación de la cruzada referida al ámbito de sus respectivos reinos. No se trata de una revitalización de la antigua guerra justa secular, aún no clericalizada, sino una adaptación de la cruzada a los intereses de la monarquía: ya que cruzada es defensa de la Iglesia, y esta, debidamente parcelada, se integra poco a poco en la estructura política de los reinos, es a sus titulares y no al papa a quien corresponde responsabilizarse de su defensa. De este modo, la cruzada se convierte en instrumento de sujeción de la propia estructura eclesiástica, y por ello en mecanismo de reforzamiento del poder real. Esta tendencia se verá muy claramente ejemplificada en la península ibérica, pero no solo en ella. De todos ello tendremos ocasión de hablar en próximos capítulos. Ahora nos interesará detenernos con detalle en la *primera cruzada* y arquetipo, pese a su especificidad, de todas las demás, la predicada por Urbano II en Clermont en 1095.

NOTAS BIBLIOGRÁFICAS

En lo relativo a guerras santas pontificias, aparte de la imprescindible obra de J. Flori, *La guerra santa...*, citada en la nota bibliográfica del capítulo precedente, un cuadro general de conjunto puede consultarse en el antiguo pero todavía útil tomo de A. Fliche, *Reforma gregoriana y reconquista,* vol. III de la *Historia de la Iglesia* de A. Fliche y V. Martin, Valencia, 1976; debe completarse, por ejemplo, con I.S. Robinson, *The Papacy, 1073-1198. Continuity and Innovation,* Cambridge University Press, 1990. La cuestión específica de la "Donación de Constantino", referencia legitimadora de las "reconquistas pontificias", en W. Ullmann, *Historia del pensamiento político en la Edad Media,* Barcelona: Ariel, pp. 58-63, y también R. Teja, "Iglesia y poder: el mito de Constantino y el papado romano", *Revista electrónica: Actas y Comunicaciones del Instituto de Historia Antigua y Medieval,* 2 (2006). Sobre la *pataria* y sus conexiones con la guerra santa: M.D. Lambert, *La herejía medieval,* Madrid: Taurus, 1986 (orig. inglés 1977), pp. 56-57. Para una mayor profundización en la "protocruzada" de Gregorio VII, vid. H.E.J. Cowdrey, "Pope Gregory VII's *Crusading* Plans of 1074", en *Outremer: Studies in the History of the Crusading Kingdom of Jerusalem presented to Joshua Prawer.* ed. B.Z. Kedar, H.E. Mayer y R.C. Samail, Jerusalem: Yad Izhak Ben-Zvi, 1982, pp. 27-40. En lo tocante a la doctrina de la retribución, el dato concerniente a Otón I y la batalla de Lech puede consultarse en K. Leyser, *Rule and Conflict in Early Medieval Society: Ottononian Saxony,* Londres: Edward Arnold, 1979, p. 77. Sobre la discutible naturaleza de la intervención cristiana en Barbastro de 1064, existe un antiguo debate planteado ya por P. Boissonnade, "Les premières croisades françaises en Espagne. Normands, Gascons, Aquitains et Bourguignons", *Bulletin Hispanique,* XXXVI (1934), pp. 5-28 y por C.J. Bishko, en su clásico trabajo "Fernando I y los orígenes de la alianza castellano-leonesa con Cluny", reeditado en *Studies in Medieval Spanish Frontier History,* Londres, 1980, pp. 1-136; otra revisiones críticas en A. Ferreiro, "The siege of Barbastro, 1064-1065: a reassessment", *Journal of Medieval History,* 9 (1983), pp. 129-144, pero sobre todo conviene tener en cuenta la última monografía sobre la cuestión de Ph. Sénac y C. Laliena Corbera,

1064, Barbastro. Guerra Santa y Yihad en la España medieval, Madrid: Alianza Editorial, 2020.

La cuestión del armazón jurídico-canónico sobre el que reposa el concepto de guerra santa pontificia y en concreto de cruzada es un tema complejo para el que resultan de interés: A. STICKLER, "Il potere coattivo materiale della Chiesa nella Riforma Gregoriana secondo Anselmo di Lucca", en *Studi Gregoriani,* 2 (1947), pp. 235-285, y J. RILEY-SMITH, "Crusading as an Act of Love", en *History,* 65 (1980), pp. 185-189. El tema de Graciano, los decretistas y su tipología de las guerras santas, en J.A. BRUNDAGE, "The Hierarchy of Violence in Twelfth –and Thirteenth– Century Canonists", en *The International History Review,* XVII (1995), en especial pp. 680-681. Para otros aspectos de carácter ideológico, vid. R. BARBER, "The Church, Warfare and Crusades", en *The Knight and Chivalry,* Woodbridge, 1995, pp. 249-265; G. CIPOLLONE, "La parole, les paroles de Dieu: la guerre sainte (1187-1216)", en Ph. Contamine y O. Guyotjeannin, *La guerre, la violence et les gens au Moyen Âge. 1. Guerre et Violence,* Paris, 1996, pp. 25-34; o el clásico de W. ULLMANN, "The Bible and Principles of Government in the Middle Age", en *Settimana di Studio Spoleto,* Spoleto, 1963, pp. 181-228.

Para la definición de cruzada, vid. J. RILEY-SMITH, *The First Crusade and the Idea of Crusading*, Londres, 1993, p. 30. La desarrolló en su pequeño ensayo *¿Qué fueron las cruzadas?*, cuya última edición (Madrid: Acantilado) es de 2012. Es interesante tener en cuenta a J. FLORI, "Pour une redéfinition de la croisade", *Cahiers de Civilization médiévale*, 47 (2004), pp. 329-350. Y, por supuesto, A. DEMURGER y su concepción dinámica de la cruzada que defiende en *La croisade au Moyen Âge. Idée et pratiques*, París: Nathan, 1998. Puede consultarse también: C. de AYALA MARTÍNEZ, "Definición de cruzada: estado de la cuestión", en I. Bazán (ed.), *Guerra y violencia en la Edad Media. Clío y Crimen. Revista del Centro de Historia del Crimen de Durango*, 6 (2009), pp. 216-242. Una completa perspectiva historiográfica sobre el concepto y percepción culturalmente cambiante de la cruzada en Ch. TYERMAN, *The Debate on the Crusades, 1099-2010*, Manchester University Press, 2011. Para el aspecto concreto que señalábamos a propósito de la expresión "guerra santa" de Guiberto de Nogent, vid. F. CARDINI, "La guerra santa nella cristianità", en *'Militia Christi' e Crociata nei secoli XI-XIII. Atti della undécima Settimana internazionale di studio Mendola, 28 agisto-1 settembre 1989*, Università Cattolica del Sacro Cuore, Milán, 1992, pp. 386-387.

Sobre el término cruzada B. WEBER, "El término 'cruzada' y sus usos en la Edad Media. La asimilación lingüística como proceso de legitimación", en Ayala Martínez, C. de, Henriet, P. y Palacios Ontalva, S. (eds.), *Orígenes y desarrollo de la guerra santa en la Península Ibérica. Palabras e imágenes para una legitimación (siglos X-XIV)*, Madrid: Casa de Velázquez, 2016, pp. 221-233, y del mismo autor, "When and Were did the Word 'Crusade' appear in the Middle Ages? And Why?", en K. Villads Jensen y T. Kjersgaard Nielsen (dir.), *The Crusades. History and Memory*, Turnhout: Brepols, 2021, pp. 199-220. Puede verse también: C. de AYALA MARTÍNEZ, "El término 'cruzada' en la documentación castellana de los siglos XII y principios del XIII", *Intus-Legere. Historia*, 7 (2013), pp. 77-93. Sobre la cuestión convencional de la sucesión numérica: Ch. TYERMAN, *Las Cruzadas. Realidad y mito*, Barcelona, 2005 (orig. inglés *Fighting for Christendom. Holy War and the Crusades*, Oxford, 2004), pp. 42-45. Con relación a la ritualización de la toma de la cruz y la designación de *crucesignati*: J.A. BRUNDAGE, "*Cruce signari:* The Rite fot Taking the Cross in England", *Traditio*, 22 (1966), pp. 289-310 (reed. en Id.: *The Crusades, HolyWar and Canon Law*, Variorum, 1991, VII) y M. MARKOWSKI, "*Crucesignatus*: Its Origins and Early Usage", *Journal of Medieval History*, 10 (1984), pp. 157-165.

Algunas otras obras de carácter general abordan en sus primeras páginas las cuestiones relativas a precedentes y contextualización de la cruzada. En su momento, la síntesis de M.A. LADERO QUESADA, *Las Cruzadas,* Bilbao, 1972. Y más recientemente N. JASPERT, *Las cruzadas*, Universitat de València, 2010 (orig. alemán 2008), y J.S. PALACIOS ONTALVA, *Cruzadas y órdenes militares en la Edad Media*, Madrid: Síntesis, 2017. Y lo aborda de forma más monográfica J. FLORI, *La cruz, la tiara y la espada*, Barcelona: Edhasa, 2013 (orig. francés 2010). Tanto para este capítulo como para los venideros, es también muy recomendable el interesante estudio de Ch. TYERMAN,

Cómo organizar una cruzada. El trasfondo racional de las guerras de Dios, Barcelona: Crítica, 2016 (orig. inglés 2015).

3.
EL MUNDO MEDITERRÁNEO EN VÍSPERAS DE LAS CRUZADAS

Obviamente la cruzada que Urbano II predicó en Clermont en 1095 no puede entenderse si antes no nos ocupamos, aunque sea con brevedad, de los tres factores que de forma directa o indirecta intervienen en su gestación. En primer lugar, el islam, cuyos seguidores, presuntamente fanatizados, habrían puesto en marcha los resortes de la reacción cristiana. En segundo lugar, la cristiandad oriental, cuyo referente político, el Imperio bizantino, era responsable no solo de la seguridad de sus amenazadas fronteras sino también protector de las comunidades cristianas que, teóricamente, sufrían la directa y desconsiderada opresión de los infieles. Y finalmente la propia cristiandad occidental, a la que con especial insistencia nos hemos referido en los capítulos precedentes, y cuyos intereses espirituales y comerciales podían verse notablemente restringidos por efecto de ese pretendido fanatismo de los musulmanes. En seguida veremos que la realidad fue mucho más complicada que todo ello, y por eso mismo es por lo que esa triple ojeada previa se hace imprescindible.

REORDENACIÓN DEL ESCENARIO ISLÁMICO

El islam, en efecto, constituye la razón de ser del movimiento cruzado, la justificación de todo su entramado ideológico y su primer y más patente objetivo de combate. Pero el islam en los años que anteceden a la predicación pontificia de Clermont distaba de ser un fenómeno unitario y de coherente proyección. Estaban muy lejos los días en que la religión predicada por el profeta Muhammad servía de plataforma unificadora para un único califato que se extendía desde el Indo al Atlántico. Tras los primeros califas, los *rāsidūn*, los "bien guiados", que conocemos como "perfectos" u "ortodoxos", se sucedieron dos nuevas dinastías califales, la de los omeyas que gobernarían aún el imperio unido desde Damasco entre mediados del siglo VII y mediados del VIII, y la de los abbasíes que lo harían a partir de entonces desde Bagdad. Todos ellos se autoproclamaban defensores de la pureza interpretativa del islam, la que unía a la palabra de Dios revelada en el Corán, el inapreciable valor de la tradición o *sunna*.

A partir del siglo X el panorama comenzó a cambiar de manera acelerada. Los abbasíes asistieron impotentes a la aparición de alternativas políticas y doctrinales que acabarían formalizando la escisión de la comunidad de los creyentes, la *umma*, y con ella la del propio imperio árabo-musulmán, unido hasta entonces. A mediados del siglo XI esa división se concreta en la existencia de tres grandes formaciones político-religiosas. La más occidental de todas ellas era el vasto imperio almorávide, cuyos emires, defensores de una ortodoxia rigorista, supieron extenderse desde su lugar de origen a orillas del río Senegal hasta más allá del estrecho de Gibraltar incorporando buena parte del territorio de al-Ándalus. Más hacia el este, con base en El Cairo, el califato fatimí de Egipto constituye, por su parte, una gran potencia islámica que controlaba las ciudades santas de Arabia e imponía su autoridad en las estratégicas tierras sirio-palestinas del Próximo Oriente. Su adscripción ideológica era al siísmo, la facción islámica de los partidarios de Alí, el primo y yerno del Profeta. Sus seguidores sostenían que eran los descendientes directos de Alí los únicos que tenían legitimidad para gobernar la comunidad musulmana y negaban, por tanto, la de omeyas y abasíes. Frente a estos últimos, en efecto, el califato fatimí representaba una seria y agresiva amenaza. Finalmente es el califato abbasí, o mejor lo que de él quedaba, el tercero de los grandes ámbitos de poder en que se hallaba dividido el islam, aunque, eso sí, un ámbito políticamente desarticulado y controlado, de hecho, por los turcos.

De las tres formaciones aludidas solo nos ocuparemos en el presente capítulo de las dos últimas. Los almorávides, sobre los que habremos de volver más adelante, fueron sin duda motivo de preocupación para el pontificado, pero su alejada posición respecto a Tierra Santa no los convertía en objetivo prioritario de la cruzada.

EL CALIFATO DE LOS FATIMÍES DE EGIPTO

Los fatimíes egipcios sí podían ser considerados como objetivo de cruzada. En torno a 1095, en círculos pontificios, se había elaborado una bula atribuida al papa Sergio IV (1009-1012) concediendo indulgencia plenaria a quien contribuyera a la recuperación del Santo Sepulcro; de este modo, el papa habría respondido a la sacrílega destrucción de su más preciado santuario ordenada en 1009 por el califa fatimí al-Hākim (996-1021). Es evidente que en vísperas de Clermont no se había olvidado el ultraje que los cristianos habían recibido más de ochenta años antes por parte de los fatimíes. Pero ¿quiénes eran los fatimíes?

a) El siísmo ismailí y su radicación en Egipto

Los fatimíes eran los miembros de una secta del siísmo *ismailí* o *septimano*. En efecto, el radicalismo legitimista y socialmente revolucionario del siísmo quedó a mediados del siglo VIII dividido en dos grandes bloques. Uno de ellos, el minoritario, es el del ismailismo. Sus miembros creían que Ismā'īl, séptimo *imam* descendiente en línea directa de Alí, se había ocultado a los ojos de los hombres para reaparecer al final de los tiempos en forma de *mahdī*, una especie de mesías escatológico encargado de reconciliar a la humanidad con Dios a través de la restauración final y definitiva de los valores de justicia e igualdad propios del islam. Los ismailíes –los *gulat* o exagerados, como gustaban calificarlos sus enemigos–, tendieron a una progresiva sectarización de sus adeptos. Una de las sectas en que pronto se dividieron fue la de los fatimíes, especiales reivindicadores de la legitimidad profética a través de la figura de Fátima, única hija superviviente del Profeta y mujer de Alí.

El radicalismo fatimí acentuaba el carácter apocalíptico del movimiento sií, y al tiempo que reivindicaba una mejora social para el conjunto de los musulmanes, mostraba sus contradicciones a la hora de valorar el papel de la mujer en la sociedad: el respeto hacia ella debía manifestarse en la eliminación de todo trato discriminatorio por razón de herencia y también en la evitación de la poligamia, pero como ocurría entre el resto de los musulmanes, y quizá en mayor medida, en ningún caso la mujer podía ejercer el más mínimo protagonismo social fuera del hogar familiar.

Los fatimíes construyeron a principios del siglo x un primer ensayo político de envergadura en las regiones centrales del norte de África, pero muy pronto, antes de finalizar la centuria, se instalaron en Egipto creando un renovado califato con capital en El Cairo, la ciudad de "la Victoria" –*al-Qāhira*–, levantada entonces junto al viejo emporio de *Fustat*. Desde un principio el califato fatimí egipcio hizo descansar su compleja arquitectura sobre dos ejes fundamentales: el particular perfil religioso de su califa, y la extraordinaria vocación expansiva del régimen.

Los califas preferían usar el título de *imām* o líder religioso, y tenían plena autoridad para definir doctrina; a fin de cuentas, eran partícipes de la emanación creadora de Dios. Su poder, por consiguiente, era absoluto, y nada ni nadie podía limitarlo. Tampoco era necesario, porque la chispa divina que se albergaba en el imām y que le convertía en inspirado, le hacía inevitablemente justo e infalible. Ello explica que su acceso al poder fuera exclusiva decisión de su predecesor, que solo revelaba su voluntad en el último minuto, sin que ningún consejo o instancia representativa participara en una formal confirmación. Esta doctrina de Estado –que, aunque desde luego excepcionalmente, llevará a alguno de sus titulares, en concreto al mencionado al-Hākim, a ser considerado como una auténtica divinidad–, se traducía, como no podía ser de otro modo, en un lujo y un fasto que, influido por la tradicional cultura egipcia, superaba al de los abbasíes.

Otra manifestación de esa misma doctrina es la fuerte centralización administrativa alcanzada, llegando en el terreno económico a un cierto dirigismo, cuyo teórico fin social, en consonancia con los principios ismailíes, era alcanzar cotas de cierta nivelación entre la población. Shaban, por ejemplo, opina que, en materia de comercio interior, la sistemática aplicación de tasas y aranceles sobre productos y operaciones mercantiles, tenía este objetivo, ya que al gravarse el gasto y el consumo de quienes estaban en condiciones de llevarlo a cabo, según tarifas meticulosamente establecidas, se obtenían rentas que podían beneficiar a otros sectores menos afortunados.

Hay que decir, por otra parte, que esta teocracia –salvo excepciones que corresponden al divinizado califa al-Hākim– no se tradujo en políticas excluyentes respecto a súbditos no ismailíes. Conscientes de que gobernaban sobre una población mayoritariamente sunní, los fatimíes ejercieron para con ellos una política de respeto y tolerancia. Ello explica que el mensaje ismailí, reducido a un círculo minoritario de iniciados en sus esotéricas proposiciones, no haya dejado huella duradera en Egipto pese a sus dos siglos de dominación. Tampoco cristianos y judíos fueron por lo general marginados, siendo ampliamente utilizados en la administración, especialmente en la tributaria lo que acabó generando cierto sentimiento de rechazo popular hacia esas minorías.

También la vocación expansiva fue característica del nuevo régimen. Se encargaba de prepararla un curioso sistema de propaganda misional establecida desde el gobierno, y la posibilitaba la organización de un poderoso ejército, aunque no siempre bien trabado. Pero junto a los factores religioso y militar, la expansión egipcia cuenta con una dimensión comercial de extraordinaria importancia y quizá uno de los elementos más característicos del régimen.

El sistema de propaganda exterior –ya hemos aludido a que en el interior el califato renunció a tareas proselitistas– corría a cargo de una poderosa red de misioneros que, según la tradición ismailí, recibían el nombre de *duat* (singular: *dai*). Su labor propagandista tenía por objeto preparar la conquista egipcia a través de la extensión previa del mensaje ismailí. Los *duat*, dependientes directamente del gobierno, recibían su adoctrinamiento en la mezquita cairota de al-Azhar, y desde sus lugares de destino, mantenían una constante comunicación con la capital del califato. Por su parte, el ejército egipcio estaba compuesto por un heterogéneo conjunto de grupos étnicos –bereberes, sudaneses, árabes, cristianos armenios, turcos...– que, pese a conformar un impresionante contingente, acabaría siendo factor de inestabilidad interna. Hasta entonces, la autoridad fatimí –aunque ciertamente de manera no muy sólida– estuvo presente en la franja costera sirio-palestina, y lo haría prácticamente hasta el inicio de las cruzadas.

El Egipto fatimí, además, desarrollaba una extraordinaria actividad comercial exterior que se veía facilitada por el control de las rutas transaharianas y la obtención, a través de ellas, de ingentes cantidades de oro sudanés. Fueron ejes de atención fatimí tanto el Mediterráneo como el mar Rojo. Con relación al Mediterráneo, hay que destacar la presencia de mercaderes italianos de Amalfi, Génova y Venecia en El Cairo (cerca de trescientos amalfitanos se hallaban ya en la capital poco después de la conquista), en Alejandría y Damietta. Buscaban, entre otros productos, lino, papel, azúcar y el preciado alumbre del sur de Egipto. Llegaban también a los puertos sirios de acceso a Palestina. De sobra conocida es la historia de los comerciantes amalfitanos que hacia 1070 levantaron en Jerusalén un monasterio, el de Santa María *La Latina*, y un hospital adjunto, que sería núcleo originario de la futura orden militar de los hospitalarios y que se erigía ahora frente al recién reconstruido templo del Santo Sepulcro, todo ello bajo la protección de las autoridades fatimíes. En cuanto al mar Rojo, hay que decir que el régimen egipcio se encontró con una coyuntura favorable: el comercio a gran escala abandonaba el golfo Pérsico y se trasladaba al mar Rojo, donde a partir de este momento recalará la ruta de conexión con la India. Este trasvase cuenta con dos factores explicativos: por un lado, la decadencia económica de Bagdad y del imperio abbasí, y, por otro lado, la circunstancia fortuita de que un terremoto provocara la ruina irreversible del puerto iraní de Siraf. Gran parte de esta actividad comercial del siglo XI nos es bien conocida gracias al hallazgo en una *geniza* judía de El Cairo (dependencia de almacenaje aneja a las sinagogas) de una ingente cantidad de documentos comerciales, que los judíos guardaban por llevar impresas en sus encabezamientos las correspondientes invocaciones divinas.

b) La heterodoxia fatimí: drusos y "asesinos"

Desde un punto de vista estrictamente político la evolución del régimen egipcio contempla desde fechas tempranas inequívocos síntomas de fragilidad estructural. Dada la extraordinaria carga ideológica del sistema, esos síntomas se expresan en forma de cismas religiosos, pero tras ellos, sin duda, se adivinan complejas y contradictorias realidades de orden político.

El primero de esos cismas es el que dio lugar a un movimiento que todavía existe en la actualidad, el de los drusos, un movimiento desvinculado desde muy pronto de las esencias del islam. El cisma tiene su origen en el califato, que ya conocemos, del polémico al-Hākim (996-1021). Las fragmentarias fuentes que nos permiten reconstruir la etapa de su gobierno nos presentan la figura de un auténtico desequilibrado al frente del gobierno. Probablemente sería preciso matizar esta aseveración, pero el intermitente fanatismo mostrado por el califa –persecuciones o depuraciones contra cristianos, judíos y sunníes, seguidas de periodos de incomprensible tolerancia–, no ayudan a perfilar su figura; como ya sabemos, él fue el responsable, en 1009, de la demolición del Santo Sepulcro de Jerusalén. Tampoco ayuda a entender el significado de su errática política, su escandalosa autorrenuncia a ser considerado *imam* en 1012.

En estas circunstancias, y parece que al margen del propio califa, se fue extendiendo la especie de que, en realidad, al-Hākim no era sino la encarnación de Dios en la tierra. Algunos *duat* extremistas abrazaron la idea apasionadamente, y al frente de ellos se colocó un misionero de origen persa, al-Darāzī, que, ante los excesos, fue posiblemente ejecutado por el propio califa. Cuando en 1021 al-Hākim desapareció misteriosamente, casi con toda seguridad asesinado, los seguidores de al-Darāzī, los drusos, afirmaron que no había muerto, ya que no podía morir quien era encarnación hipostática de la divinidad. Hubieron de abandonar Egipto y se dispersaron por Siria. La doctrina de los drusos no es fácil de conocer dado su radical esoterismo. Desde mediados del siglo XI renunciaron al proselitismo y prohibieron nuevas conversiones fuera de los círculos y familias ya existentes. Parece que su idea fundamental estriba en la creencia de que el Universo se identifica con Dios y en la posibilidad de que el hombre puede acercarse a esa radical unicidad a través del conocimiento. De hecho, los drusos no solo rompieron con el ismailismo sino con el propio islam, derivando hacia un sincretismo filosófico-religioso al que solo tienen acceso los iniciados. Su libro canónico es el llamado *Libro de la Sabiduría*, que contiene cartas y comentarios de los fundadores y propagadores del movimiento. No poseen lugares de culto y El Corán no es para ellos un libro especialmente sagrado. Actualmente tienen comunidades de cierta importancia en Siria y Líbano.

El segundo de los cismas que preanuncian la desestructuración del califato fatimí se produce en vísperas de la *primera cruzada*; es el de los *nizaríes* cuyos miembros acabarían identificándose con la llamativa secta de los "asesinos". El nuevo cisma presenta una mayor complejidad en su desarrollo. Nizār era el primogénito y presunto heredero del califa fatimí al-Mustansir (1036-1094), y fue utilizado como bandera de un movimiento cismático que nunca llegó a apoyar. Este se articuló en torno a otro *dai* de origen persa, Hasan al-Sabbāh. Su creciente descontento hacia el gobierno califal se concentró en el hombre fuerte del régimen, Badr al-Yamālī, un militar armenio, gobernador de Palestina, que puso fin a la crisis que en los años sesenta del siglo XI habían protagonizado las distintas facciones étnicas que componían el ejército. Dueño de la situación, consiguió del agradecido califa al-Mustansir plenos poderes que alcanzaron también al sistema religioso, pasando a controlar la red misionera de los *duat*. El descontento de estos no se hizo esperar: era inadmisible que se hubiera despojado de este modo al califa de sus atribuciones. Hasan capitalizó el descontento y, junto con sus seguidores, se hizo en 1090 con el control de la alejada fortaleza de Alamut, al sur del Caspio, un inexpugnable bastión rocoso de los montes Elburz.

A la muerte del califa al-Mustansir (1094), el primogénito Nizār fue apartado de la sucesión por expreso deseo del hijo del "dictador" Badr que, habiendo fallecido ya, había conseguido consolidar dinásticamente su poder. El nuevo hombre fuerte de la situación, su hijo al-Afdāl, prefirió situar en el trono egipcio al segundogénito del califa fallecido por la sencilla razón de que lo había convertido en su yerno. La resistencia de Nizār fue sofocada y él mismo desapareció en prisión. El grupo de Alamut aprovechó la circunstancia para desligarse de la obediencia al califa de El Cairo y proclamar el imamato de Nizār que no habría sino iniciado una fase de ocultamiento. En su nombre actuaría Hasan al-Sabbāh que, al frente de los nizaríes, se aplicó a poner en práctica un activismo excluyente respecto al resto de los musulmanes en el que el asesinato de oponentes era práctica habitual. En el siglo XII sus seguidores fueron llamados *hashishiyun* porque, se decía, que los activistas encargados de consumar los actos violentos lo hacían bajo el efecto del hachís. La hipótesis resulta hoy día discutible, lo cierto es que de esa designación deriva la palabra "asesino" utilizada en Occidente. El término *hashishiyun*, en cualquier caso, se lo daban sus enemigos, ellos se autodenominaban *fida'i* ("fedayín" = "el que se sacrifica").

A finales del siglo XI se constituye una nueva rama de la misma secta en territorio sirio, en torno a la fortaleza de Masyaf, bajo el control de un persa llamado Rashid al-Din Sinan, el *Sayj al-Yabal* o "Viejo de la Montaña", que llegó a constituir un estado prácticamente independiente, "El País de los Asesinos", junto al futuro condado cristiano de Trípoli, en la región montañosa e inaccesible de Nosairi, cerca de Hama y Homs, y no lejos de *Hosn al-Akrad*, el famoso "Krac de los Caballeros".

El cisma nizarí marca, ahora sí, el principio del fin del régimen egipcio de los fatimíes. Estamos en el momento en que el movimiento cruzado acaba de ponerse en marcha, y los francos arribados a Tierra Santa aún habrían de contar con la sombra de poder que los egipcios seguían proyectando sobre el litoral sirio-palestino. Incluso por entonces se detecta una cierta reactivación fatimí: aprovechando los primeros efectos que el "peregrinaje armado" estaba produciendo entre los príncipes turcos que le hacían frente, los egipcios reocuparon Palestina y con ella Jerusalén; de hecho, serían los fatimíes quienes habrían de defender la *Ciudad Santa* contra los cruzados en 1099.

EL CALIFATO ABBASÍ Y LA HEGEMONÍA TURCA

El proceso de intermitente decadencia que sufre el califato fatimí a partir de las décadas centrales del siglo XI tiene mucho que ver con la pujante y expansiva presencia de los turcos en el ámbito de teórica administración abbasí.

a) Los turcos y el islam

Ya antes del año 1000 el mundo islámico conocía y se aprovechaba de la mano de obra turca, sobre todo, para nutrir sus unidades militares, pero hasta ese momento entre estos turcos del islam y los otros pueblos nómadas de organización tribal, los *turcomanos* –como los designaban los cronistas musulmanes contemporáneos para distinguirlos de aquellos–, existía una frontera geográfica y también cultural que iba de norte a sur desde las tierras esteparias situadas más allá de la Transoxiana hasta el norte del actual Pakistán, pasando por el tercio oriental del también actual Afganitán.

Las zonas más orientales del islam, las que estaban en contacto con este mundo turco –básicamente Transoxiana, Jurasán y, más al sur, la región de Sistán– estaban gobernadas, bajo teórica soberanía abbasí, por emiratos autónomos iraníes desde la primera mitad del siglo IX: *tahiríes* y *saffaríes*, en el siglo IX, y *samaníes* durante todo el siglo X. El papel político de estos emiratos iraníes autónomos era el de contener la presión turcomana de las estepas y filtrar a Bagdad, en forma de tributo, esclavos turcos para alimentar las tropas califales. Desde nuestra perspectiva, además, su papel histórico fue el de contribuir a la conformación de la conciencia nacional iraní, haciéndolo desde el islam, pero resucitando al mismo tiempo la cultura tradicional persa. Eran regímenes identificados con las aristocracias locales de *mawālī* –los antiguos conversos persas convertidos en séquitos clientelares de los grandes linajes árabes–, y contribuyeron, especialmente los samaníes a través de sus ricas actividades comerciales con el mundo de las estepas rusas, a desarrollar grandes emporios urbanos, como las ciudades casi legendarias de Bujara y Samarcanda, en la Transoxiana, actual Uzbekistán.

Hacia el año 1000 se produce un desplazamiento histórico. Los samaníes son sustituidos en el poder por los turcos, creándose a partir de aquel momento el primer gran estado turco islámico en el flanco oriental del mundo musulmán. Establecieron su capital en la ciudad afgana de Gazna; de ahí el nombre de la primera dinastía turca convertida al islam sunní, los *gaznavíes*, responsables de un curioso ensayo político basado en la lógica de la expansión militar y en los lucrativos beneficios del botín, y cimentado en un inestable equilibrio cultural en que los elementos iraníes acabarían dando paso a un indiscutible predominio indio, y es que, desplazados de Irán por otras tribus turcas, harían del oriente de Afganistán y del noroeste de la India su principal base de referencia.

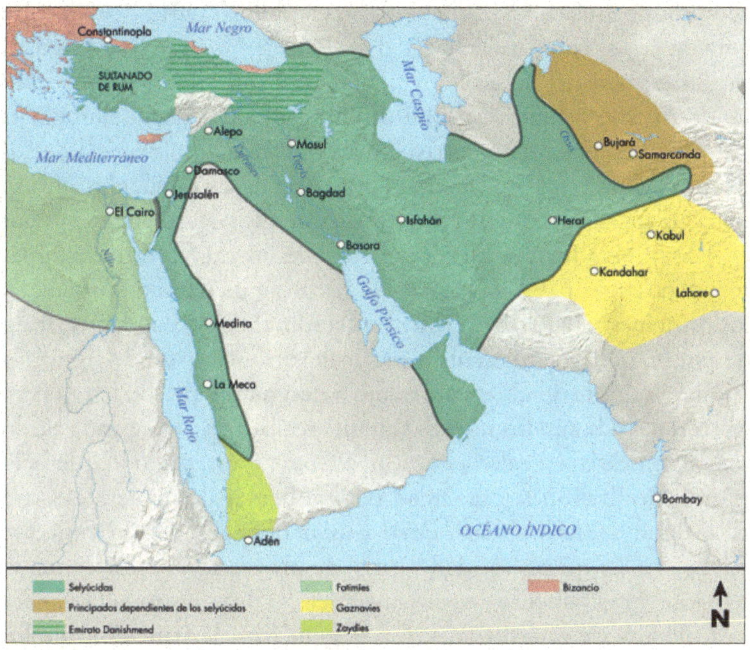

Fig. 5: La situación de dār al-islām a la llegada de los cruzados

b) Los selyúcidas

En realidad, esas otras tribus turcas habían iniciado su particular proceso de penetración violenta en el mundo islámico poco después del año 1000, y lo habían hecho a través de la estratégica región de la Transoxiana. No se trataba ya de turcos islamizados que se hacían con el poder de emiratos autónomos, sino de pueblos enteros que, probablemente presionados por los mongoles esteparios, penetraban directamente en la meseta iraní. De entre todas las tribus turcas que inician su marcha hacia el oeste destaca la de los *Guzz* u *Oguz*, dirigida por el clan de *Selyuq*, un converso al islam de la segunda mitad del siglo x. Desde la Transoxiana ocuparon el Jurasán y concretamente el territorio en torno a Merv. De allí expulsaron a los gaznavíes y solicitaron el reconocimiento abbasí de su dominio en la zona hacia 1040. Su caudillo, Tugrul Beg, decidió continuar sus conquistas hacia el oeste llegando en 1055 a Bagdad, y allí desplazó del poder a los buyíes, una dinastía de origen iraní y adscripción religiosa sií que durante un siglo había ejercido la autoridad en el califato abbasí con la obligada aquiescencia de sus titulares. Para estos, en efecto, la presencia de los selyúcidas supuso un esperanzador elemento de renovación que llegaron a interpretar en clave liberadora, si bien es cierto que los califas ya nunca más recuperarían el poder efectivo. De hecho, y de manera inmediata, los príncipes selyúcidas recibieron del soberano de Bagdad el título de *sultán*, que precisamente a partir de entonces pasa de significar "poder" o "autoridad" en abstracto a designar la persona apta para ejercerlos. Más aún los nuevos sultanes recibieron un segundo título más significativo si cabe: *emires de oriente y occidente,* o lo que es lo mismo, recibieron la capacidad para gobernar de manera efectiva el antiguo califato abbasí, cuyo titular quedaba definitivamente relegado a ser una autoridad formal de proyección exclusivamente religiosa. Precisamente esta circunstancia, la de la autoridad religiosa y la defensa de la ortodoxia, fue la gran baza legitimadora de los turcos que profesaban el sunnismo y que, teóricamente, recibieron el poder de manos del califa para proceder a extirpar la herejía en el ámbito del imperio, y especialmente en Egipto.

Y muy pronto hubieron de estrenarse en su cometido neutralizando una seria contraofensiva fatimí: un golpe de Estado protagonizado por un general turco pero dirigido por el régimen egipcio, convirtió en prisionero al califa abbasí en 1059, pero la rápida intervención de los selyúcidas neutralizó el golpe y el califa de Bagdad fue restituido en el trono bajo la atenta y protectora mirada de los nuevos amos de la situación.

Los gobiernos de los sucesores de Tugrul, su sobrino Alp Arslam (1063-1077) y el hijo de este Malik Shāh (1072-1092), no hicieron sino afianzar el régimen selyúcida. Así, mientras el primero iniciaba la imparable penetración turca en Anatolia venciendo a las tropas bizantinas en la conocida batalla de Manzikert (1071) y poniendo las bases de la futura "Turquía", el segundo se aplicó a la neutralización del poder fatimí en Siria incorporando su territorio del norte, incluido Damasco.

En este momento el nuevo sultanato turco, apoyado en el protagonismo militar de su eficaz caballería, logra su máxima extensión territorial; es el llamado "gran imperio selyúcida" que, en nombre del teórico poder del califa de Bagdad, controlaba Jurasán, Irán, Iraq, buena parte de Siria y el oriente de Asia Menor. Pero ya antes de que se produjera la muerte de Malik Shāh en 1092, se dieron los primeros pasos conducentes a la fragmentación del poder político, intrínseco a la idiosincrasia tribal de los turcos, a la compleja realidad geopolítica de los territorios ocupados y a la heterogeneidad de sus respectivas señas de identidad cultural. Dos instituciones, una presente ya en la tradición islámica, la feudalizante *iqtā*, y otra de importación turca, la figura del *atabeg*, darán cobertura al proceso de fragmentación.

Sabemos que la *iqtā* es una especie de enfeudación de los tributos de un determinado territorio que realiza el Estado a favor de un beneficiario que solo está obligado a pagar el diezmo correspondiente de los mismos. Se trata de un viejo sistema de concesiones temporales que no privaba al poder público del dominio eminente de las tierras entregadas ni a los campesinos que las trabajaban del dominio útil sobre las mismas; tampoco comportaba en principio ningún tipo de gravamen o prestación laboral por parte de dichos campesinos. Con el tiempo, sin embargo, las concesiones de *iqtā* se fueron haciendo vitalicias e incluso hereditarias, y sus beneficiarios acabaron arrogándose derechos sobre los campesinos que poco a poco eran apartados de la comunicación directa con el Estado. Pues bien, los turcos contribuyeron de manera decisiva a la extensión del sistema y a su "feudalizante" evolución en beneficio fundamentalmente de la clase militar.

Por otra parte, el *atabeg* era, en un contexto como el turco que concebía el poder como algo consustancial al clan, el tutor que el sultán selyúcida asignaba a cada uno de sus hijos u otros príncipes selyúcidas en tanto fueran menores de edad, teniendo derecho a casar con la madre del pupilo en caso de enviudar. En la práctica, los sultanes selyúcidas utilizaron la fórmula como mecanismo de legitimación a favor de sus propios hombres fuertes que, en teoría, debían ejercer el poder en nombre de un menor de la dinastía selyúcida, al que invariablemente acababan desplazando; de este modo instauraban en beneficio propio un sistema hereditario que solo en el plano formal seguía ligado al poder selyúcida.

Como ya hemos indicado, el proceso de fragmentación comenzó a producirse antes de la desaparición de Malik Shāh en 1092, y lo hizo tanto en Anatolia como en Siria, aunque en la primera no tanto mediante el sistema de *atabegs* como a través de sultanes y emires de amplias atribuciones. En efecto, antes de 1090, Anatolia estaba ya controlada por los turcos y dividida de hecho en dos grandes territorios: el *sultanato de Rum* –mitad occidental de Anatolia– con capital primero en Nicea y muy pronto en *Iconion* –hoy Konia–, cuyo titular era miembro de la dinastía selyúcida, y el *emirato de Danishmend*, príncipe turco creador de toda una dinastía que llegó a controlar el centro y norte de la Península. En Siria, en cambio, sí triunfó propiamente el régimen de *atabegs*, destacando los de Alepo y Damasco. Otras regiones del interior persa, como Mosul, fueron asimismo sede de gobiernos provinciales hereditarios bajo la administración de *atabegs* autónomos.

Resumiendo mucho, podemos decir que en el momento en que el movimiento cruzado se pone en marcha, el Próximo Oriente islámico se halla profundamente dividido. Existían dos grandes potencias, el Egipto fatimí en clara decadencia y el antiguo califato abbasí controlado por los turcos selyúcidas en trance ya de desarticulación territorial. Ambas potencias, no siempre obedeciendo a impulsos unitarios sino en el marco de la lógica que preside la galopante multiplicación de poderes locales, pugnan por el control de la estratégica región sirio-palestina donde se halla ubicada la Tierra Santa cristiana. Los cruzados, por tanto, habrán de entrar en contacto con una realidad islámica muy compleja que, en líneas generales, no fue un obstáculo para su avance, sino que más bien lo facilitó. Pero si algo nos habla de hasta qué punto el islam era un mosaico de intereses contrapuestos que pudo facilitar la cruzada, no tenemos más que acudir a la explicación que diera de su origen el cronista árabe Ibn al-Aṯīr; para él pudo ser la consecuencia de la llamada que habrían hecho los fatimíes a los francos para expulsar de Siria a los turcos. Ibn al-Aṯīr, muerto en 1233, es una de las principales fuentes islámicas para el estudio de la cruzada, y el suyo no es, desde luego, un testimonio aislado de la connivencia que en determinados momentos pudo existir entre cristianos y fatimíes.

BIZANCIO Y LAS COMUNIDADES CRISTIANAS DE ORIENTE

CRISIS DEL IMPERIO

Las provincias orientales del antiguo imperio romano, las que sobrevivieron al hundimiento occidental del siglo V y que la historiografía conoce como Bizancio, presentan una trayectoria irregular y profundamente condicionada por momentos críticos que en más de una ocasión parecieron augurar su próximo fin. Uno de esos momentos lo constituyen los cuarenta años que anteceden a la llegada de los cruzados de Occidente a tierras bizantinas.

El origen de esta larga crisis coincide con el fin del periodo macedónico que, pese a no ser ajeno en sus últimos años a la inestabilidad, había conocido la esplendorosa época expansiva de Basilio II (976-1025), el "matador de búlgaros", que había devuelto al imperio gran parte de sus antiguas fronteras y, sobre todo, su dignidad. Bizancio vivió algún tiempo de sus rentas, pero hacia mediados del siglo XI viejos problemas internos y nuevos enemigos exteriores se combinaron en una demoledora crisis que a punto estuvo de acabar con su existencia.

a) El enfrentamiento partidario

En el interior se acrecentó una antigua pugna que enfrentaba ambiciones personales y familiares pero que, sobre todo, manifestaba la contradicción entre dos modelos distintos de entender el poder y cimentar sus interesados apoyos. Por un lado, crecía cada vez con mayor pujanza una especie de partido cortesano de naturaleza burocrática que pugnaba, desde el indiscutible protagonismo de la capital del imperio, por la imposición de una sólida administración civil, firmemente apuntalada por ciertos círculos intelectuales y por la poderosa iglesia patriarcal; la familia *Ducas* representaba bien este entramado de intereses. Por otro lado, un segundo "partido" lo integraban quienes desde las siempre amenazadas provincias orientales veían peligrar sus extensos patrimonios territoriales por una política insensible ante la necesidad militar de la defensa; algunos miembros de esa aristocracia rural eran ellos mismos representantes de la clase militar que, en cualquier caso, veía con recelo y escasa simpatía la actuación prioritaria que, en detrimento de gastos militares, el gobierno y los sectores burocráticos concedían a una desmesurada administración civil; una de las familias que más cercana se hallaba a esta sensibilidad aristocrático-militar era la de los *Comneno.*

El reinado de Constantino X *Ducas* (1059-1067) constituye un momento especialmente delicado en el enfrentamiento partidario por el que discurre la lógica interna de Bizancio en aquellos años. El emperador era un fiel representante del partido cortesano y burocrático que prácticamente ignoró las demandas del ejército en un momento en que los turcos empezaban a asfixiar al imperio, tanto los pechenegos y uzos en las fronteras balcánicas como, sobre todo, los selyúcidas en las provincias orientales; a ellas se dirigió el sultán Alp Arslan tomando Armenia y su capital Ani en 1064 y procediendo después a la ocupación de Capadocia cuya capital, Cesarea, fue cruelmente saqueada sin que se viera libre de la violencia turca esa seña de identidad capadocia que era el santuario de san Basilio *el Grande.*

Las cosas habían ido demasiado lejos, y algunos miembros del propio partido cortesano reconocieron la necesidad de permitir un cambio en el gobierno. Así, a la muerte de Constantino X, subió al trono un arquetipo de emperador-soldado, Romano IV *Diógenes* (1068-1071). El nuevo responsable de la política bizantina era un hombre capaz y valeroso al que, desde luego, no le acompañó la fortuna. Nada más hacerse con el control de la situación, dirigió algunas campañas victoriosas contra los selyúcidas intentando neutralizar su avance por Anatolia. Pero no eran los turcos sus únicos enemigos. En los aledaños mismos del trono, el antiguo partido cortesano esperaba hacer de cualquier fallo del emperador un motivo para la discordia y, por otra parte, la política llevada hasta ese momento había convertido al ejército en una indisciplinada mezcolanza de mercenarios mal armados. Nada parecía actuar a favor del buen ánimo del nuevo emperador. En estas circunstancias se produjo la dramática y decisiva jornada de Manzikert –verano de 1071– donde el imperio se jugó y perdió algo más que su control sobre Anatolia.

b) El desastre de Manzikert y sus consecuencias

La de Mantzikert es una extraña batalla. En realidad, la plaza fuerte de tal nombre, situada al noroeste del lejano lago Van, había sido tomada por el emperador, y el turco Alp Arslan solicitó entonces negociaciones que probablemente hubieran devuelto a Bizancio parte de las conquistas de los turcos, y habrían permitido a estos reorientar sus energías contra quienes entonces se presentaban como su peor enemigo: los fatimíes de Egipto. Romano IV no aceptó las negociaciones porque deseaba una solución definitivamente favorable para Anatolia al tiempo que, mediante una victoria, reforzaría su precaria posición política frente al partido cortesano de Constantinopla. Lo cierto es que se trató de una solución fatal para su propio futuro y el de su imperio. Empeñado en buscar a los turcos en campo abierto, Romano puso en marcha su ejército, un ejército muy numeroso pero que, además de ser mayoritariamente mercenario, estaba en parte inexplicablemente comandado por enemigos políticos del emperador: los arqueros y la caballería turcas se mostraron eficaces, el resto lo hicieron las deserciones producidas entre los bizantinos. Romano IV, prácticamente abandonado, cayó prisionero, y mientras negociaba con Alp Arslan una liberación que permitiera a Bizancio no perderlo todo, en Constantinopla un golpe de Estado le privaba del trono y situaba al frente del Estado a un nuevo representante del partido cortesano, Miguel VII *Ducas* (1071-1078), hijo de Constantino X.

Fue a partir de este momento cuando las consecuencias de la derrota de Manzikert cobraron todo su significado: con Romano IV cruelmente retirado de la escena –murió como consecuencia de la brutal extracción ocular a que fue sometido por los responsables del nuevo gobierno bizantino–, Alp Arslan se consideró libre de los compromisos contraídos con aquel, y aprovechó para invadir la práctica totalidad de Asia Menor. Pero no era este el único frente abierto al que debía atender el inestable gobierno bizantino. Aquel mismo año de Manzikert esos mercenarios normandos liderados por Roberto Guiscardo, que mantenían una equívoca posición respecto al papado pero que muy pronto actuarían bajo su protección, habían ocupado Bari tras tres años de asedio. Era el fin de la dominación bizantina sobre el sur de Italia y el comienzo de una ofensiva en toda regla que muy pronto se fijaría en el territorio bizantino de la costa adriática de los Balcanes. Y por si todo ello fuera poco, nuevamente pechenegos y uzos mostraban intenciones más que intranquilizadoras en la desarticulada frontera danubiana.

En medio de este panorama, el restaurado régimen burocrático de Miguel VII se mostraba impotente para resolver el problema militar, y tampoco daba con la fórmula adecuada para superar la insostenible crisis económica: la corrosiva ironía del pueblo de Constantinopla no tardó en apodar al emperador como *Parapinakes*, "el menos de un cuarto", y es que la carestía era tal que con una moneda de oro ni siquiera se podía comprar una fanega entera de trigo. En estas circunstancias, no sorprende que el gobierno optara por la única salida que parecía tener: planificar toda una ofensiva diplomática que le proporcionara algún balón de oxígeno.

Es significativo que el primer destinatario de la ofensiva diplomática fuera el papa Gregorio VII. Su preocupante y ambigua conexión con los normandos aniquiladores de la soberanía bizantina en Italia y, quizá, sobre todo, su obsesiva preocupación por la unidad de las Iglesias, lo convertían en un buen objetivo político. La Iglesia bizantina estaba formalmente separada de la romana desde el cisma protagonizado en 1054 por el papa León IX y el patriarca Miguel Cerulario. La recuperación de la unidad pasaba por que las autoridades bizantinas quisieran "sugerirla" a sus prelados, y si el imperio desaparecía, la dispersión y acorralamiento de las comunidades cristianas la harían prácticamente imposible. El papa era el primer interesado en sostener el tambaleante trono de Miguel VII. No es de extrañar por ello que, en lo que se conoce, la embajada que en 1073 enviaba el pontífice a Constantinopla, en respuesta de la que a su vez el emperador bizantino había remitido a Roma, no se hablara más que de la necesidad de superar el cisma. Sin embargo, no parece creíble que en ella no hubiera también algunas palabras acerca de la ofensiva normanda en Italia y, sobre todo, acerca de la presión que los selyúcidas ejercían en Oriente. De otro modo no es fácil explicar los llamamientos a una auténtica guerra santa que Gregorio VII realiza en los primeros meses de 1074. A través de ella, se trataba de someter a los normandos entregados a un pillaje contrario a los intereses de la Sede Apostólica, y después de conseguido este objetivo, de marchar a Constantinopla "para auxiliar a los cristianos que piden nuestra ayuda porque están continuamente expuestos a los embates de los sarracenos"; el papa convocaba a los cristianos a un auténtico sacrificio "por nuestros hermanos" del que, como ya sabemos, no se excluía personalmente ya que preveía liderar el ejército liberador que, en realidad, nunca llegó a movilizarse. Tampoco se materializó un proyecto del emperador Miguel VII consistente en emparentar con los normandos de Italia propiciando el matrimonio de su heredero con una hija de Roberto Guiscardo. Lo que sí hizo, en cambio, fue casar a su hermana con el *dux* de Venecia, que muy pronto se mostraría irreconciliable enemigo de los normandos.

Pero esta febril actividad diplomática se mostró, en último término, inútil. El emperador, desbordado por la crisis bélica y los numerosos golpes internos propiciados por el partido de la aristocracia militar, acabó abandonando el trono para convertirse en un monje. A partir de entonces, y durante tres años, Bizancio fue presa de una imparable carrera de descontrol y violencia que, finalmente en 1081, pudo superar un joven general, Alejo Comneno, bien visto por los círculos militaristas de los terratenientes provinciales y que, además, por su matrimonio con una representante de la familia *Ducas*, supo granjearse el apoyo del viejo partido cortesano, hasta ese momento cegado por torpes prejuicios antimilitaristas.

LA RESTAURACIÓN COMNENO

Alejo I (1081-1118) inaugura el gobierno de una nueva dinastía restauradora, y él mismo se mostraría extraordinariamente eficaz en la resolución de los inmediatos problemas militares. La ocupación selyúcida de Anatolia, desde luego, no parecía tener solución, pero el emperador dejó inteligentemente abierta la puerta a una futura recuperación firmando pactos de cesión con las autoridades turcas que, en último término, mostraban con claridad quién era el soberano del territorio.

Mucho más agudo se presentaba el problema normando. Roberto Guiscardo, tras apoderarse de la Italia bizantina y no ajeno a la fascinación de su cultura, concibió la posibilidad de hacerse con el control de todo el Imperio romano-oriental. En esa perspectiva había aceptado gustoso el matrimonio del heredero bizantino con una de sus hijas, matrimonio que, como ya sabemos, nunca llegó a producirse. Por ahora su objetivo era menos ambicioso: se trataba de dar el salto desde Bari a la costa bizantina del Adriático haciéndose con el control del estratégico puerto de *Dyrrachium*, el actual Durazzo; de él partía la vieja calzada *Egnatia*, camino de peregrinos y más tarde también de cruzados, que unía el enclave portuario con la propia Constantinopla.

Los normandos habían cumplido su primer objetivo antes de finalizar el año 1081, y a partir de Durazzo se extendieron sin grandes dificultades por tierras tesalónicas y macedónicas. Alejo I no permaneció impasible y su contraofensiva constituyó todo un éxito. Esa contraofensiva se apoyó en dos iniciativas sin duda eficaces: la desestabilización de los territorios normandos de Italia y la conclusión de una decisiva alianza con la república veneciana. En efecto, y gracias a complejas gestiones diplomáticas que necesariamente incluían sustanciosos sobornos, Alejo I conseguía el apoyo del emperador alemán Enrique IV (1056-1105) para poner en pie de guerra Apulia y Calabria y presionar al papa en la propia ciudad de Roma: a fin de cuentas, los normandos, aunque díscolos, eran vasallos de la Sede Apostólica y nada podía satisfacer más al monarca germánico que su peor enemigo, el papa Gregorio VII, se viera en dificultades. Lo cierto es que, ante la gravedad de los sucesos y la propia llamada del pontífice, Roberto Guiscardo regresó a Italia dejando en los Balcanes a su hijo Bohemundo, el futuro protagonista de la *primera cruzada.* Por otra parte, no le fue difícil al emperador bizantino atraerse hacia sí el poder naval veneciano: si algo no interesaba a su *dux* es que los normandos extendieran su poder a un lado y otro del Adriático, lo que obviamente les dificultaría en gran medida el tránsito comercial por la zona. En consecuencia, los venecianos ayudaron a los bizantinos a recuperar Durazzo y a neutralizar la presencia normanda en la costa adriática del emperador, pero el precio fue muy elevado: el acuerdo bizantino-veneciano de 1082 establecía franquicia para los comerciantes venecianos en toda la jurisdicción del imperio, un privilegio que los situaba por delante, incluso, de los propios súbditos bizantinos. Era una jugada maestra del emperador Alejo, pero una jugada que suponía el definitivo reconocimiento por su parte de la pérdida bizantina de la hegemonía naval en el Mediterráneo.

La contraofensiva dio sus frutos, pero apenas neutralizado el peligro normando –a ello contribuyó decisivamente la muerte de Roberto Guiscardo en 1085–, el emperador bizantino hubo de hacer frente al último y más violento ataque de los pechenegos. Dos circunstancias lo hicieron entonces especialmente peligroso: el apoyo recibido de los *paulicianos* y su estratégica alianza con los turcos de Asia Menor. Los paulicianos constituían una secta maniquea –creían en la existencia contradictoria de dos principios divinos, el del bien y el del mal– radicada en las regiones centrales de Anatolia hasta que la política de deportaciones del gobierno bizantino decidió trasladarlos en oleadas sucesivas a la expuesta zona fronteriza de los Balcanes. Allí, en tierras búlgaras, experimentaron a lo largo del siglo x un proceso de regeneración gracias a las predicaciones de un pope llamado Bogomil. Por eso recibieron desde entonces el nombre de *bogomilos* al tiempo que cada vez más se identificaban con el espíritu de resistencia nacional eslavo contrario al autocrático centralismo bizantino. En su lucha contra él, en aquella ocasión no dudaron en apoyar abiertamente a los pechenegos. Bárbaros y bogomilos llegaron a las puertas mismas de Constantinopla cuyo puerto, gracias a la flota de los turcos de Esmirna, coaligada con ellos, quedó bloqueado en el invierno de 1090-1091. El colapso de la capital presagiaba el del conjunto del imperio, pero en esta ocasión Alejo I también supo reaccionar a tiempo y lo hizo uniendo a su insuficiente ejército el de un aliado ocasional, los *cumanos*, otro pueblo bárbaro no especialmente bien dispuesto hacia Bizancio, pero convenientemente comprado para la ocasión. Su aportación fue efectiva, pero probablemente añadió más violencia y brutalidad al aplastamiento definitivo de los pechenegos y sus aliados en la sangrienta jornada de Lebunio en la primavera de 1091. La hija del emperador Alejo, la princesa Ana Comneno, cronista excepcional del reinado de su padre, lo refleja con toda claridad en su *Alexiada*: "...todo un pueblo, si no infinito, al menos superior a todo número, fue aniquilado en aquella jornada sin perdonar ni a sus mujeres ni a sus niños" (VIII.v.8).

En los años inmediatamente posteriores el emperador no cesó en sus iniciativas de estabilización militar y política: con los Balcanes sosegados y sus fronteras orientales en la tranquilidad que proporcionaba la división de los turcos, Alejo pudo empezar a respirar con algo más de sosiego e incluso pudo empezar a planificar una eventual recuperación de Anatolia. Es entonces, hacia finales de 1094, cuando la realidad del Occidente latino reclamaba nuevamente su atención.

ALEJO I Y EL OCCIDENTE LATINO

Como ya sabemos, no era la primera vez que la diplomacia del emperador Alejo se veía obligada a mirar a Occidente. Cuando lo hizo a comienzos de su reinado, las difíciles circunstancias de la invasión normanda no habían hecho sino tensar más el recíproco malestar entre Bizancio y Roma. Gregorio VII se había mostrado siempre inflexible con este emperador "cismático" que se sentaba en el trono de Constantinopla, y después de excomulgarlo, nada bueno podía esperar Alejo de él. La muerte del papa, que coincidió con el fin del problema normando, trajo un nuevo clima de distensión en las relaciones del imperio con Roma. Ese nuevo clima fue especialmente impulsado por el papa Urbano II (1088-1099) que, nada más acceder al trono pontificio, empezó por levantar la excomunión de Alejo en el concilio de Melfi de 1089 al que habían acudido invitados sus embajadores. Al año siguiente otra embajada bizantina expresaba al papa su cordial y flexible disponibilidad de ánimo respecto al cisma abierto en la Iglesia y que, en realidad, no respondía a cuestiones teológicas de fondo. Por eso, la nueva invitación del papa para que el emperador estuviera presente a través de sus representantes en el magno concilio que la Iglesia católica iba a celebrar en Piacenza en marzo de 1095 y en el que se abordaría el tema de la unión de las Iglesias, no sorprendió realmente a nadie, como tampoco lo hizo la favorable respuesta de Alejo.

¿Qué había detrás de este acercamiento tan evidente de posiciones entre el papa y el emperador? La cuestión no resulta difícil de responder. Urbano II, aunque abandonando los agresivos planteamientos de Gregorio VII, no fue menos firme que este en la defensa de los postulados reformistas de la Iglesia. Aunque volvamos sobre el tema en el próximo capítulo, baste indicar ahora que el reformismo, abordado con tesón a lo largo de todo el rosario de concilios provinciales que jalonan el pontificado de Urbano II, hacía de la afirmación de la autoridad del primado apostólico la clave de su programa. Esa autoridad se extendía al conjunto de la cristiandad por lo que la eliminación de los obstáculos que llevaba consigo el cisma y la consecución de la unidad de las Iglesias se presentaban como tareas prioritarias. Pero la vuelta a la unidad –ya hemos tenido oportunidad de indicarlo– no era posible sin un acercamiento real a las autoridades bizantinas cuyas tendencias cesaropapistas mantenía a la Iglesia del imperio en un marco de dependencia relativamente estrecho. La actitud del papa era en este sentido clara y coherente.

¿Y la del emperador? ¿Qué perseguía Alejo con este acercamiento a Occidente a través del papa? Es obvio que no los mismos fines que este. Al emperador no le interesaba una unión que alejara a la Iglesia bizantina de su control. Lo que Alejo I buscaba era el apoyo de Occidente y de su líder espiritual, el papa, para afrontar con éxito la definitiva recuperación del imperio y la proyectada recuperación de las provincias orientales. El emperador interpretaba esa ayuda en forma de mercenarios o incluso de combatientes voluntarios que, en cualquier caso, habrían de estar convenientemente sujetos a su autoridad, y el papa, la persona moralmente más influyente de Occidente era quien, a través de sus predicaciones e iniciativas, podría proporcionárselos.

Alejo I apreciaba mucho a los guerreros occidentales. Desde hacía tiempo ya combatían en las filas del ejército bizantino especializados cuerpos de soldados normandos de origen escandinavo –la guardia varega– y también mercenarios anglosajones huidos de Inglaterra a raíz de la invasión normanda de 1066. Concretamente Alejo también disponía a su servicio de 500 caballeros flamencos dirigidos por su amigo el conde Roberto *el Frisón* al que había conocido cuando este regresaba de una peregrinación a Tierra Santa; de hecho, los efectivos flamencos habían participado a favor del emperador en las difíciles circunstancias de 1091 cuando Bizancio luchaba por su supervivencia frente a pechenegos y turcos. Y es que ciertamente al emperador le agradaba el apoyo de unos soldados militarmente eficaces y cuya lejanía respecto a las tierras y pueblos en que se desarrollaban sus operaciones, los situaba al margen de las habituales tentaciones de deslealtad o deserción.

Por eso, y porque Alejo I necesitaba del apoyo de soldados occidentales para reorganizar y reforzar su ejército con vistas a una previsible reconquista de Anatolia, en Piacenza los embajadores bizantinos no dudaron en presentar un panorama sombrío de la situación, más sombrío de lo que realmente se correspondía con las circunstancias del momento, haciendo hincapié en los aspectos que más podían tocar la fibra sensible del papa y de su Iglesia: la resistencia del imperio no tardaría en ceder ante el empuje de los turcos y con su desaparición la opresión que ya sufrían las comunidades cristianas bajo el yugo de los infieles, se tornaría sencillamente insoportable.

No hace falta decir que la proclama de los embajadores bizantinos era exagerada. Por un lado, en 1095 la situación del imperio distaba de ser agobiante: todo lo contrario, el gobierno de Constantinopla planeaba tomar la iniciativa contra los turcos. Por otro lado, y aunque es cierto que tras la conquista de Jerusalén y la incorporación de la región palestina a los turcos en torno a 1076, la situación de los cristianos –o al menos de algunos de ellos– pudo empeorar, en vísperas de las cruzadas esa situación no era peor que quince años antes y, desde luego, no tan trágica como para justificar un llamamiento a la solidaridad así de dramático. Es evidente, que las reglas de una llamativa propaganda se impusieron, y también lo es que dicha propaganda, que tanto influyó en el papa y su entorno episcopal, acabó revolviéndose contra el emperador: este esperaba de Occidente un buen número de disciplinados mercenarios, y se acabó encontrando con una masiva e incontrolable presencia de cruzados.

HETEROGÉNEA REALIDAD DE LAS COMUNIDADES CRISTIANAS DE ORIENTE

Cuando en el concilio de Piacenza de 1095 se hablaba de cristianos oprimidos por el turco, ¿de qué cristianos se estaba realmente hablando? Claude Cahen distingue oportunamente entre tres categorías de cristianos: los que habitaban Asia Menor y ahora se hallaban bajo control de los turcos, los de los antiguos países musulmanes gobernados en este momento o bien por los propios turcos o por los fatimíes, y los peregrinos occidentales que arribaban a Tierra Santa. Las dos primeras categorías se corresponden con las comunidades cristianas orientales que, ante todo, presentan una extraordinaria diversidad doctrinal, al tiempo que situaciones sensiblemente distintas respecto a las autoridades islámicas. Detengámonos, aunque sea brevemente, en esta heterogénea realidad del cristianismo oriental.

Cuando los árabes invadieron las provincias orientales de Bizancio en el siglo VII, el imperio era ya un complejo mosaico de diversas iglesias cristianas fruto de los conflictos doctrinales de carácter cristológico que se habían producido desde el siglo V. Ese mosaico que, en líneas generales, se mantuvo intacto hasta el primer siglo de las cruzadas, lo componían principalmente seis iglesias. La primera y más importante era la *Iglesia imperial* o *melquita*, también llamada *ortodoxa* o *calcedoniana* por haber aceptado en su integridad las proposiciones dogmáticas del trascendente concilio de Calcedonia de 451. Era la iglesia gobernada por el patriarca de Constantinopla en sintonía con el gobierno imperial y mayoritaria tanto en tierras balcánicas como en buena parte de Asia Menor, pero también contaba con importantísimas comunidades dependientes de los patriarcados sirio-palestinos de Antioquía y Jerusalén y del egipcio de Alejandría.

La segunda de las iglesias que vamos a destacar es la *Iglesia armenia.* Los armenios constituyen un viejo pueblo muy tempranamente cristianizado que se extendía de modo difuso por un amplio territorio situado al noreste de Asia Menor, zona fronteriza cercana al Cáucaso y al lago Van y que presenció, por tanto, la desastrosa derrota bizantina de Manzikert. La Iglesia armenia, desarrollada doctrinalmente al margen del concilio de Calcedonia, no tardaría en asumir el monofisismo: una sola naturaleza divina en la persona de Cristo. Lo haría en 491, además de como explicación cristológica de su esencia religiosa, como expresión de especificidad "nacional" frente a la ortodoxia melkita y las presiones centralizadoras del gobierno bizantino. Por lo demás, cuando los selyúcidas hicieron su aparición en tierras armenias poco antes de Manzikert, muchos de sus habitantes decidieron trasladarse a Cilicia y allí, parapetados por el Taurus, acabarían creando el reino cristiano de la *Pequeña Armenia*, poniéndolo al margen tanto de la soberanía turca como bizantina. A él habremos de referirnos más adelante pues desarrollará un interesante papel en el periodo propiamente cruzado.

La tercera de las iglesias es también precalcedoniana, es decir, separada de la comunión de la "Gran Iglesia" con anterioridad a la celebración del concilio de Calcedonia. Es la llamada *Iglesia sirio-oriental, asiria, caldea* o *nestoriana,* que por todos esos nombres se la conoce. Agrupaba a la inmensa mayoría de los cristianos que habitaban en el antiguo Imperio persa, es decir en los territorios islámicos de Irak e Irán y tenía su centro en la mesopotámica sede patriarcal de Seleucia-Ctesifonte, junto a Bagdad. Toda esta amplia zona había recibido la evangelización del primitivo núcleo cristiano de Edesa, aquel que, a su vez, una viejísima tradición asociaba a la presencia de Tadeo, el discípulo de Jesús cuyo nombre traducido al siríaco es *Addai*. La doctrina oficialmente defendida por la Iglesia asiria desde el siglo v era la nestoriana, la que, siendo muy cercana a la ortodoxa, apostaba por una radical separación de naturalezas en Cristo y rechazaba el título de *Madre de Dios* para la Virgen.

La cuarta es la *Iglesia sirio-occidental* o *jacobita*. Vinculada también a la vieja tradición cristiana de Antioquía-Edesa, se extendía por casi toda la región de la antigua Siria y de Palestina, siendo sus referencias de irradiación doctrinal, además de Antioquía y Edesa, la ciudad mesopotámica de Takrit. El monofisismo es su seña de identidad, y el nombre de jacobita proviene del obispo de Edesa, Jacobo *el Pordiosero* –*Baradai* en siríaco– quien, a mediados del siglo vi, reorganizó e impulsó extraordinariamente el credo monofisita en toda la región sirio-palestina.

Dentro de la compleja realidad asiática del Próximo Oriente nos queda por mencionar una iglesia relativamente pequeña respecto a las anteriores y circunscrita al área libanesa. Nos referimos a la *Iglesia maronita.* Sus oscuros orígenes se remontan a la existencia de un centro religioso de especial pujanza evangelizadora, el monasterio erigido en memoria de san Marón, un popular eremita muerto a comienzos del siglo v. El monasterio se hallaba situado junto al Orontes, cerca de la Apamea siria, y tradicionalmente se asocia con una inquebrantable adhesión a los postulados cristológicos definidos en el concilio de Calcedonia. La indiscutible ortodoxia de los seguidores de los monjes de San Marón se vio empañada por su no menor lealtad al emperador Heraclio, quien en la última fase de su reinado –década de 630– impulsó e intentó imponer una doctrina cristológica conciliadora entre las facciones en pugna, el *monotelismo* –las dos naturalezas de Cristo estarían gobernadas por una única voluntad–, que muy pronto sería condenada por Roma. Los maronitas quedaron de este modo vinculados a esa corriente heterodoxa cuando lo que realmente defendían era la figura de su emperador. La inmediata ocupación del territorio sirio por parte de los árabes les obligó a replegarse hacia el sur sobre la zona montañosa del Líbano, donde han permanecido hasta nuestros días haciendo gala de posiciones doctrinales siempre identificables o al menos muy cercanas a los postulados de la Iglesia romana.

Nos encontramos finalmente con la *Iglesia copta.* Se trata de la "Iglesia nacional egipcia". La propia palabra "copto" es una arabización de la palabra *aigyptios.* A raíz de Calcedonia se formalizó su adscripción al monofisismo. De su extraordinaria centralización, apoyada en una compleja y extensísima red monástica, nos habla su único obispado-patriarcado, el de Alejandría, que muy significativamente fue trasladado a la ciudad de El Cairo a mediados del siglo xi.

¿Cuál era la situación de este complejo y heterogéneo colectivo de cristianos en vísperas de las cruzadas? ¿Sufrían realmente la opresión de que hablaban los representantes del emperador Alejo I en el concilio de Piacenza de 1095 y que sirvió, en buena medida, de factor justificativo para la intervención de los cruzados? Desde luego, antes de la dominación turca, es decir, con anterioridad a mediados del siglo xi, por regla general las relaciones de las autoridades islámicas con las comunidades cristianas fueron pacíficas y tolerantes, en línea con lo que en el siglo IX el patriarca Teodosio de Jerusalén comunicaba a Ignacio, titular del de Constantinopla: las autoridades musulmanas "son justas y no nos hacen ningún daño ni nos muestran ninguna violencia". De hecho, los episodios en que ese espíritu de respeto se interrumpe fueron puntuales y normalmente obedecían a causas graves que los dirigentes islámicos identificaban con traiciones manifiestas. A mediados del siglo X, por ejemplo, uno de los sucesores del mencionado Teodosio de Jerusalén, el patriarca Juan, fue detenido y cruelmente linchado por la población musulmana: era la respuesta a la invitación que el eclesiástico había realizado para que el emperador Nicéforo Focas no tardara en liberar Palestina de la dominación islámica. Hubo también violencias totalmente injustificadas que ya conocemos bien, como lo fueron las derivadas del desequilibrado califa fatimí al-Hākim quien, antes de destruir el Santo Sepulcro, confiscó todos los bienes de los monasterios egipcios, hizo desaparecer en ellos las cruces o cualquier otro signo distintivo cristiano, prohibió el comercio del vino impidiendo las celebraciones eucarísticas y lo que es peor, obligó a todos los cristianos a llevar un humillante y pesado elemento identificativo: una cruz de cinco libras de peso colgada del cuello. Pero la locura de al-Hākim acabó cuando lo hizo su gobierno, y el Egipto fatimí restauró sus tradicionalmente buenas relaciones con la Iglesia copta que, en general cercana al poder, a mediados del siglo XI decidió trasladar, como ya sabemos, su sede patriarcal de Alejandría a El Cairo, la capital política del califato.

¿En qué medida cambió la situación cuando los turcos se hicieron con el control del califato abbasí? En general puede decirse que la situación no varió sustancialmente. Es cierto que el momento mismo en que se produjeron las oleadas de penetración turca no fue fácil en general para los cristianos, como tampoco lo fue para los musulmanes, pero la pronta estabilización del nuevo régimen, profundamente respetuoso con la tradición *sunní* y por tanto también con sus manifestaciones de tolerancia, devolvió pronto la tranquilidad a la situación. También es cierto que, si la presión pudo ser mayor sobre la comunidad melkita, lo fue por motivos de estricta estrategia política, y es que aquella era expresión religiosa del propio

Imperio bizantino y de su resistencia armada; no es extraño por ello que su jerarquía, pero solo ella, se replegara hacia zonas griegas. No se puede decir lo mismo en relación con otras confesiones cristianas cuya convivencia con los turcos fue bastante más distendida. Atzig, el conquistador turco de Jerusalén, nombró inicialmente a un cristiano jacobita como gobernador de la ciudad, y cuando en 1076 reprimió con dureza una importante revuelta en ella, libró del castigo a los cristianos y permitió que el patriarca permaneciera en su puesto. Claude Cahen ha subrayado con relación al gobierno de Malik Shāh (1072-1092) que algunos destacados jerarcas cristianos posteriores como el patriarca jacobita de Antioquía, Miguel *el Sirio*, o el nestoriano Amr bar Sliba coincidían en alabar la gestión del régimen selyúcida y la justicia de trato para con todas las confesiones religiosas. Y lo que desde luego también es cierto es que a ningún responsable cristiano que no fuera melkita se le ocurrió nunca hacer llamamiento alguno de auxilio a Occidente, antes al contrario era frecuente que se interpretara la dominación musulmana en clave liberadora: el citado Miguel *el Sirio*, cuyos escritos son de la segunda mitad del siglo XII, ya en pleno ambiente cruzado, no dudaba en testimoniar que "el dios de la venganza [...] hizo surgir del sur a los hijos de Ismael para libranos, gracias a ellos, del poder de los romanos".

Desde luego, la situación de las comunidades cristianas bajo dominación turca no responde a la propaganda que las autoridades bizantinas deseaban transmitir a Occidente, pero ¿y la de los peregrinos que arribaban a Tierra Santa? La cuestión nos lleva a plantearnos en conjunto el problema de la presencia occidental en el Próximo Oriente precruzado.

PRESENCIA DEL OCCIDENTE LATINO EN EL MEDITERRÁNEO ORIENTAL

En efecto, la presencia de los latino-occidentales en el escenario de la inminente cruzada cuenta con dos manifestaciones de larga tradición: el peregrinaje y el comercio; a ellas y a los eventuales efectos que pudieron sufrir a raíz de la dominación selyúcida dedicaremos las últimas líneas del presente capítulo.

PEREGRINAJE

El peregrinaje es, sin duda, una realidad consustancial a la dimensión emocional y religiosa del ser humano. Desde muy temprano –siglo III– hay testimonios de desplazamientos de cristianos a las referencias sagradas de Palestina, pero el comienzo de la "era de las peregrinaciones" a Tierra Santa estaba todavía lejos de producirse. El siglo X puede señalarse como un momento de importante dinamización. En su día Runciman señaló algunos de los factores que explican esta favorable inflexión: cese de la piratería sarracena en el Mediterráneo, recuperación del control bizantino del mar, respaldo ideológico de Cluny, progresiva consideración del peregrinaje como medio especialmente meritorio para la redención penitencial, abaratamiento de costes a partir de las rutas terrestres de la recién cristianizada Hungría... A todos estos factores y otros muchos más que podrían añadirse, hay que sumar al menos otros dos: la receptividad de las autoridades musulmanas, abbasíes o fatimíes, que valoraban de manera muy positiva los efectos económicos del fenómeno, y el creciente tráfico de reliquias entre Oriente y Occidente que sin duda contribuyó decisivamente a generar el necesario ambiente de emotividad mistérica.

Naturalmente el hecho de que el panorama fuera, en líneas generales, favorable a las peregrinaciones no quiere decir que fuera fácil llevarlas a cabo. Los costes, incomodidades y peligros eran evidentes, y por ello muchos peregrinos optaron por sumarse a las comitivas, a veces auténticas expediciones fuertemente armadas, de los poderosos. En el siglo XI, concretamente antes de la dominación selyúcida, se produjeron dos de características muy llamativas: la que en 1026-1027 encabezada por un abad francés reunió a unos setecientos peregrinos protegidos por caballeros normandos y, sobre todo, la que en 1064 organizó el obispo alemán Gunther de Bamberg quien condujo probablemente a más de siete mil peregrinos hasta Jerusalén atravesando Asia Menor.

Esta tendencia a organizar y proteger militarmente el peregrinaje, aunque desde luego no excluyó las "formas tradicionales" de los pacíficos e indefensos penitentes, debió consolidarse con la instalación de los turcos en el Próximo Oriente. La razón no es su mayor intransigencia o falta de receptividad sino sencillamente el desbarajuste militar y la tensión política que acompañó aquella instalación de selyúcidas y turcos en general. Está claro que los caminos terrestres que desde Constantinopla atravesaban Asia Menor hasta Palestina quedaron inhabilitados, pero no por ello se detuvo el flujo de peregrinos por vía marítima. Ya fuera desde Constantinopla, en especial los provenientes de Escandinavia, Alemania y Centroeuropa, o desde Venecia o los puertos meridionales de Italia, los de origen más occidental, lo cierto es que las visitas no cesaron pese al complejo e inestable panorama político. Ni siquiera lo hicieron en los años inmediatamente anteriores a la predicación de la *primera cruzada*. Condes como Conrado de Luxemburgo o Roberto de Flandes, y obispos como los de Verdún, Toul, Autún, Le Puy –el futuro líder cruzado Ademar de Monteil– o el sueco Roeskild viajaron a Tierra Santa en los años ochenta del siglo XI, y al final de esa década, el 1 de julio de 1089 concretamente, el papa de la cruzada, Urbano II, disuadía a los condes, obispos, nobles y simples clérigos y laicos de la provincia tarraconense de que peregrinaran a Jerusalén ya fuera por devoción o por penitencia, exhortándoles, en cambio, a invertir los costes correspondientes en la restauración de la iglesia de Tarragona, y es que tampoco era infrecuente la presencia de hispanos en los lugares santos de Palestina.

Por supuesto que este flujo viajero exigía el funcionamiento de instituciones hospitalarias capaces de albergar y atender a los peregrinos, en especial a aquellos cuya capacidad económica resultaba insuficiente para llevar a buen término su esforzado compromiso religioso. Este tipo de instituciones se documentan a lo largo de todas las rutas posibles; pensemos, por ejemplo, en el albergue del monasterio austriaco de Melk o en el de Sansón de Constantinopla. Pero naturalmente existían también en los distintos lugares de destino, siendo el hospital de San Juan, germen de la futura orden militar de San Juan de Jerusalén, el más conocido de todos. Ya sabemos que fueron unos comerciantes italianos provenientes de Amalfi los que lo levantaron frente a la iglesia del Santo Sepulcro agregándolo a un complejo monástico previo compuesto de dos conventos, masculino y femenino, y que precisamente en vísperas de la *primera cruzada* resultaba ya insuficiente para albergar a los numerosos peregrinos que seguían acudiendo a Jerusalén.

CONTACTOS COMERCIALES

El peregrinaje, desde luego, no es ajeno a las actividades comerciales que Occidente mantenía con la realidad del Próximo Oriente. Acabamos de citar el caso de los mercaderes amalfitanos que quisieron complementar sus beneficios comerciales con la inversión espiritual que supuso el hospital de peregrinos. Por eso, porque no se trataba de dos actividades ajenas entre sí, es por lo que, siguiendo a Cahen, no es posible creer que hubiera importantes relaciones directas entre el Occidente latino y el Oriente musulmán antes de finalizar el siglo x. De hecho, buena parte de las circunstancias que favorecieron el peregrinaje a partir de entonces, dinamizaron también el ritmo propio de las actividades comerciales.

Estas actividades básicamente recayeron en las iniciativas de algunas importantes ciudades italianas. El citado caso de Amalfi es un típico ejemplo de rentabilidad comercial derivada de vínculos políticos. Amalfi, al sur de Nápoles, se mantuvo bajo control bizantino hasta 1073 y ello propició su presencia en el ámbito de influencia del imperio, pero no solo en él: antes de finalizar el siglo x Amalfi, considerada por los comerciantes de Bagdad como la ciudad más importante de Italia, contaba –ya hemos aludido a ello– con una colonia permanente en El Cairo, capital del califato fatimí de Egipto, que estaba integrada por unas trescientas personas. La ocupación del sur de Italia, y por tanto de Amalfi, por los normandos de Roberto Guiscardo cercenó las posibilidades de sus comerciantes, y en cierto modo su hegemonía quedó transferida a Venecia, otra ciudad vinculada políticamente a Bizancio y cuya especial ubicación estratégica la había convertido ya en el siglo IX en un punto esencial en las relaciones comerciales del Mediterráneo: eso es lo que permitió hacia 828 que dos comerciantes venecianos, haciendo posible el cumplimiento de una vieja profecía, transportaran a su ciudad desde el puerto egipcio de Alejandría las reliquias de san Marcos. Ahora, 250 años después, cuando los normandos quisieron dar el salto de Italia a los Balcanes, el gobierno bizantino de Alejo I Comneno decidió sacrificar la estructura comercial de su propio imperio concediendo a los venecianos el impresionante privilegio de 1082 que los convertía en beneficiarios de un auténtico monopolio mercantil y que, sin duda, condicionará el futuro protagonismo de la república adriática en el desarrollo de las cruzadas.

Otras ciudades italianas como Génova y Pisa también comenzaron a destacar, pero lo hicieron solo a partir del siglo XI y como consecuencia de sus victoriosas intervenciones militares contra la piratería musulmana. Genoveses y pisanos contribuyeron decisivamente a "reconquistar" Córcega y Cerdeña de manos musulmanas ya en 1015-1016, y años después sus naves tomaban parte en la acción sobre Mahdia, en tierras de la actual Tunicia, que en 1087 había bendecido el papa Víctor III. Desde luego, antes de la *primera cruzada* Génova ya poseía colonias permanentes en Constantinopla, Antioquía y Jerusalén.

Cabe decir, a modo de conclusión, que la implicación de las ciudades italianas en el Mediterráneo oriental con anterioridad a la *primera cruzada* fue tal que, como afirma John R.S. Phillips, las hazañas de los caballeros occidentales en Tierra Santa no debieron ser interpretadas por los comerciantes italianos "como una bendición absoluta".

NOTAS BIBLIOGRÁFICAS

Una visión sintética y muy clarificadora de la realidad islámica la encontramos en la didáctica obra general de Eduardo MANZANO MORENO, *Historia de las sociedades musulmanas en la Edad Media*, Madrid: Editorial Síntesis, 1992. Algo semejante podemos decir de la más reciente de A. GARCÍA SANJUÁN, *Las sociedades islámicas clásicas (siglos VII-XV)*, Madrid: Editorial Síntesis, 2021. Para el Egipto fatimí, contamos con un análisis más detallado en el capítulo sobre el Egipto musulmán que T. BIANQUIS nos ofrece en el tomo III de la *Historia General de África, III. África entre los siglos VII y XI*, dirigido por M. El Fasi e I. Hrbek, Madrid: Tecnos, 1992, pp. 200-213. Sobre la polémica figura de al-Hākim contamos con la monografía de P.E. WALKER, *Caliph of Cairo Al-Hakim bi-Amr Allah, 996-1021*, Cairo -New York: The American University in Cairo Press, 2012. Con relación a la secta de los "asesinos": W.C. BARTLETT, *Los asesinos*, Barcelona: Crítica, 2006 (orig. inglés 2001). Una visión general sobre la evolución del islam, bastante original en sus planteamientos, es la de M.A. SHABAN, *Historia del Islam, 2 (750-1055 d.J.C)*, Barcelona: Ediciones Guadarrama, 1980. Resulta igualmente útil la panorámica de M. BRETT, "The Near East on the Eve of de Crusades", en L. García-Guijarro (ed.), *La Primera Cruzada, novecientos años después: el Concilio de Clermont y los orígenes del movimiento cruzado*, Madrid, 1997, pp. 119-136. Buenos instrumentos son los diccionarios históricos que recogen muy diversos artículos sobre la realidad del islam; es el caso del de Dominique y Janine SOURDEL, *Dictionnaire historique de l'islam*, París: Presses Universitaires de France, 1996; una versión más reducida pero muy útil de este tipo de herramienta es el *Diccionario de Historia Árabe & Islámica* de Felipe MAÍLLO SALGADO (Madrid: Abada Editores, 2013).

Para todo lo relativo a Bizancio y su evolución previa al acontecimiento cruzado puede consultarse la útil síntesis de J.J. NORWICH, *Breve Historia de Bizancio*, Madrid: Cátedra, 2000, pero desde luego no conviene perder de vista las grandes referencias clásicas de A.A. VASILIEV, *Historia del Imperio Bizantino*, Barcelona, 1946, y de G. OSTROGORSKY, *Historia del Estado Bizantino*, Madrid: Akal, 1983. La trascendente batalla de Manzikert cuenta con la monografía de C. HILLENBRAND, *Turkish Myth and Muslim Symbol: The Battle of Manzikert*, Edinburg University Press, 2007. Sobre el episodio de la abortada "protocruzada" constantinopolitana de Gregorio VII ya citamos en el capítulo precedente la completa monografía de H.E.J. COWDREY, "Pope Gregory VII's *Crusading* Plans of 1074", en *Outremer...*, pp. 27-40. Conviene no olvidarse tampoco de la consulta directa de la más fascinante fuente de conocimiento para la historia del emperador Alejo I y los momentos cruciales previos y contemporáneos a la *primera cruzada*, la crónica de su propia hija Ana COMNENO: *La Alexiada, una historia del imperio bizantino durante la primera cruzada*, ed. E. Díaz Rolando, Barcelona: Ático de los Libros, 2016). Resulta también interesante la visión de conjunto que nos ofrece Javier FACI en su estudio monográfico sobre "El Imperio Bizantino y la Primera Cruzada", en García-Guijarro (ed.), *La Primera Cruzada, ob. cit.*, pp. 109-118. Pero como referencia general hay que tener muy presente la completa panorámica de J. HARRIS, *Byzantium and the Crusades*, Hambledon Continuum, 2007.

El tema de la compleja realidad de la cristiandad oriental y su mosaico de iglesias particulares puede consultarse en A. DUCELLIER, *Chrétiens d'Orient et Islam au Moyen Age, VIIe-XVe siècle*, París, 1996; también puede resultar pertinente la consulta de la obra de A-M. EDDÉ, F. MICHEAU y Ch. PICARD, *Communautés chrétiennes en pays d'islam du début du VIIe siècle au milieu du XIe siécle,* Sedes, 1997, la de J. NADAL CAÑELLAS, *Las Iglesias apostólicas de Oriente. Historia y características,* Madrid: Ciudad Nueva, 2000, y la de J. BINNS, *Las iglesias cristianas ortodoxas*, Madrid: Akal, 2009 (orig. inglés 2002). En relación con la actitud que las autoridades musulmanas adoptaron ante las diversas Iglesias son también interesantes los puntos de vista de C. CAHEN, *Oriente y Occidente en tiempos de las Cruzadas*, México: Fondo de Cultura Económica, 2001 (orig. francés 1983). Una visión más reciente es la que nos proporciona H.R. FRANCISCO, "Iglesia y orden político en el Cercano Oriente medieval (siglos VII-X), *Sociedad y Religión: Sociología, Antropología e Historia de la Religión en el Cono Sur*, 28 (2018), pp. 116-134.

Junto a la obra de Cahen y la síntesis de H.R. Francisco que acabamos de mencionar, la valoración de la presencia del Occidente latino en el Próximo Oriente islámico se aborda detalladamente en algunos de sus aspectos en el libro de H. BRESC, P. GUICHARD y R. MANTRAN, *Europa y el Islam en la Edad Media,* Barcelona: Crítica, 2001. Conviene también ojear un clásico como S. RUNCIMAN, que en el tomo I de su *Historia de las Cruzadas* trata no pocos extremos relativos a este tema. Asimismo, resulta interesante la visión de conjunto que ofrece J.R.S. PHILLIPS en *La expansión medieval de Europa*, México: Fondo de Cultura Económica, 1994 (orig. inglés 1988). Sobre el tema específico de las peregrinaciones a Jerusalén antes de las cruzadas, vid. J. WILKINSON, *Jerusalem pilgrims before the crusades*, CIP Antony Rowe, 2011.

4.
EL ARQUETIPO. LA *PRIMERA CRUZADA*

CLERMONT Y SU PROYECCIÓN HISTÓRICA

URBANO II, UN PAPA REFORMISTA

El pontificado de Urbano II (1088-1099) estuvo marcado fundamentalmente por dos acontecimientos: el enfrentamiento con el emperador germano Enrique IV y el comienzo del movimiento cruzado. Ambos hechos son consecutivos en el tiempo y obedecen a una misma lógica orientadora de la estrategia papal, la de la aplicación de los principios de la reforma a la que su antecesor Gregorio VII había dado apellido: la *reforma gregoriana.*

Como ya sabemos, la *reforma* fue la reacción de una Iglesia fortalecida frente a las insoportables y ya centenarias injerencias del poder secular en su funcionamiento, pero fue algo más, constituyó la apuesta de la Roma papal para conformar el mundo civilizado según un modelo propio, el de la hegemonía pontificia sobre una sociedad profundamente eclesializada.

El enfrentamiento con el emperador ejemplifica bien la primera de estas facetas. Se trataba de un conflicto heredado, casi enquistado en Occidente, cuya razón fundamental giraba en torno a las investiduras de obispos y otras dignidades eclesiásticas. La Iglesia, que despertaba de un largo y oscuro letargo y que, ante todo, buscaba el control de su propia estructura, reclamaba para sí el derecho a nombrar y dar posesión de esas dignidades a los candidatos que estimaba oportuno. Pero el emperador, y con él no pocos reyes de la cristiandad latina, consideraban que tenían mucho que decir en materia de nombramientos, ya que a través de estos los elegidos se situaban en puestos políticamente relevantes y asociados a cuantiosas rentas.

El conflicto es complejo y posee muchas derivaciones, pero su gravedad se incrementó cuando las censuras papales contra

Enrique IV provocaron el cisma: el emperador convirtió en papa a un obispo de su parcialidad que adoptó el nombre de Clemente III. Cuando Urbano II subió al trono pontificio, el antipapa Clemente llevaba ya cuatro años gobernando a una buena parte de los episcopados alemán e italiano, y además lo hacía desde Roma. No se trataba de un mero hombre de paja del emperador, más bien era un eclesiástico forjado en los principios de la reforma pero que pensaba que esta nunca podría triunfar al margen y menos en contra del emperador.

Toda la primera parte del pontificado de Urbano II se orientó a poner fin al cisma, que realmente estaba desgarrando a la Iglesia romana. Durante ese periodo primó el espíritu pragmático de la concesión negociadora, algo que algunos reformistas de la línea gregoriana más dura, aquellos que no deseaban ceder el más mínimo trecho de independencia eclesiástica, no acababan de entender en un papa tan imbuido de reformismo como lo era Urbano. Finalmente, su tesón e inteligente estrategia se impusieron, y aunque Clemente III no renunciaría nunca a la tiara mientras vivió –y lo haría hasta 1100–, Urbano pudo hacerse, aunque precariamente, con el control de Roma en 1094 y poner contra las cuerdas al emperador alemán.

A partir de entonces Urbano II se mostraría menos flexible en el tema de la reforma, y esta no tardaría nada en mostrar su cara más ambiciosa, la del liderazgo papal sobre una sociedad eclesializada en su realidad y, sobre todo, en sus valores. No es extraño que la maquinaria de la cruzada, expresión última de esta segunda faceta de la reforma, se pusiera en marcha en 1095, siendo el concilio de Clermont el gozne en el que confluyen uniéndolos los dos aspectos de la única reforma, la que, frente a cualquier otro líder secular, situaría al papa al frente mismo de la cristiandad. El planteamiento de Clermont, como veremos a continuación, presenta en este sentido una extraordinaria coherencia. No hay más que analizar las decisiones allí adoptadas y las características de la escenificación en que se produjeron.

LAS DECISIONES CONCILIARES DE CLERMONT Y SU CONTEXTO ESCÉNICO: LA PREDICACIÓN DE LA CRUZADA

a) La preparación

Clermont no fue un concilio ni mucho menos improvisado. En la primavera de 1094, nada más hacerse con el control del palacio de Letrán, la residencia papal en Roma, Urbano II diseñó toda una estrategia de consolidación de su triunfante reformismo que le obligaría a poner en práctica un planificado "viaje apostólico". El primer destino sería Piacenza, en el corazón de la Italia del norte donde tan en entredicho había estado su autoridad poco tiempo antes. Allí, en marzo de 1095, tuvo lugar una magna convocatoria conciliar a la que acudieron obispos italianos, borgoñones, franceses y alemanes. El objetivo era fijar sin género de dudas los fundamentos doctrinales de la reforma, con las consiguientes condenas de cuantos "vicios" se oponían a ella: *simonía* o acceso irregular a dignidades eclesiásticas, *nicolaísmo* o concubinato clerical, relajación disciplinaria... Sabemos que también allí –lo hemos visto en el capítulo anterior– acudieron embajadores bizantinos y que ya entonces se dio publicidad a la supuesta opresión a la que debían hacer frente las comunidades cristianas de Oriente, así como a las dificultades de subsistencia del imperio ante la ofensiva de los turcos. Se trataba, desde luego, de un escenario que en la planificada estrategia de Urbano II no es posible desvincular de Clermont.

A esta última localidad situada en Auvernia, al oeste de Borgoña y al norte del condado de Tolosa, el papa llegó en noviembre de 1095, tras un largo itinerario que le hizo tomar contacto con tres personajes que de manera más o menos directa se asocian al programa del expansionismo reformista en su versión cruzada. El primero de ellos era Ademar de Monteil, obispo de Le Puy, localidad donde el papa se hallaba en agosto y desde la que convocó formalmente el concilio; Ademar no hacía mucho había visitado Tierra Santa y, en seguida, sería distinguido con la legación papal de la cruzada. El segundo de los contactos pontificios era el conde Raimundo IV de Tolosa, con el que probablemente se entrevistó el papa en Saint-Gilles. El conde

Raimundo se había distinguido por emplearse a fondo en iniciativas que de un modo u otro se hallaban relacionadas con la versión papal de la guerra santa, entre ellas como veremos en su momento, en la ofensiva contra el islam en la península ibérica. Aunque la realidad sería luego muy distinta, por entonces el papa pensaba hacer de él el brazo armado que sostuviera con su pericia militar el liderazgo papal de la futura cruzada, una especie de Aarón junto a Moisés, en la conocida expresión del cronista Baldric de Bourgueil. El tercero de los personajes era el gran abad de Cluny, san Hugo, junto a quien aparece el papa consagrando el altar abacial de la nueva y grandiosa ampliación de la basílica –la llamada *Cluny III*– apenas un mes antes de la celebración del concilio de Clermont. No está probada la directa relación de los cluniacenses y concretamente de su abad Hugo en la puesta en marcha del movimiento cruzado, pero desde luego sí es evidente una conexión indirecta. Cluny, arsenal de reformadores papales –el propio Urbano II había sido prior de la abadía ya bajo el largo gobierno abacial de san Hugo–, era modelo de "libertad romana", según palabras de Gregorio VII, hombre también próximo a Cluny, y por tanto símbolo del reformismo liderado por el papado; la propia basílica, jurídicamente blindada contra cualquier injerencia de los poderes temporales, no dejaba de ser un trasunto arquitectónico de la Jerusalén celestial con la que tantos cruzados soñarían encontrarse en su camino a Palestina. En cualquier caso, no cabe duda de que Urbano II contaría con la activa militancia espiritual de los monjes negros en la empresa que estaba entonces a punto de acometer.

b) Las decisiones

Es de sobra conocido que el concilio de Clermont se desarrolló en dos tiempos, el de las sesiones formales iniciadas el día 18 de noviembre en las que se ventilaron las cuestiones canónicas que lo habían motivado, y ese broche final de la predicación cruzada que el 27 de noviembre se produjo ante la muchedumbre expectante congregada frente al atrio de la catedral.

Los treinta y dos cánones aprobados lo fueron por una asamblea compuesta mayoritariamente por obispos y dignidades francesas, si bien casi todas ajenas a los dominios directos del rey de Francia, Felipe I, que iba a ser excomulgado el primer día del concilio por su escaso respeto a la jurisdicción eclesiástica y, sobre todo, por su escandalosa conducta moral. Había también algunos prelados italianos y unos pocos alemanes e hispanos, entre estos últimos concretamente los arzobispos de Toledo y Tarragona, y los obispos de Compostela y Pamplona.

Fig. 6: Consagración del altar mayor de la abadía de Cluny.
Bibliothèque nationale de France

En un porcentaje abrumador, los cánones aluden a problemas de disciplina. Nuevamente eran condenadas las prácticas de simonía, nicolaísmo e investidura laica. Era preciso sanear el clero y someterlo inapelablemente a la autoridad de la Iglesia sin consentir la más mínima injerencia secular. En este sentido, destaca por su radicalidad el canon diecisiete, que sencillamente prohíbe a cualquier obispo o simple presbítero prestar juramento de fidelidad a un laico, reyes incluidos naturalmente: *ut episcopus aut presbyter fidelitatem laicis non faciat.* No podía expresarse con mayor claridad uno de los objetivos prioritarios de la reforma: la independencia de la Iglesia como condición necesaria y previa al ejercicio de una creciente influencia social.

Esa creciente influencia se traducía en la imposición de un orden moldeado por la propia Iglesia que expresamente sirviera a sus intereses, y ese orden en este momento tenía un nombre, el de la *Paz de Dios*. No es extraño que el primer canon consagre este principio materializándolo en tregua formal e inviolable que habría de tener lugar entre jueves y domingo. La energía de la violencia injustificada era así domesticada por la Iglesia y orientada a fines que, ante todo, fueran expresión de sus designios; otros cánones insisten en este principio complementándolo con la defensa del derecho de asilo eclesiástico o la protección de los bienes del clero. Ahora bien, esos designios hacia los que la Iglesia deseaba orientar, santificándola, la violencia de los "caballeros del mundo", no eran otros que los referentes al *iter Hierosolymitanum*. El canon segundo, es decir, el inmediatamente posterior al de la consagración universal de la *Tregua de Dios*, invitaba a comprometerse con el peregrinaje liberador, y lo hacía transformándolo en un camino de penitencia redentora: "quien movido únicamente por la devoción, y no por la obtención de honores o riquezas, marchara a Jerusalén a liberar la Iglesia de Dios, su peregrinación le sería computada como penitencia". Peregrinación redentora y cruzada liberadora quedaban así plenamente identificadas.

La lógica interna de las medidas adoptadas en Clermont habla por sí sola: la Iglesia, sobre la sólida base de una estructura saneada, debidamente controlada e independiente con respecto al poder político, deseaba cimentar una sociedad pacificada por su propio arbitraje moral y que, bajo el indiscutible liderazgo pontificio, fuera capaz de proyectarse fuera de sus límites occidentales, a través de la experiencia liberadora y salvífica de la cruzada.

Este era el programa del reformismo pontificio, y a ponerle colofón escénico fue destinada la jornada del 27 de noviembre de 1095, aquella en la que Urbano II se dirigió no solo a los prelados de la Iglesia sino al pueblo en general, al que transmitió su voluntad de implicarlo en una empresa sin reyes que, siendo la del conjunto de la sociedad concebida como Iglesia, tendría al papa como único líder.

c) La predicación

Como es bien sabido no se conserva ningún acta que recoja el contenido del discurso pronunciado por el papa. Sus palabras nos han llegado a través de diversos testimonios cronísticos cuyos autores, próximos al acontecimiento –incluso en algún caso posible testigo del mismo–, las interpretaron desde su personal perspectiva, y lo hicieron además con posterioridad a la toma de Jerusalén y la consumación de la *primera cruzada*, no antes, por tanto, de la primera década del siglo XII. No obstante, son muchos los especialistas que, sobre el análisis comparativo de los textos de que disponemos, así como de otros testimonios de carácter documental, han creído poder reconstruir los puntos esenciales de aquel discurso, y esos puntos se reducen básicamente a cinco cuestiones: el objetivo del llamamiento; sus destinatarios; los efectos que de su materialización podrían derivarse para la propia sociedad interpelada; las recompensas prometidas y la medida ambigüedad de su significación; y finalmente la dimensión escatológica que el papa, no de manera menos ambigua, quiso otorgar a la empresa.

PRINCIPALES VERSIONES DEL DISCURSO DE URBANO II			
Autor	Obra	Cronología	Circunstancias
Fulquerio de Chartres	*Historia Hierosolymitana*	Antes de 1105	Pudo estar presente en Clermont y participó en la cruzada
Roberto el Monje	*Historia Iherosolimitana*	ca. 1107	Presente en Clermont
Baldric de Bourgueil	*Historia Hierosolymitana*	1108	Presente en Clermont
Guiberto de Nogent	*Dei Gesta per Francos*	1104-1108 / 1111	No se sabe si estuvo en Clermont

Aunque la historiografía no es unánime a la hora de señalar el que considera objetivo prioritario de la predicación del papa, es bastante claro que este aludió a dos justificaciones: por un lado, la ayuda debida a los cristianos orientales cruelmente amenazados por los turcos, tal y como se desprendía de las desesperadas peticiones de auxilio cursadas por el gobierno bizantino, y por otro lado, la liberación de la ultrajada Tierra Santa y de modo particular de Jerusalén. Evidentemente que fuera uno u otro el objetivo prioritario del llamamiento puede hacer variar notablemente la valoración histórica del discurso. No es lo mismo que el papa pusiera en marcha el engranaje de la cruzada para consolidar las posiciones de Bizancio en Oriente y, de paso, contribuir a liberar Tierra Santa, que, por el contrario, fuera la liberación de Palestina, y en particular de la ciudad más que simbólica de Jerusalén, la apuesta particular de Occidente que, solo de manera indirecta, permitiría un respiro para Bizancio. Nos situamos, en cualquier caso, en el nivel de las justificaciones: la primera alternativa es en la que quiso creer Alejo I, pero no cabe duda de que para el papa era la segunda la que se adecuaba a su estrategia expansiva. Aunque recientemente autores como Frankopan han querido poner el acento en el llamamiento bizantino como desencadenante principal de la cruzada, otros especialistas especialmente consagrados como Cowdrey y Riley-Smith no han dudado en subrayar el objetivo jerosolimitano como la prioritaria preocupación del papa Urbano.

Si nos fijamos en el tema de los destinatarios, es preciso hacer alguna puntualización. El discurso papal –el propio montaje escenográfico de Clermont invitaba a ello– va dirigido al conjunto de la sociedad. Todos los miembros de esta, sin distinciones de condición social, edad o sexo, estaban llamados a comprometerse en la aventura cruzada, pues eran la expresión totalizadora de la Iglesia. El papa no se dirigía a los reyes y a sus guerreros, convocaba al pueblo de Dios. Dicho esto, no cabe duda de que Urbano II, al que como veremos en seguida no tardaría en escapársele de las manos su ambigua y "democratizante" convocatoria, pensaba fundamentalmente en los nobles. Y es que no debemos olvidar que, en el discurso eclesiástico del reformismo, ellos vienen a encarnar el ideal del caballero cristiano, aquel que, tras la purificación de su oscura identidad originaria, la del uso secular de la violencia, es llamado a convertirse en sostenedor de la fe y representante él mismo de un ejemplar comportamiento a mitad de camino entre la sacralizada caballería y la religiosidad militante.

La predicación papal incluye una interesante reflexión, la de los positivos efectos que podían derivarse para la sociedad a partir del éxito de la convocatoria. Son efectos sanadores y también preventivos que redundarían en beneficio de todos. En primer lugar, de los caballeros: el paso de la *malitia* mundana en la que se hallan involucrados a la *militia* cristiana –el conocido tema de la *conversión* abordado por san Bernardo no muchos años después con relación a los templarios– lo recogen ya los cronistas de la *primera cruzada*. La catarsis cruzada se presenta así como la adecuada e impactante propuesta eclesiástica para transformar la vida de quienes hasta aquel momento se habían situado al margen de la Iglesia y sus preceptos. Independientemente de que no siempre –en realidad nunca– estemos en condiciones de conocer las profundas motivaciones de quienes se movilizaron ante el llamamiento papal, no cabe duda de que este afectó a un importante número de caballeros que optaron por una radical transformación de su inmediato pasado, con frecuencia empañado por la violencia, por todo un programa de futuro, al menos teóricamente envuelto en el idealismo. Pero ya sabemos que no fueron los caballeros los únicos destinatarios del mensaje papal, y desde luego no fueron los únicos que se sumaron al nuevo "proyecto purificador": el arzobispo-cronista Baldric de Bourgueil nos habla, aludiendo implícitamente al profiláctico valor del llamamiento papal, de giróvagos y gente plebeya acudiendo con voluntad de conversión a la sagrada convocatoria. La Iglesia conseguía de este modo un doble objetivo: contribuir a la pacificación del Occidente eliminando algunos de sus factores de violencia –la cruzada se sitúa así en la perspectiva del movimiento de la *Paz de Dios*– y canalizar dispersas energías en servicio de los intereses propios del reformismo expansivo.

El tema de las recompensas, que inevitablemente gira en torno al problemático concepto de indulgencia, es un concepto central a la hora de abordar el estudio de la cruzada, y ello hasta el punto de que un buen conocedor del tema, J. Goñi Gaztambide, definiera en su día la cruzada como una "guerra santa indulgenciada". A la indulgencia tuvimos ocasión de referirnos ya en el capítulo segundo, pero es hora de volver sobre él de manera precisa. ¿Qué es exactamente la indulgencia? El derecho canónico no ofrece una definición perfectamente clara hasta el siglo XIII. La comisión de un pecado genera dos efectos: una culpa que nunca desaparece pero que la absolución sacramental evita que se convierta en condenación eterna, y una pena, en este caso temporal, que la Iglesia condona en vida del pecador por una penitencia impuesta pero que puede necesitar de la otra vida para, en el Purgatorio, quedar plenamente satisfecha. Pues bien, técnicamente la indulgencia, que no atiende a la culpa eterna y por tanto no absuelve pecados, sí se aplica a la satisfacción de la pena temporal tanto en esta vida como después de ella, acortando dicha pena o directamente condonándola.

Es obvio que tan elaborada doctrina no era algo conocido en vida de Urbano II, cuando ni siquiera existía una clara noción de Purgatorio y de su ubicación en la geografía del más allá. En realidad, lo que Urbano II dejó formalmente expresado en las actas conciliares de Clermont es el contenido, al que ya hemos aludido, de su canon dos: a quien emprendiera el *iter* a Jerusalén no movido por otra intención que la de liberar a la Iglesia de Dios, esa peregrinación le sería computada por toda penitencia impuesta por la propia Iglesia, es decir, la que se pudiera satisfacer en vida. Esta "conservadora" y limitada recompensa así formulada no parecía comparecerse bien con otra fórmula, "remisión de todos los pecados", empleada ya en su día por Gregorio VII, y generosamente utilizada ahora por Urbano II, entre otros lugares, en la carta enviada a los fieles de Flandes en 1095 recabando su presencia en la cruzada. Es esta una expresión ambigua pero, en realidad, más efectiva y estimulante para los convocados a una empresa de peligroso destino que la mera conmutación de penas impuestas por la Iglesia. De alguna manera, aparecía como el medio de limpiar de manera radical los efectos del pecado y asegurar una vida futura incondicionalmente satisfactoria. El papa, combinando la medida precisión de los textos canónicos con la atrayente ambigüedad de los sermones exhortatorios, buscaba una respuesta capaz de entusiasmar a todos, a quienes se preocupaban por las sutilezas teológicas y a quienes únicamente se veían motivados por el entusiasmo de un destino martirial. Urbano II, de manera sutil, empezaba a arrogarse un poder que iba más allá de esta vida, tal y como parecía indicar una máxima evangélica que los papas de la teocracia pontificia enarbolaban con insistencia, la del "poder de las llaves" conferido por Cristo a san Pedro: todo lo que el primero de los apóstoles, y en consecuencia sus herederos, determinaran en la tierra tendría el automático refrendo en el cielo (Mt 16: 19).

Fig. 7: Representación del Anticristo. *Liber Floridus*, siglo XII

Finalmente parece que el papa quiso imprimir a la empresa convocada un halo de ultimidad escatológica. No es esta una dimensión presente en todos los cronistas que reproducen su mensaje, pero sí en Guiberto de Nogent que, aún después de conocer que las expectativas escatológicas no se habían cumplido, quiso mantener en su relato algunas alusiones al Anticristo y también al cumplimiento del tiempo o a la inminencia del final del siglo. Para Flori, el no haber prescindido de estas expresiones, podría ser precisamente la prueba de su consistencia en el discurso original. Lo cierto es que el papa confiaba en hacer de la cruzada la prueba de fuego de la que saldría reforzado su liderazgo en la cristiandad. Lo necesitaba frente a un insolente emperador germano reacio a sus dictados y creador de un antipapa, y también frente a un cismático emperador bizantino que no renunciaba al sometimiento de la mitad de aquella cristiandad. Pues bien, si todo salía según lo planificado, para Urbano y sus colaboradores la recuperación de Jerusalén podría ser el fin de una época de humillación y un nuevo tiempo de hegemonía papal indiscutible. Pero también es cierto que, para sensibilidades menos sofisticadas, lo que se estaba es hablando del fin de los tiempos, de la colaboración en el proyecto escatológico de la Providencia que contemplaba la purificación de Jerusalén –a ella aludía también el papa– como requisito imprescindible para que el Anticristo instalara sus reales en ella y se iniciara el combate definitivo contra los cristianos, previo a la parusía o advenimiento de Cristo al final de los tiempos.

Si el papa jugó con la ambigüedad para no solo ganarse el apoyo de los ensoberbecidos caballeros a los que se ofrecía un camino purificador y meritorio de salvación, sino también el de todos los fieles, incluidos los más humildes, los que nada tenían que perder a cambio de ganarlo todo, es algo que realmente no sabemos, aunque sí sospechamos. La respuesta a la llamada papal fue un éxito sin precedentes. A ello contribuyó también la importancia simbólica del uso de la cruz a la que el papa, sin duda buen publicista, quiso dar un protagonismo especial. La cruz era el signo de la muerte y la resurrección de Cristo y, como tal, expresión de salvación para todos los hombres, pero es que la cruz era también un talismán que para la mayoría de los cristianos constituía la mayor protección posible ante el peligro. Urbano II, por supuesto, no fue quien empezó a utilizar en este momento y en estas circunstancias el potencial simbólico de la cruz, pero desde luego sí quien lo impulsó convirtiéndolo en la seña de identidad del movimiento que más adelante se llamaría cruzada.

EL PROYECTO PAPAL EN SUS INICIALES ASPECTOS ORGANIZATIVOS

Tradicionalmente se ha dicho que la respuesta de la población, enfervorecida ante la presencia del papa, fue de radical adhesión al proyecto pontificio. El famoso *Deus Vult!*, "¡Dios lo quiere!", que habría gritado la masa de oyentes, y su inmediata disposición a coserse cruces en sus ropas o tatuarlas al rojo vivo en sus cuerpos, simbolizando el compromiso de querer compartir el sufrimiento de Cristo a través del peregrinaje liberador, serían exponentes de ello. Ciertamente estamos ante detalles que completan la escenografía del preámbulo de la cruzada, y en cuya valoración histórica no es preciso detenerse. Pero probablemente ponen de manifiesto que la respuesta al llamamiento papal fue mayor de lo que podía esperarse. De hecho, el proyecto, que en sus líneas más generales llevaba probablemente años pergeñándose, carecía todavía de la madurez que requiere una inmediata realización, y no cabe duda de que de ello se resentiría en poco tiempo.

De todas formas, el papa sí tenía claras al menos tres cuestiones fundamentales. La primera, que la cruzada sería dirigida, al margen de cualquier autoridad secular, por un legado papal, concretamente el obispo de Le Puy, Ademar de Monteil, con el que ya había contactado en este sentido y que, en un gesto desprovisto de toda espontaneidad, transmitió al papa en Clermont su deseo de acudir a Tierra Santa. Esta idea, la de marginar desde un principio a la realeza europea, no era fruto de las circunstancias como a veces se ha podido sugerir. Es cierto que no hubiera tenido ningún sentido contar con Enrique IV de Alemania, excomulgado y furibundo enemigo de cualquier iniciativa que fortaleciera la imagen del papa; tampoco lo tenía haber hecho una invitación a Felipe I de Francia, también excomulgado y precisamente en el escenario de Clermont; el rey de Inglaterra, por su parte, Guillermo II, no quería saber nada –o lo menos posible– de la Iglesia de Roma en su reino, y finalmente, los reyes hispánicos bastante tenían con su propia guerra santa peninsular. Pues bien, aunque todo lo dicho sea cierto, no lo es menos el deseo papal de prescindir positivamente de unos reyes cuyo protagonismo habría hecho palidecer el de la Iglesia y su pretendida hegemonía. A los ojos del papa, quizá la "obligada ausencia" de los monarcas podía, incluso, constituir un argumento políticamente rentable: el deterioro y la debilidad de los reinos, cuando no la mala disposición de sus príncipes, hacía imprescindible que el papa se responsabilizara del liderazgo de Occidente en beneficio siempre de la causa de Dios.

La segunda idea que Urbano II quiso inicialmente mantener con firmeza –ya veremos que no pudo ser así– fue la de que un ejército único al mando del conde de Tolosa, Raimundo IV, y siempre bajo la autoridad del obispo-legado, asumiera el protagonismo militar. Ya sabemos que el conde era un viejo amigo de la Iglesia, servidor de sus intereses en la península ibérica y lo suficientemente alejado del rey de Francia como para simbolizar el contrapeso de la autoridad monárquica. El ejército por él comandado habría de congregarse en el espacio de nueve meses en Le Puy, y de allí, en agosto de 1096, saldría disciplinadamente para Oriente. Los cruzados no solo obtendrían las ventajas espirituales que el concilio de Clermont había establecido, sino que, mientras durase su ausencia, sus familias y bienes gozarían de la protección de sus respectivos obispos.

Finalmente, el papa contemplaba como indispensable la colaboración de las ciudades italianas, únicas capaces de dar cobertura naval al proyecto. Un adecuado avituallamiento de los cruzados solo podría ser garantizado desde el mar. Ya hacía tiempo que las repúblicas marítimas del norte de Italia venían desempeñando un papel importante en la limpieza del Mediterráneo frente a la piratería sarracena, en especial Pisa y Génova que, por cierto, muy poco antes, en 1087, habían actuado bajo el *vexillum sancti Petri* en la costa tunecina tomando Mahdia. El papa contaba con ambas ciudades, más que con Venecia, en este momento estrechamente vinculada a los intereses bizantinos. Por eso, Urbano II no había dudado en hacerse acompañar en Clermont por el arzobispo Daimberto de Pisa, que pocos años después se convertiría en el primer patriarca latino de Jerusalén. Respecto a Génova, más adelante partirían legados papales que conseguirían comprometer para la cruzada una docena de sus galeras.

La actividad de Urbano II preparatoria de la cruzada fue intensa en los meses siguientes a Clermont. Antes de que acabara el año 1095 el papa, desde Limoges, solicitaba formalmente la ayuda de los flamencos y les comunicaba que ya lo había hecho a los franceses ofreciéndoles el perdón de sus pecados. En los primeros meses de 1096 Urbano II volvía a predicar solemnemente la cruzada en un concilio reunido en Tours, y tras un recorrido por las principales ciudades del oeste, en julio lo encontramos ya en los territorios languedocianos de su aliado el conde de Tolosa. Allí tuvo lugar otro importante concilio regional, el de Nîmes. No tenemos noticias de que en él se abordara directamente el tema de la cruzada, pero no es fácil pensar que se eludiera por completo. En cualquier caso, los contactos con Raimundo IV se hicieron más intensos y los preparativos comenzaron a fraguar en un plan concreto. A él se alude ya en otras dos cartas papales de otoño de 1096 que, con relación a la convocatoria de cruzada, se nos han conservado: la dirigida a los habitantes de Bolonia y la enviada a los monjes benedictinos de estricta observancia que ocupaban el monasterio italiano de Vallombrosa, en esta ocasión para disuadirles de cualquier participación directa. Para entonces, sin embargo, los iniciales planes del papa habían comenzado a desvirtuarse en alguna medida. Para empezar, lo hizo la idea de un ejército único, que ya en aquellas fechas estaba prácticamente descartada, pero en aquel momento eran mucho más inquietantes las reacciones incontrolables que la predicación de la cruzada estaba generando en algunos sectores populares.

LA MOVILIZACIÓN POPULAR

Naturalmente no era el papa el único facultado para predicar la cruzada. En Clermont Urbano II había encomendado esta tarea también a los obispos, los "heraldos de Cristo", como los llama en su crónica Fulquerio de Chartres. Cuando la predicación empezó a depender de una correa de transmisión, sus ya de por sí ambiguos contenidos, inevitablemente fueron deformándose cada vez más hasta el punto de que la retribución espiritual pudo ser entendida por parte de los cruzados como el perdón absoluto de sus pecados. Como hemos indicado hace unas pocas líneas, en realidad, y pese a que el propio papa no fue siempre claro al respecto, lo que se ofrecía era la remisión de las penas impuestas por la Iglesia que conllevaba la inevitable comisión de pecados. Al menos, es lo que se podía ofrecer en ese momento desde el tecnicismo teológico-doctrinal, porque lo que desde luego no se podía otorgar de ninguna manera era una especie de blindaje inmunizador frente al hecho mismo de pecar. Pero no eran estos los problemas que realmente preocupaban al papa. Los obispos, al fin y al cabo, eran hombres formados y normalmente proclives a la moderación. El problema residía en los predicadores incontrolados y evangelizadores populares, hombres con frecuencia de baja extracción social y que, aunque pudieran ser ejemplo de austeridad eremítica, carecían de la más mínima preparación intelectual pudiendo electrizar mediante sus exageradas apreciaciones a los numerosos seguidores con los que solían contar, unos seguidores cuya avidez por mensajes nuevos y radicales era directamente proporcional a su situación de pobreza e ignorancia.

CRUZADISMO POPULAR Y MESIANISMO MILENARISTA

Entramos aquí en contacto con un tema complejo, el de la conexión inicial del movimiento cruzado con toda una serie de manifestaciones de carácter social que mezclan el inconformismo popular con el radicalismo penitencial y el milenarismo apocalíptico. Este tipo de manifestaciones no es específico del siglo de las cruzadas, pero sí es cierto que, coincidiendo con él, una serie de circunstancias favoreció su multiplicación. El propio crecimiento económico del periodo generó la superpoblación de algunas zonas del Occidente europeo que, como el nordeste de Francia, los Países Bajos o el valle del Rin, vieron desbordados sus tradicionales y escasamente desarrollados sistemas de producción agrícola. El hecho dio lugar a la forzada desvinculación de la tierra de no pocos campesinos que intentaron probar fortuna en las ciudades. La naciente industria es cierto que daba puestos de trabajo, pero siempre desde la precariedad determinada no solo por la sobreabundancia de mano de obra sino, sobre todo, por la desprotección de unos trabajadores que inevitablemente habían roto los tradicionales marcos de encuadramiento familiar que les venía ofreciendo el mundo rural. Con todo, estamos ante personas afortunadas porque lo normal es que la ciudad no pudiera absorber la disponibilidad de mano de obra y arrojara al paro y a la mendicidad a muchos de sus habitantes. Si a ello añadimos las irregularidades climático-agrícolas inmediatamente anteriores a 1095, y las enfermedades que acompañaban siempre a la debilidad generada por la miseria, el panorama social no podía ser más dramático.

Gentes empobrecidas, entregadas a la dura lucha por la supervivencia y en ocasiones enloquecidas por el hambre y la desesperación, eran caldo de cultivo para movimientos populares organizados en torno a líderes más o menos espontáneos, a veces simples embaucadores, pero también honestos hombres de Dios que no pretendían sino ayudarlos; en cualquier caso, predicadores de la salvación que anunciaban tiempos mejores y que incluso, si era preciso, profetizaban la inminente venida de Cristo, el vengador de los pobres y única instancia de la que cabía esperar justicia, aquel que, en último término, inauguraría la nueva era –el milenio– en que los justos gobernarían la tierra con la directa implicación del propio Dios. Por eso, no era infrecuente que estos crédulos grupos de discípulos, que nada tenían que perder, vieran en su líder al mesías anunciador de la definitiva superación de su miseria, y que acabaran por convencerse de que eran auténticos elegidos llamados a tareas heroicas que contribuirían decisivamente a la purificación del conjunto de la sociedad, paso previo que antecedería al gobierno escatológico de Cristo en compañía de los justos. Entre esas tareas heroicas no era menos importante la de eliminar de la sociedad aquellos elementos corruptores, explotadores de los humildes y enemigos de Dios, que dificultaban el triunfo de su justa causa.

ELEMENTOS CARACTERIZADORES DEL CRUZADISMO POPULAR

A este ambiente de miseria, absolutamente receptivo a invitaciones salvíficas y libertadoras, llegó también la predicación de la cruzada. Conocemos los nombres de algunos de sus responsables a nivel popular: los de Roberto de Abrissel, fundador de la orden de Fontevrault, y, sobre todo, Pedro *el Ermitaño*, el monje harapiento de Amiens, nos han llegado con ecos de especial resonancia. En concreto Pedro, que se desplazaba en un asno al que sus seguidores le arrancaban pelos para guardarlos como reliquias, decía haber peregrinado a Jerusalén y haber allí recibido el encargo divino de limpiar los Santos Lugares de la presencia sacrílega de los paganos. No es fácil reconstruir el contenido exacto de sus predicaciones. Estas, en parte, eran fruto de la inspiración espontánea y más aún de una cambiante emotividad circunstancial. Pero estamos en condiciones de rescatar al menos los tres elementos esenciales que, a partir de ellas, nos pueden servir para caracterizar el movimiento cruzado popular, un movimiento que para Jean Flori se sitúa en el origen mismo del desencadenamiento del fenómeno cruzado. Con independencia de que ello sea o no exactamente así, los tres elementos caracterizadores aludidos se hallan presentes de un modo u otro en el discurso oficial de la cruzada, pero con una diferencia notable, la del literalismo fundamentalista y radical poco acorde con la flexibilidad de la interpretación simbólica, sin duda más próxima a la sensibilidad papal.

a) Igualitarismo social

Conviene destacar, en primer lugar, el carácter indiscriminado del mensaje transmitido. Ya apuntamos que en el propio discurso papal ese carácter estaba presente, y que todos con independencia de edad, sexo y condición social estaban llamados al compromiso cruzado. Pues bien, este factor que el cruzadismo oficial procuró corregir reconduciendo la convocatoria hacia la clase caballeresca, el cruzadismo popular lo mantuvo e incluso se puede decir que lo potenció. De sobra conocido es el papel, absolutamente anacrónico por privilegiado, que juega la mujer en el programa de vida religiosa de Roberto de Arbrissel, cuyas comunidades dúplices eran regidas por prioras y abadesas. No es extraño que este santo de la Iglesia, tenido por algunos como precursor de la emancipación de la mujer, tiñera con su peculiar perspectiva "inclusivista" el discurso de su predicación. Sabemos, en cualquier caso, que mujeres y niños no solo acudían a las prédicas populares de la cruzada sino que seguían a sus líderes en el peregrinaje de salvación que el Dios de la justicia ofrecía a todos sin excepciones. Alberto de Aquisgrán el cronista de la cruzada popular por excelencia, la de Pedro *el Ermitaño*, y que la narró poco después de 1102, dice que sus seguidores pudieron llegar a ser 20.000 personas entre hombres y mujeres, y Ana Comneno, que en su relato confunde el peregrinaje del visionario de Amiens con la cruzada de los caballeros y convierte a Pedro en líder de uno y otra, alude, impresionada, a una "muchedumbre de gente desarmada" en la que había tantos hombres como mujeres.

Pero, como hemos dicho, la universalidad de la respuesta popular, que a nadie debía excluir, afectaba también a la clase caballeresca, y algunos condes de la baja nobleza alemana, como Hugo de Tubinga y Enrique Schwarzenberg, no tuvieron inconveniente en sumarse a la turba de miserables que, subyugada por el carisma del *Ermitaño,* se dirigía hacia Jerusalén y que, además, sabemos se hallaba reforzada por un contingente de 300 o 400 caballeros. Probablemente también formaban parte de la comitiva cruzada clérigos y monjes, aunque las noticias que de ellos tenemos más bien se refieren a las expresas prohibiciones papales de que tomaran parte en este tipo de movimientos: sabemos ya que la carta enviada por Urbano II a los monjes de Vallombrosa a finales de 1096 iba en este sentido. Con todo, la crónica de Alberto de Aquisgrán recoge un episodio en el que los miembros más débiles de la cruzada de Pedro *el Ermitaño,* entre ellos clérigos y monjes junto a mujeres de edad y niños de pecho, fueron literalmente masacrados por los turcos que, en cambio, decidieron conservar la vida de jóvenes y religiosas; tan reiteradas alusiones a personas consagradas de tan heterogénea condición –en alguna otra información cronística llega a hablarse de obispos–, si es que realmente responde a la realidad, no parece ajustarse a la mera e inevitable participación de "capellanes de tropa".

En esta provocadora mezcolanza social, que tiene mucho que ver con el poder igualitario del juicio final al que no pocos peregrinos se creían abocados, resuenan las desgarradoras denuncias que setenta años antes el obispo Adalberón de Laon había dejado inmortalizadas en sus *Carmina ad Robertum.* El profundo sentido social del poema lo ha explicado Georges Duby con extraordinaria claridad: en él se advierte contra la perversión del orden social hasta aquel momento inconmoviblemente asentado en la desigual y necesaria trifuncionalidad que jerarquiza al conjunto de los individuos. También en aquella confusión resonaban los ecos de quienes, asustados ante los excesos provocados por el movimiento de la *Paz de Dios,* denunciaban que *oratores* y *laboratores* usurpaban las funciones de los *bellatores* para, indignamente mezclados, imponer el orden de un nueva y anárquica sociedad. La cruzada, especialmente en su versión popular, forma parte, por consiguiente, de este conjunto de manifestaciones que dejaban entrever cambios profundos de valores y estructuras, cambios alumbradores de un nuevo orden social, el propio del feudalismo –la "revolución feudal" de que hablaba hacía unas décadas la historiografía francesa–, que la Iglesia pretendía domesticar por encima del poder de reyes y señores. El tema es complejo y no podemos detenernos en él, pero, en cualquier caso, conviene subrayar que esta innovadora perspectiva que, consciente o inconscientemente había puesto en marcha la Iglesia, perviviría largo tiempo en la cara heterodoxa del cruzadismo.

b) Penitencia purificadora

Un segundo elemento propio del movimiento cruzado popular es haberse manifestado como el único cauce penitencial realmente purificador para el conjunto de la sociedad. Ciertamente, el esfuerzo penitencial del peregrinaje a Jerusalén, ya sea en su versión tradicional o en la innovadora propuesta armada del papa, es consustancial a su propia realización. Pero una vez más la radicalidad interpretativa marca la diferencia entre unas y otras experiencias.

En efecto, si para cualquiera de los futuros cruzados el *iter* a Tierra Santa constituyó un esfuerzo personal y familiar extraordinario, pensemos que para los empobrecidos pioneros del movimiento popular, ese esfuerzo rayaría en la heroicidad. No hay más que reparar en las condiciones de viaje de personas que en muchos casos no tenían ni lo mínimo para comer, vestirse o calzarse. Significativamente uno de los discípulos del ermitaño de Amiens, y él mismo conductor de una avanzadilla de la cruzada popular, Gualterio, era conocido y así ha pasado a la historia como Gualterio "sin-nada" (*sans-avoir*). Pues bien, ese viaje, salvo el líder Pedro *el Ermitaño* que se trasladaba sobre la montura de un evocador asno, y los pocos cientos de caballeros que le acompañaban, los restantes miles de peregrinos lo realizaban a pie. Tardaron desde Colonia, donde en abril de 1096 se produjo la mayor concentración, hasta Constantinopla unos tres meses y medio, por un itinerario exclusivamente terrestre que suponía abandonar tierras alemanas para atravesar Hungría siguiendo el curso del Danubio hasta Semlin; de allí penetrar en zona de soberanía bizantina por Belgrado y, siguiendo la vía Nish-Sofia-Adrianópolis, llegar a Constantinopla. Estos tramos de viaje fueron complejos pero desde luego no los más difíciles. Las autoridades alemanas, húngaras y bizantinas tenían instrucciones de facilitar el paso y proveer de avituallamiento a una avalancha que se había adelantado a la cruzada oficial y que, en consecuencia, a todos sorprendió desprevenidos. En realidad, era más que una avalancha: al grueso conducido por Pedro, compuesto por un importante contingente italo-alemán, había antecedido, según dijimos, un grupo integrado por franceses y dirigido por Gualterio; y en Alemania todavía había algunos contingentes esperando partir.

Pese a no ser estas etapas las más complicadas, no faltaron problemas de convivencia e insubordinaciones, tampoco rapiñas sobre los campos y ciudades que iban acogiendo a los peregrinos, ni castigos ejemplares contra quienes las protagonizaban. Y sin embargo en ningún caso los cruzados dejaron de proyectar un cierto halo de admiración. Es significativo que algunas poblaciones bizantinas se volcaran con ellos: los habitantes de Nish les favorecieron con sus limosnas y lo mismo hicieron los de Filópolis, conmovidos por sus sufrimientos. El propio emperador Alejo a quien no entusiasmaba lo más mínimo la presencia de esta turba de indisciplinados peregrinos en su territorio, trató con deferencia a Pedro *el Ermitaño* y, al menos en un primer momento, procuró aconsejarle con prudencia para evitar su previsible aniquilamiento por los turcos. Los excesos de los cruzados no parecían restarles credibilidad.

Pero la "gran tribulación" de los peregrinos no había hecho más que empezar. Trasladados por la marina bizantina al otro lado del Bósforo, comenzaron sus incursiones contra posiciones turcas cercanas a Nicea. Pese a que el emperador Alejo había instado a Pedro a esperar el grueso de la cruzada que se preparaba en Occidente, los seguidores del *Ermitaño*, cada vez más indisciplinados, se lanzaban al saqueo de las aldeas cercanas, bajo control turco pero habitadas por campesinos cristianos. Lo hacían desde el fuerte de Civetot, una posición bizantina abandonada a orillas del Mármara. La acción más espectacular fue la toma de la fortaleza de Xerigordon, a la que los turcos respondieron con una contundencia que convirtió a los vencedores en sitiados desesperados por el hambre y la sed. Los cronistas no ahorran detalles a la hora de narrar los sufrimientos de los peregrinos que acabarían bebiendo la sangre de sus caballos y la orina de sus compañeros. La rendición fue acompañada de apostasías, pero algunos cruzados morirían martirizados por no renunciar a su fe. Esta desastrosa experiencia no amilanó a los peregrinos. Las propias autoridades turcas estaban interesadas en darles su castigo definitivo y les hicieron llegar informaciones falsas que acabaron provocando su masivo avance hacia Nicea. Esta expedición fue el principio del fin. Los turcos literalmente destrozaron a los occidentales y los supervivientes a duras penas pudieron nuevamente alcanzar Civetot. Tras un asedio prácticamente insoportable, los bizantinos consiguieron hacer evacuar a los supervivientes que, desarmados, fueron conducidos a las afueras de Constantinopla.

La cruzada de los pobres daba así fin antes de concluir el año 1096. No había sido una experiencia ejemplar. El propio Pedro *el Ermitaño*, abandonando a los suyos, había huido a Constantinopla antes del desastre final. Pero una cierta conciencia de valor testimonial en torno a los mártires de la "protocruzada" nunca llegó a evaporarse del todo. Incluso no eran pocos los que seguían pensando que los pobres eran los auténticos elegidos de Dios, los designados por él para liberar la Tierra Santa. A lo largo de todo el movimiento cruzado, cuando este pasó a oficializarse bajo el control de los caballeros, los pobres siguieron considerándose depositarios de elevados cometidos ya que su simplicidad y limpieza de espíritu les hacía más dignos que aquellos, y su testimonio martirial tenía un sobreabundante efecto purificador para el conjunto de la sociedad. La cruzada popular fue su primera seña de identidad, pero esta permanecería viva a lo largo de todo el movimiento cruzado. Norman Cohn ha puesto de relieve cómo esta "auto-exaltación de los pobres" se evidencia con toda claridad en los relatos semilegendarios construidos en torno a los "tafures". Serían estos los supervivientes de la cruzada popular, aquellos que lograron huir de la masacre formando auténticas bandas de vagabundos –éste parece ser el significado de la palabra "tafur"– en Siria y Palestina. La pobreza extrema era su seña de identidad, y su violencia, alejada de cualquier convencionalismo militar, su característica esencial. Temidos por los musulmanes y despreciados por los caballeros cristianos, la épica popular los transformó en auténtico pueblo santo llamado a recuperar definitivamente Jerusalén y, sobre todo, a ser instrumento de Dios para imponer el orden sagrado de su justicia. Para ello el sacrificio personal se mostraba como único medio, pero también el sacrificio de los infieles. De hecho, todos los implicados en el movimiento popular cruzado estuvieron imbuidos de este profundo convencimiento, el de ser instrumentos especialmente adecuados para el exterminio purificador. Difícilmente podría favorecerse la segunda venida de Cristo para gobernar la tierra con los justos y los pobres, si no se colaboraba con su causa removiendo los obstáculos que se oponían a ella.

Y uno de esos obstáculos, previo e incluso más execrable que los propios musulmanes, lo constituían los judíos. Ellos pertenecían a la raza de los traidores que habían vendido a Cristo, y venían alimentando desde antiguo creencias que no hacían sino corroborar su insidia. Raúl Glaber, setenta años antes de Clermont, ya apuntaba que habían sido los judíos los que convencieron al califa egipcio al-Hākim para perseguir a los cristianos y destruir el Santo Sepulcro de Jerusalén. Todo apuntaba en su contra, también el hecho de que los cristianos les hubieran convertido en responsables de una buena parte de las actividades crediticias que, formalmente condenadas por la Iglesia, no podían ser desarrolladas por los propios cristianos. Con motivo de la predicación de la cruzada, este hecho se había mostrado especialmente paradójico, y es que muchos peregrinos se habían visto obligados a endeudarse con ellos para arrostrar los gastos que conllevaba su aventura: ¿era justo que quedaran en manos de estos traidores de Dios quienes se afanaban por reivindicar su honor en Tierra Santa? Preguntas como estas, sin duda, son las que se hicieron muchos de los seguidores alemanes de la predicación de Pedro *el Ermitaño*, pero no tanto los que se trasladaron con él hasta Oriente, sino aquellos otros que decidieron permanecer algún tiempo más en tierras germánicas a la espera de conformar un contingente mayor que se uniría con posterioridad a la cruzada.

Precisamente entre ellos comenzó a plantearse un terrible interrogante: ¿por qué no empezar la cruzada por los enemigos más próximos? En muchas zonas del Occidente europeo, y más aún en las grandes ciudades episcopales del Rin, de tan honda vocación mercantil, la presencia de colonias de judíos implicados en negocios crediticios acabó identificándolos con la quintaesencia de la especulación opresora de cuantos honestos ciudadanos y pobres campesinos se veían inevitablemente atrapados en sus redes. Y si había que contribuir a purificar la sociedad y preparar de este modo el triunfo de la causa de Dios, nada mejor que hacerlo eliminando a los descendientes de quienes lo condenaron y mataron. Solo en el transcurso de los meses de mayo y junio de 1096 es probable que desaparecieran entre cuatro y ocho mil judíos a manos de los cruzados. Las matanzas más cruentas se produjeron en las ciudades comerciales de Worms, Mainz y Metz, y no pudieron ser evitadas por sus respectivos obispos que ofrecían sus palacios para la protección de los perseguidos y exigían a los cruzados que fueran capaces de perdonarlos. Nada pudo contener una masacre, que no sería la última vez que se produciría, y que para muchos no era sino la purificadora antesala de la heroica entrada en Jerusalén.

c) Advenimiento de la Jerusalén celestial

Una muy particular visión de Jerusalén constituye precisamente el tercer elemento característico de la predicación y subsiguiente movilización popular. Jerusalén era el objetivo último de la cruzada, pero en la sensibilidad de la gente más sencilla, en especial de aquella que como fruto de su miseria había sido ganada por las corrientes del mesianismo redentor de tipo milenarista, la *Ciudad Santa* era mucho más que el lugar histórico de referencia cristiana, era el lugar sobre el que Isaías había profetizado que los pobres serían consolados (Is 66: 13b). Quienes creían en el milenio como esa fase escatológica de justicia y perfección en la que Cristo reinaría con los pobres a la espera del Juicio Final, Jerusalén era la clave a lo que todo daba sentido: la liberación de su realidad terrenal, situada en el ombligo mismo del mundo, precipitaría la bajada de la Jerusalén celeste anunciada en el *Apocalipsis* de san Juan:

> ... En visión profética me transportó a la cima de una montaña grande y alta y me mostró la ciudad santa, Jerusalén, que bajaba del cielo de junto a Dios, radiante con la gloria de Dios. Brillaba como una piedra preciosísima parecida a jaspe cristalino. Tenía una muralla grande y alta con doce puertas; en las puertas doce ángeles y en cada una grabado el nombre de una de las tribus de Israel... (Ap 21,10-12)

A partir de entonces ya no podría distinguirse entre la Jerusalén terrestre y la celeste. Sería como una parcela del mismo Paraíso en medio de la Tierra, la puerta por la que desde este mundo los pobres alcanzarían el apoteósico destino que Dios reserva a los justos. Entre tanto, el ansia por alcanzar esta meta final confundía las mentes de los cruzados más sencillos que, cada vez que veían dibujarse en el horizonte las murallas de una ciudad, preguntaban si habían llegado ya a Jerusalén.

LOS *CABALLEROS DE CRISTO*

LAS MOTIVACIONES

Ya hemos indicado que la ambigüedad socialmente integradora del discurso papal sobre la cruzada provocó la movilización popular y, como veremos, favorecerá la persistencia de esta bajo el teórico caudillaje de los barones. Pero no cabe duda de que Urbano II pensaba sobre todo en estos últimos. Ellos, superados viejos comportamientos y debidamente purificados en sus intenciones, podían y debían ser los brazos armados de la Iglesia. No estamos hablando de los grandes príncipes territoriales que encabezarían la cruzada, sino de los cientos y hasta miles de caballeros que, tras ellos, constituirían el grueso del peregrinaje expedicionario. Caballeros de segunda, tercera y hasta cuarta fila que se pusieron en marcha fieles a sus compromisos vasalláticos y solidaridades clientelares, pero también fuertemente condicionados por una situación económica más que delicada.

En efecto, desde el año 1000 la heterogénea sociedad francesa, procedencia fundamental del reclutamiento cruzado, luchaba por blindar la propiedad alodial o libre de la pequeña nobleza de sangre frente a la progresiva parcelación a la que se veía abocada por una demografía en alza. En las regiones del norte triunfó desde muy pronto la institución de la primogenitura que garantizaba la transmisión de la herencia familiar en beneficio del mayor de los hermanos. Naturalmente ello generaba dificultades de expectativa para el resto de los varones para los que solo quedaban dos salidas: la carrera eclesiástica o la búsqueda de fortuna a través de la venta de su servicio de armas. Este último es el caso de los "jóvenes" a los que reiteradamente alude la documentación como integrantes de un desarraigado segmento social de caballeros aún no casados y, por consiguiente, ajenos a la vida estable generadora de linaje propio. No es difícil pensar que una buena parte de estos *iuniores* o "jóvenes" a los que se le negaba el presente quisieran labrarse un futuro en las lejanas tierras de la cruzada. En las regiones del centro y del sur de Francia, la situación no era muy distinta, aunque no como fruto de la institución de la primogenitura que tardaría en imponerse, sino como consecuencia de otra fórmula jurídica destinada a proteger la propiedad de la empobrecedora parcelación. Nos referimos a la llamada *frérêche* o *fraternitia*, una suerte de colectivismo señorial de carácter familiar que ejercían conjuntamente los miembros de un linaje aristocrático sobre su patrimonio indiviso. La fórmula era provisional y todo lo más alcanzaba a una segunda generación, pero su éxito dependía de un estricto control que el cabeza de linaje ejercía sobre sus miembros hasta el punto de poder privarles de un matrimonio que hiciese inviable la supervivencia del conjunto. Nuevamente nos hallamos aquí con "jóvenes" caballeros que debían invertir sus capacidades militares en labrarse un destino propio y libre de opresivas tutelas.

No pensemos, sin embargo, que todos los caballeros enrolados en la cruzada procedían de estos marginados sectores de la aristocracia que tan bien fueron estudiados por Georges Duby. Muchos otros eran cabeza de familias consolidadas y disfrutaban de patrimonios en algunos casos envidiables. Eso no quiere decir que también pudieron estar influidos por motivaciones estrictamente materiales, entre ellas la simple ambición, pero, en ningún caso, estamos en condiciones de descartar motivaciones exclusivamente religiosas. De hecho, es posible que muchos cruzados se vieran invadidos por un sincero sentimiento de conversión personal capaz de asumir el llamamiento papal como vía de purificación expiatoria. Obviamente no nos es dado penetrar en las conciencias de quienes respondieron afirmativamente a la proclama papal, pero sin duda algo muy profundo debía animar a personas que para materializar su marcha a Tierra Santa se veían obligadas a dejarlo todo e incluso a empeñar lo que dejaban. Y es que comprometerse con la cruzada suponía mucho dinero, al menos para aquellos que, precisamente por su relevante posición social, combatían con el costoso equipo del caballero y movilizaban tras de sí a una clientela vasallática que, en buena parte, dependía de ellos económicamente. Los meses previos a la movilización contemplaron una extraordinaria actividad de prestamistas que no siempre eran judíos. De hecho, es de suponer que una buena parte de los "préstamos hipotecarios" que los cruzados solicitaron entonces lo hicieran a iglesias y, sobre todo, monasterios. Los cartularios de algunos establecimientos cluniacenses nos muestran con claridad cómo no pocos cruzados les entregaban sus bienes inmuebles a cambio de sumas en metálico y algunas cabalgaduras; solo la muerte del prestatario o su permanencia definitiva en Tierra Santa convertirían los bienes hipotecados en plena propiedad de la institución acreedora.

Vemos, pues, un amplio y heterogéneo colectivo caballeresco que empezaba precisamente entonces a cohesionarse a través de toda una ideología llamada a amplia difusión futura, la ideología caballeresca. Se basaba en una ética de protección al desvalido y de búsqueda de la justicia en la que la Iglesia había influido considerablemente contribuyendo a perfeccionar su empeño por cristianizar e incluso sacralizar sus objetivos. Y a esta identidad de ideario, se sumaba una práctica de la guerra caracterizada por elementos comunes. Aunque el estribo, que es una invención oriental, estaba presente ya en los guerreros a caballo de Occidente desde comienzos del siglo VIII, no es hasta el XI cuando se le empieza a sacar provecho al combinarlo con el uso de la lanza. La lanza podía ser ligera –y en ese caso se empuñaba con el brazo extendido para descargar un golpe hacia abajo o brazo en alto para arrojarla como proyectil a corta distancia–, o podía ser pesada, en cuyo caso se sujetaba firmemente bajo la axila derecha mientras que la mano izquierda se hacía cargo del escudo y la brida, y se procedía así a una carga especialmente efectiva, el "irresistible primer choque" al que alude en su crónica Ana Comneno. A la destreza en el uso de la lanza se sumaba la cota de malla defensiva o loriga que ahora se generalizaba. Todo ello, en el marco de entrenamientos de combates simulados o torneos que no estaban exentos de peligros físicos y, menos aún, de destrucción de los escenarios abiertos en los que se celebraban.

Figs 8: Biblia de León (siglo XII)

LOS CUERPOS DE EJÉRCITO Y SUS LÍDERES

Un breve repaso descriptivo de los cuatro grandes ejércitos que se pusieron en marcha en respuesta al llamamiento papal nos pondrá sobre la pista de cuáles fueron las zonas de la cristiandad occidental que se vieron realmente concernidas por él. Desde luego lo que ese llamamiento no consiguió es crear un único ejército al mando del delegado pontificio, como había sido el deseo inicial del papa, pero sí nos muestra que fueron los heterogéneos territorios de la Francia histórica, desde la franja más septentrional de la Baja Lorena, políticamente dependiente del Imperio, a las tierras mediterráneas del condado de Tolosa, los que soportaron el principal drenaje del reclutamiento, con escasísimo protagonismo, eso sí, del dominio realengo de los Capeto. También los territorios normandos del sur de Italia proporcionaron un buen número de cruzados. En cualquier caso, estamos ante un ensamblaje territorial de solidaridad con la cruzada en el que convergen zonas de activa presencia de Cluny, ámbitos donde la *reforma gregoriana* había encontrado amplio eco y principados cuyos líderes se hallaban de un modo u otro comprometidos con el ambicioso programa de guerras santas pontificias que desde hacía décadas enarbolaba la Sede Apostólica. En definitiva, como señala Jacques Heers, "los límites geográficos y políticos del reclutamiento fueron los de la reforma de la Iglesia y de la afirmación del poder pontificio". Quedaban al margen el Imperio y amplias zonas de Italia del norte y del centro donde la autoridad moral del papa no se hallaba suficientemente asentada, la Inglaterra de Guillermo II *el Rojo*, muy poco respetuosa con la jerarquía eclesiástica, y los reinos cristianos de Hispania enzarzados en una ofensiva contra el islam de la que el mismo papa animaba a no distraer esfuerzos hacia otro escenario bélico que no fuera el peninsular.

Pues bien, fue a partir de la Europa del "reformismo pontificio" desde donde se organizaron los cuatro grandes cuerpos expedicionarios que iban a integrar la *primera cruzada*, el de los loreneses de Godofredo de Bouillon, el de Bohemundo de Tarento y los normandos del sur de Italia, el de los languedocianos y provenzales de Raimundo de Sain-Gilles, y el de los franco-normandos del duque Roberto. Todos ellos se pusieron en marcha en el verano de 1096 o poco después y, salvo el primero, que hizo acto de presencia en Constantinopla antes de que acabara aquel año, los otros tres llegaron a la capital bizantina en el transcurso del mes de abril de 1097.

a) Godofredo de Bouillón

Curiosamente el primer ejército organizado y realmente significativo que respondió al llamamiento papal estaba en buena medida integrado por vasallos del emperador. Lo eran, en efecto, los loreneses movilizados por Godofredo de Bouillon y él mismo como duque que era de la Baja Lorena, título que recibió de Enrique IV en premio a la fidelidad de que hizo gala en las campañas progibelinas de Italia a las que fue convocado. Su gestión al frente del ducado no debió ser brillante por lo que su nombre se halla fundamentalmente asociado a su señorío patrimonial ubicado en torno a la estratégica fortaleza de Bouillon, en las Ardenas, en el actual límite fronterizo de Bélgica con Luxemburgo.

La fidelidad política de Godofredo hacia el emperador se vio pronto enturbiada por el alineamiento del duque con las tesis del reformismo papal. Desde ellas se opuso al intrusismo imperial en materia de investiduras y luchó por la independencia de los monasterios loreneses entre los que destacaban las fundaciones cluniacenses. Tan comprometida opción política, en modo alguno incompatible con sinceros sentimientos caballerescos, le llevaron a abrazar la cruz. Sobre la base de esos sentimientos y el futuro exitoso de Godofredo en Tierra Santa se tejió pronto en torno a su figura todo un entramado de leyendas. A ellas y a su propaganda contribuyó de manera decisiva el hecho de que el señor de Bouillon fuera descendiente por línea materna de Carlomagno, el emperador que, según se decía, había viajado a Tierra Santa y establecido sobre ella un auténtico protectorado, y de entre cuyo linaje el monje visionario Adso de Montier quiso ver a mediados del siglo x al campeón del definitivo triunfo del cristianismo que habría de sentarse en el trono de Jerusalén al final de los tiempos. En estas circunstancias no es raro que, pasados los años, recayera sobre Godofredo la identidad del rey de Jerusalén que proféticamente había sido anunciada para un directo descendiente del *Caballero del Cisne*, modelo mítico de virtudes caballerescas que la leyenda asociaba a los representantes de la casa de Lorena.

La figura de Godofredo, en efecto, camina, y lo hizo desde muy pronto, al filo de la leyenda y eso probablemente ha servido para distorsionar su auténtica proyección histórica, quizá no tan ajustada ni al perfecto paladín guerrero ni al héroe caballeresco por antonomasia. Lo cierto es que fue capaz de concentrar un numeroso ejército del que formaba parte una considerable porción de caballeros entre los que, desde un principio, destacarían su hermano menor, Balduino de Boulogne, uno de esos "jóvenes" aristócratas a los que no alcanzaba el reparto de tierras patrimoniales, y su primo Balduino de Rethel, señor de Le Bourg.

b) Bohemundo de Tarento

El segundo cuerpo expedicionario era el integrado por los normandos del sur de Italia al mando de Bohemundo, el hijo de Roberto Guiscardo. Su nombre originario era Marcos, pero según una leyenda recogida por Orderico Vital, su padre, que en el transcurso de un festín había escuchado las hazañas de un gigante de nombre Bohemundo, decidió medio en broma atribuirle este hasta entonces inédito nombre. Ni esta anécdota ni la colaboración con su padre en las campañas sostenidas frente a Bizancio en Los Balcanes, impidieron a Roberto Guiscardo privar a su hijo, en beneficio de un hermanastro menor, de la herencia que le hubiera correspondido en Italia, y de la que solo conservó Tarento y otros puntos de las tierras de Otranto. Casi sin temor a equivocarnos, podemos afirmar que Bohemundo, en estas circunstancias, quiso aprovechar la cruzada para hacerse en las lejanas tierras del Levante mediterráneo con el principado que se le negaba en Occidente. De hecho, entre los normandos no se había predicado la cruzada, y fueron las noticias acerca de las movilizaciones que se estaban produciendo el factor que dio lugar a la formación de un ejército normando. No era demasiado numeroso, pero se hallaba bien entrenado y dispuesto a cualquier intervención. No en vano Roberto Guiscardo y el propio Bohemundo lo habían hecho combatir en tierras balcánicas, y las propias e inestables circunstancias de Italia lo mantenían en permanente estado de guerra. Entre los acompañantes del nuevo líder cruzado figuraba su sobrino Tancredo y también un cronista de nombre desconocido, el *Anónimo normando*, autor de la *Gesta Francorum*, una narración de extraordinario interés historiográfico y todo un monumento de la propaganda política a favor de su señor, el conde Bohemundo.

c) Raimundo de Saint-Gilles

Las tropas movilizadas por Raimundo de Saint-Gilles fueron, sin duda, las más numerosas de cuantas integraron la *primera cruzada*. Raimundo era conde de Tolosa –Raimundo IV– y también marqués de Provenza. Sus dominios no solo no habían sido ajenos a la predicación de Urbano II sino que constituyeron punto de apoyo para un papa cuya autoridad se había venido cuestionando en Roma. El propio Raimundo era un viejo *miles sancti Petri* a quien ya se había dirigido el papa Gregorio VII en 1074 para defender los derechos de la Iglesia frente a los díscolos normandos de Roberto Guiscardo e incluso para detener el destructivo avance de los selyúcidas sobre el Imperio de Constantinopla. Más tarde participó también en las iniciativas pontificias que llevaron la noción papal de reconquista cristiana a la Península Ibérica, o al menos eso es lo que tradicionalmente se ha venido diciendo. Según Bernard F. Reilly no está del todo probado que Raimundo formara parte de la expedición francesa que, al mando del duque Eudes I de Borgoña, fracasó estrepitosamente ante los muros de Tudela en el transcurso de 1087. No obstante, es posible que así fuera, como lo es, desde luego, que, fruto de su colaboración con el monarca castellanoleonés Alfonso VI, contrajera matrimonio con su hija natural Elvira con la que ya estaba casado en 1094.

Cuando un año después, en 1095, se adhiere con entusiasmo al proyecto papal de la cruzada, Raimundo era ya un hombre maduro. Su adhesión no había sido espontánea sino meditada y largamente negociada con el papa. Por eso, el conde tolosano, desde su sincera posición de aliado de la Iglesia y desde su vocación de cruzado, aspiraba a ejercer el liderazgo espiritual de la expedición. Sin embargo, ya sabemos que el papa, que en un principio pudo pensar en un único ejército comandado por el conde, no estaba dispuesto a ceder protagonismo en el campo espiritual en beneficio de ningún príncipe secular; tampoco el resto de los cruzados hubiera permitido que ese liderazgo fuese una realidad. Pese a todo, Raimundo, de común acuerdo con Ademar de Monteil, obispo de Le Puy, delegado papal y hombre vasalláticamente vinculado al conde de Tolosa, puso en marcha su numeroso ejército de hombres del Midi francés, sin intención aparente de regresar a sus tierras. Le acompañaban caballeros de altísimo rango, y no todos provenientes de Tolosa o de Provenza –pensemos en el vizconde Gastón de Bearn–, también obispos como Guillermo de Orange e incluso un "cronista oficial", Raimundo de Aguilers, capellán y panegirista del conde tolosano.

d) Roberto de Normandía

El último de los cuatro grandes ejércitos de la cruzada no tenía en realidad un único caudillo. Lo era, desde luego, el duque Roberto Courteheuse de Normandía, pero compartía el liderazgo con su cuñado Esteban de Blois y con el poderoso conde de Flandes Roberto II. Roberto de Normandía es otro de los significados descontentos que se sumaron a la cruzada después de fracasar en sus expectativas occidentales. Era el primogénito de Guillermo *el Conquistador*, pero de él solo recibió la herencia patrimonial del ducado y no el reino adquirido de Inglaterra; su hermano Guillermo II *el Rojo*, lejos de renunciar al reino insular como su hermano pretendía, acabó ganando la partida y, a cambio de una cuantiosísima suma –diez mil marcos de plata– recibió en hipoteca el ducado, mientras Roberto, con la cantidad obtenida, hacía solemne voto de cruzado. Le acompañaría Esteban de Blois, el acaudalado hijo del conde de Champaña, casado con Adela, la hermana de Roberto. No parece que Esteban fuera un ejemplo de cruzado entusiasta, como, en cambio, sí lo era probablemente el joven conde Roberto II de Flandes que había sucedido en 1093 a su padre, Roberto I, a quien ya conocemos como peregrino y mercenario al servicio del emperador Alejo de Bizancio.

Formaban parte de este heterogéneo ejército numerosas personalidades, entre ellas el obispo Odón de Bayeux y un clérigo llamado a ser principal testigo historiográfico de la cruzada, Fulquerio de Chartres, hombre vinculado al séquito del conde de Blois que no tardaría en ingresar en el de Balduino de Boulogne, futuro conde de Edesa y más tarde rey de Jerusalén.

CONTINGENTES Y COMPOSICIÓN

¿Cuál podría ser el contingente numérico de estos primeros ejércitos cruzados considerados globalmente? Se trata de un tema complejo sobre el que la historiografía dista mucho de poseer un criterio unánime. Hace ahora veinte años Jean Flori nos ofrecía un balance sobre la cuestión y en él subrayaba dos evidencias: las abultadas cifras que nos proporcionan los cronistas y los ajustes a la baja sobre los que suelen trabajar modernamente los especialistas. Sin embargo, y pese abogar por una reconsideración del valor de los datos aportados por los cronistas, Flori no concretaba su punto de vista ofreciendo hipotéticas alternativas. Y es que realmente resulta muy difícil hacerlo. La reconstrucción numérica en su día elaborada por Runciman, en principio, resulta razonable: serían poco más de 4.000 caballeros los movilizados en total por los distintos líderes cruzados, y unos 30.000 los infantes o peones que los acompañarían, según una proporción aceptable de uno a siete. Más recientemente Riley-Smith ha incrementado notablemente la participación de cruzados cifrándola en 7.000 caballeros y más de 80.000 peones, y esta última cifra podría ser la del conjunto de cruzados movilizados en los meses siguientes a Clermont, según Tyerman. Justo lo contrario a estos cálculos son los efectuados por Franco Cardini al estimar en solo unos cientos el número de los caballeros y en unos miles el de los infantes, pues de otro modo habría que pensar en la creación de un auténtico problema demográfico para Occidente. Por todo ello, y atendiendo a una valoración intermedia, es por lo que estimamos que la vieja hipótesis de Runciman se sitúa en un terreno de mayor credibilidad, el mismo en que se mueve el gran conocedor de la guerra medieval que es Philippe Contamine, para quien ciertamente las tropas auxiliares de a pie pudieron ser numerosísimas en la cruzada, mientras que los caballeros solo serían unos cuantos miles, aunque de ellos en ocasiones solo unos pocos centenares contarían con montura adecuada y capaz de soportar una carga en condiciones.

La dicotomía entre minoría de *milites* o caballeros bien armados y una masa de infantes o peones muy desigualmente equipados –el número de arqueros, por ejemplo, debía ser muy pequeño– nos sitúa, en principio, ante la estructura básica de lo que era el ejército medieval, pero no pensemos en las clásicas formaciones feudales en que la funcionalidad militar se hallaba perfectamente acotada según una jerárquica y muy precisa gradación social. Es aún un poco pronto para eso, aunque qué duda cabe que las cruzadas coadyuvarían a consolidar esa tendencia. Con todo, el aspecto del primer gran ejército cruzado no debía ser tan "caballeresco" como nos podemos imaginar. Y a ello contribuye sin duda el hecho de que no todos los cruzados eran combatientes. La "dimensión popular" del movimiento cruzado no se agota en las primeras y caóticas expediciones "extraoficiales". Hemos de pensar que muchos peregrinos armados iban acompañados de sus mujeres, y estas, si hablamos de alta clase social, de sus doncellas y criadas. Niños y adolescentes constituirían también un importante segmento de población "cruzada", y no faltan indicios que nos permiten afirmar que llegaron a organizarse como auténticas bandas de guerreros que jugaban a la guerra como inevitable preludio de lo que sería su destino. Ancianos y pobres incapaces de manejar un arma se sumaron también a la expedición, y a ellos se reservaría más adelante una parte específica de los botines conseguidos. Este heterogéneo conjunto de personas podía suponer un 25 por ciento más que se añadía a las cifras estimadas de combatientes. No es más que una conjetura porque son excluidos incluso de las abultadas valoraciones numéricas que nos proporcionan los cronistas. De lo que no cabe dudar es de que entre los no-combatientes, clérigos y monjes ocupan un lugar de especial relevancia: sermoneaban y mantenían vivo el ánimo de los cruzados, oficiaban misas para ellos y los oían en confesión; según Jacques Heers, "en ningún campo de batalla los sacerdotes habían cumplido hasta ahora un papel semejante de asistencia y consuelo".

ITINERARIOS Y REACCIÓN BIZANTINA

Los cuatro ejércitos en que se hallaban organizados los contingentes cruzados partieron hacia Oriente en tiempos y desde lugares diferentes. Solo el primero de ellos, el de los loreneses de Godofredo, escogió la vieja ruta terrestre de la cruzada popular, a través de Hungría. El ejército normando de Bohemundo partió del puerto de Bari para desembarcar en las costas adriáticas bizantinas y alcanzar Constantinopla por la histórica *Via Ignatia* que partía de Durazzo hasta la capital. Bordeando la costa adriática por la inhóspita Dalmacia, las tropas languedocianas de Raimundo conectaron también con la antigua calzada que llevaba a la *Nueva Roma*. Y finalmente, desde el sur de Italia, aunque en oleadas sucesivas, el ejército normando-flamenco de los dos Robertos acabó alcanzando la misma vía con destino a Constantinopla.

El trayecto hasta la capital bizantina no admite comparación con la desordenada avalancha de la "cruzada popular". Es cierto que se produjeron algunos incidentes, pero fueron consecuencia más del explicable recelo de las autoridades locales que debían recibir a los cruzados que de la actitud de estos últimos y, sobre todo, de sus líderes. Desde luego, es perfectamente comprensible que el rey de Hungría o los funcionarios bizantinos de Los Balcanes vieran en las nuevas oleadas de "francos" un renovado episodio de las violentas hordas de Pedro *el Ermitaño* y que, pese a las instrucciones que tenían de proveer del avituallamiento necesario a los cruzados, su actitud no siempre fuera amistosa. Con todo, los incidentes no fueron muchos ni, en general, de gran calibre. Las tropas de Bohemundo saquearon cruelmente una aldea macedonia, pero se trataba de un núcleo de herejes bogomilos y no parece que el asunto tuviera mayores consecuencias. Los soldados de Raimundo, por su parte, después de sufrir la agresividad de los eslavos por los sinuosos caminos de Dalmacia, fueron hostigados por los mercenarios pechenegos encargados por el emperador bizantino de vigilarlos, cometido que, desde luego, cumplieron con un celo excesivo: Raimundo y el propio obispo Ademar de Monteil fueron víctimas ocasionales de estos ataques que se prodigaron en la región de Macedonia. También algunos de los efectivos del conde de Flandes, que no quisieron desembarcar en los puertos adriáticos prefijados, se vieron interceptados por la marina bizantina enfrentándose a ella en un episodio que nos ha llegado detalladamente narrado por Ana Comneno. La princesa bizantina alude en él a una desconocida *tzangra*, una especie de ballesta de mortíferos efectos utilizada en aquella ocasión por los latinos, y nos habla también de un violento sacerdote que "lo mismo manejará los objetos divinos que se colocará un escudo en la izquierda y aferrará en la derecha la lanza", y es que la mentalidad propia del cristianismo oriental era ajena al extraño espectáculo de clérigos que "no son menos sacerdotes que guerreros" (x.viii.8).

A la recelosa recepción bizantina sucedieron, una vez acampados los cruzados en las afueras de Constantinopla, las negociaciones del emperador con sus líderes. Estas se basaron desde el principio en un consciente equívoco. El punto de vista del emperador era claro. Él había solicitado ayuda a Occidente, y aunque no la esperaba en forma de ejércitos masivos acaudillados por grandes príncipes de los que recelaba, les dio la sincera bienvenida siempre que se respetaran unas mínimas condiciones: los cruzados debían someterse a la voluntad soberana del emperador actuando con autonomía pero siempre a favor de sus intereses, de tal manera que Bizancio pudiera, al menos, recuperar las posiciones que los turcos les habían arrebatado recientemente en Anatolia y en el litoral septentrional sirio, fundamentalmente Antioquía; más allá, los cruzados podrían crear principados territoriales autónomos, aunque, eso sí, formalmente vinculados al Imperio. Obviamente el punto de vista de los cruzados era bien distinto. Si pensamos en el papa y en su legado oficial, es evidente que la idea no era someter la fuerza desplegada a la autoridad del emperador, sino cooperar con él cara a la detención de los infieles restaurando, bajo soberanía pontificia, la realidad cristiana de Tierra Santa y sus zonas adyacentes, propiciando de este modo a medio o largo plazo la reunificación de la cristiandad bajo el signo hegemónico de la Iglesia de Roma. Esta perspectiva, más o menos sustancialmente modificada a favor de su propio protagonismo político, era la mantenida por los líderes de la cruzada quienes, al margen del emperador, deseaban la creación de principados independientes en la zona.

La estrategia de Alejo I consistió en el halago en forma de cuantiosos y costosísimos regalos a favor de los cruzados, a cambio de un juramento de fidelidad que vinculara políticamente su destino al del Imperio. No sin dificultades la estrategia de Alejo acabaría imponiéndose. El primer cruzado que sin reticencias cayó en sus redes fue el conde Hugo de Vermandois, hermano menor del rey Felipe I de

Francia. Había sido probablemente el primero de los representantes de la cruzada caballeresca llegado a Constantinopla, lo hizo incluso antes del primero de los cuatro ejércitos que ya conocemos y, desde luego, al margen de él. No se trata de un personaje importante pese a su condición de Capeto, y su papel como cruzado no fue de gran relieve, pero esta prenda de la reconciliación entre el excomulgado rey Felipe y el papa Urbano, respondió entusiásticamente al plan de Alejo I, convirtiéndose en un vigilado embajador de sus intereses ante los caudillos de la cruzada. Estos no se mostraron tan sumisos, al menos no lo hicieron ni Godofredo ni Raimundo. El primero podía fundamentar su obstinada negativa a jurar fidelidad al emperador de Bizancio en su calidad de vasallo del otro emperador, el de Occidente, frente al que no reconocía ningún poder temporal alternativo. Raimundo, por su parte, de un modo u otro se consideraba líder de la cruzada e intérprete de la voluntad política del papa y, en consecuencia, no estimaba conveniente una sumisión vasallática que comprometiera el futuro del proyecto occidental.

Pero Alejo no estaba dispuesto a ceder y llegó a emplear la coacción y la fuerza. Los soldados de Godofredo concretamente vieron interrumpido el suministro de provisiones, y la respuesta de sus violentas amenazas sobre la propia capital bizantina, fue su fulminante aplastamiento por parte del ejército imperial. Godofredo se vio obligado a ceder y a comprometerse a actuar en el futuro por cuenta del emperador. La negociación con Raimundo fue aún más compleja, pero el conde de Tolosa también acabó cediendo, aunque mediante el préstamo de un juramento políticamente ambiguo y que no parecía comprometerle realmente a nada. Por su parte, Bohemundo, el antiguo enemigo del emperador Alejo, se mostró totalmente acorde con sus planes y en su propia estrategia de indisimulada rivalidad respecto a Raimundo, se sometió al emperador con la infundada esperanza de que Alejo le concediera la dignidad, formalmente solicitada, de *Gran Doméstico de Oriente*, es decir, de comandante militar en jefe sobre bizantinos y latinos en el área de reconquista turca.

De un modo u otro todos los líderes cruzados, sin abandonar sus reales intenciones, acabaron ajustándose al teórico plan del emperador quien, en principio, podía estar ciertamente satisfecho. Con los acuerdos establecidos, los cuatro ejércitos fueron sucesivamente trasladados al otro lado del Bósforo, donde a finales de abril de 1097 se hallaban concentrados en uno de los pocos puntos de Asia Menor que permanecía en poder de los bizantinos, en Nicomedia, a no mucha distancia de Nicea, el que iba a ser primer objetivo de la cruzada.

DESARROLLO DE LA CRUZADA

INICIO DE LA CRUZADA. NICEA Y LAS CONSECUENCIAS DE LA VICTORIA DE DORILEO

Cuando la cruzada se puso en marcha hacia Nicea, ciudad cristiana de resonancias conciliares, sus líderes, y con ellos también las autoridades bizantinas, eran conscientes de la importancia capital de su conquista. Demasiado próxima a Constantinopla, los turcos del sultanato de Rum habían hecho de ella residencia de sus sultanes y depósito de sus tesoros, y su estratégica y bien guarnecida posición la convertía en obstáculo inevitable para cualquier avance hacia el interior de Anatolia. Los cruzados, ajenos aún a los desgarradores efectos de la rivalidad, se aplicaron a asediar sus fuertes muros aprovechando la ausencia del sultán, imprudentemente entretenido en disputas territoriales con sus vecinos orientales, los emires de *Danishmend*. El cerco no era sencillo de completar ya que uno de los flancos de la ciudad terminaba en un lago de considerables dimensiones, el Ascanio, por donde los turcos sitiados recibían provisiones. Durante mes y medio los cruzados se aplicaron a fondo en la conquista, e incluso consiguieron ahuyentar las fuerzas del sultán, vuelto precipitadamente del este. Su derrota en campo abierto –indiscutible especialidad de la caballería pesada de los francos– no logró, sin embargo, doblegar la resistencia de la guarnición turca de Nicea, por lo que fue necesario el concurso de una flota bizantina para consumar el bloqueo de la ciudad. Cuando este parecía un hecho y los cruzados acaudillados por Raimundo de Saint-Gilles creyeron al fin llegado el momento de materializar el asalto final, unas no muy transparentes negociaciones llevadas a cabo por los bizantinos sin el cabal conocimiento de los cruzados provocaron la rendición del gobernador de la plaza al emperador. La frustración se apoderó de los latinos, y entre ellos no faltaron voces que calificaron los hechos de premeditada traición. Nicea, de este modo, se libraba del seguro saqueo de los cruzados, y aunque estos no se vieron marginados en el reparto del botín, su desconfianza hacia el emperador bizantino no hizo sino incrementarse. De todas formas, el camino quedaba abierto hacia un destino muy lejano e incierto: la ciudad siria de Antioquía.

Prever la ruta exacta que habría que elegir a tal efecto resultaba entonces poco menos que imposible. Las invasiones turcas y la constante violencia que se había apoderado del interior de Anatolia desde por lo menos veinticinco años atrás, no permitía saber qué camino podía ser el más practicable para un ejército tan numeroso. De todas formas, desde Nicea solo cabía internarse en la vieja Frigia mediante una única calzada que conducía al corazón de Asia Menor, y esa calzada pasaba por el valle de Dorileo, cerca de la moderna ciudad de Eskishehir. Lo cierto es que allí, o quizá en un emplazamiento difícil de ubicar, pero no muy alejado de aquel, acampaba el último día de junio la vanguardia del ejército cruzado al mando de Bohemundo. Las dificultades de abastecimiento habían dictado la necesidad de dividir en dos la fuerza de los francos y distanciar un sector de otro al menos en una jornada. Bohemundo, con los normandos del sur y del norte y con otros grupos de cruzados a los que se sumó en calidad de guía un destacamento de soldados bizantinos, dirigía la avanzadilla. Pues bien, sobre ella, de manera sorpresiva, se abalanzaron los turcos del sultán de Rum, desposeído de Nicea y ahora reconciliado con el emir de *Danishmend* para oponer resistencia al ejército cruzado. El ataque se basó en la típica estrategia de los nómadas turcos: grupos de arqueros a caballo que descargan sus aljabas sobre los enemigos huyendo rápidamente y dando paso a nuevos grupos en oleadas sucesivas. No era ciertamente una técnica familiar para los caballeros francos que, sin embargo, en aquella ocasión pudieron resarcirse de la frustración de Nicea: la llegada de los refuerzos del ejército de retaguardia, que los turcos no esperaban, los puso en fuga y convirtió la batalla de Dorileo de 1 de julio de 1097 en la primera gran victoria de los cruzados, una especie de reverso de Manzikert, que obligaba a los turcos a replegarse y a reconocer por vez primera la importancia cuantitativa y cualitativa del ejército franco.

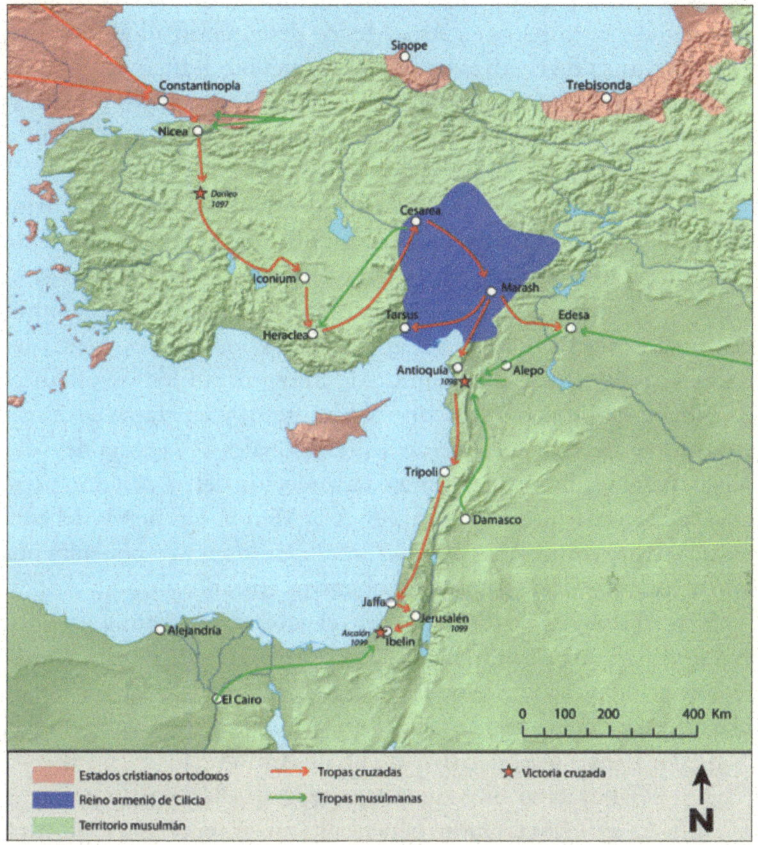

Fig. 9: La primera cruzada

Las consecuencias de Dorileo fueron realmente decisivas. La primera hace referencia al cambio de imagen al que acabamos de aludir: los cruzados, ante griegos y musulmanes, dejan de ser las desordenadas turbas compuestas por hombres indisciplinados y codiciosos, para pasar a ser considerados como un ejército digno de estima. Pero debemos subrayar otras dos consecuencias de orden político que de ningún modo conviene olvidar, y es que a partir de Dorileo percibimos una doble tendencia: la de un Bizancio que, aprovechando el derrumbe turco en Anatolia, se centra en la reconstrucción de su imperio en Asia Menor desentendiéndose cada vez más del futuro de la cruzada, y la de un ejército franco, reafirmado en sus objetivos sirio-palestinos y que, ante el progresivo distanciamiento de los bizantinos, busca nuevas alianzas entre los cristianos anatolios capaces de garantizar su retaguardia.

En efecto, en lo que se refiere a la primera tendencia, los datos son elocuentes: a raíz de Dorileo y en los años inmediatamente posteriores, Bizancio recupera más de un tercio de Asia Menor. Desde un primer momento la flota bizantina se hizo con el control de Jonia procediendo a la recuperación de los núcleos esenciales de Esmirna y Éfeso. También desde muy pronto los viejos países de Lidia y Frigia pasaron a control bizantino, y en etapas sucesivas ese control afectaría a las tierras septentrionales de la costa del Mar Negro hasta la misma Trebisonda. La intención del emperador, pues, era la de reconstruir su soberanía en Asia Menor. Las tierras del este, teóricamente controladas por los turcos *Danishmend* y pobladas por cristianos armenios, así como los objetivos cruzados sirio-palestinos, no fueron abandonados del todo, pero el gobierno de Constantinopla, extraordinariamente práctico, no puso en ellos el celo invertido en la recuperación de las tierras occidentales. Con todo, la colaboración de bizantinos y francos se mantendría en términos de razonable eficacia hasta por lo menos el decisivo asedio de Antioquía.

Esa colaboración hizo que un cuerpo de ejército bizantino se mantuviera entre los cruzados para facilitar su avance hasta el objetivo antioqueno. Pero ese avance no fue ni mucho menos rápido. Desde Dorileo y en su marcha hacia el sureste el ejército franco sufrió el implacable rigor estival de las desérticas estepas anatolias. Los caballeros, enfundados en las férreas defensas de sus lorigas, vivieron el peregrinaje como la peor de las penitencias, y mientras sus caballos morían agotados por la sed y el hambre, ellos se veían obligados a montar sobre el lomo de bueyes e incluso sobre perros y ovejas que, según el testimonio de Roberto *el Monje*, "son en este país de un tamaño y de una fuerza extraordinarias". Su fatiga se multiplicaba considerablemente para el pueblo no armado, para las mujeres, niños, ancianos y menesterosos que mantenían viva la imagen de la peregrinación popular, y esa fatiga apenas podía verse mitigada por los oasis que representaban las grandes ciudades que, como Iconio y Heraclea, los turcos iban abandonando sin apenas resistencia.

A partir de Heraclea cabían dos posibilidades: marchar hacia el interior de Capadocia bordeando el obstáculo natural del Antitaurus, o aventurarse por sus angostos desfiladeros para alcanzar por Tarso la llanura de Cilicia. El grueso del ejército cruzado prefirió la primera opción, pero parte de los efectivos, desembarazados del pueblo desarmado, optó por la segunda. En cualquier caso, se iniciaba entonces una nueva experiencia para los cruzados, su contacto directo con importantes bolsas de población cristiana de origen armenio que, como fruto del marasmo provocado por las invasiones turcas, se habían instalado tanto en el interior de Capadocia como en Cilicia. Los armenios habían sufrido históricamente los inestables efectos propios de una población fronteriza y disputada, pero eso mismo les había hecho crecer como "nación" acrisolada en el espíritu de independencia. Algunas dinastías locales venían ejerciendo el poder en distintos puntos sosteniéndose gracias a una hábil política que los convertía de forma alternativa en representantes del Imperio bizantino en la zona y en tributarios de los emires turcos. Las relaciones de estos príncipes con su propio pueblo no eran siempre buenas, ya que la legitimidad de origen bizantino con que disimulaban sus ansias de autonomía los habían convertido, por regla general, en hombres fieles a la ortodoxia imperial y, por consiguiente, contrarios a las tradicionales creencias monofisitas de sus súbditos, a los que, por otra parte, explotaban con todo tipo de impuestos. Estas complejas sociedades armenias son con las que entraron en contacto los cruzados y entre unas y otros pronto se produjo una corriente de simpatía de la que esperaban extraer ventajas mutuas: los armenios, un punto de apoyo para alcanzar la ansiada autonomía respecto a bizantinos y turcos, y los cruzados, potenciales aliados frente a estos últimos y, llegado el caso, frente a aquellos, y también cobertura estratégica en la retaguardia de sus futuras conquistas en Siria.

Lo cierto es que los francos fueron recibidos como libertadores en las ciudades armenias, siendo Balduino, el hermano de Godofredo, quien más y mejor supo fomentar su amistad. De hecho, entre sus colaboradores figuraba desde los días del asedio de Nicea un armenio de nombre Bagrat, hombre influyente y emparentado con las dinastías locales de más allá del curso medio del Éufrates. A esa zona decidió dirigirse Balduino, quien, desentendiéndose del resto de la cruzada, marchó concretamente a Edesa en compañía de solo un centenar de caballeros en los últimos meses de 1097. Allí el príncipe Thoros lo esperaba para poder hacer frente a los poderosos emires de la cercana Samosata y, sobre todo, de la más alejada Mosul. Su predisposición hacia el cruzado era tal que decidió adoptarlo como sucesor y nombrarlo corregente de su principado. Los cronistas de la cruzada nos describen el curioso ceremonial de prohijamiento de que fue objeto Balduino, según los usos tradicionales de los armenios: Thoros "lo hizo pasar, despojado de su vestimenta, entre su carne y su camisa, lo apretó en su seno y selló el compromiso con un beso", ceremonia que se repitió con la mujer de Thoros. Muy poco después, a comienzos de 1098, una conspiración, si no urdida, al menos sí consentida por los francos, desbancó del poder al príncipe armenio que murió linchado por la enfurecida población que lo detestaba. De este modo, Balduino se convirtió en el único gobernante de Edesa. Muy pronto pondría las bases territoriales de lo que él mismo designó como "condado". Nacía así el primero de los "estados" latinos de la cruzada. Para entonces, Antioquía estaba a punto de caer en manos de los francos.

ANTIOQUÍA Y LA "MÍSTICA CRUZADA"

En efecto, en octubre de 1097 los ejércitos cruzados se hallaban ya ante los imponentes muros de Antioquía reforzados por las 400 torres erigidas por Justiniano en el siglo VI. Habían transcurrido seis meses desde el inicio del peregrinaje, y el balance, pese a los inenarrables sufrimientos de los cruzados, era netamente favorable para ellos. Es cierto que se habían manifestado ya las primeras rivalidades serias entre sus líderes, hasta el punto de que uno de ellos, Balduino, había decidido desentenderse de la marcha general de la expedición, y también es verdad que el distanciamiento entre francos y griegos era cada vez más patente. Pero los turcos se hallaban mucho más divididos y eso facilitaba las cosas a los cruzados. La amenaza de Antioquía les hizo sin duda reaccionar, y los responsables de los cuatro grandes enclaves sirios –Alepo, de la que dependía Antioquía, Damasco, Homs y Mosul– intentaron coordinar esfuerzos, aunque normalmente a destiempo y no con mucho éxito. Por si fuera poco, el régimen fatimí de Egipto, que no tardaría en expulsar de Jerusalén a los turcos, aspiraba a volver a controlar Siria y mantuvo en estos decisivos momentos una neutralidad cómplice que sin duda favorecía a los francos; embajadores egipcios se desplazaron incluso al campamento sitiador de los cristianos. Estos, finalmente, contaban con el firme apoyo de los armenios en su retaguardia, un puerto cercano a Antioquía, el de Alejandreta, que los cruzados habían conquistado con la ayuda de un pirata a su servicio, Guynemer de Boulogne, y muy pronto otro aún más cercano, el de San Simeón, en el que fondearía una flota genovesa compuesta de trece naves.

Todo parecía favorecer una rápida ocupación de Antioquía, incluida la escasa lealtad de la población cristiana de la ciudad hacia sus gobernantes quienes, ante la amenaza cruzada, habían convertido provocadoramente el santuario catedralicio de San Pedro en un establo para sus caballos. Y sin embargo el cerco se mantendría durante más de medio año. Para empezar, las fuerzas cristianas eran insuficientes para rodear sistemáticamente una admirable fortaleza que, además, se hallaba protegida por el Orontes al oeste, al este por el importante macizo montañoso de Silpio y por un conjunto de pantanos impracticables al norte. El ataque inmediato que proponía Raimundo de Sain-Gilles, y que quizá hubiera dado algún resultado, fue desestimado por el resto de los cruzados y de modo especial por Bohemundo, que aspiraba a seguir el ejemplo de Balduino y posesionarse de Antioquía: un ataque fulminante y victorioso hubiera provocado el saqueo de la rica ciudad y habría diluido el protagonismo que pretendía para sí. La ruptura entre normandos y provenzales desde entonces constituiría una lamentable realidad que no ayudó al desarrollo inmediato de la cruzada, como tampoco lo hizo el enmarañamiento en un interminable asedio que puso a prueba su propia subsistencia. Algunas victorias parciales frente a destacamentos turcos enviados para liberar del cerco a Antioquía no fueron suficientes para elevar la moral de los cristianos; tampoco algunas manifestaciones de intimidación como el corte de cabezas de los turcos vencidos ante las murallas de Antioquía, rebajaron el ánimo de sus defensores.

De hecho, el cerco y el hambre que lo acompañó produjeron todo tipo de efectos. Parece que entre los más miserables de los cruzados, aquellos que carecían de lo mínimo para hacerse con los escasos alimentos que llegaban al campamento, se produjeron escenas de canibalismo: se dice que los "tafures" residuales de la cruzada popular se apoderaban de los cuerpos de los turcos caídos y los devoraban con avidez. Otro efecto más fácil de explicar es el de las deserciones, en que incurrieron todo tipo de personajes, desde Pedro *el Ermitaño*, que ahora reaparece nuevamente, hasta Esteban de Blois, pasando por Tatikios, el oficial bizantino que desde el principio había acompañado la cruzada. Los cruzados, que intentaban impedir a toda costa estas acciones, no las valoraban por igual: a Pedro *el Ermitaño* se le hizo volver, y dado su valor simbólico, se intentó echar tierra sobre el asunto; al general griego, sin duda, Bohemundo le puso puente de plata, ya que su "traición" justificaba que Antioquía nunca fuera para Bizancio; a Esteban de Blois, cuya significación militar había sido proporcional a su escaso entusiasmo cruzado, no se le iba a echar mucho en falta, y, además, sus alarmistas informes serían decisivos a la hora de hacer desistir al emperador Alejo de la intervención que preparaba para liberar Antioquía y que hubiera hecho imposible su apropiación por parte de Bohemundo.

La resistencia de los sitiadores cada vez se debilitaba más. La ayuda que desde Chipre proporcionaba Simeón, el exiliado patriarca griego de Jerusalén, no cubría las necesidades básicas como tampoco lo hacían los suministros que los voluntariosos monjes armenios enviaban desde el norte. Se llegó a pensar que los cruzados recibían el justo castigo a la laxitud de sus costumbres, y a los lacerantes sermones de los sacerdotes siguieron medidas como la expulsión de las prostitutas del campamento cristiano y la prohibición de practicar juegos de azar. Pero nada servía para paliar el desastre que ya pocos consideraban inevitable, máxime cuando se tuvo conocimiento de que un poderoso ejército turco proveniente de Mosul se disponía a liberar Antioquía de la débil presión de los cruzados. Era preciso obrar con celeridad, y Bohemundo ultimó el único plan que podría dar la victoria a los cristianos, la compra de los servicios de un armenio converso de nombre Firuz que hasta hacía poco había servido al gobernador de la plaza: él fue la llave que permitió la entrada de los cristianos en Antioquía en los primeros días de junio de 1098. De todas formas, la conquista fue incompleta porque la guarnición turca resistía en la ciudadela y las tropas del atabeg de Mosul llegaron casi inmediatamente ante los muros de Antioquía convirtiendo a los sitiadores del día anterior en sitiados.

Pese a la protección de los muros de la ciudad, la situación en su interior se hizo insufrible para los cruzados. El desánimo cundió entre ellos y ya pocos se atrevían a criticar a los desertores. Algo extraordinario tenía que producirse para levantar el ánimo de los cristianos, y en esas circunstancias, místicos y visionarios comenzaron a prodigarse. Uno de ellos, Pedro Bartolomé, era un provenzal de no muy buena fama pero con vocación de líder popular. Afirmaba que en varias ocasiones san Andrés le había anunciado el lugar exacto del interior de la catedral de San Pedro en que se hallaba la lanza que atravesó el costado de Cristo en el Calvario. Ademar de Monteil, máxima autoridad religiosa de la cruzada, no dio crédito al visionario y tampoco lo hicieron otros muchos cruzados: ni la escasa fiabilidad del testigo ni el hecho de que desde mucho tiempo atrás se venerara otra reliquia similar en Constantinopla creaban un clima de confianza. Pero lo cierto es que no era el momento para suspicacias y la lanza, efectivamente encontrada en el lugar indicado, fue presentada como manifestación de apoyo divino. El efecto psicológico fue muy positivo. El fervor y el entusiasmo volvieron a muchos cruzados, en especial a los más humildes, y en ese ambiente el controvertido Pedro *el Ermitaño* recobró protagonismo; fue enviado como embajador al campamento turco, y aunque la negociación fracasó, el entusiasmo popular no se redujo, y Bohemundo lo capitalizó para provocar un enfrentamiento en campo abierto que inclinara la balanza del lado de los cruzados. El ejército fue bien ordenado desde el punto de vista militar, pero fue bastante más espectacular el rito religioso en que fue envuelto. Obispos y clérigos acompañaban a los soldados en procesión, y en ella la "santa lanza" ocupaba un lugar preeminente; después de las bendiciones, se iniciaron las hostilidades y naturalmente no faltaron los aliados celestiales: muchos decían haber visto una gran tropa de caballeros montados en caballos blancos, portando banderas blancas, descender velozmente de las montañas y, al frente de ellos, a los grandes santos-soldados, Jorge, Demetrio y Teodoro. Desde la desesperación en que se hallaban, los cruzados empezaron a ganar la guerra psicológica, y con ella alcanzaron la victoria militar: el 28 de junio de 1098 los turcos abandonaron el cerco de Antioquía, mientras el comandante de la ciudadela la entregaba a Bohemundo y, bautizado, ingresaba entre sus fieles.

Fig. 10: Aparición de san Demetrio y san Jorge en la conquista de Antioquía. Biblia ilustrada de La Haya, fol. 1r (siglo XIII)

Este caudal de entusiasmo, que los visionarios como Pedro Bartolomé, inflamaban día a día con la transmisión de nuevos mensajes divinos, provocó en el "pueblo cruzado" el incontenible deseo de proseguir rápidamente hacia Jerusalén. Pero los caballeros no pensaban lo mismo, y esa marcha no se produciría hasta seis meses después de la victoria de Antioquía. El ejército ciertamente necesitaba descansar, pero era preciso, además, atender a dos problemas de honda significación política: el gobierno de Antioquía y el liderazgo de la cruzada.

Sobre la primera cuestión Bohemundo no se planteaba ninguna duda. Había actuado como líder de la conquista y defensa de la ciudad y desde muy pronto empezó a ejercer de gobernador: en julio entregaba un importante privilegio a los genoveses que, de este modo, se cobraban sus servicios navales monopolizando buena parte del comercio antioqueno. No todos, sin embargo, compartían los puntos de vista de Bohemundo, en especial Raimundo, su indisimulado rival. La ausencia del emperador, teórico soberano de la ciudad, y la "huida" de sus soldados en los difíciles días del cerco, trabajaban a favor de Bohemundo quien, finalmente, se hizo con el "principado" del enclave y su territorio; principado y no condado, evitando así connotaciones de dependencia vasallática.

La segunda cuestión, la del liderazgo de la cruzada, se planteó con toda crudeza a raíz de la muerte del delegado papal, Ademar de Monteil, al comenzar el mes de agosto de aquel 1098. Los líderes cruzados llegaron a solicitar entonces la presencia del papa en la propia Antioquía, ya que a fin de cuentas había sido la primera "sede" de Pedro. La propuesta era audaz pero inviable. En tanto el papa resolvía la cuestión, Raimundo de Saint-Gilles asumió el liderazgo, apoyado por el ejército y como moneda de cambio que le permitiera digerir el definitivo control de Bohemundo sobre Antioquía. Por fin, en enero de 1099, descalzo como correspondía al primer peregrino, condujo la cruzada hacia Jerusalén. Detrás quedaban dos gestos significativos del nuevo talante que la cruzada parecía asumir: el nombramiento del primer obispo latino para una ciudad siria cercana a Antioquía y repoblada por cristianos, al-Bara –algo así como el anuncio de la futura imposición de la Iglesia latina sobre la griega–, y la vergonzosa masacre de Ma'arat an-Numan, otra localidad amurallada cercana a la anterior, en la que, según el testimonio de Raúl de Caen, "los nuestros cocían a paganos adultos en las cazuelas, ensartaban a los niños en espetones y se los comían asados"; no era la primera noticia sobre "canibalismo cruzado", pero en esta ocasión la confirmación de las fuentes cristianas no deja lugar a la duda, y es que incluso fue corroborado, justificándolo, por los propios líderes de la cruzada en carta dirigida al papa en septiembre de 1099, casi un año después del acontecimiento. Durante siglos Ma'arat sirvió a no pocos cronistas musulmanes como ejemplo de una gratuita crueldad grabada en la conciencia de la sociedad. En cualquier caso, y pese a posibles justificaciones derivadas del hambre, lo cierto es que la matanza que se produjo y las características que revistió, advertían de un recrudecimiento de la violencia que no hacía sino anticipar futuras y no menos crueles actuaciones.

LA TOMA DE JERUSALÉN

Desde la salida del ejército cruzado desde la castigada Ma'arat hasta Jerusalén transcurrieron cinco meses. El trayecto no era demasiado largo, unos 500 kilómetros desde los montes Nosairi, bordeados por su lado oriental, para tomar luego la costa a la altura de Trípoli y continuar por ella hasta Jaffa, y desde allí alcanzar la Ciudad Santa por el camino de Ramleh. Tampoco era un trayecto demasiado penoso para los mil caballeros y cinco mil peones que a lo largo del camino encontraban provisiones sin demasiada dificultad. A esa relativa facilidad contribuía la fragilidad y heterogénea incompatibilidad que mostraban entre sí los distintos poderes musulmanes. Los turcos de las ciudades sirias, desmoralizados, no estaban en condiciones de resistir la acometida cristiana y, o bien abandonaban posiciones a su paso, o lo facilitaban suministrando víveres a los cruzados. Los principados árabes situados en las ricas tierras del Líbano eran aún un obstáculo menor. Sus refinadas y principescas cortes locales eran importantes focos de cultura, pero ni su débil capacidad militar ni su escasa vocación de servicio al califato de Bagdad sostenido por los turcos los convertían en obstáculos insalvables. Concretamente el cadí de Trípoli, miembro de una dinastía de cultos magistrados capaces de reunir una impresionante biblioteca de más de cien mil volúmenes, destacó por su interesada generosidad: pese a que los francos acababan de sitiar infructuosamente su ciudad amurallada de Arqa, el cadí no dudó en comprar el pacífico paso de los cruzados por sus frondosos valles mediante la entrega de comida, caballos, mucho dinero en metálico y la liberación de unos 300 peregrinos que retenía en sus cárceles. Un poco más al sur, a la altura del río Perro, muy cerca de Beirut, se hallaba el límite de la soberanía fatimí sobre la recién incorporada Palestina. Los egipcios, enemigos irreconciliables de los turcos y en buenos tratos con el emperador bizantino, supieron aprovechar la presencia de los cruzados y su capacidad ofensiva frente a los selyúcidas, para reocupar buena parte de Palestina, consiguiendo expulsar a los turcos de Jerusalén, como ya sabemos, en agosto de 1098. Tampoco ellos eran un serio problema para el avance cristiano; aunque este ya no podía contemplarse como un factor tranquilizador, los egipcios no habían procedido a una ocupación sistemática del territorio, y además los cruzados contaban con el apoyo costero de una flota italiana –compuesta de navíos pisanos, genoveses y venecianos con el añadido de alguno inglés– que podía recalar sin dificultad en el buen puerto tripolitano de Tortosa, en poder de los occidentales desde hacía unos meses.

Ciertamente las dificultades para el avance de la cruzada no eran muy graves, y eso es lo que precisamente hace más difícil entender los cinco meses invertidos en el trayecto de Ma'arat a Jerusalén. La clave la encontramos, una vez más, en las rivalidades que sus líderes mantenían entre sí. Algunos de ellos habían encontrado tierras en las que instalarse y los que no las habían encontrado, deseaban hacerlo: la tensión fue especialmente grave entre Raimundo de Saint-Gilles y Godofredo de Bouillón, y el pretexto, los fértiles campos libaneses que ambos aspiraban a dominar. Pero el "factor popular" fue nuevamente decisivo a la hora poner la cruzada en marcha y evitar un estancamiento indefinido.

Llegados a Jaffa, los francos se dirigieron al interior a través de la ciudad palestina de Ramleh que previamente había sido abandonada por sus habitantes, todos musulmanes, no sin antes destruir el santuario de San Jorge que se hallaba a muy poca distancia, en el despoblado de Lydda. Los cruzados no lo dudaron, decidieron la reconstrucción inmediata del templo y el nombramiento de un obispo latino, el normando Roberto de Ruán, que se convertiría en señor temporal del territorio. Era todo un símbolo: por vez primera una ciudad palestina muy cercana a Jerusalén, en el corazón mismo de Tierra Santa, era entregada al directo gobierno de la Iglesia de

Roma a través de un prelado latino. A los pocos días, el normando Tancredo ocupaba Belén, y el 7 de junio de 1099, desde el promontorio donde se erigía la mezquita del profeta Samuel y que los peregrinos habían bautizado con el nombre de *Montjoie*, el "Monte del Gozo", pudieron observar emocionados el espléndido perfil de Jerusalén.

El asedio de la *Ciudad Santa* comenzó de manera inmediata, pero se tardaría algo más de un mes en obtener su capitulación. El ejército cristiano era claramente insuficiente para cerrar el asedio sobre su imponente estructura defensiva, parcialmente bordeada por valles que como el del Cedrón o el de la Gehenna, dificultaban aún más el acceso al recinto fortificado; la ciudadela o *Torre de David* constituía, por su parte, un baluarte casi inexpugnable: los cimientos de su estructura octogonal se habían soldado con plomo. El tórrido verano del desierto de Judea no actuaba tampoco a favor de los cruzados que debían contar, además, con un inteligente estratega egipcio al frente de la guarnición fatimí. Este, por lo pronto, había expulsado a los cristianos de la ciudad con lo que sus reservas de agua y alimentos serían suficientes para la aliviada población musulmana hasta que recibieran el socorro prometido por El Cairo. Tampoco había descuidado el hábil gobernador inutilizar los pozos externos a la ciudad contaminando sus aguas: a los cruzados se les podría vencer a base de sed. Y ciertamente fue esta para ellos una dificultad casi imposible de superar; el traslado de agua en malas condiciones y desde lugares alejados, la convertían en una sustancia higiénicamente poco recomendable y carísima: hasta dos monedas de plata llegaba a costar poco más que humedecerse los labios. Pero la sed no era el único problema. Era preciso acelerar las tareas de cerco si no se quería prolongar la tortura del asedio y, sobre todo, si había que consumarlo antes de que los refuerzos provenientes de Egipto hiciesen acto de presencia. Pero para ello se necesitaban catapultas de sólido alcance y torres de asalto móviles, capaces de encaramarse a los elevados muros de la ciudad. La flota pisana, posesionada del puerto de Jaffa, proporcionó finalmente los materiales adecuados para la construcción de unos artefactos que la experiencia de Antioquía había revelado como imprescindibles. Sin duda ello se mostraría mucho más eficaz que las rogativas procesionales de los cruzados organizadas en torno a la ciudad, con gran asombro de los pragmáticos musulmanes de su interior, e incluso que las prédicas del estrafalario Pedro *el Ermitaño* y otros clérigos que, desde el Monte de los Olivos, intentaban infundir ánimo a los desmoralizados combatientes.

Cuando al fin las máquinas de guerra estuvieron aparejadas y las torres de asalto, forradas de cuero para evitar el destructor efecto del "fuego griego", pudieron ser aproximadas a los muros de la ciudad, se iniciaba el último capítulo de la conquista de Jerusalén. Era la madrugada del 14 de julio, y parece que, mientras los provenzales de Raimundo de Saint-Gilles inútilmente intentaban forzar el muro sur, junto a la *Puerta de Sión*, fueron Godofredo de Bouillón y sus soldados loreneses los que, en el flanco norte, cerca de la *Puerta de Herodes*, asumieron un protagonismo especial. No sin dificultad, consiguieron abrir las correspondientes brechas en el muro, irrumpiendo así en la *Ciudad Santa*. En estas circunstancias, ya solo quedaba rendir la inexpugnable *Torre de David*. Ante la inexistencia de refuerzos exteriores, la negociación se impuso y el gobernador y su familia pudieron salir a salvo de la ciudad. Lo hicieron también algunos otros pobladores, algunos huyeron a Bagdad y otros llegaron a poblar uno de los barrios suburbiales de Damasco, pero la mayoría de los habitantes de la ciudad fueron cruel e inútilmente asesinados por el fanatismo enfermizo de unos cruzados llevados al límite de su resistencia física y psicológica. No se libró nadie, ni mujeres, ni niños, ni ancianos; tampoco los judíos que, encerrados en su sinagoga, fueron calcinados por el fuego purificador de los cristianos. Sobre la barbarie de la matanza hay unanimidad cronística. Es cierto que se nos han transmitido imágenes groseramente amplificadas, como aquella famosa experiencia personal que nos ha dejado el cronista Raimundo de Aguilers acerca de su visita a la castigada zona del Templo apartando cadáveres y con sangre hasta las rodillas, en realidad una cita tomada significativamente del libro del Apocalipsis (Ap 14: 20). Pero no es menos cierto que todo un arzobispo latino, Guillermo de Tiro, todavía unas décadas después recordaba que "la ciudad ofrecía un espectáculo de tanta carnicería de enemigos, de tanto derramamiento de sangre, que hasta los mismos vencedores quedaron llenos de horror y de repugnancia". Los musulmanes, desde luego, tardarían mucho en olvidar tan escandaloso acontecimiento.

Con la conquista de Jerusalén se cierra un capítulo de la historia de las cruzadas. En realidad, se cerraría un mes después cuando los cruzados interceptaron en Ascalón el ejército de socorro que el régimen fatimí había enviado demasiado tarde para liberar el asedio de Jerusalén. Los francos cayeron por sorpresa sobre el campamento egipcio y la derrota musulmana fue total. Ahora sí podían los cruzados celebrar su decisiva victoria, pero ahora empezaban también nuevos problemas, y no era el menor el de dilucidar el futuro gobierno de la *Ciudad Santa.*

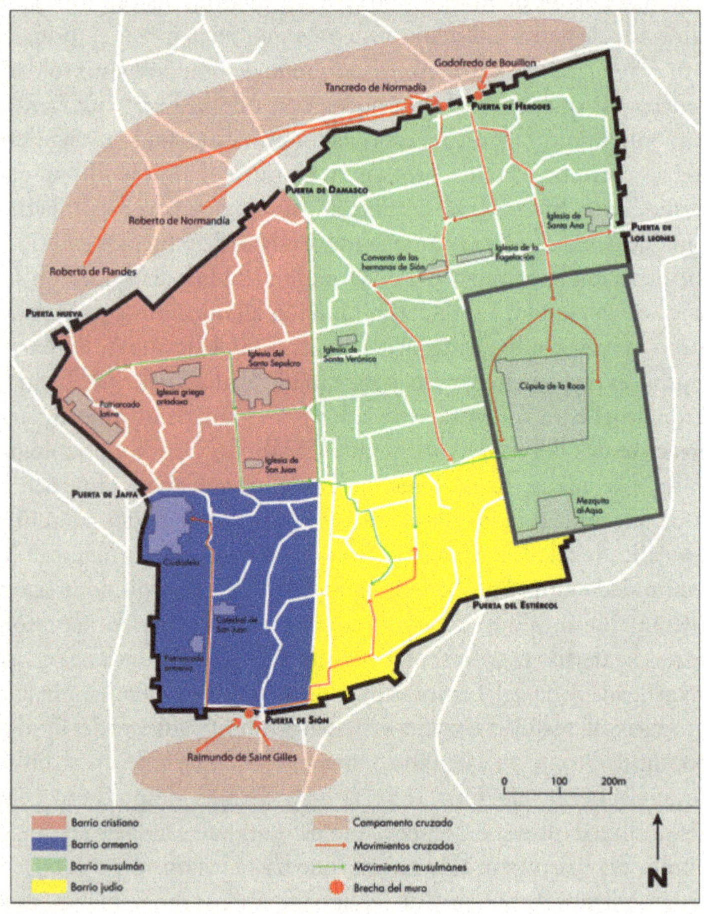

Fig. 11: Sitio de Jerusalén

NOTAS BIBLIOGRÁFICAS

Sobre Clermont y su rico significado histórico en el contexto del reformismo contamos con las valiosas aportaciones del profesor R. SOMERVILLE: *The Councils of Urbain II, 1. Decreta Claromontensia,* Amsterdam, 1972; "The Council of Clermont and Latin Christian Society", *Archivium Historia Pontificae,* 12 (1974), pp. 55-90; "The Council of Clermont and the First Crusade", *Studia Gratiana,* 20 (1976), pp. 325-337. Estos últimos artículos se recogen en la obra compilatoria del mismo autor: *Papacy, Councils and Canon Law in the 11th-12th Centuries,* Aldershot, 1990. Conviene, asimismo, tener presentes los trabajos reunidos en *Le Concile de Clermont de 1095 et la Croisade. Actes du Colloque Universitaire International de Clermont-Ferrand, 23-25 juin 1995,* Roma, 1997; destacamos el trabajo de A. BECKER, "Le voyage d'Urbain II en France", pp. 127-140.

En relación concretamente con el mensaje papal pronunciado por el papa en Clermont son varias, como ya sabemos, las fuentes que nos lo han trasmitido; de entre todas ellas, las de cuatro autores identificables, son las más conocidas y utilizadas: FULQUERIO DE CHARTRES [*Historia Hierosolymitana (1095-1127),* ed. H. Hagenmeyer, Heidelberg, 1913; trad. española: I. *Álvarez Moctezuma* (coord.), *Fulcher de Chartres. Historia Hierosolimitana (1095-1127). Crónica de la peregrinación de los francos,* México: Universidad Nacional Autónoma de México, 2018], ROBERTO *EL MONJE* [*Historia Iherosolimitana,* en *Recueil des Historiens des Croisades publié par les soins de l'Académie Impériale des Inscriptions et Belles-Lettres. Historiens Occidentaux,* Paris, 1866, III, pp. 721-882; D. Kempf, D. and M.G. Bull (eds.) *The Historia Iherosolimitana of Robert the Monk,* The Boudell Press, 2013], BAUDRI O BALDRIC DE BOURGUEIL O DE DOL [*Historia Jerosolimitana,* en *Recueil des Historiens des Croisades…,* IV, Paris, 1879, pp. 9-111] y GUIBERTO DE NOGENT [Huygens, R.B.C. (ed.), *Guibert de Nogent. Dei gesta per Francos et cinq autres textes, Corpvs Christianorvm. Continuatio Mediaeualis,* cxxvii A, Turnholt: Brepols, 1996].

Sobre la reconstrucción histórica del contenido, hay que tener en cuenta el pionero y muy sistemático trabajo del profesor norteamericano D.C. MUNRO, "The Speech of Pope Urban II at Clermont,

1095", *The American Historical Review*, 11 (1906), pp. 231-242, quien estudiando comparativamente las versiones que nos han llegado, sitúa asépticamente el objetivo de ayuda a los cristianos griegos como objetivo fundamental, aunque desde luego no único, del llamamiento. Mucho más explícita en este sentido fue la tesis mantenida por el gran investigador germánico C. ERDMANN en los años treinta: *The Origin of the Idea of Crusade* (original alemán: 1935; trad. ingl.: 1977). Fue H.E.J. COWDREY, ["Pope Urban II's Preaching of the First Crusade", *History*, 55 (1970), pp. 177-188, recogido también en su obra compilatoria *Popes, Monks and Crusaders*, Londres, 1984] quien de forma más categórica puso en tela de juicio las intocables deducciones de Erdmann; su crítica al gran tratadista alemán se fundamenta en que no fue la ayuda a los griegos, sino el objetivo de Jerusalén y la obtención de su liberación, la prioritaria preocupación del papa Urbano. El profesor, igualmente británico, J. RILEY-SMITH [*The Crusade and the Idea of Crusading*, 1993, en especial pp. 13-30] ha reforzado con nuevos argumentos esta misma posición. Aunque también es de justicia recordar que, mucho antes, P. ROUSSET había ya subrayado la importancia del objetivo jerosolimitano: *Les Origines et Caràcteres de la Première Croisade*, Neuchâtel, 1945, pp. 60 y ss. Para el tema concreto del papel de Cluny y la predicación de la *primera cruzada*, vid. H.E.J. COUDREY, "Cluny and the First Crusade", *Revue Bénédictine*", 83 (1973), pp. 285-311. Más modernas aproximaciones a la cuestión del discurso papal en G. STRACK, "The sermon of Urban II in Clermont 1095 and the Tradition of Papal Oratory", *Medieval Sermon Studies*, 56 (2012), pp. 30-45, y D. STEFANI PAZ, *Fulquero de Chartres y Roberto el Monje. Dos versiones del sermón de Urbano II en Clermont: un comentario de texto*, Universidad Nacional Autónoma de México, 2018. Y para una revisión completa de la faceta propagandística de las crónicas propias de la *primera cruzada*: J. FLORI, *Chroniqueurs et propagandistes. Introduction critique aux sources de la Première croisade*, Paris: École Pratique des Hautes Études, 2010.

En general del tema de la predicación cruzada, no solo referida a la primera, se han ocupado, entre otros, P.J. COLE, *The Preaching of the Crusades to the Holy Land, 1095-1270*, Cambridge, Massachusetts, 1991; de nuevo J. FLORI, *Prêcher la croisade, XIe-XIIIe siècle. Communication et propagande*, Perrin, 2012; y más recientemente M. TAMMINEN, *Crusade Preaching and the Ideal Crusader. Sermo: Studies on Patristic, Medieval, and Reformation Sermons and Preaching*, Turnhout: Brepols, 2018, aunque centrado en este caso exclusivamente en sermones y manuales de predicación ya tardíos, del siglo XIII.

En concreto, para el tema central de la indulgencia es imprescindible la consulta de A.L. BYSTED, *The Crusade Indulgence. Spiritual Rewards and the Theology of the Crusades, c. 1095-1216*, Leiden-Boston: Brill, 2014.

Los relatos cronísticos que contienen más datos relativos específicamente a la cruzada popular son el de ALBERTO DE AQUISGRÁN [*Liber Christianae Expeditionis pro Ereptione, Emundatione et Restitutione Sanctae Hierosolymitanae Ecclesiae*, en *Recueil des Historiens des Croisades...*, IV, pp. 265-713; ed. y trad. inglesa de S. B. Edgington: *Albert of Aachen, Historia Ierosolimitana, History of the Journey to Jerusalem*, Oxford: Clarendon Press, 2013] y ANA COMNENO [*La Alexiada. Una historia del Imperio bizantino durante la primera cruzada,* ed. E. Díaz Rolando, Barcelona: Ático de los Libros, 2016]. Los aspectos ideológicos informadores del movimiento cruzado en general, y en particular de su faceta popular, en la clásica obra de P. ALPHANDÉRY. y A. DUPRONT, *La Cristiandad y el concepto de cruzada. Las primeras cruzadas,* México, 1959; sobre milenarismo y su conexión cruzada, *vid.* N. COHN, *En pos del Milenio. Revolucionarios milenaristas y anarquistas místicos de la Edad Media,* Madrid: Alianza Universidad, 1981 (orig. francés 1957). Lo relativo al "confusionismo social" precedente: G. DUBY, *Los tres órdenes o lo imaginario del feudalismo,* Barcelona: Ediciones Petrel, 1980 (orig. francés 1978). Una síntesis de conjunto concediendo un valor fundamental a la cruzada popular en el origen del movimiento cruzado: J. FLORI, *Pedro el Ermitaño y el origen de las Cruzadas,* Barcelona: Edhasa, 2006 (orig. francés 1999).

Las motivaciones de la movilización caballeresca no pueden desvincularse de ciertos condicionamientos socio-económicos que se siguen muy bien a través de los iluminadores estudios de Georges DUBY; a él debemos un interesante artículo sobre el papel social de los "jóvenes" aritócratas ["Los 'jóvenes' en la sociedad aristocrática de la Francia del noroeste en el siglo XII", en Id., *Hombres y estructuras de la Edad Media,* Madrid: Siglo XXI, 1980, pp. 132-147], y, sobre todo, una antigua pero muy sólida investigación regional que nos pone sobre la pista de la situación en que vivían los segundones de linajes nobiliarios y de sus expectativas de futuro: *La société aux XI*[e] *et XII*[e] *siècles dans la région mâconnaise,* París, 1953.

Cualquiera de las historias generales de la cruzada o de las más específicas que únicamente tratan de la primera, a las que en seguida aludiremos, abordan el tema de la caracterización biográfica de los grandes líderes cruzados. Sobre Godofredo y su vinculación con la leyenda del "Caballero del Cisne", contamos con la monografía de J.M. Querol Sanz, *Cruzadas y Literatura. El Caballero del Cisne y la leyenda genealógica de Godofredo de Bouillon (Estudio de Literatura Comparada),* Madrid: UAM Ediciones, 2000. Sobre Bohemundo: J. Flori, *Bohemundo de Antioquía,* Barcelona: Edhasa, 2009 (orig. francés 2007). Bernard F. Reilly, por otra parte, cuestiona el papel del conde Raimundo de Tolosa en la "reconquista" peninsular [*El Reino de León y Castilla bajo el Rey Alfonso VI, 1065-1109,* Toledo, 1989 (orig. inglés 1987), en especial pp. 214-215].

A Jean Flori debemos un clarificador panorama del problema de la cuantificación de contingentes cruzados con expresas referencias bibliográficas a los especialistas que, como Runciman, Riley-Smith, Franco Cardini o Philippe Contamine, participaron en su momento en el debate: "Un problème de méthodologie. La valeur des nombres chez les chroniqueurs du Moyen Age. A propos des effectifs de la première Croisade", *Le Moyen Age,* XCIX (1993), pp. 399-422.

La *primera cruzada* en cuanto descripción de acontecimientos cuenta múltiples referencias bibliográficas. Desde luego se halla muy bien desarrollada en las obras clásicas de tipo general como la de R. Grousset (*Histoire des Croisades et du Royaume Franc de Jérusalem,* Paris, 1934-1936, 3 vols.; de la que existe una versión breve: *La Epopeya de las Cruzadas,* Madrid, 1996 [orig. francés 1939, reed. 1967]), inevitablemente condicionada por el espíritu colonialista del momento; la de S. Runciman (*A History of the Crusades,* Cambridge University Press, 1954, 3 vols.; ed. esp.: *Historia de las Cruzadas,* Madrid: Alianza Editorial, 2008); la dirigida por K.M. Setton (*A History of the Crusades,* University of Wisconsin, 6 vols, 1969-1990);

la de H.E. MAYER (*Geschichte der Kreuzzüge,* 1965; ed. esp. *Historia de las Cruzadas,* Madrid, 2001). Lo mismo puede decirse de obras de conjunto algo más recientes y que, hasta cierto punto, han renovado los planteamientos tradicionales. Es el caso de P. ROUSSET, *Histoire d'une idéologie. La Croisade*, Lausanne: Editions l'Age d'Homme, 1983; C. CAHEN, (*Orient et Occident au temps des Croissades,* París, 1983; ed. esp. *Oriente y Occidente en tiempos de las Cruzadas,* Madrid, 2001); J. RILEY-SMITH (*The Crusades. A Short History,* London, 1987), J. RICHARD (*Histoire des Croisades,* Paris: Fayard, 1996); Ch. TYERMAN, *Las Guerras de Dios. Una nueva historia de las cruzadas*, Barcelona: Crítica, 2007 (orig. inglés 2006) y, con una perspectiva más divulgadora, Th. ASBRIDGE, *Las Cruzadas. Una nueva historia de las guerras por Tierra Santa*, Barcelona: Ático de los Libros, 2019 (orig. inglés 2010). Estudios que contienen visiones más juridicistas, pero también de alcance general, son el de J. PRAWER, *Crusader Institutions,* Oxford University Press, 1980, y la compilación de trabajos de J.A. BRUNDAGE, *The Crusades, Holy War and Canon Law,* Variorum, 1991.

Resulta imprescindible añadir "el punto de vista árabe". Para ello contamos, más allá de una conocida obra de divulgación [A. MAALOUF, *Las cruzadas vistas por los árabes*, Madrid: Alianza Universidad, 1990 (orig. francés 1983)], con la perspectiva académica de C. HILLENBRAND, *The Crusades. Islamic Perspectives,* Edimburg University Press, 1999, de K. HIRSCHLER, "The Jerusalem Conquest of 492/1099 in the Medieval Arabic Historiography of the Crusades: From Regional Plurality to Islamic Narrative", *Crusades*, 13 (2014), pp. 37-76, y la interesante y actualizada síntesis de J. ALBARRÁN IRUELA: *El suelo de al-Quds. Los musulmanes ante la conquista cruzada de Jerusalén*, Madrid: La Ergástula, 2017.

Panoramas generales de carácter sintético pero muy clarificadores: M. BALARD, *Croisades et Orient Latin (XIe-XIVe siècles)*, París, 2001; y Th. F. MADDEN, *Cruzadas: Cristiandad, Islam, Peregrinación Guerra*, Barcelona: Blume, 2008. Esta última ilustrada, como lo fue también la anterior de J. RILEY-SMITH (ed.), *The Oxford Illustrated History of the Crusades*, Oxford University Press, 1995. Y dentro del elenco de obras de carácter general, válidas para todo el desarrollo cronológico del movimiento cruzado, no quisiéramos dejar de mencionar el utilísimo atlas editado por J. RILEY-SMITH, *The Atlas of the Crusades,* Londres, 1991.

Por otra parte, deben mencionarse como monografías específicas sobre la *primera cruzada*, entre otras, las de J. FLORI (*La première croisade. L'Occident chrétien contre l'Islam,* Bruselas, 1992), quien también se ocupó de la dimensión escatológica encarnada por Pedro *el Ermitaño* y de otros muchos aspectos relativos a la *primera cruzada* en su obra ya citada *Pedro el Ermitaño*...; J. HEERS (*Libérer Jérusalem. La première croisade,* 1995; ed. esp. *La primera cruzada,* Barcelona, 1997); J. Phillips, ed., (*The First Crusade. Origins and impact,* Manchester, 1997) y J. RILEY-SMITH (*The First Crusaders, 1095-1131,* Cambridge, 1997; vid. también su obra anterior *The First Crusade and the idea of crusading*, Londres, 1993). Monografías más recientes son las de J. RUBENSTEIN, *Los ejércitos del cielo. La primera cruzada y la búsqueda del apocalipsis*, Barcelona: Pasado y Presente, 2012 (orig. inglés 2011); Th. ASBRIDGE, *La Primera Cruzada. Una nueva historia*, Barcelona: Ático de los Libros, 2021 (orig. inglés 2004); y P. FRANKOPAN, *La Primera Cruzada. La llamada de Oriente*, Barcelona: Crítica, 2022 (orig. inglés 2012). Un aspecto concreto, el de la adhesión popular a la cruzada, lo trató M. BULL, "The Roots of Lay Enthusiasm for the First Crusade", *History,* 78 (1993), pp. 353-372, y el ambiente milagroso en que las crónicas de la cruzada emvolvieron los acontecimientos, en E. LAPINA, *Warfare and the Miracolous in the Cronicles of the First Crusade*, The Pennsylvania State University Press, 2015.

Conviene tener también muy presentes tres importantes volúmenes de actas o trabajos reunidos en su momento a propósito de la conmemoración de la *primera cruzada*. Nos referimos a M. BALARD (ed.), *Autour de la Première Croisade,* París, 1996, que también incluye trabajos relativos a los siglos XII al XV; a J. PHILLIPS (ed.), *The First Crusade: Origens and Impact,* Manchester University Press, 1997; y a L. GARCÍA-GUIJARRO RAMOS (ed.), *La Primera Cruzada novecientos años después: el Concilio de Clermont y los orígenes del movimiento cruzado*, Madrid, 1997. Concretamente sobre el impacto en la historiografía occidental de la toma de Jerusalén y las violentas circunstancias que la acompañaron: B. KEDAR, "The Jerusalem Massacre of July 1099 in the Western Historiography of the Crusades", *Crusades*, 3 (2004), pp. 15-75. Es aconsejable, asimismo, consultar el monográfico de la revista *Desperta Ferro. Antigua y Medieval*, 20 (2013) acerca de la primera cruzada.

Citaremos, finalmente, una importante obra en la que se publica la correspondencia en 1099 de los cruzados con el papa justificando los duros acontecimientos de Ma'arat, pero que habremos de tener presente para el desarrollo ulterior de las cruzadas: M. Barber and K. Bate, *Letters from the East. Crusaders, Pilgrims and Settlers in the 12th-13th Centuries*, Routledge, 2016.

5.
NACIMIENTO Y CONSOLIDACIÓN DE LOS "ESTADOS" CRUZADOS

JERUSALÉN: DE *CIUDAD SANTA* A REINO

La toma de Jerusalén supuso la consumación del objetivo cruzado por antonomasia. El movimiento de peregrinaje liberador puesto en marcha por el papa llegaba a término. Era el momento de administrar la victoria, de dotar a Jerusalén de un gobierno que de alguna manera sintetizara el ideal cruzado. Era una tarea difícil porque la Iglesia se había valido de líderes seculares como inevitable instrumento de expansión militar, y ellos, desde un principio, reclamaron su parte alícuota de poder. Así había ocurrido en Edesa y en Antioquía y no tardaría en producirse en Trípoli, pero Jerusalén se presentaba como una realidad distinta, y es que todos, de una manera más o menos sincera, estaban dispuestos a respetar el protagonismo de la Iglesia en la administración de la *Ciudad Santa*.

Para la Iglesia, ciertamente, se presentaba la gran oportunidad de ensayar fórmulas acordes al modelo político de proyección teocrática –la sociedad eclesializada bajo liderazgo papal– que venía defendiendo el *reformismo gregoriano*. Jerusalén y las tierras sagradas de Palestina se mostraban, en este sentido, como un campo virgen, ajeno a las complejas y condicionadoras realidades históricas de la vieja cristiandad, un campo en el que el indiscutido protagonismo pontificio podía propiciar el nacimiento y desarrollo de mecanismos de poder útiles para demostrar la operatividad del programa papal en materia política. De acuerdo con ello, las iniciativas eclesiásticas se despliegan a través de dos fases perfectamente diferenciadas entre sí y ambas inmediatamente posteriores a la conquista de Jerusalén y a la consumación de los prioritarios objetivos de la *primera cruzada:* la fase radical o teocrática, tan breve como escasamente realista en sus planteamientos, y la moderada, en la que de manera pragmática, se acude a elementos reequilibradores de carácter feudal que, en último término, posibilitan la constitución y consolidación de la monarquía jerosolimitana.

INICIALES PROYECTOS TEOCRÁTICOS (1099-1100)

Antes de la toma de Jerusalén y antes de tener conocimiento de ella murieron respectivamente las dos figuras que hubieran podido diseñar conforme a un plan preconcebido el modelo de gobierno más adecuado para la reconquistada Jerusalén y su territorio. En efecto, Ademar de Puy, el legado y líder de la expedición cruzada, moría al comenzar el mes de agosto de 1098, y el papa que la inspiró, Urbano II, fallecía apenas unos días después de la ocupación de la *Ciudad Santa*. Runciman aventuró en su día que muy probablemente el obispo-legado, con el consenso general y bajo instrucciones papales, proyectaba crear un estado eclesiástico directamente administrado por el patriarca greco-ortodoxo Simeón, un hombre afín a los cruzados, que los había ayudado desde su exilio chipriota y que, sobre todo, mantenía la comunión con Roma, dado que los territorios de Asia Anterior, desvinculados de Bizancio, no se vieron afectados por el llamado *Cisma de Oriente*; en ese estado eclesiástico el legado papal actuaría en calidad de principal consejero, y el conde Raimundo de Tolosa ejercería de protector secular y general en jefe del ejército.

Se trata ciertamente de una mera especulación, pero los acontecimientos inmediatamente posteriores parecen concederle ciertas garantías de razonable probabilidad. Los hechos, relacionados de manera escueta y antes de proceder a la necesaria interpretación matizadora, son los siguientes. En primer lugar, se procedió a la elección no de un rey sino de un *príncipe* o *advocatus Sancti Sepulchri* en la persona de Godofredo de Bouillón, como responsable secular de la defensa de la ciudad y territorios conquistados. En segundo lugar, resulta llamativo el protagonismo indiscutible del nuevo legado papal, el arzobispo Daimberto de Pisa, constituido inmediatamente en patriarca de Jerusalén. Finalmente, es de destacar la tendencia automática hacia la fragmentación político-territorial del nuevo espacio controlado por los latinos.

Estos tres elementos han recibido con frecuencia explicaciones específicas que no necesariamente permiten asociarlos entre sí. Con relación al primero, la elección de Godofredo, se suele insistir en que se trataba de la única alternativa posible. El candidato en principio mejor situado, Raimundo de Saint-Gilles, no se había sabido mostrar como el líder capaz e indiscutible y su probizantinismo hacía pensar en la posibilidad de un estado jerosolimitano vasalláticamente mediatizado por el emperador de Oriente. Por eso, si es que en algún momento se le llegó a ofrecer formalmente la corona, debió ser con tales condiciones que el conde no habría dudado en rechazarla. Este hecho explica que, finalmente, la elección recayera en Godofredo, un piadoso cruzado, tenido por modélico en la conciencia popular, cuya humildad personal le impidió aceptar la corona del reino, aunque no la responsabilidad del gobierno, bajo el título de *príncipe*, *protector* o *advocatus Sancti Sepulchri*.

En relación con el arzobispo Daimberto de Pisa, es unánime la opinión historiográfica a la hora de considerarlo un ambicioso personaje que, a espaldas del poder romano, intrigó todo lo que pudo, con la colaboración de Bohemundo de Tarento y el apoyo de la flota pisana que le había trasladado a Oriente, para obtener el máximo beneficio personal a partir de la autoridad que le confería su condición de legado papal. Esa ambición habría sido la causa de la fulminante deposición del primero y fugacísimo patriarca latino que le había precedido en la sede de Jerusalén, Arnulfo Malecorne de Rohes, capellán del duque Roberto de Normandía.

Finalmente, y en lo concerniente a la inmediata fragmentación político-territorial del nuevo espacio latino, se suele aludir a la ambición personal de los cruzados deseosos de abrirse un porvenir que no vislumbraban en Occidente, un proceso facilitado, en último término –así lo ha señalado certeramente Riley-Smith–, por las características propias de una sociedad de frontera, ajena a presupuestos excesivamente centralizadores.

Sin marginar ninguna de estas explicaciones, cabría, sin embargo, situar los tres elementos enunciados en una perspectiva más amplia que facilite la comprensión global de los hechos y los acomode más fácilmente a las legítimas y razonables especulaciones que hablan de la creación de un "estado eclesiástico" como objetivo pontificio inherente al proyecto cruzado.

Por lo pronto, no sería absurdo considerar que la elección del maleable, aunque muy piadoso, Godofredo como *advocatus Sancti Sepulchri* podía obedecer a una estrategia algo más que coincidente con los intereses del pontificado. Godofredo no era solo el hombre capaz de aburrir con sus rezos a los propios clérigos de su capilla –según tardío testimonio de Guillermo de Tiro–, era también una persona leal y prestigiosa pero lo suficientemente débil como para no crear una hegemónica sombra de poder sobre la autoridad religiosa. En este sentido, no dejaba de ser ventajoso que no se constituyese, al menos inicialmente, una monarquía, sino que el responsable laico de la seguridad del territorio se conformase con un título ciertamente no muy pretencioso desde el punto de vista político, y, sin embargo, un título efectivo: con él en la mano, como ya hemos visto, detuvo en seco el avance de los egipcios en Ascalón consolidando, de este modo, la conquista de Jerusalén.

En esta misma línea tampoco resultaría muy descabellado que la elección de Daimberto para el patriarcado, independientemente de su ambiciosa personalidad, obedeciera de igual modo a esa misma estrategia que podía resultar útil a los planes preconcebidos por la propia Sede Apostólica. Roma, como hemos apuntado, estaba muy probablemente dispuesta a respetar los derechos de Simeón, el patriarca ortodoxo de Jerusalén. Pues bien, tras su muerte, acaecida casi al mismo tiempo que la toma de la *Ciudad Santa*, los responsables eclesiásticos tendrían el designio de nombrar a un patriarca latino para la sede jerosolimitana, y ciertamente, si hemos de creer el testimonio de Fulquerio de Chartres, este no fue elegido hasta producirse una consulta papal. No parece muy probable, sin embargo, que fruto de esa consulta fuera la elección de Arnulfo Malecorne de Rohes, inmediata a la conquista de Jerusalén y, por consiguiente, sin el conocimiento del papa. ¿No sería más fácil pensar que el legado Daimberto, que se hizo con el patriarcado desplazando a Arnulfo y alegando la elección anticanónica de este, fuera intérprete de instrucciones concretas recibidas en este sentido del sucesor de Urbano II, el papa Pascual II? En cualquier caso, e independientemente de la personalidad del arzobispo de Pisa, este había sido un adecuado valedor de la política papal en lo tocante a guerra santa: en 1098, según el cronista Alberto de Aquisgrán, fue destinado a la corte de Alfonso VI de Castilla, y su nombramiento como legado en Palestina obedeció, sin duda, a una libre decisión del pontificado. Lo cierto es que proclamándose patriarca dispensó la investidura de sus respectivos territorios de Jerusalén y Antioquía a Godofredo y a Bohemundo, y con ello dejaba patente a los orgullosos príncipes cruzados dónde se hallaba la fuente última que legitimaba el ejercicio de su autoridad.

Por último, cabe igualmente asociar la compleja realidad territorial y política que caracteriza desde un principio el espacio bajo control cruzado con algo más que las consecuencias de la ambición de los nobles francos, la exclusiva preocupación de Godofredo en defender Jerusalén y su territorio costero o la razonable conveniencia de estructurar de manera flexible y operativa un territorio fronterizo y permanentemente amenazado. La fragmentación de poder es un signo patente de feudalismo, pero no es necesariamente plasmación de un orden político desvertebrado. El programa pontificio, en consonancia con viejas ideas agustinianas, anteponía las ventajas de los pequeños marcos políticos a las grandes extensiones de poder secular centralizado: esa fragmentación, debidamente controlada, facilitaba la labor de arbitraje que el papa preconizaba como único dispensador legítimo de soberanía. Por ello, la constitución de enclaves no demasiado extensos y protagonistas cada uno de ellos de procesos autónomos de normalización política, podía ser mayor garantía para la materialización de un esquema ideal de gobierno liderado por las autoridades eclesiásticas y no ensombrecido por ningún poder secular excesivamente desarrollado. La prontísima aparición del título de "príncipe" para los responsables del señorío de Antioquía, del extenso feudo de Galilea, dependiente del territorio jerosolimitano, o incluso del propio titular de la *Ciudad Santa*, podía, en este sentido, obedecer a algo más que al ansia de satisfacer las ambiciosas vanidades de quienes lo asumieron: en su día Runciman llamó la atención sobre la escasa utilización del título de "príncipe" en Occidente y, en todo caso, sobre su asociación con territorios que, como los de los normandos del sur de Italia, no admitían más autoridad que la pontificia.

Sea como fuere, lo cierto es que el proyecto teocrático que presidió la vida cruzada en el transcurso del año inmediatamente posterior a la toma de Jerusalén constituyó un rotundo fracaso. Una imprudente política de intolerancia por parte de la Iglesia latina y de falta de respeto hacia la realidad mayoritariamente greco-ortodoxa de la zona, ahondó las diferencias entre ambas Iglesias. El patriarca Arnulfo no había dudado en expulsar del Santo Sepulcro a los clérigos de rito oriental, en restringir el acceso al templo a los cristianos nativos e incluso en aplicar la tortura a quienes se hallaban en custodia de la "verdadera cruz", la reliquia que garantizaba la legítima posesión del patriarcado y que ocultaban a los latinos. Su sucesor Daimberto no se mostró mucho más contemporizador, y desde un principio, calcando el modelo romano, proclamó la soberanía patriarcal de Jerusalén sobre el resto de las sedes orientales que hasta este momento habían funcionado desde supuestos de colegialidad. Todo ello, sin duda, privaba de legitimidad al proyecto occidental. Pero también lo debilitaban las resistencias hacia él surgidas entre los poderes seculares del propio movimiento cruzado. Por solo poner un ejemplo, pensemos en el efecto que provocarían en ellos las desorbitadas exigencias territoriales asociadas a las pretensiones teocráticas de Daimberto: a comienzos de 1100 Godofredo se veía obligado a otorgar al patriarca el dominio de la ciudad de Jaffa e incluso el de la propia Jerusalén que se haría efectivo, en ambos casos, a la muerte del "protector".

CONSTITUCIÓN DE LA MONARQUÍA JEROSOLIMITANA (1100-1131)

La muerte de Godofredo se produjo un año después de la toma de Jerusalén, concretamente el 18 de julio de 1100. Mayer sugiere que sus relaciones con el patriarca Daimberto se habían enfriado mucho en los últimos meses, y que, abrumado por su omnipresencia, al final de su vida estableció un acuerdo mercantil con los venecianos que redujera el protagonismo de los pisanos, los fieles valedores del patriarca. El panorama de Jerusalén tras el fallecimiento de Godofredo era ciertamente complejo, lo suficiente como para que a partir de ese mismo instante se desataran las intrigas por la sucesión. Daimberto, que a toda costa deseaba conservar su primacía teocrática, propuso a su aliado Bohemundo como sucesor, pero los viejos caballeros fieles a Godofredo y, en general, los cruzados partidarios de un régimen secular, una auténtica monarquía libre de una excesiva injerencia eclesiástica, llamaron para hacerse cargo del poder al conde de Edesa, Balduino, hermano del fallecido *advocatus*.

Un hecho cargado de fuerza simbólica, la coronación de Balduino I en la iglesia de la Natividad de Belén, en la Navidad del año 1100, constituye el acta de nacimiento del reino latino de Jerusalén. El triunfo de Balduino suponía la materialización de un complejo pacto que dotaba de una amplia base de consenso al nuevo reino. Por un lado, quedaban definitivamente neutralizados los planes teocráticos de la Iglesia latina de Jerusalén, planes que probablemente habían empezado a alarmar en la misma Roma: Daimberto, "más papista que el papa", no dejaba pasar ocasión para proclamar a Jerusalén como madre de todas las iglesias y dominadora de las naciones. Por otro lado, Balduino y la feudalizante clase caballeresca en general, al tiempo que recuperaban posiciones en el protagonismo político, no quisieron prescindir de un Daimberto, ahora moderado, cuyas magníficas relaciones con Pisa podían ser una garantía futura para la estabilidad del incipiente reino. Finalmente este, esencia institucionalizada de los nuevos "estados" cruzados, inauguraba una nueva fase en sus relaciones con Roma que acabarían en una equilibrada redefinición.

Pero ese nuevo equilibrio no se hizo, ni mucho menos, de espaldas a las autoridades pontificias: la autorización papal fue previa a la coronación del nuevo rey, y este hubo de prestar homenaje al patriarca Daimberto de Jerusalén para poder obtener de él la corona. La monarquía se nos aparece así como una auténtica hechura de la Iglesia. Los proyectos pontificios flexibilizan los medios sin renunciar por ello a sus objetivos: la creación de una modélica estructura política en Jerusalén y su entorno, debidamente controlada –aunque desde luego no ya de manera tan efectiva– por la Sede Apostólica.

Es cierto que el reinado de Balduino I (1100-1118) constituyó un intento constante de sobreimposición del poder secular respecto a la Iglesia de Jerusalén, única columna auténticamente vertebradora del incipiente reino, e institución económicamente saneada por ser depositaria de cuantiosos donativos provenientes de Occidente, pero la situación volverá a cauces de entendimiento durante el decisivo reinado de su primo y sucesor, Balduino II (1118-1131), y el pontificado de Gormundo de Piquigny al frente del patriarcado jerosolimitano. La presencia del papa a través de sus legados no deja de ser una realidad a lo largo de todo el periodo –también en el de Balduino I–, y el papa Honorio II fue significativamente requerido para encontrar la fórmula más adecuada al problema sucesorio que, como más adelante veremos, se planteará a la muerte de Balduino II.

Durante estos treinta primeros años del reino, en efecto, se fueron introduciendo elementos de reequilibrio y de búsqueda de soluciones capaces de garantizar la supervivencia del amenazado embrión político que constituía el territorio sirio-palestino controlado por los cruzados francos. Hay que tener en cuenta que la población latina en territorios palestinos no puede calcularse en cifras que vayan más allá de las 140.000 personas, y su conciencia de permanente peligro y extraordinaria precariedad no fue nunca realmente superada. Por ello, los primeros monarcas hubieron de emplear mecanismos eficaces para la consolidación del reino. Veamos algunos de ellos.

a) Afianzamiento y expansión militar

La defensa militar y la expansión estratégica del reino se convirtieron en objetivo prioritario de los dos primeros monarcas jerosolimitanos, y de manera muy especial de Balduino I. Con él concretamente se consolida la presencia franca en la zona costera, se produce un intimidador intervencionismo en la región siria, se llega al mar Rojo y se generan ciertas expectativas de proyección sobre Egipto.

Sin duda, el aspecto más decisivo es el primero. Entre 1101 y 1110 el rey Balduino I se hace con el control de los enclaves costeros de Arsuf, Cesarea, Acre, Beirut y Sidón. No fueron campañas fáciles porque el exiguo ejército cruzado hubo de vérselas con el potencial del Egipto fatimí, soberano de casi todos estos enclaves, y con el poderoso emir turco de Damasco que, aunque rival de los egipcios, comprendió que debía ayudar a los gobernadores fatimíes de las ciudades costeras si no quería que todo el Mediterráneo palestino cayera en poder de los francos. Estos, desde luego, contaban con el apoyo de las flotas venidas de Occidente. La conquista de Acre, por ejemplo, solo fue posible gracias al concurso de los navíos genoveses, y la de Sidón se vio extraordinariamente facilitada por la acción de la armada noruega capitaneada por el incansable rey Sigurd I *el Jerosolimitano* que, habiendo zarpado de Bergen en 1107 con sesenta drakares de unos treinta metros de eslora cada uno, y después de combatir a los musulmanes en el Algarve portugués y en las Islas Baleares, arribó en 1110 con su poderosa escuadra a las costas de Palestina. El hecho de que en esta última fecha todo el litoral marítimo desde Beirut a Jaffa estuviera en posesión del agrandado reino de Jerusalén –con las únicas excepciones de Tiro al norte y del seguro enclave egipcio de Ascalón al sur–, creaba serias dificultades al comercio islámico cuyas comunicaciones entre El Cairo, Damasco y Bagdad venían dependiendo en buena medida del control egipcio de la costa palestina.

El mérito de los cruzados jerosolimitanos se ve realzado si tenemos en cuenta su número. La tropa que el rey de Jerusalén, al margen de los aportes del resto de los "estados cruzados" a los que en seguida habremos de referirnos, no sería muy superior a los 700 caballeros y los 4.000 infantes. El papel de las flotas occidentales era clave, pero sus hombres normalmente no actuaban en tierra. Y aquellos efectivos, desgraciadamente para los francos, no se vieron incrementados por las "expediciones de refuerzo" que en 1101 hicieron acto de presencia en Anatolia. En efecto, la toma de Jerusalén había provocado en Occidente nuevas movilizaciones cruzadas. Tres son las que se documentan a lo largo de aquel año, a cada cual más desastrosa. La primera la integraban gentes en su mayoría sencillas provenientes de Lombardía y lideradas por el arzobispo Anselmo de Milán; a ellos se sumó un contingente francés dirigido por Esteban de Blois, el desertor de Antioquía. Esta muchedumbre de indisciplinados peregrinos, que creaba demasiados problemas en territorio bizantino, fue invitada a pasar con rapidez a Anatolia, no sin que antes el emperador Alejo propusiera a Raimundo de Tolosa, por entonces presente en Constantinopla, que comandara la expedición. Su objetivo era, naturalmente, llegar a Jerusalén, pero los lombardos, eclipsados por lo que conocían de la personalidad de

Bohemundo, decidieron ir a rescatarlo a la lejana fortaleza de Niksar, en el nordeste de Anatolia, donde en ese momento era prisionero de los turcos. El resultado fue el fracaso de la expedición y el exterminio de la mayor parte de sus integrantes, si bien Raimundo pudo regresar a Constantinopla donde le esperaba un malhumorado emperador. En efecto, las consecuencias de este desastre cruzado devolvía la moral a los turcos que retomaban posiciones en el centro de Asia Menor: los selyúcidas, de hecho, no tardarían mucho en situar su capital en la ciudad clave de Iconio.

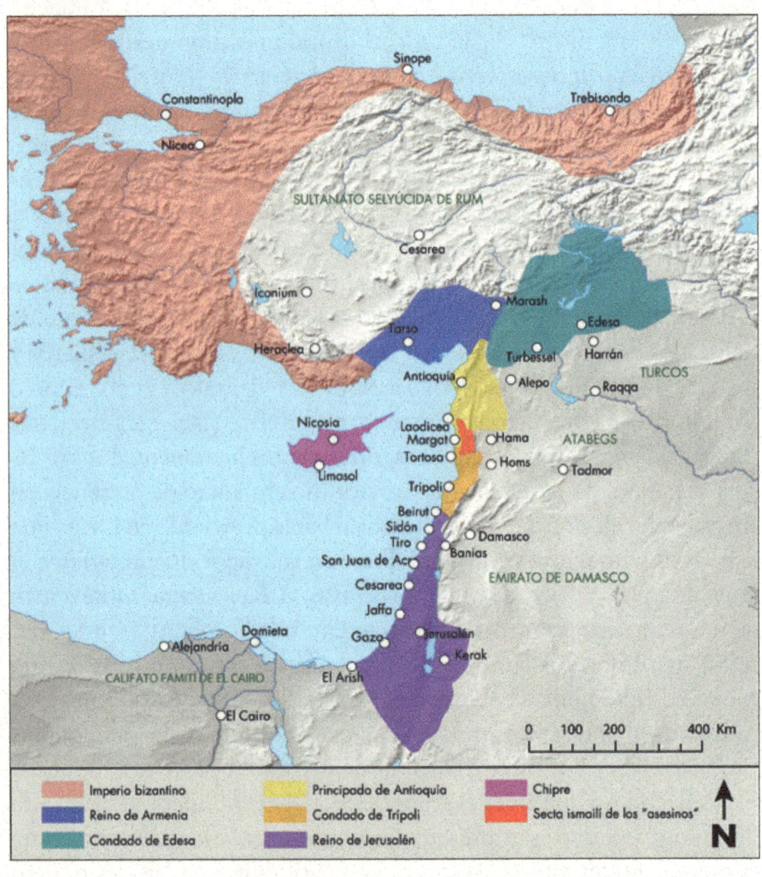

Fig. 12: los "estados cruzados"

No fue mucho mejor el resultado de las otras dos cruzadas que por aquellas fechas surcaban los hostiles desiertos de Anatolia. Las integraban franceses y alemanes al mando de personajes de la talla del conde Guillermo de Nevers, del duque aquitano Guillermo IX *el Trovador* o del duque Welfo IV de Baviera. Aunque ellos se salvaron, la mayor parte de los peregrinos que lideraban murieron a manos de los turcos, debilitados por la sed y el calor. Quizá fue esa también la suerte que corrió una ilustre cruzada, la margravesa Ida de Austria, a la que una leyenda sin fundamento convirtió en madre de ese terror de los cruzados que sería dentro de muy pocos años el turco Zenkī.

Estas desastrosas cruzadas, que no supusieron ventaja alguna para la causa de los latinos en Tierra Santa, ni en forma de soldados ni en forma de colonos, provocaron, en cambio, una intranquilizadora reacción entre los turcos. De todas formas, estos esperaron al fin de las campañas que el rey de Jerusalén llevó a cabo en el litoral, y solo entonces se produjeron en años sucesivos, entre 1110 y 1115, cuatro "contracruzadas" significativas. Fueron intentos dirigidos desde la misma Bagdad, capital del inoperante califato abbasí y teórica referencia del llamado Gran Imperio Selyúcida, con el objetivo de reconstruir su autoridad en Siria en detrimento de los feudalizantes poderes locales y, sobre todo, de la presencia de los cruzados en la zona. El encargado de las operaciones fue el belicoso atabeg de Mosul y las movilizaciones contra Edesa, Antioquía o la propia Galilea, llegaron a ser significativas, pero el balance no pudo ser más pobre para el islam: ni se consiguió la unión de las dinastías turcas locales, ni se restó dominio territorial a los cruzados, y sí, en cambio, se favoreció la cohesión de la Siria franca en torno al rey Balduino I, que llegó a actuar como indiscutible soberano feudal de todos los dominios cristianos de Asia Anterior. Por si fuera poco, también comenzó a verse que los "separatistas" turcos de Alepo o de Damasco ocasionalmente no tenían inconveniente en combatir en las filas de los cruzados frente al centralismo selyúcida, o al menos firmar pactos con ellos, casi siempre ventajosos para los cristianos.

Balduino I, sin embargo, no se limitó a hacer viable su proyecto político dotándolo de una generosa salida al mar, ni a defenderlo frente a la reacción musulmana. En su diseño estratégico entraba también la expansión hacia el sur, a través del desierto del Néguev, para alcanzar el mar Rojo. Se trataba de garantizar la conexión cristiana entre el puerto de Aqaba y el Mediterráneo, y se trataba, sobre todo, de cortar la línea de comunicación caravanera entre el Egipto fatimí y la Siria turca. Una larga campaña desarrollada entre 1115 y 1116 convierte en realidad este ambicioso proyecto estratégico: la erección de la fortaleza o *krak* de Montreal, a no mucha distancia al norte de Petra, era el mejor testimonio del nuevo dominio cristiano. Todavía el rey Balduino intentaría una arriesgada aproximación al delta del Nilo. No se produjo allí ninguna conquista, pero era toda una demostración de fuerza. El monarca ya no regresaría vivo a su reino; aquejado de unas fiebres, murió de regreso a Jerusalén en el año 1118.

Con su sucesor, Balduino II, las fronteras del reino no experimentaron cambios sustanciales. Mantuvo las conquistas de su predecesor, contribuyó a defender con eficacia los otros "estados cruzados" y, eso sí, durante su reinado, concretamente cuando Balduino se hallaba prisionero de los turcos en una lejana fortaleza del Kurdistán, se produjo en 1124 la toma de uno de los dos puertos del litoral jerosolimitano que Egipto mantenía en su poder, concretamente el de Tiro. La operación de conquista se enmarca en lo que Riley-Smith ha definido como la cruzada del papa Calixto II, también conocida como "cruzada veneciana", tan relacionada con el espíritu del concilio Lateranense I de 1123. La ocupación cristiana de Tiro se materializó tras una contundente victoria de la flota veneciana sobre la escuadra fatimí en las cercanías de Ascalón. El apoyo veneciano a la acción cruzada le valió a la república marítima la obtención de un tercio de la ciudad conquistada y el reconocimiento en él de jurisdicción propia.

b) Moderación de la política eclesiástica

La torpeza y radicalidad con que los eclesiásticos latinos habían intentado imponer sus modos normalizadores a las Iglesias no latinas del territorio cruzado, fue una de las claves que permite explicar el deterioro de los iniciales planes para la zona, directa o indirectamente implícitos en el programa pontificio. Los inicios del reino de

Jerusalén y la actuación de sus más moderados patriarcas de Jerusalén impusieron una cierta serenidad en estas relaciones, con todo lo que de positivo políticamente hablando podía derivarse de ello.

El problema, sin embargo, es preciso abordarlo desde la compleja perspectiva de las relaciones entre los poderes secular y eclesiástico en el marco del naciente reino de Jerusalén. Balduino I tenía muy claro que con su corona el viejo proyecto teocrático había sido superado y que su intención era, en cierto modo, invertir los términos ejerciendo un control efectivo sobre la Iglesia del reino a través de su patriarcado de Jerusalén. Su titular, Daimberto, pese a su inicial pacto con el rey y su aparente moderación respecto a sus antiguas posturas teocráticas, no dejaba de constituir un obstáculo para los planes regios. Desde luego, se mostró muy poco sumiso ante las peticiones dinerarias del monarca, cuya precariedad económica, le hacía solicitar de la institución más saneada del reino el apoyo necesario. El patriarca, viejo paladín del reformismo, consciente de la autonomía de la Iglesia o, como sugieren los testimonios cronísticos, simplemente cegado por su propia avaricia, se negaba a satisfacer los deseos del rey quien no dudó en amenazar con apoderarse por la fuerza de los tesoros del Santo Sepulcro. Un legado papal intervino, y en un sínodo por él convocado, Daimberto fue declarado simoníaco y malversador de fondos eclesiásticos y, en consecuencia, destituido. El patriarca, sin embargo, no se dio por vencido y en 1105, desplazado a Roma, apeló al papa y obtuvo de él la rehabilitación, que, sin embargo, no pudo hacerse efectiva por su fallecimiento de camino a Jerusalén. Balduino y el partido de los eclesiásticos sumisos a la autoridad real, encabezado por el antiguo patriarca Arnulfo Malecorne, había, de hecho, ganado la partida. Tras la sucesión de dos viejos e inofensivos prelados de transición, Arnulfo accedió finalmente al patriarcado en 1112.

Fue entonces cuando Balduino I pudo poner en práctica sin impedimento alguno su programa de política religiosa. Este, básicamente, constaba de dos puntos. En primer lugar, se trataba de cimentar el predominio real sobre la estructura eclesiástica del reino que, en consecuencia, debía situarse en actitud de servicio respecto a sus necesidades económicas: los diezmos eclesiásticos, de hecho, serían administrados por la corona. Naturalmente que ello exigía que la cabeza de la Iglesia jerosolimitana, el patriarca, desde una incondicional lealtad al rey, controlara el conjunto de las iglesias locales del reino de modo que no escaparan a su jurisdicción; es decir, la jurisdicción eclesiástica del patriarcado debía coincidir con las fronteras políticas del reino. El problema surgió cuando las tierras de las diócesis del litoral costero conquistadas por Balduino e integradas en su corona, como Sidón, Beirut y, más tarde, Tiro, fueron reclamadas por la jurisdicción del patriarcado de Antioquía del que históricamente habían dependido. Obviamente, el rey de Jerusalén no estaba dispuesto a que algunos de sus más estratégicos territorios dependieran de un patriarcado situado en la órbita de una formación política distinta, aunque esa formación, el principado de Antioquía, se hallase feudalmente mediatizada por él.

El segundo punto de la política religiosa del rey Balduino consistía en restaurar las buenas relaciones con las comunidades cristianas no latinas –griegas, sirias o armenias– e incluso no cristianas –judías y musulmanas– del reino. El apaciguamiento social era clave de estabilidad y la protección de la mayoritaria población no latina, atraída incluso desde fuera del territorio jerosolimitano, constituía requisito imprescindible para no detener la marcha económica del reino. La torpeza inicial de los planes teocráticos, tan poco respetuosos con estas significativas minorías, había puesto en peligro ambos objetivos. Se trataba ahora de hacer exactamente lo contrario, y el patriarca Arnulfo, que en su primer y fugaz pontificado bajo Godofredo no se había distinguido por su actitud de respeto, se convertía ahora en paladín de la integración socio-religiosa. A ella se refiere el panegirista real Fulquerio de Chartres cuando alude de manera hiperbólica a que los "occidentales aquí estamos transformados en habitantes de Oriente", y el que más o el que menos "ya ha tomado por mujer a una siria, una armenia, incluso a veces una sarracena bautizada". Precisamente por bendecir esto último, el matrimonio entre un cristiano y una musulmana, el patriarca Arnulfo fue severamente amonestado por el papa en 1114, y eso que en el reino de Jerusalén los matrimonios mixtos estaban autorizados, como desde luego lo estaban tanto los cultos no cristianos como los ritos y usos litúrgicos cristianos pero no latinos.

Ciertamente el pontificado romano no veía con ojos comprensivos la política religiosa de Balduino, cargada de ese sentido común que solemos llamar pragmatismo. No olvidemos que el papado era fiel a su programa de reformismo y ese programa, ante todo, era incompatible con cualquier forma de cesaropapismo que anulara la autonomía eclesiástica. En consecuencia, era contrario tanto a la sumisión del patriarcado jerosolimitano al rey como al excesivo poder de ese mismo patriarcado en detrimento de otras jurisdicciones eclesiásticas de tradición probada. Ese mismo programa era incompatible con toda fórmula acomodaticia que no hiciera del rito latino expresión centralizada de la soberanía papal. Por eso, y pese al interés de la Sede Apostólica en no romper los lazos de aproximación a la Iglesia griega, sus titulares no podían aceptar fórmulas de convivencia que contaminaran la propia doctrina romana con expresiones de religiosidad distintas o incluso contrarias y excluyentes respecto a ella.

Las dificultades y tensiones que Roma mantuvo con el reino y patriarcado latino de Jerusalén durante el gobierno de Balduino I se manifiestan con particular vehemencia en el conocido asunto de sus matrimonios. La muerte de su primera esposa en pleno peregrinaje cruzado, pero cuando ya Balduino había iniciado su política de aproximación a los armenios que acabaría con la apropiación del condado de Edesa, le animó a contraer matrimonio con una princesa armenia que algunas tradiciones dan el nombre de Arda. Cuando Balduino se convirtió en rey de Jerusalén, el problema armenio quedaba lejos y sus necesidades económicas se hacían cada vez mayores. Por eso decidió repudiar a su mujer, a la que acusó de adulterio enclaustrándola en un monasterio jerosolimitano, y contraer nuevas nupcias con una rica candidata, Adelaida de Sicilia, viuda del conde Roger I y madre de su sucesor Roger II al que acababa de entregar el gobierno de la isla al cumplir su mayoría de edad. Las negociaciones fueron rápidas estipulándose una jugosa dote que llevaba consigo el compromiso de herencia de la monarquía jerosolimitana para el conde Roger, si el nuevo matrimonio no llegaba a tener descendencia, cosa harto probable dada la edad de los contrayentes. La boda tuvo lugar en 1113, siendo celebrada naturalmente por el patriarca Arnulfo. Mayor irregularidad canónica, no cabía. El rey había repudiado a su segunda esposa, pero su matrimonio no estaba anulado, por lo que Balduino había incurrido en bigamia con el tranquilizador beneplácito del fiel patriarca. En Roma el asunto causó escándalo, y los eclesiásticos enemigos de la política cesaropapista de Balduino no hicieron sino añadir argumentos contra el prelado cuya primera y más importante corrupción consistía en someterse sin condiciones al poder del rey. Arnulfo, depuesto por un legado pontificio en un sínodo, fue llamado a la curia papal, y allí se repitió la historia de Daimberto: el papa rehabilitó al patriarca a condición de que deshiciera la ilícita unión matrimonial de su rey. Vuelto a Jerusalén, el patriarca instó al rey a la separación, pero solo en 1117, cuando ya la espléndida dote de Adelaida se hallaba convertida en pagas para los soldados y en obras de fortificación, la reina fue devuelta a Sicilia, con el consiguiente disgusto político y diplomático de los normandos del sur de Italia. Muy poco después se producía el fallecimiento del rey.

Cuando Balduino II subió al trono en 1118, las relaciones con Roma se hallaban seriamente dañadas, y el monarca, hombre de profundas convicciones religiosas, se aplicó a restañar en lo posible la situación. La muerte de Arnulfo, apenas unos días después de la de su rey Balduino I, facilitaba las cosas. La elección de Gormundo de Picquigny para la sede patriarcal constituyó, en este sentido, un acierto. Su primer fruto fue la renuncia de la corona a la percepción de diezmos eclesiásticos en el llamado concilio de Nablus de 1120. Se trataba de una operación bien pensada. En aquella asamblea, en realidad un típico *consilium* feudal al que asistieron todos los dignatarios laicos y eclesiásticos del reino, Balduino II mostró su calidad de gobernante. La Iglesia de Roma veía con buenos ojos la devolución de diezmos al patriarcado porque eso implicaba el reconocimiento de cierta cuota de autonomía a favor de este, o si se quiere, la renuncia a prácticas prerreformistas de injerencia real en asuntos eclesiásticos. También a Roma le agradaba la reglamentación de ciertas leyes contrarias a la moral sexual de la doctrina católica, así como la regulación aplicada sobre clérigos considerados relajados o apóstatas. A cambio, el rey ampliaba considerablemente la capacidad jurisdiccional de la corona en materia de justicia, clave para la construcción del Estado.

Este nuevo y fructífero equilibrio se puso de manifiesto de manera particularmente significativa en la cuestión sucesoria. Balduino II tuvo solo hijas de su matrimonio con la armenia Morfia. En consecuencia, quiso la herencia para la primera de ellas, Melisenda. El hecho era importante y ponía de relieve el poder alcanzado por la corona. Por primera vez se imponía una solución cognaticia para preservar la continuidad dinástica: frente al principio electivo, que prevaleció en la designación de Godofredo, frente a la legitimidad agnaticia que se impuso con Balduino I, y a la discutible combinación de ambos principios –elección y sucesión masculina– que presidió el acceso al trono del propio Balduino II en detrimento de un tercer hermano de sus dos predecesores, ahora la monarquía era capaz de proclamar heredera a la primogénita del rey. Bien es verdad que se le buscó un marido que pudiera compartir en pie de igualdad las funciones reales pero que, en cualquier caso, las ejerciera gracias a una legitimidad que descansaría siempre en su matrimonio. El elegido fue un destacado noble francés, el conde Fulco V de Anjou. Pues bien, entonces fue requerido el papa como validador de un acuerdo que daría estabilidad al reino de Jerusalén, y que, desde luego, eliminaba cualquier sombra de duda acerca de la discutible legitimidad de origen del propio Balduino II. En efecto, en 1128, el papa Honorio II otorgaba su solemne confirmación al acuerdo matrimonial y sucesorio.

Finalmente es en el marco de este equilibrio colaborativo alcanzado entre el pontificado y la corte y patriarcado de Jerusalén en el que hay que situar la cruzada que, con implicación directa del papa Calixto II, supuso, como ya hemos visto, la recuperación de Tiro en 1124. En este clima es en el que también pudieron intensificarse las relaciones del patriarcado de Jerusalén con las Iglesias de Occidente. Al menos sabemos que por aquellas fechas o quizá un poco antes, hacia 1220, esas relaciones existían entre el patriarca Gormundo y el arzobispo de Santiago de Compostela y legado papal, Diego Gelmírez, del que solicitó ayuda material para fortalecer "el ejército de Cristo". Entendimiento y buenas relaciones eran la lógica manifestación de la distensión generada entre Roma y Jerusalén.

c) El reino y la feudalización de los poderes territoriales: los "otros estados" cruzados

La feudalización del reino y la proyección de esa feudalización sobre el resto de los territorios francos constituye un elemento clave para entender el proceso de inicial afianzamiento de la presencia latina en Tierra Santa. Como es sabido, el rey de Jerusalén heredó desde el comienzo mismo de la presencia cruzada en Palestina una compleja y fragmentaria situación político-territorial que lo convertía en "presidente" de una especie de confederación de señores cuyos vínculos con el monarca no eran uniformes. La naturaleza de esa dependencia era claramente territorial en el caso de los feudatarios del propio reino, aquellos que disfrutaban de los señoríos ubicados al sur de Beirut. Entre ellos fue, sin duda, el principado de Galilea, situado al norte y conquistado por Tancredo, el sobrino de Bohemundo, el de mayor envergadura. Otros eran Beirut, Sidón, Cesarea, Ibelin, Trasjordania... En total un 70 por ciento de la superficie del reino la conformaban estos señoríos frente al 30 del dominio real directo integrado por el eje Nablús-Jerusalén, al sur, y el núcleo de Acre junto a Tiro al norte. Durante el gobierno de Balduino I ninguno de los grandes feudos del reino fue hereditario, aunque con su sucesor, Balduino II, esta regla empezó a contar con excepciones.

Una realidad distinta es la que nos ofrecen los grandes territorios cruzados ajenos a la estructura política del reino de Jerusalén: el condado de Edesa, el principado de Antioquía y el condado de Trípoli. No estamos aquí ante feudos de la corona jerosolimitana sino ante entidades políticas independientes, auténticos "estados", cuyos responsables, eso sí, mantenían lazos de dependencia vasallática de tipo personal respecto al rey de Jerusalén. Veamos brevemente la constitución y trayectoria inicial de cada uno de ellos, para acabar dibujando los trazos fundamentales sobre los que descansaba en un primer momento la mayor autoridad del rey de Jerusalén.

El *condado de Edesa* es la consecuencia de la occidentalización y ampliación territorial del señorío que los armenios habían construido en torno a aquella vieja ciudad, situada al este del curso medio del Éufrates. Ya sabemos cómo había llegado a ella Balduino de Boulogne

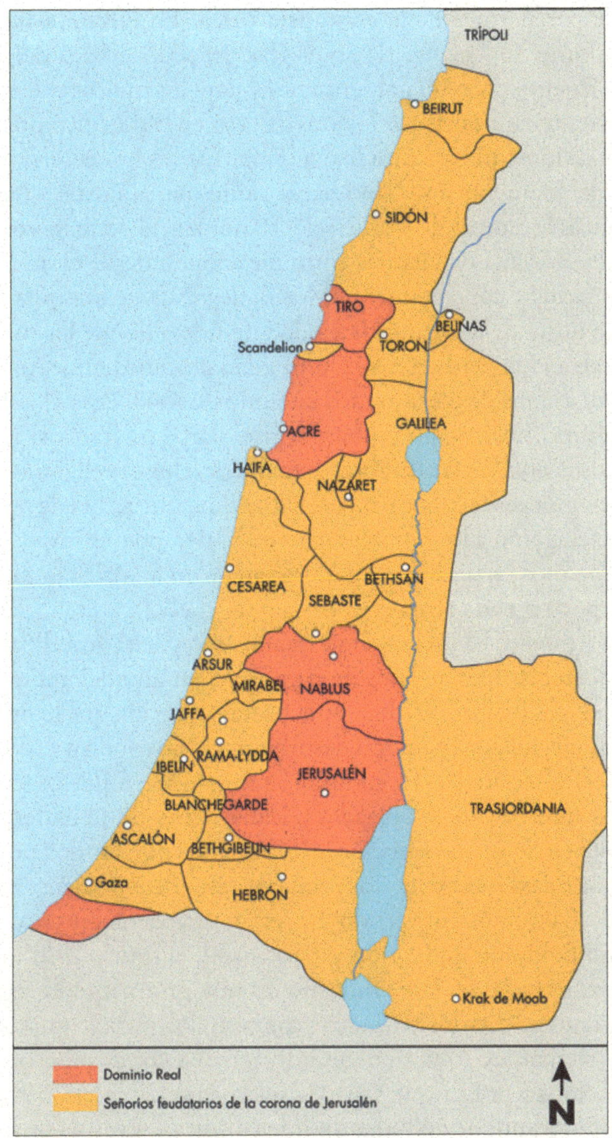

Fig. 13: El reino de Jerusalén

y cómo se hizo en solitario con el poder tras el destronamiento del príncipe Thoros, ignorando por completo que Edesa había sido tierra imperial antes de la conquista turca. En efecto, a partir de aquel momento –marzo de 1098– las preocupaciones del nuevo "conde" fueron crear un gobierno por y para los francos y dotarlo de unas bases territoriales que lo convirtieran en estratégico núcleo de comunicación con los cruzados de Siria. De hecho, el territorio de Edesa, debidamente ampliado hacia Samosata, al norte, y hacia las estratégicas fortalezas de Turbessel y Ravendan, al oeste, se convertía en escala obligada de cuantas comunicaciones, desde el interior de Mesopotamia y concretamente Mosul, llegaban a Antioquía. Precisamente fue ante la fortificada ciudad de Edesa donde los turcos de Mosul, vencidos, perdieron la oportunidad de impedir que Antioquía cayera en manos de los cruzados en junio de 1098. Pero el gobierno de Balduino no era, sin embargo, popular. Los francos, aunque respetuosos con las costumbres y manifestaciones religiosas de los armenios monofisitas, construyeron una superestructura de poder de la que excluyeron a los notables nativos, al tiempo que impusieron a los campesinos las pesadas cargas propias de un feudalismo importado que poco o nada tenía que ver con las tradiciones señoriales del mundo armenio. El descontento estalló en revuelta acaudillada por la aristocracia armenia antes de cumplirse un año del gobierno de Balduino –diciembre de 1098–, y la brutal represión que le siguió en forma de ejecuciones y multas desorbitantes, no ayudó a suavizar las tensiones. El condado, en cambio, se mantuvo en líneas generales fiel a los intereses de la cruzada, y leal al reino de Jerusalén desde el momento de su constitución. Recordemos que los dos primeros condes de Edesa fueron los dos primeros reyes de Jerusalén: en efecto al conde Balduino, convertido en rey, le sucedería en el condado su primo Balduino de Le Bourg (1100-1118), el futuro Balduino II.

El *principado de Antioquía* fue cronológicamente el segundo de los grandes "estados cruzados" constituidos. Como ya sabemos, desde el verano de 1098 Bohemundo actuaba como gobernante de la vieja ciudad griega que tan decisivamente había contribuido a conquistar, y aunque no todos los líderes cruzados veían con buenos ojos el control que ejercía sobre el histórico enclave, de hecho, su gobierno se consolidó, y lo hizo fundamentalmente frente a Bizancio. Y es que el emperador Alejo consideraba Antioquía como una ciudad plenamente bizantina: había sido reincorporada al imperio en 969 y hasta 1078 había permanecido bajo su control, y su población era mayoritariamente griega y ortodoxa. Junto a Anatolia, Antioquía constituía ese irrenunciable objetivo que el emperador Comneno pensaba alcanzar a través de la cruzada. Pero los planes de Bohemundo eran muy distintos. Su aspiración, en buena medida consumada por su sobrino y sucesor, Tancredo, era constituir un extenso estado a una y otra orilla del Orontes que conectara con la realidad cristiano-armenia de Cilicia, que también deseaba controlar; ese estado, limitando al noreste con el condado de Edesa, aseguraría una permanente puerta abierta al Mediterráneo mediante el dominio de los puertos secundarios de Alexandreta y San Simeón y, sobre todo, mediante el muy estratégico de Latakia.

Un proyecto de estas características, incompatible con los designios de Constantinopla, exigía medidos planteamientos estratégicos que, en un principio, se basaron casi exclusivamente en una muy estrecha alianza con Roma. Los normandos de Bohemundo habían sido vasallos del papa y a él acudió su líder para consolidar su obra. Como ya hemos indicado, la adopción del título de "príncipe" era expresión de sometimiento a la Sede Apostólica, a todas luces incompatible con el vasallaje al emperador bizantino quien, por otra parte, no se había hecho acreedor de los juramentos de fidelidad exigidos por no haber concurrido de manera eficaz a la conquista de su antigua ciudad. Lo cierto es que, quizá con el ánimo de contentar al papa, pero sobre todo con el objeto de privar de apoyos al emperador, Bohemundo procedió a expulsar al restaurado patriarca de Antioquía, Juan IV, acusado de connivencia política con el gobierno de Constantinopla, y a sustituirlo por un patriarca latino. Pero Bizancio seguía siendo el gran problema, y ello se demostró cuando, a raíz de la derrota de Harran de 1104, en la que los turcos prácticamente deshicieron el condado de Edesa, las tropas de Alejo I, aprovechando las circunstancias, se dispusieron a recuperar posiciones en Cilicia a costa de la presencia antioquena y arrancaron el puerto de Latakia del control normando. Era la gota que colmaba el vaso. Bohemundo marchó a

Occidente a denunciar esta "traición" y a convencer al papa de que en Oriente era el emperador bizantino, no menos que los turcos, la gran amenaza para la cristiandad. En 1105, el papa Pascual II ordenaba la predicación de una cruzada frente a Bizancio, y en compañía de un legado pontificio, Bohemundo obtenía significativos apoyos en Francia. Dos años después, en 1107, embarcaba en Apulia con destino al puerto balcánico de Durazzo. El objetivo era atacar a Bizancio en sus bases y, en último término, procurar su definitiva neutralización. Bohemundo volvía así a los planes de Roberto Guiscardo en los que él mismo, siendo joven, había participado activamente. Pero el emperador Alejo estaba en esta ocasión especialmente prevenido. Rechazó los asaltos de los nuevos "cruzados" sobre Durazzo con la ayuda de mercenarios turcos, mientras la flota bizantina bloqueaba las embarcaciones normandas en el puerto. Los asediadores se convirtieron en asediados y en 1108 Bohemundo se veía obligado a firmar un humillante acuerdo de paz con el emperador: le reconocía como soberano por el principado de Antioquía, al tiempo que se comprometía a restaurar al patriarca griego en su sede. El viejo líder normando, avergonzado, ya nunca regresó a Oriente; murió pocos años después casi absolutamente olvidado por todos.

Pero en su ausencia, su sobrino Tancredo (1104-1112) había tomado las riendas del poder en Antioquía y defendido su independencia frente al emperador, cuyo acuerdo con Bohemundo nunca reconoció. Él fue quien, recuperando Latakia, consolidando su presencia en las tierras del este e incorporándose las estratégicas fortalezas meridionales de Baniyas y Margat, dio al principado un desahogado marco fronterizo. Tancredo fue quien realmente hizo viable el proyecto político de Bohemundo, aunque para ello, y por vez primera en la historia de las cruzadas, se tuviera que enfrentar circunstancialmente a un príncipe franco, el conde de Edesa, con la alianza de los propios turcos. Estaba claro que Antioquía se conformaba como un estado independiente, cuyo príncipe, como nos enseñan las monedas acuñadas durante el gobierno de Tancredo, hacía gala de su personal idiosincrasia apareciendo recubierto con vestimentas bizantinas y turcas y autodenominándose en caracteres griegos como "gran emir".

Nada de ello impidió que los lazos personales de dependencia vasallática que los sucesivos príncipes de Antioquía fueron adquiriendo con los reyes de Jerusalén, les impusieran deberes feudales de colaboración con la corona y con el resto de los líderes francos, ni tampoco impidió que los reyes de Jerusalén acudieran en socorro de su vasallo antioqueno en momentos de especial debilidad o peligro para el principado. Lo fue, desde luego, el contexto en que se produjo la primera gran derrota de los cruzados frente a los turcos, o por lo menos la que adquirió un protagonismo simbólico especialmente hiriente para los cristianos, la batalla de *Ager sanguinis* de 1119. Algunos años antes, en 1112, se había producido la muerte de Tancredo, y el nuevo príncipe, Bohemundo II, hijo del gran Bohemundo, era apenas un niño de cuatro años. En estas circunstancias asumió la regencia otro miembro de la dinastía normanda de los Hauteville, Roger de Salerno, un belicoso príncipe que concibió una ofensiva contra los turcos que le permitiera ampliar la frontera oriental del principado. Pero ello suponía una clara amenaza para Alepo. Fue entonces cuando una coalición turca, liderada por el gobernante de Mardin, Il-Gāzī, acudió en defensa de Alepo e infligió una sonada derrota aquel mes de junio de 1119 cerca de Sarmada, en el lugar que más adelante sería bautizado como *Ager sanguinis* o "Campo de la Sangre". Allí murieron o fueron luego cruelmente ejecutados cientos de cristianos; y también allí perdió la vida el regente del principado Roger de Salerno. Pues bien, en aquella trágica circunstancia fue el rey Balduino II el que salvó la situación y neutralizó la victoria turca, y él mismo se hizo cargo del gobierno del principado hasta la mayoría de edad de Bohemundo II en 1126.

No sería la última intervención del rey de Jerusalén ante una grave crisis en el principado de Antioquía. Hubo de hacerlo también a propósito de la que protagonizó su propia hija Alicia. Esta había contraído matrimonio con Bohemundo II, pero quedó viuda muy pronto por la prematura muerte de su esposo en enfrentamiento con los turcos en 1130. Pues bien, en esa tesitura, Alicia decidió apoderarse soberanamente del principado, aunque para ello tuviera que acudir al apoyo de los turcos, conculcara los derechos de su propia hija Constanza y, en definitiva, desafiara al rey Balduino, su padre.

La crisis no duró mucho. La rápida intervención del monarca puso fin a una anómala situación que, en último término, vino a subrayar el hecho de que la normalidad pasaba por el reconocimiento en el principado de la autoridad soberana de la corona de Jerusalén.

El *condado de Trípoli* es el último de los "estados cruzados" que se constituyeron en Tierra Santa, posterior incluso al propio reino de Jerusalén. Ya sabemos que Trípoli era la capital de un emirato árabe gobernado por los pacíficos y cultos cadíes de la dinastía de los Banu Ammar. Las fértiles tierras libanesas que lo integraban sufrieron el paso de los cruzados camino de Jerusalén, pero el cadí de Trípoli tuvo la habilidad suficiente para evitar la destrucción del emirato que, ajeno al control turco y a la soberanía egipcia de los fatimíes, aspiraba a beneficiarse del libre tránsito de cuanto los cristianos, instalados al norte y al sur de sus tierras, pudieran necesitar. Era un espejismo. Resultaba prácticamente imposible que los francos renunciaran a controlar la riqueza de buena parte del Líbano cuando ya se hallaban asentados en sus alrededores. Fue Raimundo de Saint-Gilles quien, tras cosechar fracaso tras fracaso, se fijó en la zona con miras a crearse su propio principado. En efecto, el flamante conde tolosano, llamado a dirigir la cruzada, había ido perdiendo popularidad entre los francos por su ineptitud y también, y quizá sobre todo, por su extraño sentimiento de fidelidad al emperador Alejo. Lo cierto es que cuando ya nadie confiaba en él, ni siquiera el gobierno bizantino, el conde, con ayuda de una importante flota genovesa, se hizo con el control del puerto de Tortosa en 1102. Sus pocos hombres, probablemente no más de 300 caballeros, aunque rechazaron los refuerzos turcos que acudieron en ayuda del cadí de Trípoli, fueron incapaces de consumar el asedio de esta plaza, una auténtica fortaleza insular débilmente unida a la costa por un pequeño istmo. Tampoco el concurso de la flota genovesa fue suficiente para rendir el enclave, aunque sí para ayudar a Raimundo a incorporarse Biblos, al sur de Trípoli, en 1104. Aquel mismo año finalizaban las obras de ese gran "castillo padrastro" que fue bautizado con el nombre de "Monte Peregrino", y que las fuentes islámicas reconocían como el *Qalat Sanjil* o "Castillo de Saint-Gilles", situado justo enfrente del istmo tripolitano. Todo fue inútil. En realidad, el viejo conde moriría un año después sin conseguir su objetivo. Ni siquiera puede decirse de él que fue el primer conde de Trípoli.

La fortaleza libanesa no caería en poder de los cruzados hasta transcurridos cuatro años. En efecto, en 1109, con motivo del problema creado en torno a la herencia del futuro condado, Balduino I decidió convocar un *consilium* en el "Monte Peregrino". Se disputaban los derechos a su titularidad el sucesor de Raimundo, su primo Guillermo Jordán, que gobernaba en nombre del menor Alfonso Jordán, hijo del de Saint-Gilles, y otro hijo de este último, en este caso bastardo, Beltrán, que había venido de Provenza. Aquel arbitraje del rey Balduino era una manera plástica de imponer la soberanía de su autoridad feudal en un ámbito ajeno a su reino, y en este sentido no desaprovechó la ocasión que le dieron los contendientes al apelar a él. Pero aquella reunión suponía algo más, era una auténtica demostración de fuerza de la unidad de los cruzados bajo el liderazgo del rey de Jerusalén, y era preciso que así lo entendieran los nuevos responsables de la desesperada Trípoli, que desde hacía unos meses habían abierto sus puertas a los fatimíes de Egipto. Con ayuda de la ayuda de la flota genovesa, a la que se unieron navíos provenzales, la fortaleza cayó en aquel año de 1109. Tras algunas vicisitudes judiciales y la oportuna muerte "accidental" de Guillermo Jordán, Beltrán, el hijo natural del filobizantino Raimundo, se erigió en el primer conde de Trípoli bajo la indiscutible soberanía feudal del rey de Jerusalén.

Y es que, en efecto, el rey de Jerusalén hacía gala de un extraordinario poder que procuraba rodear plásticamente de pompa oriental. Independientemente de los márgenes de maniobra derivados de los normales mecanismos feudales –a algunos de los cuales acabamos de aludir– y de la inteligente y fuerte personalidad de los dos primeros reyes que los supieron convertir en arbitraje efectivo, e independientemente también de la importancia de las "regalías" y de la extensión del propio dominio de la corona –vastos territorios, como hemos visto, en torno a Jerusalén, Acre y Tiro–, los reyes gozaban de todo el prestigio que representaba el *Trono de David* y de la extraordinaria fuerza simbólica de quienes, a través de una especialísima unción, se convertían en sagrados defensores del Sepulcro de Cristo. Grousset en su día habló de una majestad casi bíblica, y en nuestros días

Crouzet-Pavan ha aludido al "misterio de los reyes de Jerusalén". Y es que, en buena medida, fueron argumentos simbólico-religiosos los que dotaron a la figura de esos reyes de su poderosa capacidad de mando, y una vez más, y en este caso, sobre todo, fue la Iglesia la dispensadora y administradora de esta peculiar legitimidad. En el fondo, no era tan importante que el rey de Jerusalén fuera reconocido como indiscutible soberano feudal, lo realmente decisivo es que se viera en él al legítimo defensor de Tierra Santa y de cuantos cristianos obedientes a la Sede Apostólica poblaban las amenazadas costas de Asia Anterior. El condicionamiento ideológico fue el fundamento fortalecedor del régimen político, y tras él, de manera más o menos explícita, se encontraba siempre la figura del papa. Él era el responsable último de tan llamativa y modélica construcción política.

d) Creación de las órdenes militares

Nada más plástico y arquetípicamente ilustrativo del nuevo modelo político erigido que la creación y reconocimiento de las órdenes militares. Un instrumento entusiásticamente recibido por Balduino II quien quiso cimentar en el futuro una parte considerable de la fortaleza del reino en ellas, sin que, sin embargo, dependieran propiamente de él. El papa era quien las ponía a su servicio convirtiéndolas en ese claro ejemplo de fusión de lo secular y lo religioso con que el movimiento cruzado llegaba, desde la demostrada viabilidad política, al cénit de su madurez ideológica.

Hablamos de órdenes militares, pero en realidad, y hasta bien avanzado el siglo XII, solo podemos referirnos a una, la primera y modelo para todas las demás, la del Temple. Sus orígenes son bien conocidos. En 1120 un reducido número de caballeros de origen franco, liderado por Hugo de Payens, decide, en Jerusalén, sumar a sus temporales compromisos cruzados los definitivos votos religiosos de pobreza, castidad y obediencia. Esta conversión solemne en cruzados religiosos permanentes se verificó ante la máxima autoridad de la Iglesia en el reino, el patriarca de Jerusalén, y fue alentada desde el comienzo por el rey Balduino II, que tenía muy próxima la traumática experiencia de la derrota de *Ager sanguinis*. Fue él quien los instaló, junto a su propio palacio, en las dependencias de la mezquita de al-Aqsa, construida a comienzos del siglo VIII sobre el solar del antiguo templo de Salomón. Pasaron a ser, de este modo, precursores de una inédita fórmula de religiosidad -se ha llegado a hablar de la "revolución del Temple"-, pero que venía a sintetizar lo que habitualmente entendemos como "espíritu de una época". Y es que los nuevos religiosos eran la expresión de las corrientes espirituales e ideológicas que en ese momento alimentaban la expansiva realidad del Occidente cristiano: una religiosidad fortalecida en la reforma pontificia y deseosa de traspasar los límites geográficos de la primitiva Europa; un monacato militante que, a la sombra del movimiento cisterciense, radicalizaba sus expresiones de servicio a Dios; y una caballería que, abandonando sus mundanos objetivos de saqueo y depredación, se convertía en fiel valedora de la Iglesia y de la justa causa de la defensa del pueblo cristiano. No hace falta, en efecto, acudir a esas viejas explicaciones que quieren ver en los templarios y en otras órdenes militares, en especial las de origen hispánico, una réplica cristiana de modelos islámicos, forjados en el *yihād*, entendido como la guerra santa de los musulmanes.

Fig. 14: Mezquita de al-Aqsa. Explanada del Templo en Jerusalén

Ahora bien, todo este ideario específicamente cristiano y profundamente innovador, que cristaliza entonces –1120– en la creación de la orden del Temple, estaba necesitado de una convincente legitimación moral: la imagen de un hombre de oración empuñando las armas y derramando la sangre de otros hombres no solo repugnaba a la conciencia de algunos cristianos, sino que creaba serias dudas en la de los propios templarios. Fue san Bernardo quien hacia 1130, y a través de su obra *Elogio de la Nueva Caballería*, se erigió, quizá sin proponérselo, en gran artífice de esa legitimación. Sus argumentos, que tienen mucho que ver con los que los cronistas de la cruzada ponen en boca del papa Urbano II en Clermont, se nos muestran con absoluta claridad. En principio, nada impide a un cristiano el uso de las armas; el problema era el de la utilización indiscriminada de que había hecho gala la vieja caballería mundana, ajena a los valores del Evangelio. Ahora bien, cuando las armas se dirigían contra pecadores y más aún en el marco de la cruzada, los agresores no podían ser considerados como auténticos homicidas sino, en todo caso, como "malicidas". Es más, esa experiencia, la de combatir por la fe de Cristo, era un adecuado vehículo de santificación. Los integrantes de la nueva caballería del Temple, por tanto, no solo actuaban correctamente, sino que, además, constituían un alentador ejemplo para que la vieja caballería de pasado sombrío se convirtiera en eficaz instrumento de la acción de Dios.

Pero como ya hemos indicado, las órdenes militares creadas bajo el gobierno de Balduino II se reducen a una sola, el Temple. La orden de San Juan de Jerusalén que con frecuencia se contempla como inseparablemente unida a ella, aunque es de fundación temprana, no adquiere su carácter militar hasta mediados del siglo XII. Por tanto, nos corresponde aquí únicamente decir dos palabras sobre su existencia "premilitar". Como es sabido, sus orígenes son anteriores a la cruzada, y se hallan vinculados a la existencia de un complejo monástico benedictino de origen italiano, erigido al lado de la iglesia del Santo Sepulcro y constituido por dos conventos, masculino y femenino, y un hospital de peregrinos dedicado a san Juan *el Limosnero*, un caritativo patriarca alejandrino del siglo VII. A raíz de la toma de Jerusalén, el hospital asume un creciente protagonismo sobre el resto del complejo, y en consonancia con ello transforma su humilde advocación originaria por la de un santo clave en la hagiografía cristiana como es el profeta san Juan Bautista. En 1113 el papa Pascual II se dirige al responsable de la institución hospitalaria, Gerardo, normalizando canónicamente su ya reconocida misión a favor de pobres, peregrinos y enfermos. Están todavía relativamente lejos los días de la conversión de este instituto religioso-hospitalario en inequívoca orden militar.

"SECULARIZACIÓN" DE LA MONARQUÍA JEROSOLIMITANA Y LOS OTROS "ESTADOS CRUZADOS"

La muerte de Balduino II acaecida en 1131 representa, con toda claridad, el final de una etapa. Hasta ese momento puede datarse el proceso de construcción del reino de Jerusalén, y se hace según módulos de cuya sacralización ideológica es solo responsable la Iglesia. La evolución de la monarquía jerosolimitana posterior es ya un claro reflejo de la dialéctica, no siempre pacífica, sobre la que discurren los regímenes feudales, por esencia contractuales. La historia de la constitucionalización del reino y de la promulgación de sus *assises* normalizadores, del privativo régimen administrativo de las comunidades burguesas de las ciudades y de los enclaves mercantiles costeros, o de las turbulencias provocadas por una nobleza rearmada en su conciencia social desde 1130 y desde entonces consolidada en sus privilegios patrimoniales, es en buena medida la historia que, con sus peculiaridades, podemos contemplar en Occidente.

En consecuencia, la extraordinaria dependencia del reino de Jerusalén y de la "confederación franca" en su conjunto respecto a la Iglesia de Roma, da paso a un periodo de mayor autonomía institucional traducida en una cierta "secularización" de los dominios cristianos del Levante mediterráneo. Existen dos factores circunstanciales que nos ayudan a comprender esta tendencia: por un lado, un cierto y momentáneo desinterés pontificio por los asuntos de Tierra Santa, y, por otro, la propia instauración de la dinastía angevina en el trono de Jerusalén.

En efecto, la mayor parte de la historiografía está de acuerdo en el hecho de que con la firma del *Concordato de Worms* de 1122 se cierra para la Iglesia la etapa de *reformismo gregoriano* propiamente dicho. El espíritu cruzado está íntimamente ligado a él, y no puede sorprendernos que su intensidad decreciera con la del propio reformismo. Lo cierto es que la Iglesia de Roma no se ocupa demasiado de Tierra Santa y menos de la cruzada desde que el I Concilio Lateranense de 1123, en su canon décimo, se encarga de definir el *status* jurídico de los que participaban en ella: en especial remisión de penas penitenciales para los cruzados y protección de sus bienes y familias. Es verdad que, a raíz, del concilio, el papa Calixto II pone en marcha lo que Riley-Smith ha definido como "su cruzada", en el marco de la que se recuperaría Tiro en 1124, pero no es menos cierto que habrá que esperar a la caída de Edesa en 1144 y a la reacción bernardiana que se materializó en la *segunda cruzada*, para volver a ver a la Iglesia verdaderamente comprometida en el tema. Tampoco podía estarlo mucho dadas las serias dificultades por las que atravesaba, de manera especial desde 1130. A partir de aquel año un peligroso cisma divide las obediencias de la Iglesia entre Inocencio II (1130-1143) y el que más tarde sería considerado antipapa Anacleto II (1130-1138), al que, por cierto, parece que apoyaban los patriarcas orientales. Superado el cisma, el problema doctrinal de Pedro Abelardo, la nueva rebelión de los normandos del sur y el estallido de la revolución comunal en Roma bajo el heterodoxo liderazgo de Arnaldo de Brescia, no ayudaron a Inocencio II a centrar su atención en Tierra Santa.

Por otra parte, y como ya sabemos, la sucesión de Balduino II se había resuelto a favor de Fulco de Anjou, casado con la hija de aquel, la reina Melisenda. Como en su día señaló Grousset, Fulco no era, como lo habían sido sus antecesores, un mero señor feudal de segunda fila, era el responsable del estado señorial "mejor centralizado y más sólido" de la Francia capeta: el condado de Anjou al que había conseguido soldar el Maine. Él sería, a través del matrimonio de su hijo Godofredo Plantagenet con la reina Matilde de Inglaterra, el abuelo de Enrique II (1153-1189), fundador del imperio anglo-angevino. Fulco era lo que podríamos llamar, con actual y anacrónico lenguaje, un auténtico "estadista" capaz de llevar a cabo un eficaz y coherente programa de gobierno.

El reinado de Fulco fue breve (1131-1143) pero las circunstancias que concurrían en su persona y el distanciamiento romano de aquellos años permitieron que en ese corto periodo se sentaran las bases de esta nueva fase de cierta "secularización" de la que venimos hablando, y que, de un modo u otro, vendrá a caracterizar todo lo que queda de siglo XII. Para empezar –y el hecho no deja de ser significativo– la coronación de Fulco y Melisenda tuvo lugar en la iglesia del Santo Sepulcro de Jerusalén y no en la de la Natividad de Belén, como había ocurrido en casos anteriores. Se abandonaba la bíblica imagen de Belén para afirmar, en el escenario de la iglesia y panteón real del Santo Sepulcro, la voluntad regia de hacer descansar la legitimidad monárquica en el propio continuismo dinástico.

El proceso de secularización presenta, en cuanto a sus manifestaciones, una doble vertiente. Existe lo que vamos a calificar como "factores integradores" en lo que se refiere a la realidad franco-latina, pero existen también "factores disgregadores". Todos ellos, como ya hemos indicado, no deben desvincularse del general proceso de secularización del que estamos hablando y comienzan a despuntar con claridad durante el gobierno de Fulco de Anjou.

ACTORES INTEGRADORES

Con relación a factores integradores, nos fijaremos únicamente en los tres más destacables: la afirmación incondicional del poder monárquico en el reino jerosolimitano, el desarrollo de una política de integración socio-religiosa más decidida, y, finalmente, la priorización de criterios defensivos frente a los ofensivos en materia estrictamente cruzada.

a) Afirmación de la monarquía jerosolimitana en el estricto marco interior del reino

Esta afirmación, en la mente del rey Fulco, pasaba por el ejercicio de un muy estrecho control sobre sus feudatarios. La entrega de señoríos de especial interés estratégico a personas de su confianza y vinculadas a la corte, lo pone de relieve. En este sentido, resulta ejemplar el caso del señorío de Transjordania o de Montreal. Se trataba de una posición avanzada del reino, entre el Mar Muerto y el golfo de Aqaba, en pleno desierto idumeo, pero que obviamente permitía el control de las comunicaciones entre el Egipto fatimí y la Siria selyúcida. Uno de los primeros actos de gobierno del rey Fulco fue desposeer a su beneficiario, un viejo colaborador de Balduino II, Romano de Le Puy, que no había dado muestras de fidelidad al nuevo monarca, para entregarlo a un alto dignatario de la corte, Pagano el *Mayordomo*. Este, con el fin de ejercer un más estricto control del extenso territorio confiado, que incluía la zona de la Transjordania situada al este del Mar Muerto, trasladó su residencia señorial más al norte, a Moab, donde en 1142, y con la aprobación del rey, edificó sobre la *Pedra Deserti* de los cronistas la gran fortaleza que se conoce como *Kerark de Moab* o *Krak de los Moabitas*, desde la que el nuevo feudatario controlaba el tránsito del ganado lanar de los beduinos y la lucrativa extracción de sal del Mar Muerto. Hoy creemos que esta sustitución vino a zanjar la primera y más clara de las rebeliones nobiliarias que se detecta en el reino jerosolimitano, una rebelión forjada probablemente en los últimos días de Balduino II y que manifestaría el descontento de un sector de los nobles con la innovación que suponía la legitimidad cognaticia del nuevo rey.

No fue la única revuelta nobiliaria del reinado. Poco después, hacia 1134, otro gran señor, Hugo de Le Puiset, conde de Jaffa, sería declarado traidor y, al cabo del tiempo, desposeído de su feudo. Los relatos novelados sobre la trayectoria del rebelde nos lo presentan como el amante de la reina Melisenda, del que el rey a toda costa querría deshacerse. Es probable, en realidad, que este noble, forjado culturalmente en Palestina, viera con malos ojos los intentos del rey de desplazar del poder a la reina en beneficio propio, y que esa "inconstitucional" tendencia del "rey extranjero" levantara el recelo del conde de Jaffa y de no pocos de sus partidarios. En cualquier caso, nos encontramos ante un monarca consciente de una autoridad de la que no estaba dispuesto a desprenderse fácilmente.

Esa autoridad, como ya por entonces ocurría en Occidente, descansaba en el control de fortalezas. Es precisamente el tema de su construcción, o el impulso que dichas construcciones recibieron durante el gobierno de Fulco, el segundo de los argumentos que nos permite confirmar el proceso de afirmación real que entonces se produce. H. Kennedy se ha encargado de ponérnoslo de manifiesto, recordándonos que el conde de Anjou trasladó a Tierra Santa el característico donjón de la arquitectura militar del oeste de Francia, originario precisamente de aquel condado. Fulco se centró en el sur del reino: Ascalón permanecía en poder de los egipcios fatimíes –y lo estaría hasta 1153–, y era preciso proteger este estratégico flanco meridional. El primero de los castillos construidos en la zona, el *Castrum Arnaldi* o *Chastel Hernault*, se levantó para proteger el camino que, desde el litoral costero, llegaba a Jerusalén. No fue directa iniciativa real sino del patriarca de Jerusalén (1132-1133). Poco después (1136), otra impresionante fortaleza, la de *Bethgibelin*, fue levantada a cuarenta kilómetros al sureste de Ascalón, cerca del camino que, desde esa ciudad, conducía a Hebrón. Nuevamente el patriarca y también la nobleza del reino jugaron un papel importante en la erección de la fortaleza, que no tardaría en ser entregada a los hospitalarios. Tampoco fue de iniciativa real la construcción de la fortaleza de *Toron*, levantada por el conde castellano Rodrigo González de Lara en 1137 en la localidad de Summil a veinticinco kilómetros al este de Ascalón, y que más tarde fue cedida a los templarios. La siguiente fortaleza, *Ibelin* (1141), sí fue construida a iniciativa del rey, y también de los principales barones del reino; situada al norte de Ascalón, en dirección a Jaffa, fue confiada a Balian, cabeza de uno de los más importantes linajes nobiliarios del reino. Inmediatamente después, fue también construido el castillo de *Blanchegarde*. Esta red de fortalezas levantada en torno a la plaza egipcia de Ascalón, se completaría con el castillo templario de *Gaza*, al sur de Ascalón, fortificado en 1150 por Balduino III. Pero no pensemos en las fortalezas como meros núcleos de organización militar. Todas ellas, directamente controladas por el rey o feudalmente mediatizadas por su autoridad, constituían referencias de ordenación territorial y articulación política del reino. También desde ellas, en muchas ocasiones origen de labores de colonización agrícola destinadas a crear bases rentistas para lucrativos señoríos, se procedió a la fijación de población campesina y, en último término, a posibilitar la vida económica del reino.

De todas formas, no cabe duda de que, en este reino de irrenunciables connotaciones cruzadas, es la proyección defensiva la que adquiere una mayor significación dentro de la política de afirmación real, y esta cuenta con un tercer elemento probatorio que no debemos perder de vista: durante el reinado de Fulco, las órdenes militares inician un irreversible proceso de compromiso integral en la defensa del reino. Así, mientras los templarios empezaban a dejar a un lado su primer cometido de policía de caminos tomando parte en combates en toda regla, los hospitalarios inician un proceso de militarización que, aunque ciertamente no consumado hasta la segunda mitad del siglo XII, les comenzó a implicar en las tareas defensivas del territorio: la donación de la fortaleza de Bethgibelin en 1136, o la concesión en 1144, en este caso por parte del conde de Trípoli, de algunos castillos situados al este del condado, y aún fuera del control cristiano –entre ellos el famoso *Krak de los Caballeros*–, así parece indicarlo. En cualquier caso, e independientemente de la más tardía institucionalización de su faceta militar, que no es posible situar antes del maestrazgo de Gilbert d'Assailly (1162-1170), parece que pudo ser el cerco de Ascalón de 1153 un temprano "bautizo de fuego" de los freires del Hospital.

Fig. 15: Fortaleza hospitalaria del *Krak de los Caballeros*

b) Política de integración religiosa y cohesión social del reino

La "secularización" de la monarquía jerosolimitana, proceso común a la evolución del resto de las monarquías occidentales desde las décadas centrales del siglo XII, se manifiesta en una paulatina afirmación del poder real sobre las estructuras eclesiásticas. Esa afirmación puede producirse sobre la base de una contradicción esencial –es el caso de la mayor parte de las monarquías occidentales– o sobre la base de un proceso de activa colaboración y convivencia eficaz. La monarquía jerosolimitana adoptó este segundo modelo de relaciones: su supervivencia en tierras extrañas, ajenas a la tradición cristiano-latina, así lo aconsejaba. Ya Balduino II había inaugurado esta prudente política, que, en cambio, Balduino I no había tenido muy en cuenta. Pues bien, ahora Fulco no hace sino continuar la obra de su inmediato antecesor sobre la base de la firme y leal colaboración del patriarca de Jerusalén, Guillermo de Mesina.

Pero la política eclesiástica de los reyes de Jerusalén cuenta con un segundo aspecto no menos complejo, el de las relaciones con las confesiones no latinas. Las imprudencias cometidas en los primeros días de la conquista fueron dando paso a unas relaciones de tolerancia y fluidez que eran garantía necesaria para la cohesión del reino. La intervención en 1137 de la reina Melisenda evitando lo que hubiese constituido un injusto despojo de la Iglesia jacobita por parte de un noble franco, lo pone suficientemente de manifiesto, como también el hecho de que las relaciones con la Iglesia armenia no fueran menos fluidas: su máxima jerarquía, el "católico" armenio, acudió en 1140 con toda normalidad al sínodo que aquel año convocaba el patriarca de Jerusalén.

c) Moderación de los planteamientos cruzados

La fiebre cruzada que caracteriza los treinta primeros años del reino de Jerusalén, impulsada sin duda por la fuerte proyección ideológica del reformismo romano, cede a partir del reinado de Fulco. Se inicia a partir de entonces una política más pragmática que, sin abandonar la acción defensiva, acudía más a la diplomacia que a la guerra, permitiendo de este modo garantizar la supervivencia del reino. En este momento, esa supervivencia pasaba por la obstaculización del programa integrador del *atabeg* de Mosul y Alepo, 'Imād al-Dīn Zenkī (1128-1146): la unificación de la Siria islámica. El nuevo caudillo turco fue quizá el primero en ideologizar conscientemente su programa de acción expansiva sobre la base del *yihdād*; la consecuencia era inevitable: tras la unificación de Siria, vendría la definitiva expulsión de los francos. Fulco fue consciente de ello y trató de evitarlo a toda costa. Prestó su decidido apoyo a los vasallos no jerosolimitanos, como cuando en 1137 acudió en ayuda del conde de Trípoli con ocasión del ataque turco a la estratégica fortaleza de Montferrand, al noreste del condado. Pero, sobre todo, diseñó una estrategia de alianza con el gobernador de Damasco que impidiera la anhelada absorción de su territorio por parte de Zenkī; a partir de esta actitud colaboradora hacia los turcos damascenos, Fulco obtuvo la restitución de la fortaleza de *Paneas* o Baniyas (1140), que los latinos habían perdido poco antes, y que constituía un preciado eslabón en los caminos que desde Galilea o Tiro se dirigían a Damasco.

FACTORES DISGREGADORES

Pero la fructífera etapa de gobierno del rey Fulco tuvo también su lado negativo. Lo fue el debilitamiento de su liderazgo al frente de la "confederación franca": desde luego no se puede decir que la afirmación de su autoridad dentro del reino de Jerusalén tuviera su correlato en el conjunto de los "estados cruzados". Y tampoco fue positivo para estos el notable protagonismo que en este momento Bizancio, aprovechando las circunstancias, supo labrarse en el territorio franco-cruzado.

a) Replanteamiento de la unidad de los Estados franco-latinos

En efecto, varios elementos derivados o relacionados con el "proceso secularizador" dieron lugar a un cierto replanteamiento de la unidad, frágil pero efectiva, que hasta 1130 habían mantenido los "estados cruzados". Destacaremos dos: el debilitamiento de la idea unitaria de cruzada pontificia, y el proceso de afirmación político-institucional que no solo afectó al reino de Jerusalén, sino también al resto de los estados francos. En relación con este último punto, sirva como elemento de reflexión la contestación que los vasallos del principado de Antioquía dieron a su señor cuando este, ante el requerimiento de entrega de la ciudad al gobierno bizantino en 1142, solicitaba la opinión de aquellos: nunca el príncipe, sin el expreso consentimiento de los vasallos, podría enajenar ni permutar el principado, y si lo intentase sería automáticamente destronado.

Como fruto de ambas circunstancias, los lazos personales o feudales que habían garantizado una relativa unidad de acción hasta la muerte de Balduino II, se debilitan extraordinariamente con el advenimiento de Fulco. La autoridad moral, más que política, que el rey de Jerusalén había desplegado sobre los principados del norte comenzó a ser abiertamente cuestionada. Así ocurrió, por ejemplo, cuando al comienzo del reinado, la cuñada del monarca, la princesa Alicia de Antioquía, vuelve a desafiar la autoridad feudal del rey como ya lo hiciera en los días de Balduino II. En efecto, intenta apoderarse por la fuerza del principado desheredando a su hija Constanza, y en sus planes consigue el apoyo tanto del conde de Edesa como del de Trípoli. De hecho, cuando Fulco acude a sofocar la rebelión, este último, el conde de Trípoli, le impide el paso por su territorio obligándole a alcanzar Antioquía por mar.

Desde luego, no conviene olvidar las especiales circunstancias jurídicas de todos esos principados, y de modo muy especial de Antioquía y Edesa, que, como es sabido, formaban parte del Imperio bizantino en fechas inmediatamente anteriores a la ofensiva turca iniciada en Manzikert y a la subsiguiente reconquista cruzada. Eso les permitió ejercer un cierto protagonismo autónomo, y es que en la práctica ocupaban una "tierra de nadie" blindada por dos pretensiones excluyentes: la soberana de Bizancio y la feudal jerosolimitana. Ahora bien, ese protagonismo y ansias de autonomía normalmente cesaban en el momento en que cualquiera de los señores del norte, amenazados por los turcos, solicitaban el concurso del rey de Jerusalén. No faltan los ejemplos de ello durante el reinado de Fulco.

b) Incremento del protagonismo bizantino en la zona

El vacío que, de algún modo, dejaba el momentáneo alejamiento del liderazgo pontificio en el Levante franco-cristiano, fue automáticamente reemplazado por la ofensiva intervencionista de Bizancio. La figura de Juan II Comneno (1118-1143), hijo y sucesor de Alejo I, resulta decisiva en este sentido. La obsesión de este emperador militarista en devolver a Bizancio las fronteras del periodo macedónico se traducía, en lo que a Oriente se refiere, en la necesidad de desplazar el dominio turco de Anatolia hacia el este, destruir el principado cilicio de la *Pequeña Armenia* y reincorporar Antioquía.

Los dos primeros objetivos fueron logrados. Ya Alejo I había recuperado un tercio de Anatolia y reducido a la impotencia el sultanato selyúcida de Rum con capital en Iconio. Mayor peligro suponía ahora el emirato de Danishmend que, no obstante, fue prácticamente neutralizado entre 1130 y 1135.

El segundo objetivo era el principado de la *Pequeña Armenia* ubicado en Cilicia. Como ya sabemos, los armenios evacuaron en gran parte su país de origen tras la batalla de Manzikert, y se desplazaron hacia el oeste, ocupando la plataforma suroriental de Anatolia y Cilicia. De entre los principados armenios, el cilicio de la *Pequeña Armenia* era el más importante. Había sido fundado a raíz de Manzikert por el príncipe Rubén, pero fue su nieto León quien realmente lo consolidó haciéndose desde 1129 con la mayoría de las fortalezas cilicianas. Se mantuvo mediante una equívoca actitud hacia los estados francos –una parte sustancial de su territorio era disputada por Antioquía–, y más, si cabe, hacia el emperador bizantino. Este acabó destruyéndolo en 1137.

En relación con Antioquía la cuestión resultaba más compleja, ya que no era disociable del programa de actuación bizantina referente al conjunto del territorio sirio-palestino. Con respecto a este, parece que el gobierno bizantino poseía dos designios: reintegrar Antioquía o, al menos, recuperar el vasallaje de los principados cruzados que se levantaban en territorio que había pertenecido tan solo unas décadas antes al Imperio –es decir, Antioquía y Edesa–, y asumir el efectivo liderazgo de la cristiandad en la zona. Con ello, además de generar un adecuado y poco costoso cinturón protector frente a los turcos, obtenía un rentable papel arbitral en la zona.

Ante la abrumadora presencia del ejército bizantino, Antioquía y Edesa renovaron, en efecto, su fidelidad al emperador en 1137, pero no lo hicieron con mayor sinceridad que en ocasiones anteriores. En cuanto a la posibilidad de asumir el liderazgo cruzado, el emperador comenzó por organizar una ofensiva conjunta en 1138 contra el *atabeg* Zenkī de la que formaron parte el príncipe de Antioquía, el conde de Edesa y un contingente de templarios. La colaboración de los francos con el emperador no fue del todo leal, pues, en último término, se hallaba en juego la futura independencia de Antioquía. La ofensiva, desde luego, fracasó, y en ello quizá influyó un breve del papa Inocencio II que aquel año de 1138, y sin duda a instancias de las autoridades antioquenas, prohibía a todo miembro de la Iglesia romana servir en el ejército bizantino si es que este dirigía alguna operación en contra del gobierno latino de Antioquía.

No por ello el emperador Juan cejó en sus intentos de asumir el control de Tierra Santa, y para materializarlo diseñó en 1142 un plan mucho más ambicioso que incluía una visita a los Santos Lugares y la discusión con el rey Fulco de una estrategia conjunta para llevar a cabo la guerra contra el infiel. El entusiasmo del monarca jerosolimitano era lógicamente muy limitado, pero, ante la ofensiva de Zenkī, no era realista prescindir de tan poderoso como incómodo aliado. De todas formas, la muerte de Juan II –anterior en unos meses a la del rey de Jerusalén–, desbarató todos los planes cruzados, pero no cabe duda de que se sentaba un precedente intervencionista que el hijo y sucesor del emperador bizantino, Manuel I (1143-1180), no dejaría de aprovechar.

NOTAS BIBLIOGRÁFICAS

El tema del presente capítulo es abordado de forma más o menos extensa en toda la bibliografía general sobre cruzadas y específica de la *primera cruzada*, citada en la nota bibliográfica correspondiente al capítulo anterior. Sin embargo, el establecimiento y consolidación de los distintos "estados" francos fue objeto de tratamiento particular en obras, algunas ya tan clásicas, como la de J. PRAWER, *Histoire du royame latin de Jérusalem,* 1969-1970 (2 vols.), reed. en 2001, y otras más recientes como la de M. BARBER, *The Crusader States,* New Haven and London: Yale University Press, 2012. Trabajos monográficos sobre la cuestión forman parte de tres importantes publicaciones compilatorias: J. RICHARD, *Croisades et Etats latins d'Orient. Points de vue et documents,* Variorum, 1992; B.Z. KEDAR, *The Franks in the Levant, 11th to 14th Centuries,* Variorum, 1993, y H.E. MAYER, *Kings and Lords in the Latin Kingdom of Jerusalem,* Variorum, 1994. Una visión panorámica sobre el aspecto concreto de las relaciones entre los "estados" cruzados y el Occidente en J. PHILLIPS, *Defenders of the Holy Land. Relations between the Latin East and the West, 1119-1187,* Clarendon Press. Oxford, 1996. En particular, el principado de Antioquía cuenta con una obra monográfica relativamente reciente: A. BUCK, *The Princiupality of Antioch and its Frontiers in the Twelfth Century,* Suffolk: Boydell Press, 2017.

Una cuestión tan particular, pero sin duda significativa, como el título que realmente recibió Godofredo de Bouillon al serle ofrecido el gobierno de Jerusalén, suscitó mucho interés historiográfico: J.R. RILEY- SMITH, "The Title of Godfrey of Bouillon", *Bulletin of the Institute of Historical Research,* 52 (1979); J. FRANCE, "The election an Title of Godfrey de Bouillon", *Canadian Journal of History,* 18 (1983); y A.V. MURRAY, "The Title of Godfrey of Bouillon as Ruler of Jerusalem", *Collegium medievale,* 2 (1990-1992). Para una historia personalizada de los primeros miembros de la dinastía jerosolimitana, vid. A.V. MURRAY, *The Crusader Kingdom of Jerusalem. A Dinastic History, 1099-1125,* Oxford, 2000, y una visión sobre las fuentes cronísticas focalizada en no pocos aspectos simbólicos en E. CROUZET-PAVAN, *Le mystère des rois de Jérusalem,* 1099-1187, Albin Michel, 2013.

La creación de las órdenes militares es un tema crucial. Visiones panorámicas sobre ellas encontramos en A.J. FOREY, *The Military Orders from the Twelfth to the Early Fourteenth Centuries,* Londres, 1992; A. DEMURGER, *Caballeros de Cristo. Templarios, hospitalarios, teutónicos y demás órdenes militares en la Edad Media (siglos XI a XVI),* Universidad de Granada-Universitat de València, 2005 (orig. francés

2002). Sobre los templarios pueden consultarse las monografías de A. DEMURGER, *Auge y caída de los templarios, 1118-1314*, Barcelona: Ediciones Martínez Roca, 1986 (orig. francés, 1985), M. BARBER, *Templarios. La nueva caballería*, Barcelona: Ediciones Martínez Roca, 2001 (orig. inglés1994), H. NICHOLSON, *Los templarios. Una nueva historia*, Barcelona: Crítica, 2006 (orig. inglés 2001) y S. CERRINI, *La révolution des Templiers*, París 2007. Vid. también P.-V. CLAVERIE, *L'Ordre du Temple dans l'Orient des croisades*, Bruselas: De Boeck, 2014, y la reciente obra colectiva coordinada por A. Baudin y Ph. Josserand, *D'Orient en Occident. Les Templiers des origines à la fin du XIIe siècle*, Gand: Snoeck, 2023. Por su parte, sobre los hospitalarios: J. RILEY-SMITH, *The Knights Hospitaller in the Levant, c. 1070-1309*, Palgrave Macmillan, 2012, y A. DEMURGER, *Les Hospitaliers. De Jérusalem à Rhodes, 1050-1317*, Paris: Éditions Tallandier, 2013. Sobre el tema específico de la militarización de la orden del Hospital en su día L. GARCÍA-GUIJARRO RAMOS planteó un completo estado de la cuestión: "La militarización de la Orden del Hospital: líneas para un debate", en I. Fernandes, ed., *Ordens Militares: guerra, religião, poder e cultura. Actas do III Encontro sobre Ordens Militares*, Lisboa-Palmela, 1999, II, pp. 293-302. Es importante, en este mismo punto, el trabajo más reciente de D. CARRAZ, "L'Hôpital de Saint-Jean de Jerusalem et la guerre. Structures et mutations (c. 1136-1309)", *e-Stratégica*, 3 (2019), pp. 97-124. Muy útil puede ser la consulta del diccionario *Prier et combattre. Dictionnaire européen des ordres militaires au Moyen Âge*, sous la direction de Nicole BÉRIOU et Philippe JOSSERAND, Fayard, 2009.

El tema de la "cruzada veneciana" fue objeto de tratamiento monográfico: J. RILEY-SMITH, "The Venetian Crusade of 1122-1124", en G. Airaldi y B.Z. Kedar (eds.), *I comuni italiani nel regno crociato di Gerusalemme*, 1986, pp. 337-350. Y en cuanto al dato relativo a las relaciones entre el patriarcado de Jerusalén y el arzobispado de Santiago de Compostela en el marco colaborativo entre Roma y la corte de Jerusalén, vid. N. JASPERT, "Peregrinos gallegos a Palestina y las relaciones entre los cabildos de Compostela y Jerusalén en el siglo XII", en Id., *Movilidad y religiosidad medieval en los reinos peninsulares, Alemania y Palestina*, Granada, 2020, p. 103. Vid. también el trabajo muy anterior de J. RICHARD, "Quelques textes sur les premiers temps de l'Eglise latine de Jérusalem", *Recueil Clovis Brunel*, II, París, 1955, p. 427 [reimp. Id., *Orient et Occident au Moyen Age: contacts et relations (XIIe-XVe siècle)*, Londres, 1976, VII].

Una visión muy general sobre las fortalezas cruzadas en H. KENNEDY, *Crusader Castles,* Cambridge University Press, 1994. Otros trabajos que pueden consultarse son los de T.S.R. BOASE, *Kingdoms and Strongholds of the Crusaders,* Londres, 1971; P. DESCHAMPS, *Les chateâux des croisés en Terre Sainte,* París, 1934-1977 (3 vols.), y D. PRINGLE, *Fortification and Settlement in Crusader Palestine,* Variorum, 2000. Para el tratamiento específicamente arqueológico la referencia actual es la de A.J. BOAS, *Crusader Archaeology: The Material Culture of the Latin East,* Routledge, 2016. El caso concreto de la fortaleza de Toron, erigida por el castellano Rodrigo González de Lara, y su debatida ubicación, vid.: M. EHRLICH, "The lost castle of count Rodrigo González", *Anuario de Estudios Medievales,* 45 (2015), pp. 783-801.

Aspectos simbólicos asociados a las iniciales ceremonias de entronización de los reyes de Jerusalén en la iglesia de la Natividad de Belén, o en las posteriores verificadas en el Santo Sepulcro, pueden analizarse a través del estudio material de sus templos, en J. FOLDA, *The Art of the Crusaders in the Holy Land, 1098-1187,* Cambridge University Press, 1995.

6.
"SECULARIZACIÓN" DEL FENÓMENO CRUZADO

REVITALIZACIÓN DEL ISLAM TURCO Y ALARMA DE OCCIDENTE

En el capítulo precedente vimos cómo al final del primer tercio del siglo XII nacía en Siria un contundente eje de poder islámico con base en las ciudades de Alepo y Mosul y con voluntad decididamente expansiva. El *atabeg* 'Imād al-Dīn Zenkī (1128-1146) fue su responsable inicial y también el primer líder del anticruzadismo musulmán que haría del *yihād* un consciente vehículo ideológico de cimentación política. Antes de su desaparición, Zenkī llevaría a cabo la acción más decisiva de cuantas los musulmanes habían ensayado frente a los francos desde que estos ocuparan Jerusalén: la conquista de Edesa con el consiguiente desmoronamiento del que había sido primero de los estados cruzados. El hecho provocó la natural alarma entre los cristianos de Tierra Santa, latinos, griegos y sirios, y la alarma, transmitida por los responsables francos a Occidente, cundió también al oeste del Mediterráneo: la escenificación de una eficaz propaganda lo hizo posible. Pero junto a esa alarma llegaron también los primeros ecos de una sorprendente y esperanzadora noticia llamada a tener en Occidente una larga aunque intermitente actualidad, y es que la desesperada situación de Tierra Santa podía contar con la reparadora asistencia de un lejano y poderoso rey cristiano de Oriente que tarde o temprano sumaría sus esfuerzos a los de los latinos y acabaría –de hecho ya habría dado algún paso en este sentido– con la provocadora y humillante presencia de los infieles en el sagrado escenario de la Palestina cristiana.

LOS HECHOS: LA CAÍDA DE EDESA

La muerte en 1143 de un hombre tan consciente y celoso de su autoridad como lo era el rey Fulco abría en el reino de Jerusalén un periodo de regencia en el que la viuda, Melisenda, ejercería la tutela sobre su hijo, el joven rey Balduino III (1143-1162). No era un buen momento para interinidades. Zenkī sabría aprovechar cualquier resquicio de debilidad, y no era este el único que ofrecían entonces los estados francos.

Las relaciones entre Antioquía y Edesa, por ejemplo, no eran buenas. Desde 1136 el príncipe de Antioquía era Raimundo de Poitiers, el hijo menor del duque de Aquitania Guillermo IX *el Trovador*, al que vimos coprotagonizar con poco éxito una cruzada poco después de la conquista de Jerusalén. Raimundo era el candidato del rey Fulco, traído de la corte de Inglaterra donde residía, para poner término a la inestable situación del principado, en manos de la imprevisible e intrigante princesa viuda Alicia. A través de una novelesca estratagema, Raimundo, a espaldas de Alicia, contrajo matrimonio con su hija, la heredera Constanza, y de este modo se convirtió en el titular del principado. Su política consistió en devolver la grandeza territorial y política que su nuevo estado había ido perdiendo en el transcurso de los años. Para ello, al tiempo que intentaba mantener su independencia frente a Bizancio, e incluso ensayaba su propia expansión a costa de los territorios imperiales de Cilicia, buscaba ejercer una cierta hegemonía soberana sobre el condado de Edesa: habría de ser él y no otro príncipe cruzado quien se erigiera en protector de toda la cristiandad armenia.

Como es natural, un designio de este tipo no podía ser visto con buenos ojos por los titulares del condado franco-armenio de Edesa. Concretamente el conde contemporáneo de Raimundo, Joscelino II, que era un *poulain*, es decir, un nativo por su ascendencia materna, desde 1141 hubo de reconocer, muy a su pesar, el señorío del príncipe de Antioquía sobre su condado; en realidad, dada la amenaza que Zenkī suponía para él, no tenía otra opción. De hecho, y como consecuencia de esa amenaza, Joscelino ya había abandonado la expuesta Edesa trasladando su residencia a la protegida fortaleza de Turbessel, situada al oeste del Éufrates. Esta circunstancia, unida a la conocida frialdad que presidía las relaciones entre el conde y su teórico mentor el príncipe de Antioquía, y la previsible inacción de la regencia jerosolimitana, decidieron a Zenkī a ocupar Edesa, no muy guarnecida por otra parte, y asestar así un duro golpe a la presencia de los francos que probablemente serían incapaces de reaccionar. El caudillo turco no se equivocó: Edesa y todas las fortalezas del condado situadas al este del Éufrates cayeron en sus manos en las últimas semanas de 1144. La represión contra los latinos fue contundente, aunque los turcos procuraron respetar a los cristianos armenios y sirios. Estos últimos, de hecho, colaborarían con el nuevo régimen, pero no así los armenios que, en buena sintonía con el régimen franco, intentarían restablecer a Joscelino al frente de Edesa un par de años después. No lo consiguieron, y la represión que entonces les dispensaron los turcos se convirtió en auténtica masacre. El condado de Edesa, mutilado en más de dos tercios, resistió, no obstante, algunos años más con capital en Turbessel.

La caída de Edesa era un duro golpe para los estados cruzados. Raimundo de Antioquía, que no pudo o no quiso intervenir frente a Zenkī en apoyo de Joscelino, se dio cuenta demasiado tarde de que la amenaza turca presionaría ahora de forma directa sobre su territorio. Por su parte, la reacción del gobierno jerosolimitano de la regencia fue inmediata, y de común acuerdo con las autoridades antioquenas, decidió el envío a Occidente, concretamente a la corte papal, de una embajada que solicitase una nueva y masiva intervención de la cristiandad en forma de cruzada. El responsable de la misión era el obispo Hugo de Jabala, la antigua Biblos, una diócesis situada al sur del territorio antioqueno.

EL NACIMIENTO DE UN MITO: LAS PRIMERAS NOTICIAS SOBRE EL *PRESTE JUAN*

El destino último de la embajada de Hugo de Jabala era la curia papal. El pontífice, Eugenio III (1145-1153), nada más ser elegido, se había visto obligado a abandonar Roma donde el movimiento revolucionario liderado por Arnaldo de Brescia había proclamado la república. A causa de ello, el papa se había trasladado a Viterbo. Allí acudió el obispo de Jabala en el otoño de 1145.

Los dramáticos argumentos de Hugo convencieron al papa de que la permanencia de los cristianos en Tierra Santa estaba seriamente amenazada y de que solo la ayuda de Occidente restablecería el equilibrio que había roto la caída de Edesa. En consecuencia, el 1 de diciembre de 1145 Eugenio III publicaba una primera bula de cruzada, la *Quantum praedecessores,* dirigida de modo especial al rey de Francia y a los nobles de su reino.

Pero sabemos que el obispo Hugo de Jabala no se limitó a transmitir la crítica situación por la que atravesaban los estados cruzados. También aportó algunos datos –los primeros de que disponemos– de un testimonio esperanzador, y es que, según el obispo, no eran los cristianos de Occidente los únicos interesados en que Jerusalén y Tierra Santa permanecieran libres del poder musulmán: también un poderoso príncipe oriental, un rey-sacerdote llamado Juan, había dado algún paso en este sentido. Estamos ante los orígenes de uno de los mitos más persistentes de la Edad Media, un mito que alimentó la imaginación de miles de europeos hasta que la era de los descubrimientos acabara con él, el mito del *Preste Juan.* Merece la pena que, dada su ulterior importancia, nos detengamos un poco en él.

Conocemos el contenido del encuentro de Viterbo entre Hugo de Jabala y el papa Eugenio III gracias a la narración de un autorizado testigo presencial, el obispo Otto de Freising, un destacado intelectual y notable político emparentado con la casa imperial germánica, tío del que sería Federico *Barbarroja* y medio hermano del rey alemán Conrado III, uno de los protagonistas de la *segunda cruzada*, y al que personalmente acompañó en su aventura oriental. Pues bien, Otto recoge en el capítulo 33 del libro VII de su magna crónica titulada *Historia de duabus civitatibus*, el más primitivo de los testimonios que nos han llegado acerca del *Preste Juan,* el que fue comunicado a él y al propio papa por el enviado Hugo de Jabala. Resumiéndolo, ese testimonio dice poco más o menos lo siguiente. Algunos años antes de la caída de Edesa, un tal Juan, que era príncipe y sacerdote de un lejano reino situado más allá de Persia y de Armenia y que era cristiano nestoriano, había llevado la guerra a los reyes de persas y medos y, tras un cruenta batalla de tres días de duración, había conquistado su capital. Tras esa victoria el *Presbyter Johannes*, como ya entonces se le conocía, decidió ir en ayuda de la Iglesia de Jerusalén, pero al alcanzar el Tigris, se dio cuenta de que no contaba con embarcaciones para cruzarlo. En vista de ello, marchó hacia el norte a las regiones donde el río se helaba en pleno invierno, pero después de una espera de algunos años, el agua no se solidificaba, y el *Preste Juan*, con muchas pérdidas por la inclemencia del tiempo, decidió volver a sus tierras de origen. Según Otto, el obispo de Jabala añadió que el tal Juan pertenecía al antiquísimo linaje de los magos mencionados en el Evangelio, y que el mismo motivo que había impulsado a estos, sus antecesores, a adorar a Cristo en su cuna, es el que le había llevado a él a querer llegar a Jerusalén. Por lo demás, su reino era rico y próspero y su poderío lo simbolizaba el cetro de esmeraldas que siempre empuñaba.

Los investigadores discuten sobre si el mito es anterior o no a la primera noticia que le da publicidad. Lo que, en cambio, suscita unanimidad es su asociación evocadora a un suceso reciente que, por aquellos años, había conmovido los cimientos geopolíticos del Asia Central: la derrota del turco Sanjar, titular del gran sultanato selyúcida, a manos de un novelesco personaje, el khan Ye Liu Dashi, constructor de un efímero imperio estepario, el de los protomongoles Kara-kitan, que se extendía por Dzungaria –China noroccidental– y oeste de Mongolia. El enfrentamiento había tenido lugar el año 1141 en la llanura de Katvan, al este de Samarcanda, y supuso un serio revés para el poder de los selyúcidas. No es extraño que los latinos de Oriente recibieran con alegría el eco de una derrota que afectaba al mismo islam turco con el que se enfrentaban, y tampoco es extraño que ese eco revistiera de cristianismo a un caudillo como el khan Ye Liu Dashi, probablemente budista, pero muy influido por la mayoría cristiano-nestoriana de los uigures, uno de los pueblos que integraban la confederación tribal que presidía y que dieron buena parte de su sustento ideológico a su efímero imperio.

El khaganato Kara-kitan nunca llegó al Tigris, y mucho menos entraba en la mente de sus dirigentes filocristianos alcanzar el Mediterráneo, pero hicieron temblar el poder selyúcida y eso fue suficiente para confundirlo con el quimérico reino del *Preste Juan*, el enviado de Dios, capaz, tarde o temprano, de socorrer a los cristianos de *Tierra Santa*. El mito aún tardaría en desarrollarse, y no llegó a afectar realmente al desarrollo de la *segunda cruzada*, pero antes de acabar el siglo XII circulaba ya en Occidente una carta que el *Preste Juan* habría enviado al obligado receptor de esa *segunda cruzada*, el emperador bizantino Manuel Comneno, haciéndole partícipe de las fabulosas riquezas de su imperio, donde reinaban la paz y la armonía y habitaban todo tipo de seres maravillosos, centauros, faunos, sátiros y cíclopes incluidos. Obviamente se trataba de una burda falsificación, pero en 1177, como resultado de la entrevista entre un médico de la corte pontificia y un distinguido súbdito del presunto *Rey de las Indias,* el papa Alejandro III enviaba una solemne misiva al *karissimo in Christo filio Iohanni, illustri et magnifico Indorum regi.* No está muy claro a dónde llegaría la carta, pero su destinatario con intermitente y tenaz regularidad se asomará al horizonte imaginario de Occidente durante siglos. Más adelante volveremos a encontrarnos con él.

LA *SEGUNDA CRUZADA*

INICIALES PLANES DEL PAPA

Desde luego, no parece que al papa Eugenio III le impresionaran mucho las noticias sobre el *Preste Juan*. Su bula de cruzada de 1145 no alude a él, y sí a la necesidad de socorrer Oriente a cambio de la consabida remisión de penas por pecados, de la correspondiente protección de bienes y del otorgamiento de facilidades en la satisfacción u obtención de préstamos. Como señaló Riley-Smith no fue la primera encíclica cruzadista propiamente dicha, porque ya Calixto II había promulgado alguna, pero no cabe duda de que la de 1145, redactada a raíz mismo del esclarecedor *Decretum* de Graciano, representa un paso adelante en la definitiva canonización del derecho de cruzada.

Ya hemos señalado que el destinatario era el rey de Francia, Luis VII, en quien el papa ponía toda su confianza para la empresa que deseaba promover. Eugenio III abandonaba así el modelo de cruzada pontificia diseñado por su antecesor el papa Urbano II. El ciclo del exultante reformismo eclesiástico, ambicioso y expansivo, había tocado a su fin en una Roma caldeada por la revolución en la que los papas no podían siquiera habitar. Frente a esta situación de debilidad las monarquías se revelaban con pujanza como fuerzas capaces de sostener una costosa acción exterior. No había más que buscar un candidato dócil a la Iglesia que sirviera a los designios pontificios, y el papa creyó encontrarlo en Luis VII (1137-1180).

El rey de Francia había tenido problemas con Roma, pero desde hacía años no hacía sino mostrar su natural y piadosa inclinación a los asuntos de la fe, y esta circunstancia, unida a un carácter no excesivamente decidido, lo convertían en un potencial cruzado ejemplar. A los ojos del papa, realmente el único. No se podía ni pensar en el rey de Inglaterra, el discutido Esteban (1135-154), hijo de Esteban de Blois, el poco ejemplarizante guerrero de la *primera cruzada*, y que, además, en aquellos años se hallaba inmerso en una paralizante guerra civil que lo enfrentaba con su prima Matilde. Aún menos disponibilidad le cabía al más poderoso de los reyes hispánicos del momento, el autoproclamado emperador Alfonso VII (1126-1157), que bastante tenía con poner a salvo sus dominios castellanoleoneses de los almorávides y, en muy poco tiempo, del aún más desafiante poder de los almohades africanos, cuyo califa, 'Abd al-Mu'min, no tardaría en desembarcar en la Península. Quedaba Conrado III, el rey de Alemania (1138-1152), que esperaba ceñir la corona imperial de manos del papa, pero no se trataba, en realidad, de lo que entonces podía ser calificado como un fiel hijo de la Iglesia; de hecho, nada más acceder al trono, había desatado toda su furia contra la nobleza filopapal de quienes no tardarían en llamarse "güelfos" –los seguidores de los duques Welfen de Baviera–; en cualquier caso, el papa no tenía más remedio que acudir a él para que restableciera la autoridad pontificia en Roma y mantuviera a raya la efervescencia expansiva del rey siciliano Roger II. Por todo ello, Eugenio III no lo consideraba un candidato idóneo para la cruzada. Y finalmente tampoco lo era el propio Roger II (1105-1154) que, habiendo asumido hacía años el título real, desafiaba las pretensiones que los soberanos imperiales de Occidente y Oriente proyectaban sobre Italia, e intranquilizaba aún más al papa en sus dominios, ya de por sí inestables; ni siquiera la política siciliana de anexión de la costa africana de la

Tunicia islámica, confería a su monarca, a los ojos del papa, el perfil de auténtico rey cruzado.

Quedaba solo Luis VII y a él se dirigió Eugenio III para que acudiera en socorro de Tierra Santa. Pero cuando lo hizo, el rey estaba ya movilizado en una dirección que no podía agradar del todo al papa. En efecto, parece que, a raíz de la caída de Edesa, fueron también enviadas embajadas desde Antioquía y Jerusalén directamente a la corte francesa, y Luis VII, sin tardanza, había convocado para la Navidad de aquel año de 1145 una curia real en Bourges en la que iba a proponer no una cruzada, sino un peregrinaje armado a favor de Tierra Santa que asegurara, al margen del papa, el indiscutible liderazgo del proyecto por parte del monarca. Era una especie de extensión hacia su "protectorado franco" de la idea de *pax regni* sobre la que por entonces el régimen Capeto deseaba construir su propio edificio político: cualquier ataque a las iglesias que la corona protegía, se consideraba un atentado contra esa paz y exigía una inmediata respuesta de la realeza. La idea no estaba madura, aún tardaría unos años en fraguar, los suficientes para que entonces los nobles y algunos significados eclesiásticos reunidos en Bourges, entre ellos el decisivo abad Suger de Saint Denis, no mostraran el necesario apoyo. El rey optó por un aplazamiento de la cuestión para una próxima curia que habría de celebrarse en la Pascua de 1146 en Vézelay. Para entonces, la intervención de san Bernardo sería decisiva.

CRUZADISMO CISTERCIENSE: LA PREDICACIÓN DE SAN BERNARDO

San Bernardo es un hombre de muy compleja significación histórica. Este monje reformador, contemplativo laborioso y austero conocedor del mundo, constituyó –se ha dicho en numerosas ocasiones– un referente en cuanto a autoridad moral a lo largo de la segunda mitad del siglo XII. Aparte de sus densos tratados teológicos, obras de reflexión y sermones litúrgicos, nos ha dejado más de medio millar de cartas dirigidas a los más diversos personajes, desde papas y reyes a monjes o simples particulares. Todos demandaban su ayuda y la confirmación moral en que se tenían sus consejos. No es de extrañar que, tras su fracaso de Vézelay, el piadoso rey de Francia dirigiera sus ojos a san

Bernardo. A fin de cuentas, a su extraordinaria personalidad, unía un cierto conocimiento de la realidad de Tierra Santa. Ya hemos tenido ocasión de comentar su protagonismo en el proceso de constitución y normalización justificativa de la orden del Temple. Sin duda, la consulta del rey de Francia tenía sentido, pero Bernardo no quiso dar un solo paso sin dirigirse previamente, a su vez, al papa Eugenio III, cisterciense como él, discípulo suyo en Claraval y paladín en ese momento de la única intervención en el Oriente latino que, a sus ojos, podía ser considerada como legítima. El pontífice no lo dudó, y puso en manos de Bernardo la predicación de la cruzada y una especie de delegación que, a partir de ese momento, lo convertirá en el auténtico artífice del proyecto, que el papa no hará sino legitimar.

Sin embargo, lo primero que conviene señalar es que ese proyecto difiere significativamente de la inicial propuesta del papa. Mientras Eugenio III, en parte condicionado por las circunstancias, diseñó un plan cuyo protagonista sería el rey de Francia, san Bernardo vuelve a presupuestos de implicación totalizadora. Son muchos los autores –Zerbi insistió en su momento en ello– que han subrayado esta dimensión universalista del proyecto bernardiano, y es que la cruzada no solo va dirigida a todas las "naciones", a sus autoridades y a su pueblo, sino que debe desarrollarse en tantos escenarios como lo demandara la amenaza del infiel. De este modo, la cruzada entra en un amplio contexto de implicación geográfica que afecta a Siria, en primer lugar, pero también a la península Ibérica y al territorio eslavo situado al este del Elba.

El primer paso dado por san Bernardo fue su predicación en la curia de Vézelay reunida en la primavera de 1146. Se ha discutido acerca de la presencia real del abad de Claraval en aquella asamblea, pero no es fácil sustraerse a la unanimidad de fuentes e historiografía: san Bernardo, ante el rey Luis VII, su corte, barones y eclesiásticos, y una muchedumbre de curiosos que obligó a levantar una improvisada tribuna al aire libre, dio lectura a la bula papal de la cruzada y la glosó con un encendido discurso cuyo contenido no nos ha llegado sino a través de indirectas informaciones cronísticas. La respuesta del "Dios lo quiere" del comparable discurso papal de Urbano II en Clermont, se convirtió aquí en un grito unánime de los asistentes solicitando cruces con que cubrir sus vestimentas, y ello hasta el punto de que cuando se acabaron, san Bernardo no dudó de hacer otras nuevas desgarrando sus propios hábitos. No sabemos si la anécdota responde o no a la realidad, pero sí es indicadora de un estado de ánimo colectivo que nos retrotrae a la enfervorecida crispación de la *primera cruzada*.

Como entonces hizo el papa, el abad recorrería ahora una buena parte del territorio bajo soberanía de los Capeto cultivando incondicionales adhesiones. Pero también como en aquella ocasión, la furia popular, espoleada por fanáticos y espontáneos predicadores, se volvió contra las poblaciones judías. Los obispos alemanes de Renania se sintieron impotentes ante los *progroms* provocados por un monje cisterciense llamado Rodolfo, y solicitaron la intervención de san Bernardo. Este acudió a su llamada y obligó al monje a recluirse en su monasterio, pero fue la ocasión para extender su predicación por tierras germánicas. Incluso el rey Conrado III, que tenía tan poca predisposición a respaldar la cruzada como el papa había tenido a la hora de solicitárselo, acabó sumándose al proyecto antes de que finalizara aquel año de 1146.

La nueva expedición a Oriente contaba ya con la dirección política de dos de los más importantes líderes de Occidente. Se había esfumado el inicial proyecto papal que hacía recaer todo el peso de la cruzada en los hombros del rey de Francia, y aunque otros monarcas occidentales, como el inglés, el danés, el sueco o el noruego, no atendieron a los requerimientos de san Bernardo, la "internacionalización" de la cruzada estaba ya garantizada. También lo estaba su incardinación en un proyecto de defensa de la cristiandad más amplio. De hecho, antes de que Luis VII y Conrado III partieran para Oriente, tendría lugar el planteamiento, y en algún caso ejecución, de sendas cruzadas en la península ibérica y en el noreste de Alemania, ambas con el correspondiente y legitimador seguimiento papal. De ellas nos ocuparemos en un próximo capítulo, pero quede reseñado aquí que, si bien en la cruzada de Almería de mayo de 1147, el eslabón bernardiano no puede probarse, sí en cambio resultó decisivo en la que los príncipes sajones desencadenaron a raíz de la dieta de Fránfort –marzo de 1147– contra los vendos o eslavos occidentales.

Este ambiente de efervescencia cruzada que, de un modo u otro, afectaba al conjunto de Occidente era en buena medida obra personal de san Bernardo, pero ¿cuál fue propiamente su mensaje? Su contenido es sencillo y conecta plenamente con el "discurso de la conversión" que los cronistas de la *primera cruzada* habían puesto en boca de Urbano II y que ya Bernardo había usado años antes en su peculiar defensa de los templarios. La idea nuclear de toda su predicación entre 1146 y 1147 consiste en afirmar que el retroceso cristiano en Tierra Santa –la "pérdida de la tierra de Dios"– es el justo castigo de nuestros pecados, pero es también el medio del que se vale el Redentor para poner a nuestro alcance el perdón de esos pecados y, en definitiva, la salvación. Liberación de Tierra Santa y salvación personal se articulan como dos realidades prendidas de un mismo eje.

Esta empresa liberadora y salvífica puede suponer la destrucción del enemigo, y ello no es algo moralmente condenable, pero no hay que descartar que las acciones cruzadas acaben simplemente en la conversión de los infieles. De este modo, para san Bernardo la conversión no es obviamente el objetivo a alcanzar, pero sí un efecto posible y perfectamente compatible con la naturaleza esencial de la cruzada.

Por lo demás, esta requiere de ciertas precauciones que, desde el principio, no empañen sus objetivos. Por lo pronto, es preciso no confundir cruzada con acciones violentas contra los judíos. No cabe duda de que estos, en cuanto integrantes del pueblo deicida, se han hecho acreedores de una inmensa culpa, pero su propia existencia es para nosotros testimonio vivo de nuestra posibilidad de redención: porque mataron injustamente a Cristo, Dios lo resucitó y ello lo convirtió en prenda de salvación para el género humano.

Pero el cruzado, que obtiene la garantía papal de la indulgencia plenaria, ha de tener otras dos precauciones: por un lado, ser disciplinado y no dejarse seducir por predicadores espontáneos que, como Pedro *el Ermitaño,* tanto daño ocasionaron a sus seguidores, y, por otro, mostrar decorosa humildad en el vestir, alejada de ostentación, de modo que la plata y el oro se reserven, en el propio campo de batalla, para que "los rayos del sol se reflejen en ellos y el terror desbarate la fiereza de los paganos".

DESARROLLO DE LA CRUZADA. LAS CLAVES DE UN FRACASO

La brevedad y escasa significación militar de la *segunda cruzada* nos eximen de una narración pormenorizada de sus acontecimientos. Más interesante será aludir después a las claves que explican su fracaso.

a) Acontecimientos

Entre los meses de mayo y junio de 1147 partieron para Oriente los dos ejércitos cruzados, el alemán primero, y poco después el francés. Eran ejércitos numerosos, especialmente el alemán, en el que, junto a las fuerzas de Conrado, hay que contabilizar las movilizadas por dos de sus reyes vasallos, los de Bohemia y Polonia, y las de su propio heredero, el duque Federico de Suabia, futuro emperador *Barbarroja*. En esos ejércitos encontramos, como ocurriera durante la *primera cruzada*, no solo guerreros y hombres armados, sino también un contingente importante de no combatientes, empezando por las damas de elevada alcurnia –reina Leonor, condesas de Flandes y Tolosa– que acompañaban a sus respectivos maridos en la expedición francesa. De todas formas, el testimonio de un fiable cronista de comienzos del siglo XIII, el griego Nicetas Choniates, señala la existencia de algún destacamento de mujeres perfectamente armadas entre los alemanes.

Ambos ejércitos siguieron aproximadamente la ruta terrestre de Godofredo de Bouillon, la que a través del Danubio alcanzaba Serbia y Tracia hasta llegar a Constantinopla. Aunque, en líneas generales, la actitud de los soldados fue menos violenta que en ocasiones anteriores, no dejaron de producirse incidentes, normalmente pillajes que intentaban compensar el desabastecimiento de la tropa. Por su parte, la recepción del emperador bizantino fue correcta pero recelosa, y como hicieron sus antecesores, Manuel Comneno no dejó de exigir a los líderes cruzados garantías de respeto hacia sus intereses. Con todo, y como veremos un poco más adelante, la escasa fluidez de las relaciones entre el gobierno bizantino y los líderes occidentales marcará el desarrollo de la cruzada.

Esta sufrió importantísimos reveses frente a los selyúcidas ya en Asia Menor, antes de llegar a territorio propiamente cruzado.

El primero de ellos en Dorileo donde, a finales de octubre, fue gravemente derrotado el contingente principal de los alemanes al mando de Conrado III, mientras que otro sector de su ejército bajo la dirección del obispo-cronista Otto de Freising fue igualmente barrido bastantes kilómetros al sur. El prelado pudo escapar desde la costa en barco a Siria. El ejército francés no corrió mejor suerte. Unido al maltrecho contingente alemán de Conrado, quien en ese momento se reponía de una enfermedad en Constantinopla, fue igualmente desbaratado por los selyúcidas en el interior de Anatolia, y sus restos fueron parcialmente evacuados por la escuadra bizantina hasta la costa siria.

A lo largo de la primavera de 1148 las mermadas fuerzas franco-germánicas estaban ya en territorio cruzado, y allí sus líderes fueron invitados por las autoridades jerosolimitanas a una magna curia que habría de celebrarse el mes de junio en Acre donde se decidiría la estrategia a seguir por la cruzada. La situación era ciertamente preocupante. Aunque el *atabeg* Zenkī, el conquistador de Edesa, había muerto asesinado en 1146 y, siguiendo la costumbre turca, había dividido sus dominios articulados en torno a Mosul y Alepo entre sus dos hijos, el menor de ellos, Nūr al-Dīn (1146-1174), situado al frente de Alepo, demostró ser un digno sucesor de su padre y de su ideologizada concepción del *yihād*. De hecho, el principado de Antioquía estaba seriamente amenazado por él. Por eso, su titular, el príncipe Raimundo, instaba a que la cruzada se dirigiera contra Alepo, y sin embargo sorprendentemente la *Haute Court* jerosolimitana de Acre decidió, quizá por iniciativa del joven rey Balduino III, que el objetivo debía ser Damasco. Solo la reina Leonor de Aquitania, mujer de Luis VII y sobrina del príncipe de Antioquía, parecía apoyar la correcta estrategia de su tío; su marido, en cambio, y el monarca germánico aceptaron sin dificultades la propuesta del rey de Jerusalén. A nuestros ojos la elección resulta ciertamente incomprensible: los buridas, *atabegs* de Damasco, habían sido tradicionales aliados de los cruzados porque temían tanto como ellos el expansionismo de Alepo bajo los zenkíes. Ahora, la amenaza cristiana provocaría la unión defensiva del conjunto de los musulmanes y mantendría en un peligroso grado de exposición a la vanguardia antioquena.

De este modo, la *segunda cruzada* consistió en el ataque a Damasco, y este, que comenzó con su asedio el 24 de julio de 1148, finalizaría cinco días después con su abandono. En ese lapso de tiempo los cruzados cambiarían una sostenible posición en los huertos situados al oeste de las murallas de la capital siria por la del desabastecido flanco este, carente de agua; entre tanto, las tropas de Nūr al-Dīn acudieron a socorrer a los damascenos sitiados. La retirada del imponente ejército cristiano, con no pocas bajas, supuso el humillante final de la cruzada. Al poco tiempo, Conrado III, profundamente contrariado, regresaba a Alemania; por su parte Luis VII aún permanecería en Tierra Santa casi un año, pero su presencia allí no supuso ningún beneficio que paliara la grave sensación de fracaso que la *segunda cruzada* había generado.

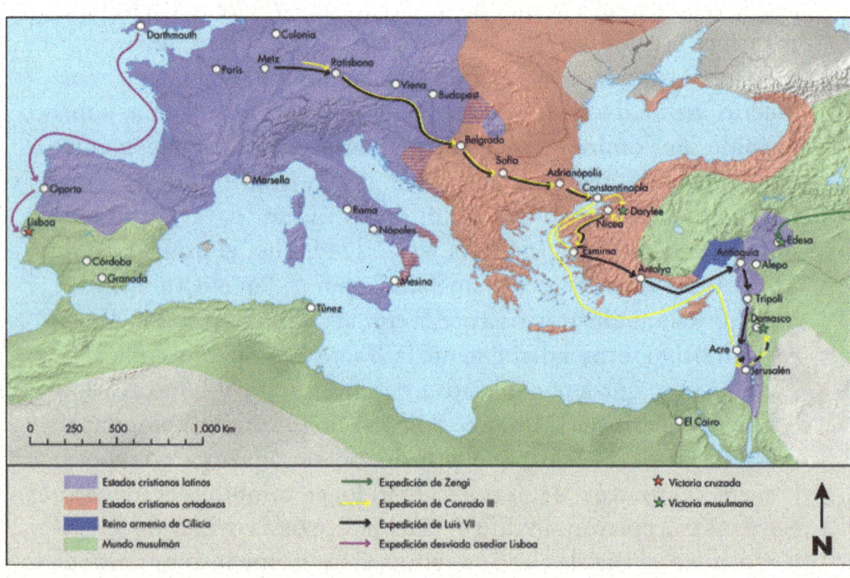

Fig. 17: La *segunda cruzada*

b) Claves explicativas

Los factores que explican ese fracaso son muy diversos, y conviene no perder de vista ninguno. Los hay de índole organizativa y militar que afectan a la propia constitución de los ejércitos puestos en marcha y a sus ulteriores designios estratégicos. Los hay también de carácter político, son los que tienen más que ver con los intereses, no siempre coincidentes, puestos en juego en una cruzada protagonizada por reinos distintos y no por un unificador criterio pontificio. Dentro de estos factores políticos habremos de aludir, como elemento esencial, a la difícil posición de Bizancio, amenazada por los turcos, por los propios cruzados y de manera especialmente agresiva por el rey Roger II de Sicilia.

Entre los factores organizativos hay que destacar, sobre todo, la mermada operatividad de unos ejércitos que, como ocurriera en la *primera cruzada*, estaban conformados por una muchedumbre de peregrinos no siempre en condiciones de portar armas. La dificultad de movimientos constituía algo más que una anécdota negativa. El monje y cronista Odón de Deuil, participante en la cruzada, decía que muchos se quejaban de la lentitud de la marcha y apuntaba a la existencia de demasiados carros de cuatro caballos, inoperantes por su excesiva pesadez. Pues bien, algunos de ellos no contenían los necesarios enseres militares o de logística, sino los equipajes de cientos de peregrinos que no guerreaban: Régine Pernoud subraya la importancia que debieron de tener los de las damas de alta alcurnia que acompañaban al ejército francés, empezando por la reina Leonor. Tampoco el ejército alemán iba desprovisto de no combatientes: Conrado III intentó sin éxito deshacerse de ellos confiándolos a la sección de su tropa que, desde el principio de su presencia en Anatolia, encomendó a la dirección de Otto de Freising.

Entre estos factores de tipo organizativo, y con independencia de la escasa coordinación entre los efectivos y el recelo despreciativo que mostraron entre sí franceses y alemanes, conviene aludir también a ciertas decisiones sobre objetivos y estrategia militar difíciles de entender. ¿Por qué fue elegido como destino de la cruzada Damasco y no Alepo como, según hemos visto, hubiera parecido razonable? Se han aducido razones de todo tipo. Hay quienes piensan que la decisión no fue sino un mecanismo de afirmación personal del joven rey Balduino contra la excesiva influencia de su madre, la reina Melisenda, y sus consejeros en la administración del reino. También se ha dicho que, al menos Luis VII, al adherirse a tal opción quiso contradecir a su mujer Leonor de Aquitania, sospechosamente entusiasta ante el criterio de su tío, el príncipe Raimundo de Antioquía, al que, al parecer, le unía algo más que admiración: lo cierto es que el rey de Francia, cuando marchó desde las tierras del principado donde había desembarcado a las del reino de Jerusalén, hubo de arrastrar a la reina consigo porque la escandalosa intención de esta era la de permanecer en Antioquía y divorciarse de su marido.

Anécdotas aparte, la equivocada elección de Damasco bien pudo obedecer a criterios puramente propagandísticos: frente a una desconocida Alepo, los cruzados y la propia opinión de Occidente, podrían ver como más adecuada la conquista de una ciudad tan ligada a la ajetreada vida de san Pablo. De ser así, la estrategia habría cedido ante la propaganda. En cualquier caso, fue una decisión equivocada que, como podía preverse, acabó entregando la plaza a Nūr al-Dīn: en 1154 era el propio pueblo damasceno quien solicitaba su incorporación a los dominios del príncipe de Alepo, y ello ante la real amenaza de los francos.

Tampoco es fácil de entender el repentino cambio de ubicación, desde el fértil oeste al desértico este, del campamento atacante frente a Damasco. Parece que los barones palestinos, la nueva generación de *poulains*, tuvo mucho que ver con esta precipitada decisión que acabó con las posibilidades de éxito de los cruzados. Se llegó a hablar de sobornos por parte de los musulmanes, y es posible que algo de ello hubiera, pero en cualquier caso había dos cuestiones abiertas que los franco-sirios no podían ver con buenos ojos. En su día las subrayó Grousset: el sacrificio de la tradicional y útil alianza con Damasco en aras del indiscriminado fanatismo antimusulmán de los cruzados de Occidente, y la posibilidad más que real de que el Damasco "reconquistado" escapara al control del reino de Jerusalén y fuera confiado con amplia capacidad de maniobra a un cruzado europeo, concretamente a Thierry de Flandes. Con traición o sin ella, el cambio de estrategia resultó fatal para el destino de la cruzada, y lo fue de manera inmediata e inevitable para el príncipe Raimundo de Antioquía, derrotado y muerto por Nūr al-Dīn, menos de un año después del fiasco damasceno, en la batalla de Inab. Se cuenta que el líder turco, todo un maestro de la propaganda, celebró su victoria recorriendo el principado y bañándose en el Mediterráneo después de haber enviado la cabeza de Raimundo al califa de Bagdad.

Por su parte, los factores políticos que explican el fracaso de la *segunda cruzada* pasan necesariamente por la actitud adoptada por el emperador bizantino ante ella. De algún modo, la versión oficial de Occidente vino a culpabilizar a Manuel Comneno (1143-1180) del desastre. Así lo hizo el cronista francés Odón de Deuil, y así también lo llegó a ver el propio san Bernardo. La historiografía moderna no ha sido ajena a tal interpretación, y con frecuencia son solo los bizantinistas los que de manera más activa nos han ayudado a situar el problema en sus justos términos.

La "gran traición" de Manuel I hacia el Occidente cristiano se cifra en un tratado de no agresión que el emperador habría firmado con los selyúcidas justo en el momento en que los cruzados llegaban a Constantinopla, concretamente en octubre de 1147. La historiografía no ha sido unánime a la hora de verificar la existencia de tal tratado, pero, a decir verdad, desde nuestra actual perspectiva su establecimiento resulta absolutamente lógico. Desde que subió al trono dos habían sido sus máximas preocupaciones: neutralizar la agresividad antibizantina de los normandos del recién constituido reino de Sicilia y proteger frente a los turcos selyúcidas sus precarias posiciones en el oeste de Anatolia. Para alcanzar el primer objetivo, este *latinófilo* emperador, admirador de la cultura occidental y entusiasta organizador de torneos, había establecido una alianza con el Imperio germánico, tan receloso como él frente a los normandos italianos, y fruto de ella contrajo matrimonio con Berta de Sulzbach, que adoptaría el nombre de Irene y era cuñada del rey Conrado III. Por otra parte, para defenderse de los selyúcidas, protagonizó varias campañas que alcanzaron la capital del sultanato de Rum, Iconio, y se aplicó a reforzar sus dañadas fronteras mediante una activa política de fortificación de estas que conllevó la creación del *thema* septentrional de Neokastra y la erección de una numerosa red de fortalezas guarnecidas mediante milicias compuestas por población rural que, a cambio, obtenía tierras y exenciones fiscales.

Pues bien, esta estrategia política y sus dos objetivos se vieron seriamente comprometidos con la puesta en marcha de la *segunda cruzada*. El temor fundado que las anteriores acciones de los latinos había provocado entre pueblo y autoridades bizantinas, obligaba a estas a dirigir la atención hacia ellos distrayendo, de este modo, recursos militares y económicos de otros frentes. Pero es que, además, la intervención directa de Conrado III en la cruzada venía a interrumpir su estratégica alianza antinormanda con Bizancio y permitía, como así fue, que Roger II se lanzara a un inmediato ataque contra el emperador de Oriente. En efecto, cuando los cruzados apenas habían pasado hacia Anatolia, una flota normanda al mando de un renegado bizantino, Jorge de Antioquía, ocupaba la isla de Corfú, asaltaba Atenas y Corinto y raziaba la región de Tebas inutilizando la rica industria sedera de la zona y llevándose consigo a Sicilia no pocos trabajadores especializados. Es obvio que indirectamente la cruzada daba cobertura a estas acciones que impedían al ejército bizantino hacer el necesario seguimiento de los inquietos latinos y mucho más colaborar activamente con ellos. En aquellos momentos, como en ocasiones anteriores, solo Venecia se aprestó a ayudar al emperador. El precio, traducido en privilegios comerciales, fue como siempre muy elevado. Con todo, Manuel necesitaba a toda costa recuperar la alianza alemana, ya que con Francia era imposible contar. De hecho, en el ejército francés existía toda una facción de furibundo antibizantinismo que, liderada por el obispo Godofredo de Langres, presionaba al rey Luis para reconducir la cruzada contra Constantinopla, contando siempre con el apoyo normando. Luis VII no consintió en una desnaturalización tan flagrante de la cruzada, pero puede suponerse que el emperador bizantino no albergaba la más mínima simpatía hacia el ejército franco.

Todo ello, sin duda, podía justificar ampliamente la firma de una tregua con los musulmanes: ¿cómo mantener la guerra con ellos teniendo un frente de ataque normando en la retaguardia y al "enemigo cristiano" en el interior del imperio? Con todo, hasta cierto punto se mantuvieron las formas, y ya hemos visto que, aunque de manera incompleta, la escuadra bizantina ayudó a evacuar a los cruzados franceses presionados por los turcos frente a las costas meridionales de Asia Menor, y es que los cruzados no se vieron totalmente desasistidos de ayuda bizantina en forma de apoyo logístico. Como muy certeramente señaló en su día Steven Runciman, "es cierto que el emperador podía haber hecho más a favor de ellos, aunque solo con un grave riesgo para su imperio". En cualquier caso, y con independencia de las responsabilidades, es evidente que la desunión de los cristianos, empezando por la de los propios europeos entre sí y la de estos con los bizantinos, constituyó un factor decisivo a la hora de explicar el fracaso de la cruzada.

BALANCE Y CONSECUENCIAS DE LA *SEGUNDA CRUZADA*

El balance de la cruzada de 1147-1148 no pudo ser más lamentable. Como ya hemos dicho, la reacción de Nūr al-Dīn tras la retirada de Damasco no se hizo esperar: en 1149 combatió y dio muerte al príncipe Raimundo de Antioquía haciéndose con las fortalezas situadas al este del Orontes y mutilando, de este modo, en un cincuenta por ciento el territorio del principado. De hecho, este habría caído si no llega a ser por una esforzada intervención del rey Balduino III que aprovechó entonces para iniciar la total evacuación de lo que quedaba del condado de Edesa: la media docena de fortalezas que aún poseía entre el Éufrates y el Orontes –Turbessel incluida– fueron vendidas a Bizancio que casi inmediatamente las perdió a manos de los musulmanes. Por si fuera poco, estos reunificaron Siria con la incorporación de Damasco en 1154, y el régimen zenkí de Nūr al-Dīn, la "Luz de la Religión" –como lo llamó el poeta sirio contemporáneo al-Qaysarānī–, mostró entonces una fortaleza como nunca antes lo había hecho un principado islámico en la zona. El futuro cristiano de Tierra Santa peligraba.

Pero quizá la consecuencia más demoledora de la *segunda cruzada* fue la extraordinaria desmoralización que provocó en Occidente, directamente proporcional al entusiasmo que había suscitado. Aunque Bizancio fue "oficialmente" culpado del desastre, las críticas no dejaron inmune al gran promotor ideológico de la expedición frustrada, san Bernardo. Este reaccionó mediante una descabellada huida hacia delante: solo una nueva cruzada resarciría la derrota y la restauración del honor de Cristo doblemente mancillado. Los normandos de Roger II fueron los principales animadores del proyecto que tenía por objeto acabar definitivamente con el emperador de Oriente. Luis VII, que tardó en regresar de Palestina, llegó a un acuerdo en este punto con el rey de Sicilia, y las grandes autoridades morales de la Iglesia francesa, el abad Suger de Saint Denis, el abad Pedro *el Venerable* de Cluny y, naturalmente, Bernardo de Claraval comenzaron a trabajar con entusiasmo por la idea de una nueva cruzada. Una asamblea reunida en Chartres en mayo de 1150 llegó incluso a elegir a este último como el líder que la nueva expedición armada exigía. El abad no se mostró muy partidario de aceptar; de otro modo habría caído en una flagrante contradicción porque en 1147 había recordado a todos los abades del Císter que ningún monje podía unirse a una expedición militar sin incurrir en excomunión. Lo cierto es que no cerró todas las puertas y que, en cualquier caso, intentó a toda costa que Eugenio III avalara la nueva intervención en Oriente. Utilizaba para ello argumentos de viejo cuño ideológico, concretamente el de la "doctrina de las dos espadas" correspondientes a los poderes temporal y espiritual, cuyo manejo solo correspondía al papa, "una por indicación suya y la otra por su propia mano".

Desde luego, el pontífice no se hizo eco en esta ocasión de la imprudente agresividad bernardiana. El escepticismo se había apoderado de Occidente, y tampoco en Roma, pese a las presiones de algunos cardenales, se veía políticamente oportuno dar rienda suelta a una cruzada que, a costa de atacar Bizancio, desatara el imprevisible poder de los normandos, siempre amenazador para la Iglesia. Tampoco Conrado III, que debería haber sido nuevamente el otro puntal básico de la operación, estaba en modo alguno de acuerdo con el proyecto. Con ocasión de su enfermedad en Éfeso a finales de 1147 y de las atenciones personales que el emperador Manuel, un gran aficionado a la medicina, le había dispensado, se había reforzado sinceramente la amistad entre ambos, y ahora no estaba dispuesto a romperla otra vez, máxime cuando había sido sellada con el proyecto de un nuevo matrimonio entre las dos casas imperiales. Naturalmente que el objetivo era, una vez más, impedir el crecimiento de la Sicilia normanda cuyo rey atacaba entonces a Bizancio en los Balcanes y amenazaba a la autoridad del Imperio germánico en Italia.

Es evidente que, en estas circunstancias, una cruzada animada por los normandos y proyectada contra Bizancio no tenía, en aquel momento, ninguna posibilidad de verificarse, aunque ciertamente el solo hecho de plantearse creaba un preocupante antecedente.

REACCIÓN DEL REINO JEROSOLIMITANO: LA ALIANZA FRANCO-BIZANTINA Y EL HORIZONTE EGIPCIO

En torno a 1150 los estados nacidos de la cruzada son conscientes de dos realidades que en ese momento se les presentaban como incuestionables: el fracaso de la ayuda occidental cara a su defensa y la unidad del enemigo islámico, la Siria de Nūr al-Dīn, consumada a partir de la incorporación de Damasco en 1154.

Ambas realidades eran asumidas por una "clase política" en la que empieza a no ser extraño encontrar algunos *poulains*, es decir, hombres y mujeres nacidos ya en Tierra Santa y con mezcla de sangre nativa en sus venas. Así ocurre incluso en el propio reino de Jerusalén donde los sucesores de Fulco de Anjou, sus hijos Balduino III y Amalrico I, vieron la luz en Palestina y heredaron el mestizaje propio del país por vía de la reina Melisenda, de ascendencia armenia a través de su madre. Pues bien, estos hijos de Tierra Santa, convencidos en buena parte de la ineficacia de la ayuda occidental y ante la creciente amenaza siria, se repliegan sobre sí mismos y tratan de buscar en el propio cristianismo oriental su escudo defensivo: los veinticinco años que trascurren entre 1150 y 1175 son los de la búsqueda de la alianza bizantina, pero también son los años en que la supervivencia de los propios estados cruzados, en buena parte construida sobre la lógica de la expansión, siente que debe buscar una alternativa de avance capaz de eludir el infranqueable muro sirio, y esa alternativa es la del decadente califato egipcio; por eso estos años son también los de las primeras tentativas jerosolimitanas de dar alcance al valle del Nilo.

La aproximación a Bizancio y el horizonte egipcio son, pues, los dos ejes por los que discurre la política de los reyes de Jerusalén y de sus estados satélites en los veinticinco años que suceden a la *segunda cruzada*, pero esos ejes no son disociables de un contexto de progresivo fortalecimiento nobiliario especialmente notable en el reino, un fortalecimiento que obliga a los monarcas a ejercer sus prerrogativas feudales de gobierno desde una perspectiva marcadamente autoritaria. Empezaremos aludiendo brevemente a ella.

DIFICULTADES DEL FEUDALISMO FRANCO-SIRIO

Mayer, ateniéndose en su momento a nuevas interpretaciones historiográficas y a su propia trayectoria investigadora, insistió en que lo que los cruzados impusieron en Tierra Santa no fue un régimen feudal en estado puro en el que el predominio señorial eclipsara la autoridad de la monarquía, tal y como mantenía el tópico comúnmente admitido hasta mediados del pasado siglo. Por el contrario, el régimen de excepción que los francos protagonizaron en un contexto de supervivencia, unido sin duda a categorías ideológicas potenciadoras de una realeza que se consideraba davídica, permitió el desarrollo de una fuerte monarquía y ralentizó el proceso de inevitable feudalización que con el tiempo habría de imponerse. Todavía hacia 1150 los reyes de Jerusalén conservaban prerrogativas de carácter jurisdiccional que se imponían sin restricciones al conjunto del reino, pero no es menos cierto que ya por entonces se consolidaba una fuerte nobleza territorial –la trasmisión hereditaria de muchos feudos era ya una realidad– que contribuiría a tensar gravemente las relaciones entre la monarquía y un reino en gran medida señorializado.

El problema se puso parcialmente de manifiesto a través de los complejos acontecimientos que precedieron y acompañaron la formal proclamación de mayoría de edad del rey Balduino III (1143-1162). Según las costumbres de la época, esa mayoría, reconocida a partir de los quince años, podía haber sido asumida por el nuevo monarca poco después de la muerte de Fulco de Anjou. Pero la madre de Balduino, Melisenda, en su calidad de indiscutible reina titular, no estaba dispuesta a renunciar al ejercicio de un poder efectivo, de modo que, en la práctica, la minoría del rey se alargó durante algunos años. Cuando en 1149 ya frisaba los veinte, Balduino dio muestras claras de querer sacudirse la tutela materna y comenzó a organizar su propia casa y cancillería. A partir de ese momento, la fractura entre madre e hijo contagió al reino, y los grandes señores del país optaron por una u otro. Aunque no es fácil extraer conclusiones, en principio no resulta descabellado asociar a la causa de la reina a quienes desde posiciones profundamente señorializadas no deseaban el triunfo unilateral de una monarquía fuerte, que tendería a identificarse con el inquieto rey Balduino. Lo cierto es que, junto a Melisenda, se alinearon en un primer momento los titulares de tres de los cuatro grandes feudos de la corona –el principado de Galilea, el condado de Jaffa y el señorío de Transjordania–, mientras que solo uno, el señorío de Sidón, se mantuvo cerca de Balduino. Por su parte, el patriarcado de Jerusalén y la mayor parte de los señoríos eclesiásticos, muy favorecidos por la reina, se inclinaron también a su favor, y así también debieron hacerlo no pocos templarios y hospitalarios, si bien institucionalmente las órdenes militares, a punto de consolidar posiciones, procuraron entonces mantenerse en un discreto segundo plano. Pues bien, fue el progresivo deslizamiento hacia Balduino de algunos sectores nobiliarios hasta entonces afectos a Melisenda y cada vez más recelosos ante el excesivo poder de su valido, Manasés de Hierges, lo que permitió al rey en 1152 coronarse nuevamente, esta vez en solitario, y marchar con sus tropas contra su madre hasta, finalmente, sitiarla en la *Torre de David* o ciudadela de Jerusalén y obligarla a renunciar a su activo protagonismo político.

Estos acontecimientos tienen una importancia extraordinaria. En el pasado se habían producido ya algunos movimientos nobiliarios de carácter desestabilizador, como aquellos que supo atajar con eficacia el rey Fulco, pero nunca antes la cambiante actitud de la nobleza, siempre fiel a sus intereses, había sido capaz de provocar una auténtica guerra civil y, en cierto modo, decidir su conclusión.

Este creciente protagonismo nobiliario chocó con el elevado concepto que tanto Balduino como su hermano y sucesor, Amalrico I (1162-1174), tenían de su propia autoridad, especialmente el segundo. De hecho, si nos fijamos en la política que este último intentó desplegar en el interior del reino vemos que discurre sobre tres argumentos fundamentales: neutralizar el excesivo poder de la gran nobleza territorial, procurar limitar el papel de la *Haute Court* al de un mero órgano consultivo de gobierno y procurar someter al directo control de la monarquía el creciente poderío de las órdenes militares.

La neutralización del poder de la más alta nobleza se intentó llevar a cabo mediante la aplicación del *assise sur la ligece*, una de las primeras leyes promulgadas por el rey Amalrico, y sin duda la más importante. En virtud de ella, todos los vasallos menores dependientes de los grandes barones quedaban obligados a prestar homenaje ligio al rey, de superior importancia, por tanto, al homenaje simple que debían a sus respectivos señores, con lo que, en caso de que la monarquía entrara en conflicto con estos últimos, aquellos debían fidelidad preferencial a la corona. Pese a que la historiografía ha discutido mucho acerca del sentido real de esta trascendente ley, y no falta quien con toda razón la interpreta como un mecanismo a la larga favorecedor de una equiparación solidaria del conjunto de los feudatarios, eventualmente contraria a la estabilidad de la monarquía, no parece caber duda de que, al menos en un principio –así lo afirmaba Riley-Smith–, la medida restaba base de poder a la más alta nobleza en beneficio del rey.

Por su parte la *Haute Court* o *Court des Liges* no era sino el típico *consilium* nobiliario de todas las monarquías feudales. A esta originaria dimensión consultiva la *Court* añadía funciones judiciales porque actuaba a modo de *Tribunal Supremo* del reino, y también legislativas porque era allí donde se elaboraban y promulgaban solemnemente los *assises* o leyes del reino. Incluso en caso de minoría regia o cautiverio del titular de la monarquía, a la *Haute Court* correspondía el nombramiento de un regente o *bailli*. Tan compleja institución, órgano del poder nobiliario presidido por el *primus inter pares* que era el rey, tenía una lógica propensión a ensombrecer el protagonismo político de este último, y así sería desde luego a partir de finales del siglo XII. Ahora, sin embargo, Amalrico consiguió que la *Haute Court* fuera un eco relativamente fiel de sus directrices políticas; en este sentido, su apertura desde 1166 a los pequeños vasallos, le aseguraba un potencial aliado.

Las órdenes militares constituyen a lo largo de la historia de la presencia cruzada en Tierra Santa el elemento de mayor peso específico. No obstante, su importancia como auténtica potencia señorial no es, ni en el caso de templarios ni de hospitalarios, anterior a los años sesenta del siglo XII, es decir, que es durante el reinado de Amalrico cuando el protagonismo social y político de estas grandes fuerzas señoriales se hace patente, y es también entonces cuando la acción de la monarquía se muestra más contundente hacia ellas y, desde luego, menos respetuosa con su autonomía jurisdiccional. Con los templarios la situación fue especialmente tensa. Fue en 1166, siguiendo la cronología de Barber, cuando el rey decidió ejecutar por delito de alta traición a doce freires templarios; la traición había consistido en rendir a las tropas de Nūr al-Dīn una cueva fortificada, supuestamente inexpugnable, en un lugar impreciso situado al este del Jordán. El rey, que había acudido al lugar para ayudar a los templarios a sostener la posición, consideró inaceptable la rendición de un punto fortificado que muy probablemente se hallaba en la extensa porción del señorío de Transjordania y que él mismo les había confiado apenas unos meses antes. Teniendo en cuenta que la orden, por bulas papales promulgadas en 1139 y 1145, disfrutaba de una casi completa exención jurisdiccional que la hacía depender únicamente del papa, la ejecución de sus miembros por el rey fue considerada –y no faltaba razón para ello– como un ataque frontal a sus privilegios de inmunidad.

A partir de entonces, la tensión presidiría las relaciones del rey con el Temple, y quizá por ello, sus miembros, haciendo gala de una patente indisciplina, se negaron a participar en 1168 en la campaña de Egipto que Amalrico consideraba su objetivo más preciado. El rey respondió interviniendo indirectamente en la elección de los inmediatos maestres templarios que sucedieron a partir de 1169 a Bertrán de Blancfort, fallecido aquel año. Aun así, en 1173, uno de ellos, Odón de Saint-Amand, se enfrentó al rey cuando este quiso detener a uno de los templarios que habían participado en el asesinato de los emisarios de los "asesinos" que acababan de negociar un acuerdo con Amalrico y gozaban de su protección; no obstante, y pese a las protestas del maestre en el sentido de que solo al papa correspondía juzgar y, en su caso, castigar al culpable, el rey logró encarcelarlo en Tiro. El enfrentamiento llegó a tal punto que es probable que el rey pensara seriamente en solicitar la disolución de la orden. La noticia como todas las anteriores nos la transmite el obispo-historiador Guillermo de Tiro, hombre de confianza de Amalrico que fue precisamente quien le encargó la redacción de su decisiva crónica, en la que siempre advertiremos huellas del desprecio que su autor sentía hacia los templarios. En cualquier caso, la muerte del rey constituyó un alivio en la tensión creada, una tensión que jamás llegó al mismo grado en relación con los hospitalarios, pese a que el monarca no dejó de entrometerse en la designación de sus maestres aprovechando cualquier oportunidad, como cuando en 1170 quiso mediar en el cisma creado tras la insólita renuncia al maestrazgo de Gilberto de Assailly.

Por lo demás, la firmeza mostrada por la monarquía jerosolimitana en estos veinticinco años que sucedieron a la *segunda cruzada* se reflejó también en las relaciones de sus titulares con los otros príncipes cruzados ajenos al reino. Desde luego, la iniciativa del joven Balduino III fue decisiva, como ya sabemos, para conservar el principado de Antioquía tras la derrota y muerte de Raimundo de Poitiers en 1149, aunque no pudo impedir que Constanza, la princesa viuda, tras negarse a contraer matrimonio con los pretendientes que el rey le ofrecía, lo hiciera en 1153 con un segundón advenedizo, Reinaldo de Châtillon, que había venido a Tierra Santa formando parte del ejército de Luis VII. Este aventurero sin escrúpulos, que como veremos enseguida estuvo a punto de provocar un conflicto diplomático con los bizantinos, castigó las reticencias hacia su política que había mostrado el respetable patriarca de Antioquía encerrándolo en prisión, azotándolo y exponiendo su cuerpo herido y recubierto de miel a la acción del sol y los insectos. La intervención de Balduino III no se hizo esperar, y el patriarca fue liberado.

Poco antes, en 1152, el rey hubo también de hacerse cargo del condado de Trípoli, cuyo titular fue muerto en atentado por una partida de la secta ismailí de los "asesinos". Nunca han llegado a aclararse los motivos del crimen, ya que no era usual que estos siíes recalcitrantes, especialmente enemistados con la ortodoxia sunní de la Siria de Nūr al-Dīn, atentaran contra líderes cristianos. Lo cierto es que el rey, que se hallaba en Trípoli en previsión de un eventual ataque sirio, asumió en la práctica la regencia del condado. Como también lo debió hacer unos años después en el propio principado de Antioquía cuando en 1160 Reinaldo de Châtillon fue hecho prisionero por los turcos. Igualmente, Amalrico I hubo de asumir tareas de regencia tanto en Antioquía como en Trípoli por motivos similares al anterior. Es decir, que como en los días de los primeros reyes, los monarcas jerosolimitanos ejercieron su eminente poder feudal sobre los estados "independientes" del norte, haciendo valer de este modo el indiscutible prestigio de los titulares del trono de David, y ello, aunque ese poder eminente en el caso de Antioquía interfiriera de alguna manera en la formal dependencia vasallática del principado respecto a Bizancio.

LA *TIERRA SANTA* CRISTIANA ENTRE LA SUPERVIVENCIA Y LA EXPANSIÓN

Bizancio es en buena medida la clave que explica la política del reino de Jerusalén y sus estados satélites en este periodo siguiente a la *segunda cruzada*. Tanto Balduino III como su hermano Amalrico I buscaron la alianza con el emperador de Oriente, y ambos la intentaron sellar contrayendo matrimonio con sendas princesas bizantinas: el primero con Teodora, una sobrina de Manuel I, y el segundo con María, su sobrina nieta. Este acercamiento a Bizancio buscaba dos objetivos: protección frente a la poderosa Siria reunificada por Nūr al-Dīn y colaboración para obtener ventajas territoriales alternativas en Egipto. El plan había sido ya plenamente diseñado por Balduino III y su hermano no hizo sino continuarlo. Antes incluso de asumir el poder en plena fuerza, y también antes de que se acabara de consumar la unificación siria, Balduino se había fijado en la incontenible descomposición del califato fatimí de El Cairo y en las posibilidades de futuro que esa realidad brindaba a los francos.

La situación de Egipto, desde luego, no podía ser más dramática. Desde hacía mucho tiempo los califas vivían encerrados en una dorada y lujosa jaula palaciega, rodeados de todo aquello que puede contribuir a embargar la voluntad humana. Entre tanto, el país, con sus extraordinarias posibilidades económicas y su estratégica proyección comercial, era controlado por unos visires omnipotentes mientras duraban sus cortos mandatos, violentamente interrumpidos por incesantes golpes de Estado o ajustes de cuentas palaciegos.

En este Egipto decadente puso sus ojos el joven rey Balduino ya en 1150 cuando refortificaba la plaza meridional de Gaza, en manos de los templarios, y lo hacía con vistas a la toma de Ascalón, el último enclave portuario de los fatimíes en tierras palestinas. El asedio y conquista de Ascalón en agosto de 1153 fue una gran empresa cruzada, la última digna de tal calificativo, en la que el rey movilizó lo mejor de sus recursos y donde las órdenes militares, tanto templarios como hospitalarios, asumieron un decisivo protagonismo. También estuvieron presentes, junto a lo más granado de la nobleza secular, el patriarca de Jerusalén y los arzobispos y obispos del reino, custodiando la reliquia de la "Verdadera Cruz". El asedio duró más de medio año, pero al fin la conquista compensó los esfuerzos. Balduino, en un gesto reconciliador, unió la nueva adquisición al señorío de Jaffa cuyo titular, su hermano Amalrico, había sido un firme apoyo de su madre Melisenda.

La toma de Ascalón abría el camino a una futura ocupación del *País del Nilo*. Por ahora el rey Balduino se conformaba con prepararla negociando en 1156 con Pisa un acuerdo de embargo a Egipto de ciertos productos estratégicos como la madera, el hierro y la brea, y procurando atraerse por todos los medios la amistad del emperador de Bizancio. Esta última no era una tarea fácil. Manuel I pugnaba entonces por imponer definitivamente su autoridad en los territorios cristiano-armenios del sureste ciliciano de Anatolia y en el principado de Antioquía; dos zonas que, con diversa intensidad, gozaban de la interesada protección del rey de Jerusalén. Este no dudó en utilizar toda su influencia con los armenios para buscar una salida negociada a la absorción de su territorio que planteaba el Imperio, y también procuró paliar los negativos efectos de la razia brutal que el príncipe de Antioquía, Reinaldo de Châtillon, había infligido en 1156 contra la isla bizantina de Chipre. La diplomacia de Balduino fue eficaz y su matrimonio con la princesa Teodora determinó una firme alianza con Manuel I. Muy pronto rey y emperador hablaron del futuro de

Egipto y también plantearon una acción previa contra Nūr al-Dīn, aunque en este punto Manuel nunca se mostró del todo sincero: a Bizancio no le interesaba socavar el poder de los turcos de Siria creando una potencia franco-latina de incontrastable influencia en la zona. Probablemente Balduino III era consciente de ello, y lo único que pretendía exhibiendo ante Nūr al-Dīn su amistad con el emperador de Constantinopla era, por un lado, contener al caudillo sirio en sus ansias expansivas sobre territorio franco y, por otro, permitirse a sí mismo avanzar en el proyecto egipcio. Lo cierto es que en 1160 el rey de Jerusalén mostraba a las autoridades fatimíes su intención de proceder a una ocupación de su territorio que solo podría ser impedida mediante la satisfacción de un considerable tributo. Su impago sería la justificación para las decisivas intervenciones de Amalrico I.

Egipto fue para Amalrico una auténtica obsesión. Durante su reinado se organizaron, entre 1163 y 1169, hasta cinco expediciones de invasión. El telón de fondo, como ya hemos indicado, era un régimen en vías de extinción pero que aún poseía importantes recursos, entre ellos unas potentes minas de alumbre, cuyo producto era esencial para la industria textil en auge. El último visir fatimí, Schawar, dueño como todos sus antecesores de la voluntad del que también iba a ser último califa, al-'Aḍid (1160-1171), no tenía otro objetivo político que salvaguardar su posición personal invitando alternativamente a las dos grandes potencias del Próximo Oriente a ocupar su territorio: la Siria de Nūr al-Dīn y el reino jerosolimitano de Amalrico I. Cuando una de ellas amenazaba con verificar un control efectivo sobre el país invadido, el visir acudía a la otra. El juego era inevitablemente seguido por Nūr al-Dīn y Amalrico, porque de él dependía que el equilibrio en la zona no se viniera abajo, como finalmente ocurrió, con la absorción del antiguo Imperio fatimí por parte del correspondiente rival.

Desde el punto de vista cristiano, este peligroso juego puso de manifiesto algunas negativas evidencias que, en último término, explicarían el fracaso del rey Amalrico. En primer lugar, la dificultad del establecimiento de un protectorado sobre Egipto sin el apoyo de la otra gran potencia cristiana de la zona, el Imperio bizantino; en segundo lugar, la falta de viabilidad en que finalmente se tradujo la alianza franco-bizantina, y, en tercer lugar, los brotes de desunión que comenzarían a aparecer en el seno de la propia fuerza militar jerosolimitana y que restarían cohesión y efectividad a sus acciones.

Con relación al primer punto, es cierto que el rey Amalrico consiguió imponer el protectorado de Jerusalén sobre Egipto en 1167 como resultado de la tercera intervención invasora del país. Ese protectorado venía a sustituir al que previamente había establecido Nūr al-Dīn a través de su gran general, el kurdo Shirkuh, y fue posible gracias a la movilización organizada por Amalrico y que afectó a todos los vasallos del reino, incluidos los no combatientes que, como los miembros del clero, se vieron sometidos a una tributación compensatoria del diezmo de sus rentas. La campaña había tenido sus dificultades. Los cronistas –fundamentalmente Guillermo de Tiro– la narran con todo lujo de detalles. No faltaron apariciones milagrosas de san Bernardo al rey Amalrico para aconsejarle, y tampoco anécdotas como la de la desconsiderada intervención de unos embajadores jerosolimitanos que exigieron del sacralizado califa al-ʿAḍid la confirmación de un tratado mediante el expeditivo procedimiento occidental del apretón de manos. Lo cierto es que, finalizadas las operaciones, los fatimíes fueron obligados a pagar a los cristianos un tributo anual de cien mil monedas de oro, y a aceptar la presencia en El Cairo de un delegado franco y de una guarnición que controlaría las puertas de acceso a la ciudad. El protectorado era ya una realidad a mediados de 1167 pero no iba a durar mucho. Antes de un año rumores alarmantes que anunciaban una pronta intervención de Nūr al-Dīn con la anuencia del cambiante visir Shawar, obligaron a Amalrico a replantearse la situación. Ese replanteamiento pasaba por el anudamiento de lazos con Bizancio que fortaleciera la causa cristiana en Egipto. Guillermo de Tiro fue enviado a negociar a Constantinopla, y además de concertarse el matrimonio del rey de Jerusalén con la princesa María Comneno, se acordó una intervención conjunta en Egipto para 1169.

Esa intervención constituyó un auténtico fracaso precisamente cuando era más necesaria que nunca: a principios de 1169 Egipto había caído en manos de Nūr al-Dīn, y parecía que ahora de manera definitiva porque su general Shirkuh, al que acompañaba como principal consejero su sobrino Ṣalāḥ al-Dīn, el famoso Saladino, había desplazado a Shawar del poder y, con la anuencia del califa, había logrado convertirse en visir. La situación era extraña: el ortodoxo régimen sunní de Nūr al-Dīn se había hecho con el control del Egipto sií con la connivencia legitimadora del califa fatimí de El Cairo. Lo cierto es que la intervención cristiana se hacía apremiante si no se quería que la situación acabara consolidándose. Una considerable flota imperial partió para hacer efectivo el bloqueo de Damietta, el puerto del delta desde el que era posible remontar el más importante de los brazos del Nilo y alcanzar El Cairo. En esta ocasión, las fuerzas jerosolimitanas no acudieron a tiempo, y la operación constituyó todo un fracaso. Parecía que la alianza franco-bizantina, por unos motivos o por otros, nunca acababa de fraguar en resultados positivos, y aunque en esta ocasión fue la escasa operatividad de Amalrico lo que provocó el fracaso, significativamente el rey jerosolimitano había enviado aquel mismo año de 1169 una embajada a Occidente destinada, como en ocasiones anteriores, a solicitar refuerzos en forma de cruzada. La crispada situación de Occidente, donde papa y emperador habían vuelto a enfrentarse gravemente y Francia e Inglaterra daban muestras de irreconciliable hostilidad, hicieron que la embajada no obtuviera resultado alguno. En cierta manera los francos de Palestina volvían a experimentar un aislamiento que la escasa efectividad de la alianza bizantina no era capaz de romper.

Pero las dificultades para llevar a buen término los proyectos de Amalrico en Egipto no residían únicamente en el tema clave de las alianzas. El propio ejército franco daba muestras de preocupante desunión. Precisamente uno de los factores que impidió a Amalrico aprestar sus tropas cuando, según lo acordado, la flota bizantina acudía a las costas de Egipto en 1169, fue que el año anterior, de manera incomprensiblemente imprudente, el rey de Jerusalén había ordenado una nueva campaña en solitario contra Egipto, al margen por tanto de la prevista ayuda bizantina. La campaña de 1168 también fue un rotundo y desmoralizador fracaso. Había sido precipitada y, en buena parte, condicionada por la beligerante actitud adoptada por el maestre de la orden del Hospital, Gilberto de Assailly, un hombre muy influyente en la corte. Pero fue entonces cuando los templarios, miembros de la orden que ya se perfilaba como irreconciliable rival de la de los hospitalarios, se opusieron terminantemente a la campaña y anunciaron que sus efectivos no acudirían a ella. Los dos principales motivos que se han aducido para explicar esta negativa han sido bien resumidos por Alain Demurger y se refieren a intereses económicos. La campaña de 1168 fue una respuesta precipitada a los rumores que hablaban de un futuro incierto para el protectorado franco en Egipto, y su objetivo era sustituir ese protectorado por una simple y llana ocupación del país de la que se beneficiarían en solitario los francos sin compartir botín con los bizantinos. En esa operación la orden del Hospital, beligerante e interesadamente comprometida –movilizaría nada menos que 500 caballeros y otros tantos *turcópolos* o mercenarios–, obtendría unas ventajas territoriales que la convertirían en un indeseable competidor del Temple; y lo cierto es que este, desde su fortaleza de Gaza, consideraba Egipto como un coto privado para sus objetivos económicos. Por si ello fuera poco, el Temple mantenía muy buenas relaciones con las repúblicas italianas de Pisa y Venecia que no estaban dispuestas a renunciar a los privilegios comerciales que poseían en el Egipto fatimí; como es obvio, en consecuencia, no veían con buenos ojos la intervención franca, y el Temple no hizo sino solidarizarse con ellas y defender así de manera indirecta sus propios intereses en Egipto. Sea de ello lo que fuere, tal y como subraya Demurger, era la primera vez que una orden militar, la del Hospital, imponía sus criterios en una trascendente decisión política, y también la primera vez en que otra orden, la del Temple, negaba su apoyo al rey de Jerusalén. No hace falta insistir en la gravedad de este punto.

Entre tanto, la situación en Egipto iba a dar un vuelco decisivo. El nuevo visir Shirkuh había muerto inesperadamente en 1169, muy pocas semanas después de acceder al poder. Fue sustituido de manera inmediata por su sobrino Saladino. La decisión fue adoptada por el califa al-ʻAḍid, esperando quizá que su juventud e inexperiencia le hicieran apoyarse en los antiguos funcionarios fatimíes. En cualquier caso, fue investido con el título de *al-malik an-nasar*, "el rey victorioso", y con todos los atributos propios del visirato. Con él se mantenía la extraña ficción de un gobernador de Egipto que era representante de la Siria sunní, pero nombrado por el califa sií.

Nūr al-Dīn, "el santo rey" de la tradición ortodoxa, quiso acabar con esta irregular y escandalosa situación, y exigió de Saladino el definitivo derrocamiento del régimen califal egipcio. El nuevo visir, cuya legitimidad descansaba precisamente en él y que temía una violenta reacción popular, dilató el cumplimiento de la orden cursada desde Siria hasta que en 1171 la muerte de al-'Aḍid facilitó las cosas. A partir de aquel año desaparecía el Imperio fatimí, y Siria y Egipto se unían bajo el teórico mando de Nūr al-Dīn. Pronto iban a surgir serias dificultades entre ambos porque Saladino no estaba dispuesto a ser un simple gobernador de Nūr al-Dīn en Egipto. La muerte de este último en 1174 aclararía el panorama. Lo haría al menos en el campo musulmán, que permanecería unido bajo el liderazgo único de Saladino. Para los cristianos, en cambio, no iba a tardar en llegar la hora decisiva, la de su enfrentamiento con el más temible de los caudillos musulmanes de la contracruzada.

Amalrico I tampoco lo vería porque su fallecimiento se produjo el mismo año que el de Nūr al-Dīn. Poco antes de su muerte, sin embargo, había intentado una nueva alianza que, de alguna manera, hubiera contribuido a neutralizar el incontenible avance del islam sunní. En efecto, en 1173 llegaron a la corte de Jerusalén unos emisarios de Rāshid al-Dīn Sinān, "el Viejo de la Montaña" que dirigía la rama siria de la secta de los "asesinos", la que se hallaba radicada en torno a la fortaleza de Masyaf, al norte del condado de Trípoli. La caída del califa fatimí supuso un cierto revulsivo para la identidad de estos siíes que aún confiaban en la renovación mesiánica del islam que el régimen egipcio había mantenido, al menos en su ideario, mientras existió. Por esta razón, o simplemente porque los "asesinos" sirios buscaban sacudirse el tributo que los templarios de Tortosa habían impuesto a algunas de sus aldeas, hicieron llegar al rey de Jerusalén la noticia de que estaban dispuestos a convertirse a la fe cristiana y a convenir un tratado de alianza con él que les liberara de aquel tributo y que los convirtiera en aliados frente a Nūr al-Dīn. El final de las frustradas negociaciones ya lo conocemos: los templarios abortaron la iniciativa dando muerte a los emisarios de Rāshid al-Dīn Sinān que volvían a sus dominios bajo la protección del rey Amalrico. Con todo, el episodio no deja de ser una anécdota sin consecuencias en el nuevo paisaje político que se dibujaba en el Próximo Oriente a partir de 1174. Su protagonista será Saladino.

SALADINO Y LA DESARTICULACIÓN DEL REINO DE JERUSALÉN: EL DESASTRE DE HATTIN

SIGNIFICACIÓN HISTÓRICA DE SALADINO

Yūsuf ibn Ayyūb Ṣalāḥ al-Dīn, Saladino, es el último gran líder musulmán de la llamada "época clásica del islam". Como ya sabemos no era árabe ni turco sino kurdo, pero su sincero sunnismo le llevó a encarnar una decidida defensa de la doctrina ortodoxa mediante una activa política de creación de escuelas coránicas o madrasas, y también mediante el mantenimiento de un ideal expansivo justificado en el *yihād*. Era hijo de Ayyūb, un fiel funcionario del régimen zenkī, al que también supo servir con lealtad su tío Shirkuh, general de Nūr al-Dīn. El propio Saladino actuó por algún tiempo como gobernante de este último en Egipto, pero a su muerte, como sabemos, no tardaría en proclamar su total independencia del régimen zenkī con el apoyo del poderoso ejército que había heredado de los fatimíes. No asumió nunca el título de sultán, y en cambio sí mantuvo el de "rey", de inferior rango pero de clara vocación hereditaria. Con el apoyo del califa abbasí de Bagdad estableció la unidad islámica del Próximo Oriente bajo el gobierno de su propia dinastía kurda, la de los ayyubíes. Esa unidad se verificó a costa de los restos del régimen zenkī, muy debilitado tras la muerte de Nūr al-Dīn. Solo permanecieron fuera de la órbita del poder de Saladino Alepo y Mosul que, no obstante, fueron también sucesivamente incorporadas al régimen ayyubí en 1183 y 1186 respectivamente. A partir de ese momento, el celo religioso del líder musulmán, no menos que las dificultades de cohesión interna por las que atravesaba su inmenso y heterogéneo imperio, le decidieron a completar el dominio islámico sobre el Próximo Oriente planteando una ofensiva en toda regla contra los estados cruzados, una ofensiva diplomáticamente reforzada mediante acuerdos que contribuían a aislar a los francos, como el establecido en

1185 con las autoridades bizantinas, o que sencillamente le liberaban de preocupaciones fronterizas; en este sentido, mantuvo los pactos de no agresión previamente concordados con los turcos selyúcidas de Anatolia. Cuando estuvo todo listo, Saladino invocó el *yihād* y lanzó una decisiva ofensiva contra el reino franco, pero lo hizo siempre desde planteamientos de una honorable dignidad que, más allá de elementos propagandísticos, le valieron la fama que la épica bajomedieval tejió en torno a él y a sus caballerescos comportamientos. Sea de ello como fuere, las extraordinarias dificultades de orden político por las que entonces atravesaban los francos facilitaron enormemente sus planes.

LA CRISIS DEL REINO DE JERUSALÉN: LA QUIEBRA DE LA AUTORIDAD MONÁRQUICA

La muerte de Amalrico I llevó al trono de Jerusalén a su hijo Balduino IV (1174-1185). Era un joven de trece años voluntarioso y culto, cuidadosamente educado por su preceptor Guillermo, arzobispo de Tiro desde 1175. Todo parecía indicar que el monarca daría la talla política de sus antecesores angevinos, y sin embargo desde niño padecía una cruel enfermedad, la lepra, que acabaría por destruirlo con apenas veinticinco años. Antes de que sus síntomas comenzaran a incapacitarlo para la acción de gobierno, Balduino dio notables muestras de prudencia política y liderazgo militar. Supo rodearse de un buen equipo de consejeros entre los que destacaban el arzobispo Guillermo de Tiro, nuevo canciller del reino, y, sobre todo, su primo, el conde Raimundo III de Trípoli, último representante de la dinastía tolosana y vasallo directo de la corona por el poderoso feudo de Galilea que disfrutaba en calidad de consorte de su titular.

El principal problema obviamente lo constituía Saladino y su agobiante presencia en torno a todas las fronteras del reino, pero, en principio, esa presencia pudo ser neutralizada gracias a una medida estrategia de apoyo a los príncipes zenkīes de Alepo combinada con acciones victoriosas como el sonado triunfo de Mont Gisard de 1177 frente a las pretensiones anexionistas de Saladino sobre Ascalón, y donde, como en los mejores tiempos, san Jorge fue visto combatiendo junto a los francos del rey Balduino. El monarca y sus consejeros partían, en todo caso, de posiciones realistas, y Saladino, que esperaba entrar en posesión de Alepo antes de desplegar todo su poder contra Jerusalén, accedió en 1180 a firmar una tregua de dos años con su rey.

Es precisamente a partir de entonces cuando el reino de Jerusalén comienza a sufrir las funestas consecuencias de la lucha partidaria en un contexto de progresiva pérdida de autoridad del monarca. La cada vez más visible enfermedad del rey no era un buen antídoto frente a la arrogancia de unos linajes nobiliarios que, en su lucha por acaparar parcelas y fuentes de poder, contribuyeron de manera decisiva a minar las bases de cohesión del reino.

En efecto, a raíz de 1180, comienzan a perfilarse dos "partidos" u opciones nobiliarias que pretendían imponer de modo excluyente su particular visión del reino y del programa político que debía guiar la actuación del rey. Por un lado, el "partido de los barones nativos", aquellos que se habían forjado en la compleja política de Ultramar y veían como consustancial a la propia idiosincrasia del reino la necesidad de mantener buenas relaciones con Bizancio y de pactar con el islam cuando las circunstancias lo aconsejaban, como de hecho había ocurrido en 1180; era, por consiguiente, el "partido" dominante desde el acceso de Balduino IV y hasta ese momento. Obviamente lo lideraba el conde de Trípoli y señor de Galilea, Raimundo III, y formaba parte de él el canciller-arzobispo Guillermo de Tiro; el poderoso clan de los Ibelin lo apoyaba y la orden de San Juan de Jerusalén, con su maestre Roger des Les Moulins al frente, también se inclinaba por él.

La facción oponente ha sido tradicionalmente calificada como el "partido de la corte", sin duda por haberse aglutinado en torno a la exreina Inés de Courteanay, repudiada por Amalrico I y vuelta a la corte al iniciar el reinado su hijo Balduino IV sobre el que ejercía notable influencia. Junto a Inés, su hermano Joscelino III, teórico titular del desaparecido condado de Edesa, era figura descollante, como también lo eran toda una serie de francos advenedizos que entendían el pactismo de los barones nativos hacia el islam como traición y que concebían la cruzada como un medio de vida que incrementaba sus posibilidades económicas y que, desde luego, no convenía compartir con esa otra gran potencia cristiana que era el

Imperio bizantino. Entre estos francos "advenedizos" se hallaba, aunque, sin embargo, ya llevaba tiempo en Tierra Santa, Reinaldo de Châtillon, el impulsivo príncipe consorte de Antioquía retenido durante años en las mazmorras turcas y convertido ahora en señor consorte del inmenso feudo de la Transjordania; otro de los "nuevos cruzados" era Guido de Lusignan, un segundón poitevino, recién llegado a Palestina y a quien la princesa Sibila, hermana y heredera de Balduino IV, quiso convertir en su marido. El "partido cortesano" contaba también con el apoyo de la alta jerarquía eclesiástica representada por el arzobispo de Cesarea Heraclio, convertido en patriarca de Jerusalén por obra y gracia de Inés de Courtenay en 1180. La orden del Temple, por su parte, rival de la de los hospitalarios, se alineó también con esta facción cortesana, aunque sería a partir de 1185, con el acceso al maestrazgo de Gerardo Ridfort, irreconciliable enemigo personal del conde de Trípoli, cuando ese alineamiento adquiriese características de radical incondicionalidad.

Pues bien, desde 1180 y hasta la caída de Jerusalén en 1187, la historia política del reino es con, algún altibajo, la de la progresiva consolidación del "partido de la corte" en los asideros del trono, en confrontación abierta cuando no guerra civil encubierta, contra el "partido de los barones nativos". En esta pugna acabó disolviéndose la autoridad de la monarquía. El primer paso dado por los "cortesanos" fue el de conseguir del rey a regañadientes y con la oposición de gran parte de los barones del reino, que Sibila contrajese efectivamente matrimonio con Guido de Lusignan, un joven ajeno a la realidad de Tierra Santa y de patente incapacidad personal para el gobierno, que de este modo se convertía en heredero del trono asumiendo por ahora el doble condado de Jaffa y Ascalón. El año del matrimonio, 1180, lo fue también de la imposición de Heraclio en el patriarcado de Jerusalén frente al candidato de más razonables posibilidades, el arzobispo Guillermo de Tiro; este acudió a Roma en defensa de sus derechos y allí murió después de 1183, envenenado, según se dijo, por orden del nuevo patriarca. Con un heredero afín a la facción "cortesana" y la Iglesia del reino de su parte, el siguiente objetivo era el desplazamiento de Raimundo de Trípoli a quien se llegó a acusar de alta traición.

La progresiva enfermedad de Balduino le incapacitaba para reaccionar ante el cúmulo de intrigas que se tejían a su alrededor y, lo que es más grave, le hizo impotente a la hora de contener los abusos de los grandes feudatarios. Uno de ellos, Reinaldo de Châtillon, destacado miembro del "partido" dominante ahora en la corte, decidió en plena tregua con los musulmanes raziar el tráfico caravanero que circulaba desde El Cairo en dirección a Damasco o incluso a la ciudad santa de La Meca, y lo hizo desde su estratégica fortaleza de Kerak de los Moabitas, centro político de su feudo transjordano. Saladino pidió explicaciones y Balduino IV no pudo darlas ante la declarada insubordinación de su feudatario, y ello se tradujo en la guerra. Los francos pudieron evitar la invasión de Galilea, pero no que el rey ayyubí se hiciera definitivamente con el control de Alepo en 1183. Desde ese momento, Jerusalén se hallaba a merced de los musulmanes.

Balduino IV, consciente de la situación, decidió reponer en el poder a sus antiguos consejeros de la facción de los barones con Raimundo III al frente, y al tiempo que desposeía a Guido de Lusignan de la herencia del reino, asociaba al trono a su sobrino Balduino, el hijo de un anterior matrimonio de Sibila, y entregaba la regencia al conde de Trípoli con el beneplácito de la *Haute Court.* Poco después, a comienzos de 1185, moría el *rey Leproso.*

Esta reacción final de Balduino IV apenas tuvo consecuencias. Es cierto que Balduino V, un niño de siete años, era rey en vez de su padrastro, Guido de Lusignan, que, enrocado en su feudo costero de Jaffa-Ascalón, se mostraba hostil al nuevo gobierno. También es cierto que este último, según voluntad del anterior monarca, se hallaba en manos del conde de Trípoli que comenzó su gestión estableciendo una paz con Saladino que permitiría al reino recuperarse de la hambruna que por entonces padecía. Pero no es menos cierto que la frágil salud del rey-niño apenas le dejó superar el año de reinado: Balduino V moría en el verano de 1186. Fue entonces cuando el "partido cortesano" volvió al poder, pero lo hizo a través de un auténtico "golpe de Estado" que violaba las prescripciones testamentarias de Balduino IV. Este había dispuesto que, en caso de fallecimiento del soberano, la regencia la mantendría el conde de

Trípoli hasta que una comisión de la que formarían parte el papa, el emperador alemán y los reyes de Francia e Inglaterra, decidiera sobre el futuro del trono de Jerusalén. En vez de ello, la princesa Sibila fue subrepticiamente coronada por el patriarca Heraclio en un Jerusalén literalmente tomado por los caballeros del Temple, produciéndose, acto seguido, la coronación de Guido de Lusignan (1186-1192) por su propia esposa, la nueva reina titular.

Fig. 18: El minbar de Nur al-Din

Frente a los hechos consumados, la *Haute Court*, reunida en Nablus bajo la presidencia de Raimundo III, nada pudo hacer: los barones hubieron de aceptar la nueva situación mientras el conde de Trípoli se refugiaba en su señorío de Galilea. Al otro lado de la frontera, Saladino contemplaba satisfecho el irreversible proceso de descomposición de que daba tan patentes muestras el reino jerosolimitano y probablemente soñaba ya con poder situar en la sagrada mezquita de al-Aqsa el magnífico *minbar* o púlpito que había ordenado fabricar quince años antes Nūr al-Dīn previendo ya la conquista de Jerusalén.

LOS CUERNOS DE HATTIN

Al comenzar el año 1187 solo era preciso que un *casus belli* encendiera la llama de la guerra que Saladino hacía tiempo tenía ya decidida. Dos años antes el rey ayyubí había concertado un pacto con el emperador bizantino Andrónico Comneno cara a la conquista de Palestina, en virtud del cual las tropas musulmanas se harían con el control del territorio siempre y cuando reconocieran la soberanía imperial. El acuerdo mostraba a las claras la preconcebida intención de Saladino, pero sobre todo dejaba patente que los bizantinos ya no moverían un dedo a favor de los francos; en realidad, no lo habrían podido hacer aunque lo hubieran deseado, porque desde que el emperador Manuel fue derrotado por los selyúcidas de Anatolia en Miriocéfalon el año 1176, su capacidad militar y sus posibilidades de intervención en el flanco oriental del Imperio eran sencillamente nulas. Por ese lado, desde luego, los francos no recibirían ayuda alguna, y tampoco de Occidente, pese a la renovada preocupación por la cruzada que mostraba el papa Alejandro III; en 1177 se interesaba, como ya sabemos, por la nebulosa personalidad del rey de las Indias, el misterioso *Preste Juan* a quien dirigía entonces una carta, y en aquel mismo año mediaba en los sempiternos conflictos entre los reyes de Francia e Inglaterra –pactos de Ivry– procurando unirlos en una nueva cruzada frente a la amenaza de Saladino. Pero no hubo nada que hacer. De lo único de que tenemos noticia es de que Enrique II, agobiado por su responsabilidad en el asesinato del arzobispo Tomás Becket, descargaba su conciencia enviando importantes sumas de dinero a Oriente que se encargaban de administrar las órdenes militares. En cualquier caso, estaba claro que los francos de Ultramar habrían de afrontar en solitario el peligro y lo harían desde la inferioridad que determinaba su desunión y la irrefrenable imprudencia de algunos de sus barones.

Una vez más fue Reinaldo de Châtillon quien provocaría una situación conflictiva, en este caso irreversible. En efecto, desde hacía tiempo y al margen de las autoridades de Jerusalén, el señor de Tranjordania venía dificultando el tráfico comercial practicado por las caravanas de Saladino, e incluso se había atrevido a piratear las costas egipcia y arábiga del mar Rojo con una pequeña flota que atemorizaba a los peregrinos musulmanes que se dirigían a La Meca. Pero fue la captura de un inmenso botín proveniente de una enorme caravana cairota lo que colmó la paciencia de Saladino a comienzos de 1187: la tregua había sido violada una vez más y el rey de Jerusalén, incapaz de imponer su autoridad sobre sus vasallos, se hacía cómplice de sus tropelías. El régimen ayyubí apeló al *yihād*, al tiempo que profundizaba en la herida de la desunión de los cristianos animando al conde de Trípoli a reclamar la corona de Jerusalén y pactando con él una tregua destinada a proteger tanto su condado como su señorío de Galilea.

Guido de Lusignan se aprestó a la defensa del reino, y para ello, en el último momento, logró reconciliarse con el conde Raimundo de Trípoli. Con su ayuda, la del resto de los barones y la inestimable colaboración de las órdenes militares, pudo reunir a finales de junio de 1187, en las proximidades de Nazaret, lo que se considera el ejército más numeroso de cuantos hasta ese momento habían operado en Tierra Santa: unos 14.000 hombres, de entre los cuales destacarían 1.200 caballeros completamente equipados –la mitad freires templarios y hospitalarios–, unos 4.000 turcópolos, caballería ligera mercenaria integrada por nativos cristianos o musulmanes, y aproximadamente unos 8.000 peones, incluido el campesinado movilizado. Frente a este imponente ejército –del que con frecuencia se dan cifras más abultadas, aunque menos probables–, las fuerzas de Saladino, posiblemente superiores en número, no tenían ni las agresivas tácticas de la pesada caballería cristiana ni sus sofisticadas armas, pero sí una elevada moral de victoria que el refuerzo ideológico de la guerra santa contribuía a incrementar. En el campo cristiano, en cambio, no deja de ser significativo que el patriarca Heraclio excusara su presencia en el campo de batalla y confiara la reliquia de la victoria, la "Verdadera Cruz", a un prelado de no muy destacado rango como era el obispo de Acre.

El desarrollo concreto del definitivo enfrentamiento es de sobra conocido. Saladino había ocupado el 1 de julio Tiberíades, la capital del señorío de Galilea situada en la orilla oeste del lago, quedando allí, recluida en la ciudadela, la condesa de Trípoli. Era una maniobra-trampa que pretendía atraer al ejército cristiano desde sus cómodas posiciones cercanas a Nazaret, bien abastecidas de agua, hacia las secas colinas que de manera natural defendían las orillas del lago de Galilea y la propia Tiberíades. Raimundo, que personalmente era el primer interesado en liberar la capital de su señorío, recomendó no hacerlo teniendo en cuenta el bochornoso calor del verano galileo. El rey Guido, sin embargo, acabó dejándose convencer por la agresividad de Reinaldo de Châtillon y de los templarios. Estos últimos, muy poco antes, el 1 de mayo, habían sufrido la pérdida de sesenta caballeros a manos de los musulmanes en La Fontaine du Cresson, no lejos de Nazaret, y de esta dolorosa derrota culpabilizaban a Raimundo y su tregua con Saladino. Pues bien, el día 3 de julio el rey Guido hizo avanzar penosamente al ejército hasta una planicie rocosa situada junto a Hattin, justo enfrente de una colina en la que sobresalían dos vistosos picos que asemejaban cuernos, los *Cuernos de Hattin*. Los cristianos, sedientos e incapaces de seguir la marcha, decidieron acampar allí. Al amanecer del día siguiente, 4 de julio, el ejército de Saladino tenía completamente rodeados a los francos. La matanza nos resulta hoy difícil de describir. Salvo el conde de Trípoli, que consiguió huir del campo de batalla, la resistencia de los cruzados llegó al heroísmo. Significativamente, en el transcurso de la jornada, la "Verdadera Cruz" desapareció para siempre. Al concluir la batalla se dio orden de ejecutar a todos los caballeros templarios y hospitalarios, salvando únicamente al maestre del Temple, Gerardo de Ridfort, y el mismo Saladino dio muerte al sacrílego Reinaldo de Châtillon. Al resto de los cruzados supervivientes que no lograron huir, incluido el rey Guido, le fue respetada la vida, si bien su suerte, dependiendo del rango social, varió notablemente.

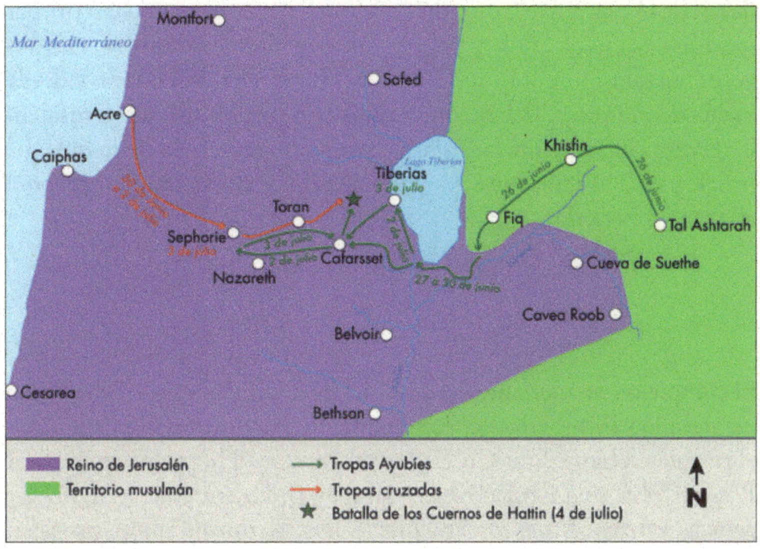

Fig. 19: batalla de Hattin

En los días siguientes cayó toda Galilea y el estratégico puerto de Acre. Ya en septiembre, y tras una tenaz resistencia, fue conquistada Ascalón y se puso sitio a Jerusalén. La resistencia de la *Ciudad Santa* no pudo durar más que unos días, pero su ocupación se vio acompañada de gestos de dignidad y generosidad por parte de Saladino que contrastaban lamentablemente con el furioso y cruento saqueo que habían protagonizado los cristianos un siglo antes. Salvo ortodoxos y jacobitas, el resto de la población cristiana fue evacuada, obteniéndose, aunque con dificultades, rescates que garantizaron su libertad.

Saladino había acabado por reunificar todo el Próximo Oriente bajo la media luna islámica. Solo permanecían en poder de los cristianos las viejas capitales de Antioquía y Trípoli, algunas fortalezas de órdenes militares como el famoso Krak de los Caballeros, propiedad de los hospitalarios, o el castillo costero de Tortosa, en manos de los templarios, y, sobre todo, Tiro, el estratégico puerto jerosolimitano al que habían acudido numerosos refugiados y que fue eficazmente defendido por un cruzado venido a Palestina en el momento del desastre: el margrave Conrado de Montferrato, hermano del primer marido de la reina Sibila y tío, por tanto, del rey Balduino V. Por dos veces Saladino intentó inútilmente su conquista. Por ahora, y desde luego no era poco, debía contentarse con proclamar que Jerusalén, la tercera ciudad santa del islam, había sido rescatada de manos del infiel, y que el reino que los francos habían construido en torno a ella era ya historia.

NOTAS BIBLIOGRÁFICAS

El complejo y apasionante del tema del mito del *Preste Juan* ha recibido un variado y muy heterogéneo tratamiento historiográfico. Para situar el problema baste citar Ch.F. BECKINGHAM, "The Achievements of Prester John", en Ch.F. BECKINGHAM y B. HAMILTON, eds., *Prester John, the Mongols and the Ten Lost Tribes,* Variorum, 1996, pp. 1-22, y el original planteamiento de L.N. GUMILEV, *La búsqueda de un reino imaginario. La leyenda del Preste Juan*, Barcelona, 1994. Una panorámica de síntesis algo más actualizada: C. de AYALA MARTÍNEZ, "El Preste Juan: el 'Otro' cristiano en la frontera del mito (Siglos XII-XIII)", *Intus-Legere. Historia*, 12 (2018), pp. 155-186.

Las obras generales de Runciman, Mayer, Riley-Smith o Tyerman, entre otros, ya citadas en anteriores capítulos, siguen siendo la mejor guía para el estudio del desarrollo de la *segunda cruzada*. A ellas hay que añadir el sugerente libro de Jonathan Phillips, abarcador del amplio periodo de tiempo que transcurre entre la "cruzada veneciana" de 1122-1124 y la crisis de 1187, primando la perspectiva de las relaciones entre el Oriente latino y el Occidente: J. PHILLIPS, *Defenders of the Holy Land. Relations between the Latin East and the West, 1119-1187*, Oxford, 1996. Más reciente, del mismo autor es *The Second Crusade. Extending the frontiers of Christendom*, Yale University Press, 2007. Es interesante también la consulta del libro colectivo coordinado por el propio PHILILLIPS y M. HOCH, *The Second Crusade. Scope and consequences*, Manchester and New York: Manchester University Press, 2001. Una visión amplia, que toca muy diversos aspectos en G. CONSTABLE (ed.), *Crusaders and crusading in the Twelfth Century*,

Ashgate, 2008; un autor, que como muestran algunos de los trabajos aquí recopilados, ya había abordado el tema de la *segunda cruzada* desde la amplia perspectiva de sus diversos frentes a mediados del siglo XX. Nuevamente de Phillips contamos con un breve pero interesante estudio acerca de la crónica de Odón de Deuil, capellán de Luis VII y principal testigo-narrador de la *segunda cruzada*: J. PHILLIPS, "Odo of Deuil's *De profectionen Ludovici VII in Orientem* as a source for the Second Crusade", en M. Bull y N. Housley (eds.), *The Experience of Crusading, I. Western Approaches,* Cambridge, 2003, pp. 80-95. Un aspecto previo y muy concreto, como la consideración del concepto de *Pax Regni* por parte de Luis VII y su aplicación a una "cruzada francesa", en O. GUILLOT, A. RIGAUDIÈRE e Y. SASSIER, *Pouvoirs et institutions dans la France médiévale, 1. Des origines à lépoque féodale,* Paris, 2003, pp. 273-276. La cruzada alemana cuenta con una importante monografía: J.T. ROCHE, *The Crusade of King Conrad III of Germany. Warfare and Diplomacy in Byzantium, Anatolia and Outremar, 1146-1149*, Brepols, 2021.

Sobre la perspectiva bernardiana de cruzada es útil P. ZERBI, "La 'militia christi' per i Cisterciensi", en *'Militia Christi' e Crociata nei secoli XI-XIII. Atti della undecima Settimana internazionale di studio,* Milán, 1992, pp. 273-297, y M. GERVERS (ed.), *The Second Crusade and the Cistercians,* New York: St. Martin's Press, 1992; pero, en cualquier caso, es preciso acudir a los propios textos del abad de Claraval, concretamente a sus cartas: *Obras completas de San Bernardo. Edición bilingüe,* VII. *Cartas,* edición preparada por los monjes cistercienses de España, Biblioteca de Autores Cristianos, Madrid, 1990; con relación a unas u otras consideraciones conviene tener en cuenta las cartas 256, 363, 457, 458 y 544.

Algunos aspectos concretos del protagonismo de la mujer en la *segunda cruzada* pueden consultarse en R. PERNOUD, *La mujer en el tiempo de las Cruzadas,* Madrid, 1991. La figura del emperador bizantino Manuel Comneno adquiere rango de especial relieve a lo largo de la *segunda cruzada* y el periodo posterior a la misma. Una completa monografía sobre el mismo es la de P. MAGDALINO, *The Empire of Manuel I Komnenos, 1143-1180,* Cambridge, 1993. En concreto la cuestión de esas singulares unidades territoriales de carácter bélico-administrativo que eran los *themata* se sitúa en una vieja tradición del imperio que arranca del siglo VII. Desde luego, en el siglo XII han perdido buena parte de su significación militar. Sobre la política defensiva de Manuel I y su incardinación con dicha tradición, puede verse: J. HALDON, *Warfare, State and Society in the Byzantine World, 565-1204,* Londres, 1999, en especial p. 97. En ningún caso conviene perder de vista la obra general, ya citada: J. HARRIS, *Byzantium and the Crusades*, Hambledon Continuum, 2007.

Para el fallido proyecto de cruzada de 1150, hay un par de trabajos monográficos: G. CONSTABLE, "The Crusading Project of 1150", en Z.B. Kedar, J. Riley-Smith y R. Hiestand (eds.), *Montjoie. Studies in Crusade History in Honour of Hans Eberhard Mayer,* Variourm, 1997, pp. 67-75, y T. REUTER, "The 'non-crusade' of 1149-50", en J. Phililllips y M. Hoch, *The Second Crusade, ob. cit.*, pp. 150-163.

Sobre el desarrollo político interno del reino de Jerusalén y sus satélites es preciso consultar la bibliografía, que apuntábamos en el primer párrafo de la nota bibliográfica del capítulo anterior, de autores ya clásicos como PRAWER, BARBER, KEDAR, MAYER y PHILIPPS, sin dejar a un lado las historias generales de las cruzadas, de modo especial la clásica de RUNCIMAN y la más actual de TYERMAN. El problema interpretativo en torno al *assise sur la ligece* parece haber sido resuelto por RILEY-SMITH (*The Crusades, ob. cit.*, pp. 75-76); a este respecto, vid. también J. PRAWER, *Crusader Institutions*, Oxford University Press, 1998, pp. 46-49. Por otra parte, debe consultarse el estudio de conjunto sobre las ulteriores relaciones de la monarquía con la nobleza de J. RILEY-SMITH, *The Feudal Nobility and the Kingdom of Jerusalem, 1174-1277,* 1973. La complejidad que esas relaciones adquieren respecto a las órdenes militares reciben adecuada valoración en M. BARBER, *Templarios, ob. cit.*, pp. 117-124, y J. RILEY-SMITH, *The Knights of St. John in Jerusalem and Cyprus, ca. 1050-1310,* Londres, 1967, pp. 61-63. En cuanto a los motivos de la negativa templaria a participar en la campaña egipcia de 1168, vid. A. DEMURGER, *Auge y caída de los templarios ob. cit.* pp. 114-115.

Para la perspectiva islámica, además de las obras generales ya mencionadas de HILLENBRAND y de ALBARRÁN, o de un clásico como E. SIVAN, *L'Islam et la Croisade. Idélogie et Propagande dans les Réactions Musulmanes aux Croisades,* París, 1968, conviene tener presente obras monográficas sobre los grandes y decisivos líderes musulmanes del siglo XII: Zenkī, Nūr al-Dīn y Saladino. Sobre el primero puede consultarse C. ALPTEKIN, *The Reign of Zangi, 521-541 /1127-1146*, Erzurum: Atatürk University Press, 1978, y T. EL-AZHARI, *Zengi and the Muslim Response to the Crusades: The Politics of Jihad*, Londres y Nueva York: Routledge, 2016. Sobre Nūr al-Dīn, sigue siendo útil la obra clásica de N. ELISSÉEFF, *Nūr al-Dīn: un grand prince musulman de Syrie au temps des Croisades* (511-569 H./1118-1174), Damasco: Institut Français de Damas, 1967, 3 vols. Sobre su famoso minbar: S. AULD, "The minbar of Nur al-Din in context", en S. Auld y R. Hillenbrand (eds.), Ayyubid Jerusalem: The Holy City in Context, 1187-1250, Londres: Altajir, 2009, pp. 72-93. Obviamente, Saladino require un especial tratamiento. Pueden consultarse M. CAMERON LYONS y D.E.P. JACKSON, *Saladin, the Politics of the Holy War,* Cambridge, 1982; A-M. EDDÉ, *Saladin*, Cambridge y Londres: The Belknap Press of Harvard University Press, 2011; y J. PHILLIPS, *Vida y leyenda del sultán Saladino*, Barcelona: Ático de los Libros, 2021 (orig. inglés 2019). Sobre el califato fatimí de Egipto: H. HALM, *The Rise of the Fatimids: The Empire of the Mahdi*, Leiden: Brill, 1996.

El interesante periodo que para el reino de Jerusalén supuso el reinado de Balduino IV cuenta con el estudio de B. HAMILTON, *The Leper King and his heirs. Baldwin IV and the Crusader Kingdom of Jerusalem,* Cambridge, 2000. En cuanto a Hattin y los ríos de tinta que ha suscitado su estudio y valoración remitimos a las obras generales sobre las cruzadas ya mencionadas, y a algunos títulos en particular como N. HOUSLEY, "Saladin's Triumph over the Crusader State: the Battle of Hattin, 1187", en *History Today,* 37 (1987), pp. 17-23; la monografía de B.Z. KEDAR, "The Battle of Hattin Revisited", en B.Z. Kedar (ed.), *The Horns of Hattin,* Variorum, 1992, pp. 190-207; el libro de D. NICOLLE, *Hattin 1187: Saladin's Greatest Victory*, Oxford: Osprey Publishing, 1993; y finalmente el trabajo de M. EHRLICH, "The Battle of Hattin: A Chronicle of a Defeat Foretold?", *Journal of Medieval Military History*, 5 (2007), pp. 16-32. Por su parte, la revista *Desperta Ferro. Antigua y Medieval* 28 (2015) dedicó un monográfico a la caída de Jerusalén. Los aspectos simbólicos asociados a la casi mítica "Verdadera Cruz", instrumento de la victoriosa propaganda cruzada, en A. Murray, "'Mighty against the ennemies of Christ': the relic of the True Cross in the armies of the Kingdom of Jerusalem", en J. France y W.G. Zajac (eds.), *The Crusades and their Sources. essays presented to Bernard Harnilton,* Aldershot, 1998, pp. 217-238.

7.
"DESNATURALIZACIÓN" DEL FENÓMENO CRUZADO

HACIA UNA NUEVA FORMA DE CRUZADA

Hace ahora más de treinta años, coincidiendo con el ochocientos aniversario de la batalla de Hattin, el profesor Jean Richard publicaba un sugerente artículo bajo el título "1187. Punto de partida para una nueva forma de cruzada". Para el eminente investigador francés, el suceso que provocó la predicación y puesta en marcha de la *tercera cruzada*, de alguna manera, transformó la perspectiva desde la que fueron concebidas esta y las que más adelante se sucederían. En efecto, la historiografía tiende a coincidir con la cronología de este cambio cualitativo, pero no es unánime a la hora de establecer su naturaleza. Para el profesor Richard la conmoción que provocó en Occidente la caída de Jerusalén llevó pareja una reacción espiritual de signo expiatorio que en adelante daría un mayor protagonismo en el movimiento cruzado tanto a su caracterización penitencial como a su renovación religiosa: los "puros" y los "pobres" asumirían, a partir de aquel momento, un papel decisivo, que, en cualquier caso, se estimaba más eficaz que el que hasta entonces habían tenido los guerreros y poderosos.

Desde luego, no es desdeñable este punto de vista, y ciertamente es posible hallarlo en la base de algunas manifestaciones del "nuevo cruzadismo", pero no hemos de perder de vista que experiencia penitencial y renovación espiritual estuvieron siempre en el contexto causal del movimiento desde la *primera cruzada*. Por eso, más que en cuestiones de orden espiritual, por paradójico que parezca es más común ver en el incremento de la secularización el rasgo definitorio más característico del movimiento cruzado a raíz de Hattin. Esa secularización, tan presente en la *segunda cruzada*, se intensificaría hasta provocar un cambio cualitativo que, en último término, derivaría en una auténtica "desnaturalización" del fenómeno, al menos respecto a sus señas originarias de identidad. Hay dos indicadores que pueden servirnos como ejemplo de esta lenta pero irreversible deriva: el nacimiento de una fiscalidad cruzadista en manos de los reyes que protagonizan el peregrinaje militar, y la introducción de criterios de transacción negociadora a la hora de contemplar el futuro más o menos inmediato de Tierra Santa.

En relación con la primera cuestión, sabemos que lo primero que hicieron los reyes Enrique II de Inglaterra y Felipe II Augusto de Francia cuando en enero de 1188, en la localidad normanda de Gisors, decidieron emprender la cruzada, fue establecer sobre sus respectivos súbditos un pesado impuesto que gravaría en un diez por ciento rentas y bienes muebles de todos ellos, ya fueran laicos o clérigos; era el llamado "diezmo de Saladino" que se justificaba para cubrir los gastos de la futura expedición y del que solamente quedaban exentos los barones que en persona acudieran a ella; estos, además, tenían derecho a cobrar el de sus respectivos vasallos. No se trataba ciertamente de una novedad. Hace ya décadas que Benjamin Z. Kedar nos recordaba cómo es posible rastrear algún pionero ejemplo alemán o francés en la primera mitad del siglo XII, y cómo en 1166 el mismo Enrique II de Inglaterra y el entonces rey de Francia, Luis VII, decidieron de común acuerdo establecer un impuesto para apoyar la causa del reino cruzado de Jerusalén. Concretamente la versión inglesa del mismo es la primera disposición fiscal de estas características cuyo texto ha llegado a nosotros, y parece que pudo servir de modelo al que la monarquía jerosolimitana estableció en 1183, a raíz de la amenazadora ocupación de Alepo por Saladino. En consecuencia la fiscalidad cruzadista cuenta con seguros precedentes anteriores a la caída de Jerusalén, pero es sin duda a raíz de entonces cuando los reyes, además de incrementarla de manera desorbitante –el impuesto de 1166 ascendía solo a un cuadragésimo del valor de las rentas frente al "diezmo de Saladino" de 1188–, lo que hacen, sobre todo, es intentar integrar esa fiscalidad de modo regular en sus cada vez más poderosos sistemas de recaudación impositiva: la cruzada empezaba a ser, bien es verdad que con resultados desiguales, un medio de recaudación más al servicio de políticas reforzadoras del poder monárquico. Años después un clérigo muy crítico con estas iniciativas fiscales, el cronista Mateo París, hablará de la imposición del "diezmo de Saladino" como un acto de codicia ilegítimamente justificado mediante el pretexto de Tierra Santa.

Pero si su instrumentación político-económica "desnaturalizaba" el sentido originario de la cruzada, no menos lo hacía la determinación de sus resultados no tanto por el enfrentamiento armado como por la diplomacia negociadora. Como veremos en seguida, la *tercera cruzada* inaugurará, en este sentido, una práctica de vocación continuista: Palestina y la propia *Ciudad Santa* de Jerusalén dejarán de ser el irrenunciable objetivo de recuperación para convertirse en prenda de negociación más o menos ventajosa. Ni Urbano II ni, desde luego, san Bernardo hubieran transigido nunca ante tan pragmática realidad.

LA *TERCERA CRUZADA*

LA CONMOCIÓN DE LA CAÍDA DE JERUSALÉN Y LA PREDICACIÓN DE LA CRUZADA

Si la caída de Edesa constituyó un duro golpe para la conciencia de Occidente, el impacto que produjo la batalla de Hattin fue sencillamente espectacular. Los predicadores, más que sermones, lanzaban auténticas diatribas en las iglesias, mientras paseaban en procesión por plazas y calles imágenes de un llamativo y cruento patetismo. Todavía años después la lírica popular recordaría la caída de Jerusalén que convertía en un sinsentido al propio movimiento cruzado.

Josías, el arzobispo de Tiro, la única ciudad capaz en ese momento de enfrentarse precariamente pero con éxito a Saladino, había sido el encargado de dar cuenta en Occidente de la dramática situación por la que atravesaba Tierra Santa. Tras recalar en Sicilia y provocar la inmediata reacción del rey Guillermo II, llegó a la curia pontificia antes de finalizar el año 1187. Se dice que el viejo papa Urbano III murió porque no pudo resistir los efectos de las noticias que llegaban de Palestina. Su sucesor, Gregorio VIII, que gobernó la cátedra de Pedro poco más de un mes, ocupó buena parte de su breve actividad al frente de la Iglesia en preparar anímicamente lo que debía de ser una contundente reacción por parte de la cristiandad occidental. Al papa no le cabía duda de que la situación creada en Tierra Santa era fruto del pecado de los hombres. La propia desaparición de la sagrada reliquia de la cruz era un signo evidente de la reprobación de Dios y, en consecuencia, era preciso calmar su ira: se ordenaba un ayuno obligatorio para todos los viernes de los siguientes cinco años, al tiempo que se imponía la abstinencia en miércoles y sábados. Pero sería su inmediato sucesor, el hábil Clemente III (1187-1191), el encargado de afrontar con dosis de mayor realismo el tema de la organización de la cruzada.

El problema era el de la desunión de los príncipes cristianos de Occidente. Esa desunión es la que había hecho fracasar una embajada previa que, entre 1184 y 1185 y presidida por el patriarca Heraclio, había enviado el reino de Jerusalén a Europa para reclamar una ayuda que ya entonces se estimaba indispensable. No obtuvo ningún resultado dado el complejo panorama de Occidente. Existían entonces dos polos de tensión cuyos ejes se entremezclaban: uno en vías de resolución, el que enfrentaba al propio papa con el emperador Federico *Barbarroja*, y otro enquistado y aparentemente irreversible, el que mantenían los reyes de Francia e Inglaterra. Ahora el papa Clemente III contribuyó de manera tenaz, aunque con resultados desiguales, a buscar fórmulas de pacificación.

Sus diferencias con el emperador eran ya históricas: dos poderes cuya proyección universal, en la práctica, era considerada por cada uno de ellos como excluyente no podían entenderse. A ello había que unir las pretensiones restauradoras del viejo Imperio romano del que Federico I se consideraba heredero y que deseaba imponer concretamente en Italia, unas pretensiones que, en último término, convertirían al papa en su prisionero. Tras muchos vaivenes políticos y militares, sin embargo, esta política italiana del emperador había recalado por fin en el ámbito de la negociación: se reconocía su autoridad sobre las ciudades del norte de Italia, aunque con condiciones, y el reino meridional de Sicilia entraba en su órbita de influencia a través del matrimonio del heredero alemán, su hijo Enrique, con la heredera del rey Guillermo II, su tía Constanza. Solo quedaba que el papa diera su acuerdo al nuevo *statu quo* y es precisamente eso lo que hizo Clemente III, no sin asegurarse un control efectivo sobre Roma y sus estados dependientes.

El problema entre Inglaterra y Francia era bastante más complejo. Al tiempo que sus reyes aspiraban a soberanías plenas incompatibles con el universalismo jurisdiccional que defendían papa y emperador, se enfrentaban a una realidad insostenible. Enrique II, constructor del llamado "imperio angevino", controlaba más de un tercio del territorio del rey de Francia, al que prácticamente privaba de su fachada atlántica. Evidentemente el monarca capeto, que dada esta situación era paradójicamente señor feudal del rey de Inglaterra, un vasallo mucho más poderoso que él, aprovechaba cualquier ocasión para desestabilizar el dominio británico a un lado y otro del Canal de la Mancha. Ni Luis VII ni Felipe II Augusto lo tuvieron difícil ya que contaban a menudo con la alianza estratégica de los díscolos hijos de Enrique II, y también con el conde de Flandes, por razones económico-comerciales más inclinado a Inglaterra que al reino de Francia del que era vasallo. En enero de 1188 ambos monarcas intentaron llegar a un acuerdo en Gisors. Allí fue donde acudió Josías de Tiro y arrancó de los dos la promesa de superar diferencias y acudir a Tierra Santa; fue allí también donde se arbitró la imposición del "diezmo de Saladino" del que ya hemos hablado. Con todo, antes de acabar el año, el conflicto volvió a estallar. La diplomacia papal hizo todo lo posible para detenerlo porque su enquistamiento retrasaba peligrosamente la ayuda a Palestina. La muerte de Enrique II en julio de 1189 facilitó un poco las cosas, y su sucesor Ricardo I *Corazón de León* (1189-1199), que ya mucho antes, nada más enterarse del desastre de Hattin y naturalmente de espaldas a su padre, había asumido la cruz, deseaba ahora vivamente participar en la cruzada. Solo necesitaba la garantía de que su rival, el rey de Francia, le acompañaría evitando así la tentación de actuar contra él en su ausencia. Por fin, a mediados de 1190, los dos monarcas se pusieron de acuerdo para iniciar su peregrinaje liberador, algo más de un año después que lo había hecho Federico *Barbarroja*.

Así pues, entre dos y tres años después de producirse la caída de Jerusalén, los tres grandes monarcas de Occidente partían para la cruzada. El papa Clemente III, que favoreció todo lo que pudo la triple organización expedicionaria, no se hizo ilusión alguna acerca de su protagonismo en ella. Como un mero símbolo hay que interpretar la entrega del *vexillum sancti Petri* al arzobispo de Pisa que, de este modo, era nombrado legado papal en la cruzada. Y es que para Federico I esta era un deber derivado de su condición de responsable temporal de la cristiandad y titular del milenario Imperio romano, un deber ajeno, por eso mismo, a cualquier mandato pontificio; de hecho cuando unos años antes, hacia 1160-1162, se redactaba en círculos gibelinos muy próximos a la corte imperial ese curioso panfleto político que se denomina el *Ludus de Antichristo*, su autor anónimo nos presenta precisamente al rey de Jerusalén, y no al papa, como portador de la espada que otorga al emperador la primacía universal que le corresponde. Por su parte, para los reyes de Francia e Inglaterra, líderes y rivales de un Occidente parcelado en reinos y contrario a cualquier fórmula de universalismo, la cruzada era un compromiso personal y político de alcance propagandístico y del que, por consiguiente, no era admisible que se beneficiara solo uno de ellos. En todo este complejo entramado de intereses y objetivos el papa no era sino una fuente de legitimación que cada cual intentaba manipular a su conveniencia.

DESARROLLO DE LA CRUZADA

a) La inicial reacción de los francos

Probablemente si el futuro de las huellas de los estados francos que aún permanecían en Ultramar hubiera dependido de la tardía reacción de los monarcas occidentales –el primero de los cuales, Federico *Barbarroja*, partía de Ratisbona casi dos años después de Hattin–, esas huellas habrían quedado barridas para siempre. Lo cierto es que no fue así, y que la resistencia latina, reagrupada en torno a Conrado de Montferrato y protegida tras las inexpugnables murallas de Tiro, jugó un papel decisivo. Conrado no solo defendió con eficacia la ciudad y sus numerosos refugiados frente a dos sucesivos asaltos de Saladino –se dice que incluso se negó a rendirla a cambio de la libertad de su anciano padre, el viejo margrave de Montferrato, hecho prisionero en Hattin–, sino que, además, ganó la batalla propagandística que provocó la organización de la *tercera cruzada*. En efecto, él fue quien envió al arzobispo Josías a Occidente, y quien personalmente escribió a genoveses, pisanos, alemanes e ingleses suplicándoles una pronta intervención, para lo cual hizo pasearse al arzobispo por las cortes europeas con una pintura de encargo que representaba a un feroz guerrero musulmán atacando con furia el edificio del Santo Sepulcro mientras su caballo lo profanaba orinando sobre él. Quien primero respondió al llamamiento de Conrado fue el rey Guillermo II de Sicilia que envió una flota de medio centenar de galeras para reforzar la resistencia del puerto de Tiro.

Por todo ello, y porque le avalaba su parentesco con Balduino V, su sobrino materno, Conrado se planteó desde un principio reclamar la corona del reino y seguir contribuyendo con ella a su recuperación. Naturalmente, Guido de Lusignan, no estaba dispuesto a consentirlo, y liberado de su cautiverio por Saladino, se aplicó a protagonizar, como Conrado, un hecho de armas lo suficientemente llamativo como para que no se discutiera la legitimidad de su precaria corona. Eligió un objetivo ambicioso, otro puerto de indiscutible importancia estratégica, el de Acre, con la salvedad de que en esta ocasión se trataba no de defenderlo sino de conquistarlo. Con sus escasos partidarios le puso sitio en agosto de 1189. Era una empresa desproporcionada respecto a sus fuerzas: a la poderosa guarnición que el régimen ayyubí poseía en Acre, se sumaba la inmediata presencia de Saladino a la espalda de los sitiadores. Pero Guido tuvo suerte y pronto contó con el apoyo de numerosos y beligerantes peregrinos que, adelantándose a las tropas de la *tercera cruzada*, abarrotaban las numerosas naves que por entonces llegaban a la costa palestina procedentes de Pisa, Génova, Venecia, Dinamarca y Flandes. Guido mantuvo el asedio, y con él, la pretensión de conservar la corona jerosolimitana, y ello pese a que su mujer y fuente de legitimidad, la reina Sibila, moría en octubre de 1190, y los barones, partidarios de un gobierno fuerte, preferían a Conrado. Todo quedaba pendiente, a la espera de la llegada del gran ejército cruzado.

b) La cruzada alemana de Federico *Barbarroja*

Cuando el 23 de abril de 1189 el emperador alemán convocaba a los cruzados en Ratisbona –lo hacía significativamente el día de la festividad de ese santo armado, espejo de caballeros, que era san Jorge–, tenía un objetivo muy claro: culminar con éxito su programa de dominación universal que le garantizase la hegemonía en Occidente. Su celo de cruzado, proclamado en la "Curia de Jesucristo" celebrada un año antes en Maguncia bajo la simbólica presencia del Hijo de Dios, el único señor que reconocía sobre sí el emperador, tenía una evidente dimensión propagandística. A él, como cabeza de la cristiandad, le correspondía la dirección de la cruzada que recuperaría Jerusalén, y para ello no dudó en distribuir por todo Occidente una supuesta carta dirigida a Saladino en la que le ordenaba en nombre de Dios abandonar Tierra Santa, retándole a un enfrentamiento campal que tendría lugar el día de *Todos los Santos* de 1189.

Se trataba ciertamente de una cruzada *sui generis*, desvinculada no solo del papa sino también del resto de los monarcas occidentales considerados por el emperador como simples "reyezuelos de provincias", y es que con estas palabras, *reguli provinciarum*, se había referido a ellos el canciller imperial Rainaldo de Dassel en el concilio cismático de Dôle de 1162. La marginación de papa y reyes en la expedición alemana nos permite hablar de ella como de una específica "cruzada dentro de la *tercera cruzada*". En cualquier caso, era preciso asegurar el éxito de la campaña, y el emperador creyó hacerlo vetando la participación de quienes no fueran soldados capaces de mantener sus equipos con sus propios recursos durante dos años. Este "profesionalizado" planteamiento nada tenía que ver con el de los antiguos ejércitos cruzados donde la masiva presencia de mujeres, ancianos, niños y pobres desarmados dificultaba la marcha y entorpecía la estrategia militar. Pese a la exigencia imperial, la historiografía no cree exagerada la cifra de veinte mil combatientes integrantes de la nueva cruzada.

Este cuantioso y disciplinado ejército marchó por la vieja ruta terrestre atravesando pacíficamente Hungría y llegando a territorio bizantino por Belgrado en junio de 1189. La situación por la que atravesaba el Imperio de Constantinopla era muy difícil. Su titular, Isaac II *Ángel* (1185-1195), había recibido una herencia deficitaria que, en un contexto de creciente corrupción, no supo enderezar: las provincias balcánicas escapaban a su control y el sultán selyúcida de Iconio recortaba la soberanía bizantina en Anatolia. Ciertamente la cruzada de su "rival" occidental, el emperador alemán, no era bienvenida por Isaac, que tampoco podía olvidar los excesos cometidos en sus tierras por las anteriores peregrinaciones militares. Todo ello contribuyó a que las autoridades bizantinas no dieran muchas facilidades a los alemanes en tierras balcánicas, aunque también es probable que los ataques que recibieron los cruzados por parte de serbios y búlgaros no hubieran podido ser contenidos por el gobierno de Constantinopla, aunque lo hubiese pretendido. Más grave era a los ojos de los occidentales la alianza que parecía haber establecido el emperador Isaac con Saladino; es posible que esa alianza fuera destinada principalmente a contener a los turcos de Anatolia, pero a nadie se le escapaba que Constantinopla prefería ver a Jerusalén controlada por el régimen ayyubí que en manos del poderoso Federico quien, siendo dueño de Occidente y de parte de Oriente, no tardaría en destruir la independencia de Bizancio.

Tiranteces, suspicacias y malos entendidos se convirtieron en la norma de una complejas relaciones que amenazaban con la ruptura definitiva. De hecho, después de que unos emisarios del emperador alemán fueran detenidos por Isaac II, Federico cursó órdenes a su hijo y heredero Enrique, que permanecía en Occidente a punto de consolidarse como rey de Sicilia, de que organizase una flota destinada a poner sitio a Constantinopla y de que negociase con el papa la obtención de una legitimadora bula de cruzada dirigida contra el emperador cismático. Isaac echó marcha atrás, liberó a los cautivos y trató con Federico su paso a Anatolia con apoyo logístico bizantino, pero evitando la proximidad de su ejército a Constantinopla.

En la primavera de 1190 el ejército alemán se hallaba ya en Asia Menor y se enfrentaba violentamente y con éxito a los turcos del sultanato de Iconio cuya capital era ocupada en mayo. Los cruzados prosiguieron luego su camino en dirección sureste hasta Cilicia, y allí, inesperadamente, en un riachuelo de las gargantas del Taurus, el río Salef, Federico *Barbarroja* pereció ahogado en los primeros días de junio de 1190, si bien las circunstancias de la muerte del anciano emperador, casi septuagenario, no nos son bien conocidas.

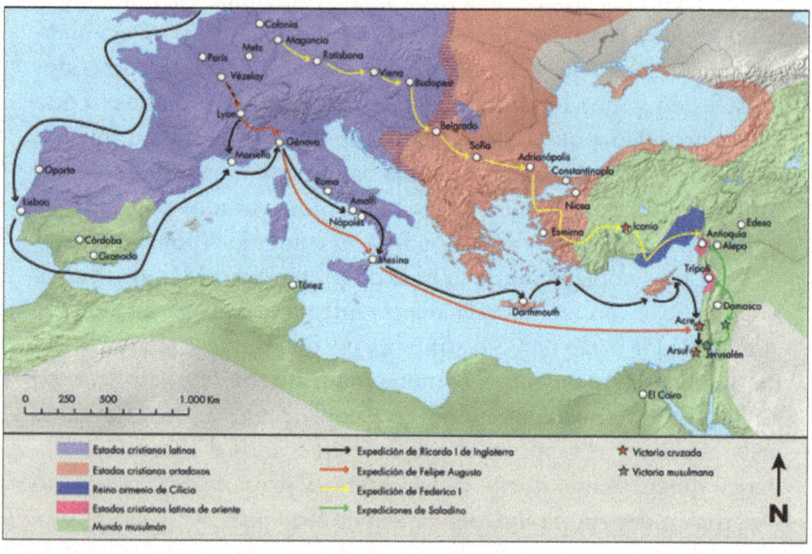

Fig. 20: La tercera cruzada

Pocas veces una expedición cruzada había levantado tantas expectativas entre los francos y tantos temores entre los musulmanes. El líder de estos últimos, Saladino, después de evacuar algunas posiciones fronterizas sirio-cilicianas, había procurado organizar una extraordinaria contracruzada con el activo respaldo del califa de Bagdad. Sabemos, incluso, que, apelando al universalismo de la guerra santa y en justa contrapartida al internacionalismo cruzado, Saladino llegó a solicitar la ayuda de los almohades marroquíes, firmemente asentados por entonces en la Península Ibérica, aunque ciertamente sin mucho éxito. En cualquier caso, la muerte de Federico I fue la mejor noticia que pudo recibir Saladino, y también el emperador Isaac, porque, como era previsible, la desmoralización se hizo presa del ejército germano, pese a los esfuerzos del duque

Federico de Suabia, que sucedió a su padre al frente de la cruzada. La tropa, dispersa, con escasa voluntad de proseguir la marcha y reducida a una mínima expresión, llegó a Acre en octubre de 1190. Su papel en el transcurso de la *tercera cruzada* fue irrelevante, pero algunos mercaderes que acompañaban la expedición, originarios de Lübeck y Bremen, decidieron entonces erigir a las afueras de la ciudad sitiada un hospital para peregrinos alemanes, según el modelo del primitivo hospital de San Juan de Jerusalén, pero en este caso bajo advocación mariana; como veremos un poco más adelante, estamos ante el origen premilitar de la orden Teutónica.

c) La ofensiva anglo-francesa y el inicio de la "reconquista" cruzada

Cuando Federico *Barbarroja* murió, los reyes de Francia e Inglaterra aún no habían zarpado para Ultramar. Lo hicieron en el mes de julio de 1190 y no desembarcaron en la asediada Acre hasta casi un año después, en el transcurso de la primavera de 1191. La necesidad de vigilarse mutuamente hizo que los ejércitos de ambos monarcas iniciaran la marcha juntos y que solo se separaran provisionalmente a la hora de embarcar en distintos puertos –en Génova los franceses y en Marsella los ingleses–, para reunirse de nuevo en Sicilia. Allí se entretuvieron algo más de medio año. La situación en la isla era delicada. El rey Guillermo II había muerto en 1189, y su heredera, Constanza, casada con el nuevo emperador alemán, Enrique VI, tenía dificultades para hacerse con el control del territorio. El rey Ricardo no carecía de motivos para preocuparse por la situación, porque en este complejo panorama el porvenir de su hermana Juana, viuda de Guillermo II, resultaba bastante incierto.

Ricardo y Felipe Augusto aprovecharon su larga estancia en Sicilia para ultimar acuerdos de funcionamiento cara al desarrollo de la cruzada, y desde luego no dejaron de plantearse entre ellos serias diferencias que culminaron cuando el rey de Inglaterra decidió cancelar definitivamente el compromiso adquirido de contraer matrimonio con una hermana del rey Capeto, e hizo venir a la isla de modo desafiante a su nueva prometida, la infanta Berenguela, hija del rey Sancho VI de Navarra. Finalmente, ambos monarcas partieron para

Palestina, no sin que antes Ricardo fuera advertido de sus futuros y decisivos triunfos sobre el islam por ese popular monje visionario, Joaquín de Fiore, que entonces era abad de Corazzo.

La travesía a Palestina fue muy desigual para los dos reyes. Felipe Augusto llegó primero y sin contratiempos, pero Ricardo, de por sí poco proclive a la navegación, tuvo la mala suerte de que sus naves sufrieran un temporal que dispersó la flota y acabó haciéndola recalar en las costas de Chipre. Chipre era una provincia del Imperio bizantino, pero desde la subida al trono de Isaac II *Ángel* se había independizado bajo la tiránica autoridad de un miembro de la dinastía *Comneno* llamado igualmente Isaac. La inestabilidad política del "reino" chipriota y el carácter marcadamente anti-latino que sus ocasionales autoridades le habían impreso, decidió a Ricardo proceder a su conquista. No le faltaba una poderosa justificación que se revelaría correcta con el tiempo: la reconquista de Palestina sería mucho más fácil con tan importante base insular de operaciones en manos de los cruzados. Con la activa colaboración de Guido de Lusignan, a finales de mayo de 1191 Chipre se hallaba en poder del rey Ricardo. Para él esta rápida conquista constituyó una considerable fuente de riqueza material y un extraordinario mérito propagandístico, pero, como muy bien señaló en su día Runciman, para Bizancio era un peligroso antecedente del que debió tomar buena nota.

Una vez que los contingentes, franceses primero e ingleses después, arribaron a la costa del antiguo reino de Jerusalén, sus respectivos monarcas se propusieron dos objetivos inmediatos: completar el ya larguísimo asedio de Acre hasta consumar su conquista, y abordar el problema sobre el futuro de la corona y su definitivo titular.

El asedio durará aún un mes. La poderosa maquinaria de asalto que franceses e ingleses aportaron, aceleró el ritmo de la presión, pero los cercados continuaban contrarrestándola mediante un uso generoso de ese temible invento bizantino perfeccionado por los musulmanes que fue llamado por los cruzados "fuego griego", una mezcla de nafta, azufre y nitrato que se guardaba en frascos, se inflamaba con el contacto mismo del agua y que solo el vinagre o la arena podían apagar. El bloqueo, desde luego, no era sencillo de mantener. La presión que a espaldas de los cristianos ejercía el ejército de Saladino era contundente, y tampoco facilitaba mucho las cosas la rivalidad y el celo por el protagonismo que mantenían entre sí los reyes de Francia e Inglaterra.

El agotamiento de la guarnición musulmana, sin embargo, acabó precipitando la rendición que Saladino no tuvo más remedio que aceptar en unos términos bastante exigentes por parte de los cristianos. A mediados de julio de 1191 los estandartes de los reyes de Francia e Inglaterra ondeaban ya, junto al de Jerusalén, en la ciudadela de Acre, y fue entonces cuando se produjo un incidente con los alemanes de no mucha importancia aparente pero que, unido a otras circunstancias, tendría funestas consecuencias para el rey Ricardo. El pequeño contingente alemán, superviviente de la cruzada de Federico I, había participado en las acciones de asedio. Tras la prematura muerte de Federico de Suabia, el hijo de *Barbarroja*, los alemanes seguían el estandarte de un pariente del fallecido emperador, el duque Leopoldo de Austria. Este pretendió entonces hacer valer su participación en la toma de Acre y colocó su enseña junto a la de los reyes. Ricardo, que no estaba dispuesto a ceder un ápice de protagonismo y que, en este sentido, solo se sentía comprometido con su aliado, el rey de Francia, ordenó la retirada del estandarte alemán que fue desconsideradamente lanzado fuera de la muralla. Leopoldo, a quien no faltaban motivos de desacuerdo con el rey de Inglaterra, no tardaría en mostrar su implacable venganza sobre él.

Por el momento, y tras el reparto del botín generado por la toma de Acre, los reyes de Inglaterra y Francia decidieron resolver el problema institucional sobre la disputada corona de Jerusalén. La cuestión no era sencilla porque los dos pretendientes, Conrado de Montferrato y Guido de Lusignan, habían conseguido proyectar su rivalidad sobre la de los reyes de Occidente, de tal modo que el primero contaba con el total respaldo de Felipe Augusto, y el segundo con el del rey Ricardo. Razones familiares y de proximidad estratégica favorecieron unas amistades que también fueron extendidas a los respectivos aliados italianos, lo cual complicaba aún mucho más el panorama. Así, mientras Conrado, a través de Francia, contaba con la colaboración de los genoveses, Guido era apoyado por los pisanos, en muy buenos tratos entonces con la Inglaterra angevina. Entre tanto, un considerable porcentaje de barones del propio reino de Jerusalén se inclinaba más por el enérgico Conrado que por el indeciso Guido, sobre el que pesaba una buena parte de la responsabilidad de Hattin y sus consecuencias.

La decisión final fue salomónica, aunque en consonancia con el indiscutible protagonismo de Inglaterra en el desarrollo de la cruzada, Guido fue reconocido como rey vitalicio. Las rentas de la corona, sin embargo, habría de compartirlas con Conrado quien, independientemente de la posible sucesión de aquel, se convertiría a su muerte en el futuro rey de Jerusalén.

Tras la adopción de esta meditada decisión arbitral, acompañada de complejas cláusulas recíprocamente compensatorias, Felipe Augusto manifestó su deseo de volver a Francia. Asuntos internos de su país, como el futuro inmediato de Flandes, cuyo conde había muerto en la cruzada, exigían esa vuelta. El monarca francés, además, consideraba cumplido su voto de peregrinaje con su decisiva intervención en la reconquista de Acre y, por otra parte, era consciente de que no podía rivalizar con la inmejorable imagen propagandística del rey de Inglaterra. Ricardo, asegurándose previamente la firma de un pacto de no agresión sobre sus dominios mientras durase su ausencia, no se opuso a su marcha. Felipe Augusto dejaba gran parte de sus tropas en Tierra Santa al mando del duque Hugo de Borgoña, pero, sobre todo, dejaba el campo libre al insaciable protagonismo de Ricardo *Corazón de León*.

c) Ricardo *Corazón de León* y el nuevo *statu quo*

El rey Ricardo deseaba, sin duda, coronar su victoriosa presencia en Tierra Santa recuperando Jerusalén, pero la prudencia del estratega se impuso y le dictó la necesidad de completar previamente el dominio de la costa. En este sentido, era preciso aprovechar el éxito de Acre y no retrasar el inicio de las operaciones. Quizá por ello Ricardo estimó oportuno proceder a la cruel ejecución de casi tres mil cautivos musulmanes pretextando el incumplimiento de las condiciones de rescate acordadas con Saladino. En realidad, se trató de una auténtica provocación, incomprensible a los ojos del caballeroso caudillo ayyubí, pero que, en el plano del más frío pragmatismo, debilitaba la capacidad operativa del ejército musulmán. Ese mismo pragmatismo es el que aconsejó a Ricardo acometer una completa puesta a punto de su ejército de conquista, entre otras cosas evitando la presencia de mujeres en él, salvo la de ancianas y eficaces lavanderas que cuidaran de la ropa de los soldados y que contribuyeran a su higiene quitándoles las pulgas de la cabeza, tarea en la que, a decir de un desconsiderado testigo de los acontecimientos, el poeta y cronista Ambrosio, "valían tanto como los monos".

Los relatos cronísticos acerca del avance de las tropas cruzadas a lo largo de la costa son unánimes: la penosa marcha, apoyada por la flota cristiana, se verificó con una ejemplar disciplina, puesta a prueba por las incesantes y rapidísimas cargas de los arqueros turcos cuyas flechas no eran normalmente capaces de atravesar las agobiantes pero muy eficaces cotas de malla de los cruzados. Después de quince agotadores días de marcha, al fin las tropas de Saladino, abandonando la desgastadora táctica guerrillera, forzó el enfrentamiento en campo abierto, en la llanura de Arsuf, a pocos kilómetros al norte de Jaffa. El combate se libró a comienzos de septiembre y fue una notable victoria cristiana inflamada por la triunfalista propaganda del rey Ricardo que la llegó a presentar como la revancha de Hattin. Lo cierto es que el prestigio de Saladino sufrió un duro golpe que, sin embargo, no fue aprovechado por Ricardo para consumar desde allí la ocupación de Jerusalén. El objetivo seguía siendo controlar la costa y concretamente llevar a cabo la reconstrucción del puerto que daba más fácilmente acceso a la *Ciudad Santa*, el de Jaffa.

Llegamos así a los meses finales de 1191. En su transcurso, el ambicioso proyecto cruzado de Ricardo empezó a dar muestras de inconsistencia con la adopción de medidas aparentemente contradictorias. Así, en el plazo de unas pocas semanas, el rey de Inglaterra decidía iniciar conversaciones con Saladino y, muy poco después, emprender lo que pretendía ser la definitiva conquista de Jerusalén. En efecto, en octubre Ricardo había negociado con Saladino, y en una amistosa complicidad que le supuso críticas entre los puristas, llegó a ofrecer la mano de su hermana Juana, la antigua reina de Sicilia, al caballeroso y filocristiano al-'Adil, hermano del monarca ayyubí. Todo parece indicar que ese ofrecimiento se condicionaba a que Saladino entregara Palestina a su hermano; entonces este recibiría en dote a través de Juana las conquistas costeras de Ricardo y ambos vivirían en un Jerusalén abierto a los peregrinos cristianos y en el que la "Vera Cruz" hubiera vuelto a manos de sus autoridades eclesiásticas. Pero nada de ello tuvo traducción alguna. De hecho, y sin que estas complejas conversaciones se dieran formalmente por terminadas, en el mes de noviembre, Ricardo ya decidía avanzar militarmente a Ramleh, en ruta a Jerusalén, hasta que, convencido por el prudente consejo de los freires de las órdenes militares y de los barones nativos, ordenaba la retirada de sus tropas, con el consiguiente desgaste de imagen que ello suponía.

La errática actitud del monarca, en realidad, no es imposible de explicar. Las dificultades empezaban a superar sus limitadas dotes de estratega político. Su preciada conquista de Chipre no se hallaba segura, y la insurrección amenazaba con expulsar de la isla a los funcionarios ingleses; fue entonces cuando Ricardo decidió venderla a los templarios. La división en las propias filas de los cruzados era otro serio problema al que era preciso hacer frente. Conrado de Montferrato seguía aglutinando en torno a sí el apoyo francés, y rivalizaba con las iniciativas del monarca inglés, estableciendo por su cuenta comprometedoras conversaciones con Saladino. Esa pugna interna, una vez más, se trasladaba a las rivalidades comerciales entre pisanos y genoveses potenciándolas hasta el punto de que prácticamente mantenían una guerra abierta en Acre. Y por si todo ello fuera poco, empezaban a tomar consistencia fundados rumores acerca de conspiraciones contra el gobierno de Ricardo en Inglaterra, catalizadas por la tornadiza personalidad de su hermano Juan *Sin Tierra* y decididamente animadas por el rey de Francia.

A Ricardo le apremiaba la necesidad de regresar a su país, y es entonces cuando decidió resolver definitivamente el problema de la desunión de los cruzados imponiendo una solución duradera y estable para la corona jerosolimitana, al tiempo que activaba las negociaciones con Saladino cara a obtener de él una tregua indefinida.

La primera cuestión pasaba por el reconocimiento de Conrado, cuya popularidad entre los barones era inversamente proporcional al descrédito del inoperante rey Guido. Ricardo aceptó el desplazamiento de este último del virtual trono de Jerusalén, y le buscó un digno acomodo como rey de Chipre; no fue difícil venderle el gobierno de la isla porque los templarios habían fracasado estrepitosamente en sus pocos y arbitrarios meses de gestión. De todas formas, el futuro del trono de Jerusalén daría aún un inesperado vuelco. Conrado, pocos días antes de su formal coronación, sufrió un atentado mortal a manos de unos "asesinos" que vengaban así el apresamiento pirático de unas mercancías compradas por la secta. No faltaron, sin embargo, quienes con insistencia culparon a Ricardo de estar detrás del crimen. Lo cierto es que en menos de una semana la joven Isabel, hija de Amalrico y último vástago legitimador de la dinastía angevina, era casada en los primeros días de mayo de 1192 con el conde de Champaña, Enrique de Troyes, un popular cruzado de reciente presencia en Palestina, que tenía a su favor la doble condición de sobrino de los reyes de Francia e Inglaterra.

Por su parte, las negociaciones con Saladino aún tardarían unos meses en fraguar en tregua. Escaramuzas, incluso serios enfrentamientos con un nuevo conato de conquista de Jerusalén incluido, salpicaron unas conversaciones que finalmente se tradujeron en tregua con cierta vocación de permanencia, aunque establecida por cinco años, teniendo en cuenta que la doctrina islámica no permitía firmar acuerdos de paz con el infiel. El tratado, formalmente confirmado en septiembre de 1192, reconocía la soberanía cristiana sobre el conjunto de los territorios conquistados a lo largo de la costa hasta Jaffa; preveía el desmantelamiento de Ascalón, refortificado por el rey Ricardo, y contemplaba el libre acceso de los peregrinos a los *Santos Lugares*, incluido naturalmente el Sepulcro de Jerusalén que permanecería bajo control islámico.

Ricardo abandonó inmediatamente Tierra Santa. Probablemente antes de hacerlo había colaborado en la erección de una capilla en Acre bajo la advocación de santo Tomás Becket, junto a la que se construyó un hospital para peregrinos según el modelo fundado por los alemanes también en Acre, y que como él, décadas después, dará lugar al nacimiento de una nueva orden militar, aunque de no mucha proyección institucional.

El accidentado viaje de regreso a Inglaterra no finalizaría para el rey Ricardo hasta los meses iniciales de 1194; incluyó un naufragio, su detención en Austria por el duque Leopoldo, con el que se había enfrentado en Acre por celos en el protagonismo de su conquista, y un año de prisión en las cárceles del emperador alemán Enrique VI, justificado por la política antigibelina del rey de Inglaterra y su propensión a dificultar la imposición de la soberanía germánica en Sicilia. Para entonces, el otro gran protagonista de la *tercera cruzada*, Saladino, ya había muerto; su fallecimiento, en marzo de 1193, anunciaba la lenta descomposición del complejo régimen ayyubí que él había creado.

Se cerraba de este modo un intenso capítulo en la historia del movimiento cruzado. Se cerraba mediante un novedoso estilo negociador y con resultados pobres para los cristianos en comparación con el esfuerzo desplegado por los grandes monarcas de Occidente, un esfuerzo que ya nunca se repetiría con igual intensidad, y es que a partir de este nuevo tropiezo en Tierra Santa el generalizado entusiasmo social por la cruzada dará paso a un cierto escepticismo, que solo excepcionalmente se traducirá en críticas coherentes. Es muy significativo que sean estos últimos años del siglo XII los testigos de las primeras de ellas, al menos de las más contundentes, y es todavía más significativo que sea un clérigo inglés, Raúl *el Negro*, el autor de la más destacable. Más adelante volveremos sobre ello.

EL ESCÁNDALO DE LA *CUARTA CRUZADA*: INTERESES ECONÓMICOS Y FRACASO POLÍTICO

Lo que convencionalmente consideramos como *cuarta cruzada* fue dirigida en 1203 contra cristianos. El escándalo que en su tiempo produjo la conquista de Constantinopla por los "peregrinos" occidentales fue ciertamente limitado, pero supuso un giro cualitativo en el proceso de "desnaturalización" del fenómeno cruzado. Ni siquiera el hecho de que los bizantinos fueran formalmente cismáticos desde 1054 podía justificar plenamente, al menos con el tiempo, una iniciativa que, sin embargo, no era en modo alguno imprevisible.

BIZANCIO EN EL OBJETIVO DE MIRA DE LA CRUZADA: ANTECEDENTES

Las relaciones de los cruzados con Bizancio nunca fueron buenas. El recelo mutuo había caracterizado el desarrollo de las dos primeras cruzadas, y al término de la segunda hubo un primer proyecto de ataque contra el Imperio de Oriente al que se responsabilizaba de su fracaso. Como ya sabemos, detrás de ese proyecto se hallaba la recién constituida monarquía normanda de Sicilia, cuyo titular, Roger II (1105-1154), hizo del objetivo bizantino una irrenunciable directriz de su expansionismo mercantil por el Mediterráneo; asumía así la herencia de su antepasado Roberto Guiscardo, y desde luego la iba a transmitir intacta a sus sucesores. La enemistad normando-bizantina es un primer factor antecedente con el que conviene contar a la hora de analizar el futuro destino de la *cuarta cruzada*.

Otro factor decisivo, sin duda el de mayor importancia, es el de la actitud de Venecia. Es de sobra conocido el papel de la Serenísima República al lado de Bizancio desde los días que antecedieron a la *primera cruzada:* a partir del acuerdo firmado en 1082 con el emperador Alejo Comneno, Venecia obtuvo de Constantinopla unos excepcionales privilegios comerciales. Pero a mediados del siglo XII la situación comienza a cambiar, y Venecia inicia una aproximación al enemigo mortal de Bizancio, el reino normando de Sicilia. La razón de ese acercamiento hay que buscarla en la propia política exterior bizantina que, bajo el gobierno de Manuel Comneno, no encontró mejor fórmula para defenderse de los normandos que intervenir directamente en Sicilia intentando restaurar el antiguo dominio del Imperio sobre el sur de Italia. Pero el triunfo de esa intervención hubiera significado el control bizantino sobre las dos orillas del Adriático, desde luego mucho más de lo que podía soportar la voluntad de hegemonía comercial de los venecianos. Era preciso impedir los planes bizantinos, aunque ello implicara un acercamiento a su peor enemigo y, por consiguiente, un enfriamiento en las privilegiadas relaciones que Venecia venía manteniendo hasta ese mismo momento con Constantinopla.

Ese enfriamiento se materializó a través de acuerdos que las autoridades bizantinas fueron estableciendo con otras ciudades italianas rivales de Venecia: Génova, Pisa y Amalfi concretamente. Con todo, la colonia de los súbditos del *dogo* en Constantinopla continuaba siendo la más numerosa y todavía privilegiada cuando en 1171 Manuel I decidió dar una vuelta de tuerca a la situación. En los primeros meses de aquel año, en una operación que inevitablemente nos recuerda a la masiva y simultánea detención de templarios franceses a comienzos del siglo XIV, todos los venecianos residentes en el Imperio fueron hechos prisioneros y sus bienes incautados. Se les acusaba de haber destruido la colonia genovesa de Constantinopla, pero se trataba en realidad de un plan preconcebido cuya minuciosa organización no era respuesta a una infracción puntual. Parece que solo en la capital fueron diez mil los venecianos detenidos. Todo un *casus belli* muy mal gestionado por el *dogo* Vitale Michiel que no supo estar a la altura de las circunstancias. Las relaciones de la república con Bizancio quedaron en suspenso, y todavía lo estaban cuando diez años después, en 1182, coincidiendo con la "reacción nacionalista" que supuso el acceso de Andrónico Comneno al trono de Constantinopla, un nuevo incidente, en esta ocasión una cruel matanza en la capital del Imperio, afectó nuevamente a los venecianos y al resto de los latinos. Aunque Andrónico intentó más tarde restablecer las relaciones con la república adriática, no fue difícil interpretar la ofensiva siciliana sobre el Imperio desatada en 1185 como una especie de reacción contra la xenofobia bizantina. La flota del rey Guillermo II trasladó un inmenso ejército de normandos que en pocos meses se hicieron con el control de Tesalónica, la segunda ciudad del Imperio, sometida a un brutal saqueo que, adornado con todo tipo de violencias, dejaba pequeña la matanza de latinos de 1182.

Ciertamente entre Occidente y Bizancio se había instalado una suerte de irreconciliable rivalidad que el desarrollo de la *tercera cruzada* no ayudó en modo alguno a paliar. De hecho, su colofón lo constituyó un proyecto de cruzada en toda regla contra el emperador cismático. Lo diseñó el emperador Enrique VI, el heredero de *Barbarroja* en Alemania, quien, como ya sabemos, tampoco había sido ajeno al diseño de un plan cruzado contra Constantinopla. Pero Enrique era también heredero, por vía matrimonial, de Guillermo II de Sicilia, y no dudó en asumir los viejos proyectos del trono de los normandos, así que, cuando en 1195 se sintió seguro en él, tomó la cruz y se afanó en la organización de un poderoso ejército que solo la beligerante actitud del papa impidió que se dirigiera contra los cristianos de Oriente, y es que en Roma se temía no sin razón que la absorción de Bizancio por los alemanes –señores ya de todo el sur de Italia–, y el consiguiente restablecimiento del antiguo Imperio romano unido, anularía por completo la capacidad de maniobra de la Sede Apostólica.

De todas formas, antecedentes no faltaban, y el terreno para una atípica y escandalosa cruzada contra los "cismáticos griegos" estaba algo más que abonado.

ESTRATEGIAS Y PREPARATIVOS INICIALES

Los iniciales planes de la Sede Apostólica –y probablemente tampoco los posteriores– no tuvieron nada que ver con el espurio objetivo de la *cuarta cruzada*. Desde enero de 1198 ocupaba el trono pontificio Inocencio III, un joven cardenal que tras su elección hubo de ser precipitadamente ordenado sacerdote y obispo, pero que poseía una sólida formación teológica y canónica, adquirida esta última en Bolonia bajo la autoridad docente de Uguccio de Pisa, su gran maestro. Nada más acceder a su elevada responsabilidad, el que sería uno de los más grandes papas de toda la historia de la Iglesia mostró una especial preocupación por la cruzada y su predicación. Este esencial objetivo de su pontificado se justificaba entonces por tres circunstancias que aconsejaban su inmediata materialización.

La primera, la propia situación de Tierra Santa. En septiembre de 1197 había caído en poder de los musulmanes la ciudad de Jaffa. Tal y como esta derrota es descrita un año después por la cancillería pontificia, el acontecimiento había provocado sin duda una honda preocupación en Occidente. Era ciertamente un hecho grave que privaba a la reconquista cruzada de Ricardo *Corazón de León* de un punto costero clave; a ello, además, había que añadir la simultaneidad del hecho respecto al momento crítico por el que entonces atravesaba el debilitado reino de Jerusalén. En efecto, coincidiendo con la ofensiva islámica sobre Jaffa se producía la muerte accidental de Enrique de

Champaña, el rey que nunca se coronó pero que había asumido el gobierno del resucitado reino latino por su matrimonio con Isabel de Anjou, la legítima titular del mismo. La "vacante" se suplió con un nuevo e inminente casamiento, y era el cuarto, de la todavía joven viuda. La elección recayó en Amalrico II, el hermano de Guido de Lusignan, al que acababa de suceder en el trono de Chipre. El cambio al frente del gobierno coincidía también con la muerte del emperador alemán Enrique VI y la retirada de los cruzados que había enviado a Tierra Santa recuperando Beirut y activando la orden militar de Santa María de los Teutones. Los francos de Palestina quedaban nuevamente solos frente al islam en un momento en que, superada la crisis que supuso la muerte de Saladino, su hermano al-'Adil (1200-1218), reunificaba las posesiones del complejo imperio ayyubí. La situación de Tierra Santa ciertamente aconsejaba la predicación de una nueva cruzada.

La segunda circunstancia que aconsejaba la predicación de una cruzada radicaba en la naturaleza del propio programa pontificio. Este no era otro que el de llevar a sus últimas consecuencias el espíritu reformador de corte gregoriano, y hacerlo desde la indiscutible primacía del primado apostólico. Y ese programa no podía sino traducirse en liderazgo sobre el conjunto de la cristiandad; de este modo, la unión de las Iglesias y la liberación de Tierra Santa eran consecuencias inevitables de su aplicación. Por eso, el papa recibió con toda alegría las ofertas de sumisión de la Iglesia armenia y las iniciativas negociadoras del emperador bizantino Alejo III (1195-1203) cara a una posible superación del cisma. Esta última cuestión no era nada sencilla: el papa exigía el reconocimiento indiscutible de su primado, y el emperador no estaba dispuesto a renunciar a su control político sobre la Iglesia, y por si eso no fuera bastante, exigía la restitución de Chipre que Ricardo *Corazón de León* había arrebatado al imperio y ahora ocupaba el rey de Jerusalén. Con todo, las conversaciones no se interrumpieron ya que Alejo no se cerraba a la participación de su Iglesia en un futuro concilio ecuménico. De todas formas, fuera cual fuese su actitud, el papa consideraba prioritario impulsar personalmente el movimiento que permitiera "ir en ayuda del Crucificado exiliado"; era esa la mejor garantía de que la causa pontificia prevalecería.

Y ciertamente el contexto político de Occidente parecía aconsejar sin dilación la predicación de la cruzada. Esa situación era la tercera de las circunstancias que, desde la óptica pontificia, la avalaba. Para empezar, en ese momento ningún poder secular estaba en condiciones de hacer sombra al proyecto del papa, quien, de este modo y en consonancia con su revitalizado programa pontificio, volvía a optar por una cruzada sin reyes en que el liderazgo pontificio resultara indiscutible. La muerte del emperador Enrique VI le había librado de su peor enemigo, y mientras Alemania sufría los efectos de una guerra sucesoria entre su hermano Felipe de Suabia y el candidato güelfo Otón IV de Brunswick, apoyado por el papa, en Sicilia Inocencio, por iniciativa de la reina viuda Constanza, obtenía la tutela del pequeño Federico, el futuro Federico II, hijo del emperador fallecido. Por su parte, los reyes de Francia e Inglaterra, Felipe Augusto y Ricardo, no habían rebajado el tono de su endémica rivalidad, y esta, complicada con la guerra civil alemana, alcanzaría cotas de enfrentamiento abierto con el sucesor de Ricardo, Juan *Sin Tierra*, rey de Inglaterra desde comienzos de 1199. Todo predisponía a convocar una cruzada que pudiera responder al modelo típicamente papal, y en la que los contrapuestos intereses de los reinos, enfrascados en sus luchas occidentales, no lo echara todo a perder como había ocurrido en la *segunda* y *tercera cruzadas*.

La predicación tuvo fundamentalmente a Francia por escenario y también a Alemania, aunque en menor medida. Se buscaba, como en los días de la *primera cruzada*, el apoyo popular, pero en esta ocasión tamizado por una muy dosificada demagogia que no exaltara en exceso los ánimos incontrolados, y que pusiera más el acento en la exigencia moral de una conversión presente que en una excitante y reivindicativa liberación escatológica. Desde luego, tampoco se descuidó la indispensable recluta de los barones que dirigieran el movimiento. Dos de ellos destacaron desde un principio: el conde Teobaldo de Champaña, que se perfilaba como el caudillo de la expedición, y el conde Balduino de Flandes, cuyo linaje, desde antiguo, se hallaba vinculado al movimiento cruzado. Solo quedaban por decidir las dos cuestiones fundamentales: a qué objetivo concreto sería dirigida la cruzada y con qué recursos, incluidos medios de transporte, sería llevada a término. El destino parecía claro: Egipto era el centro y fundamento de poder del régimen ayyubí y neutralizarlo significaría que Tierra Santa caería sola. Más difícil se presentaba la cuestión de los recursos. El papa, que no contaba con ninguno de los inagotables tesoros de los reyes, decretó un impuesto de cruzada que gravaba en un dos y medio por ciento las rentas del clero, pero fue muy mal acogido por los afectados. La solución, al menos parcialmente, pareció hallarse en Venecia, cuyo *dogo*, Enrique Dandolo (1192-1205), se comprometió a suministrar embarcaciones y vituallas para una generosa expedición compuesta de más de treinta mil hombres, entre caballeros, escuderos y peones; a cambio, eso sí, de una suma que, en principio parecía razonable, y, sobre todo, de la promesa de obtener la mitad de los territorios que fueran conquistados.

LA CAÍDA DE CONSTANTINOPLA, ¿COMPLOT O AZAR?

Cuando todo parecía encauzado, en marzo de 1201 llegaba la noticia de la inesperada muerte del conde Teobaldo de Champaña, que se había perfilado como el perfecto candidato papal a la jefatura de la nueva cruzada. Su sustituto, elegido de entre los barones implicados, fue el margrave italiano Bonifacio de Montferrato. La conexión de su dinastía con Tierra Santa no era cuestionable –dos de sus hermanos, Guillermo y Conrado, se habían casado con sendas titulares del reino de Jerusalén–, pero su vinculación gibelina con la casa alemana de los Staufen lo alejaba de la confianza del papa. Fue a partir de entonces cuando los acontecimientos se precipitaron y la cruzada tomó un giro inesperado. En la primavera de 1202, estando el ejército concentrado en Venecia, se dio orden de detener la marcha porque el *dogo* no estaba dispuesto a consentirla mientras no recibiera el pago de la cantidad negociada, una cantidad que los cruzados no podían entonces reunir. Tras un tenso compás de espera, la calculada frialdad de Enrique Dandolo dio vía libre al proyecto, siempre y cuando el primer objetivo militar no fuera otro que la localidad de Zara, un antiguo enclave veneciano situado en la costa de Dalmacia que, por abandono, había sido integrado en el reino de Hungría hacía unos quince años. Algunos cruzados se opusieron rotundamente: su misión era liberar Tierra Santa y no atacar las tierras de un rey cristiano que, para más señas, poco antes se había comprometido a acudir a la cruzada. La protesta no surtió efecto, ni tampoco la excomunión que lanzó el papa contra todos los cruzados primero y más tarde solo contra los venecianos. Para entonces la toma y saqueo de Zara eran ya un hecho. La iniciativa constituyó un atropello patente cuya ilicitud había escandalizado a no pocos de los cruzados que se vieron involucrados en ella y, desde luego, al propio papa, pero no era sino el primer acto en una cadena de despropósitos que acabó desplazando el objetivo de recuperación de Tierra Santa y sustituyéndolo por el de la destrucción del Imperio bizantino. La decisión tomó forma en Zara, y ha constituido uno de los problemas historiográficos más debatidos y de más difícil solución de cuantos plantea el complejo mundo de las cruzadas.

Desde hace más de un siglo, desde las últimas décadas del XIX, la historiografía se ha venido debatiendo entre las dos posturas extremas que cabe plantear, y que de modo recurrente han sido definidas como *teoría del azar* y *teoría de la traición* o del *complot*. La primera es la que, en principio, puede desprenderse de la lectura de la crónica más completa de los acontecimientos, la del mariscal de Champaña Godofredo de Villehardouin, testigo presencial de los acontecimientos. Su narración no nos hace abrigar ninguna sospecha sobre una premeditada desviación en el objetivo expedicionario. Serían las circunstancias producidas, entre ellas la falta de recursos cruzados, el aprovechamiento de ello por los venecianos y la oportuna aparición de un pretendiente al trono de Constantinopla del que en seguida hablaremos, lo que habría ido determinando un accidental cambio de objetivos que nada tendría que ver con pretendidas traiciones urdidas con anterioridad y convenientemente ocultadas para evitar la frustración del taimado proyecto.

Esta última sería la posición sostenida por los defensores de la *teoría del complot*, que con anterioridad a 1900 ya defendieron el historiador francés Mas-Latrie y el bizantinista alemán Hopf. Ambos sostenían que mientras Enrique Dandolo llegaba a un acuerdo con la cruzada para permitir la movilización del ataque a Egipto, unos emisarios venecianos concluían con las autoridades ayyubíes un pacto de no agresión que implicaba el desvío de la cruzada contra Bizancio. La república veneciana y en especial su maquiavélico *dogo* se situaban así en el centro de la sospecha respecto a la delicada cuestión de la *cuarta cruzada*. Y es cierto que, con independencia de la más que cuestionable existencia de ese pacto con los egipcios, a los venecianos no les faltaban motivos para desear el ataque a Bizancio, y es que el gobierno del *dogo* no consideraba a sus súbditos resarcidos ni de la brutal represión bizantina de 1171 ni de la gratuita matanza de 1182, pero tampoco consideraba que los postergados privilegios comerciales de la república hubieran sido restituidos por el gobierno de Alejo III pese a los insistentes requerimientos realizados en este sentido. Desde luego a Venecia no le faltaban motivos para favorecer un desvío de la cruzada contra Bizancio, máxime cuando un pretendiente al trono de Constantinopla, un sobrino del emperador de nombre Alejo también, a cambio de ayuda para conseguirlo, ofrecía hacerse cargo de las deudas contraídas por la cruzada con el *dogo* y devolver a la república su privilegiado y viejo estatus comercial.

La entrada en escena de Alejo nos pone sobre la pista de otro posible responsable del supuesto complot expedicionario, el monarca alemán Felipe de Suabia. Este había contraído matrimonio con una princesa bizantina que era hermana del pretendiente, hijos ambos del emperador Isaac II Ángel, depuesto y cegado en 1195 por su hermano Alejo III. Si Federico conseguía convertir la cruzada en un medio para situar a su cuñado en el trono de Constantinopla, al tiempo que arrebataba a su enemigo el papa la dirección de esta restándole prestigio y capacidad de maniobra, reforzaría su discutida posición en el interior de Alemania. Para hacer posible tal manipulación, Felipe contaba con un buen aliado al frente mismo de la expedición, Bonifacio de Montferrato.

Para los partidarios de la *teoría del complot* tampoco el papa Inocencio queda libre de toda sospecha. Su irritación frente a la toma de Zara y sus excomuniones eran un buen lavado de cara, pero en realidad el nuevo objetivo de la cruzada no fue en ningún caso impedido e incluso la más inicial reacción del papa ante las noticias de la caída de Constantinopla –antes de ser informado de su cruel saqueo– fue la de una exultante felicitación para los conquistadores. No conviene olvidar que entre las promesas del pretendiente Alejo estaba la tan deseada unión de las Iglesias, objetivo prioritario del pontificado. Todavía un testimonio tan tardío como el de la *Crónica de Morea*, de hacia 1320, convierte al papa en el principal responsable del desvío de la cruzada, de modo que "cuantos murieran en la expedición aquella obtendrían el perdón y remisión de sus pecados cual si hubiesen muerto en el sepulcro de Cristo".

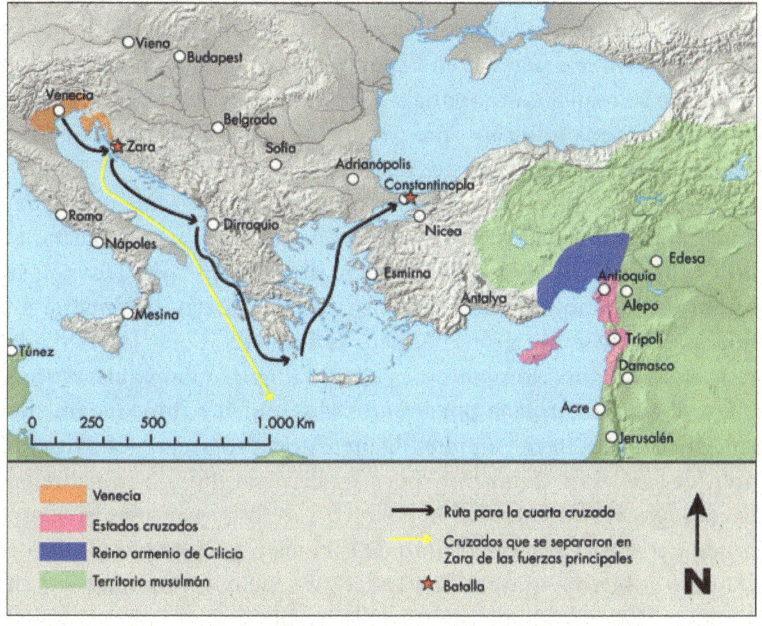

Fig. 21: La cuarta cruzada

Pues bien, pese a todo lo dicho, la opinión historiográfica hoy mayoritaria se decanta más bien por la *teoría del azar*. En este sentido, Riley-Smith concluye que "la captura de Constantinopla, en efecto, parece haber sido el resultado de una serie de accidentes", y más recientemente Jonathan Phillips ha sentenciado "que ninguna de las potencias occidentales involucradas en la cruzada disponía de una trama diseñada de antemano para apoderarse del Imperio bizantino". Con todo, no vamos a insistir en las razones y contrarrazones de la interpretación historiográfica. Basta recordar sumariamente los hechos para deducir de ellos que, con independencia de intereses ocultos o preconcebidos, Venecia y su *dogo* Enrique Dandolo son, indiscutiblemente, los grandes inspiradores de una cruzada tan beneficiosa para sus intereses como escandalosa para una buena parte de la cristiandad. Fueron los venecianos, desde luego, quienes, con la activa colaboración de Bonifacio de Montferrato, se encargaron de convencer a los cruzados de aceptar las propuestas del pretendiente bizantino y marchar contra Constantinopla. Las garantías de que la expedición no se detendría en Bizancio, sino que, con un emperador amigo en su trono, continuaría a Tierra Santa, acabó por convencer a unos cruzados sobre los que pesaba la tradición recelosa que los latinos habían mantenido siempre frente a los griegos.

De este modo, el día de San Juan de 1203 la cruzada se hallaba ante Constantinopla, y después de ocupar el suburbio de Gálata, al otro lado del *Cuerno de Oro*, donde se ubicaba el barrio genovés, se iniciaron los ataques a la ciudad. La guardia varega, compuesta de ingleses y daneses, la defendió, pero la huida de Alejo III privó a la resistencia de dirección política, y a mediados de julio Constantinopla ya estaba controlada por los cruzados, quienes inmediatamente colocaban en su trono al pretendiente, Alejo IV; este, en una ficción política llamada a durar muy poco, gobernaría junto a su padre, el anciano y cegado emperador Isaac II. Los latinos se mantuvieron prudentemente fuera del recinto de la ciudad, pero su presión sobre el nuevo gobierno, incapaz de atender sus generosas promesas, fue en aumento. Cuando los dirigentes de la cruzada empezaron a retirar el apoyo a su emperador-satélite, la circunstancia fue aprovechada por la reacción "nacionalista" que, a principios de 1204, desplazó del trono a los coemperadores para situar en él a un yerno de Alejo III que adoptó el nombre de Alejo V. Su populismo antilatino apenas tuvo tiempo de traducirse en decisiones políticas. De hecho, constituyó la excusa que necesitaban los cruzados para consumar el plan de conquista del Imperio bizantino con la consiguiente destrucción del régimen griego.

A mediados de abril de 1204 los latinos se apoderaban de la capital a la que sometieron a un devastador y sistemático saqueo durante tres días. A las matanzas indiscriminadas hubo que sumar el expolio del patrimonio milenario que hasta entonces había custodiado la

Nueva Roma. La imponente cuadriga de bronce que formaba parte del decorado del hipódromo, y que ya entonces contaba con más de diecisiete siglos de antigüedad, no tardaría en servir de triunfal botín decorativo de la catedral veneciana de San Marcos. Todo un símbolo del protagonismo de Venecia en el saqueo y en la rentabilidad extraída de la operación. Otros tesoros de menor importancia material, pero de incalculable valor religioso, como eran las innumerables reliquias conservadas en las iglesias constantinopolitanas, entre ellas el "Sudario de Cristo" o la "Corona de Espinas", comenzaron también entonces largos periplos hacia Occidente, no desprovistos de lucrativos efectos comerciales.

Pasada la euforia inicial era preciso organizar la conquista y completar la sumisión del resto del Imperio. El primer problema era el del nombramiento de un emperador latino. La natural candidatura parecía ser la del jefe de la cruzada, Bonifacio de Montferrato, pero fue vetada por el *dogo* veneciano que veía en él un hombre excesivamente poderoso por sus estados patrimoniales y por el respaldo alemán, y por consiguiente poco útil para poder servir con incondicional docilidad a los intereses comerciales de la república. Por ello, y mientras se compensaba a Bonifacio con la concesión de una importante porción de la península helénica convertida en reino de Tesalónica, bajo la soberanía del emperador, de este título era investido el más débil e "independiente" conde Balduino de Flandes. En el estipulado reparto del botín, al nuevo emperador latino le correspondía, además, el control directo de una buena porción de la ciudad de Constantinopla y de la cuarta parte del conjunto del Imperio, incluida Tesalia meridional y las costas europeas y asiáticas que rodeaban el mar de Mármara y sus estrechos. Lo que quedaba de la capital se lo atribuyó Venecia, incluida la sede patriarcal de Santa Sofía cuya titularidad recayó en un súbdito del *dogo*; dentro de su jurisdicción se integraron igualmente cuantos puertos, dominios costeros e islas estratégicas –Creta incluida– le aseguraban el efectivo control de todas las rutas marítimas que unían Venecia con Constantinopla. Y es que, sin duda, Enrique Dandolo puso las bases de una potencia colonial mediterránea cuya hegemonía, en detrimento de la del resto de las repúblicas italianas, no desaparecería hasta principios del siglo XVI; él mismo, octogenario y ciego, renunció a la titularidad imperial que hubiera hecho inviable la pervivencia de Venecia, pero sustrayéndose a la teórica soberanía de Balduino, se autoproclamó "señor de la cuarta parte y mitad del reino de Romania". El despojo y flagrante reparto del antiguo estado bizantino lo completaron, por un lado, Bonifacio de Montferrato quien, apoderándose de Atenas, la convirtió en ducado dependiente del nuevo e inconsistente Imperio latino, y, por otro lado, los barones franceses que no tardaron en conformar en la subpenínsula de Morea el llamado principado de Acaya, fragmentado, a su vez, en doce baronías.

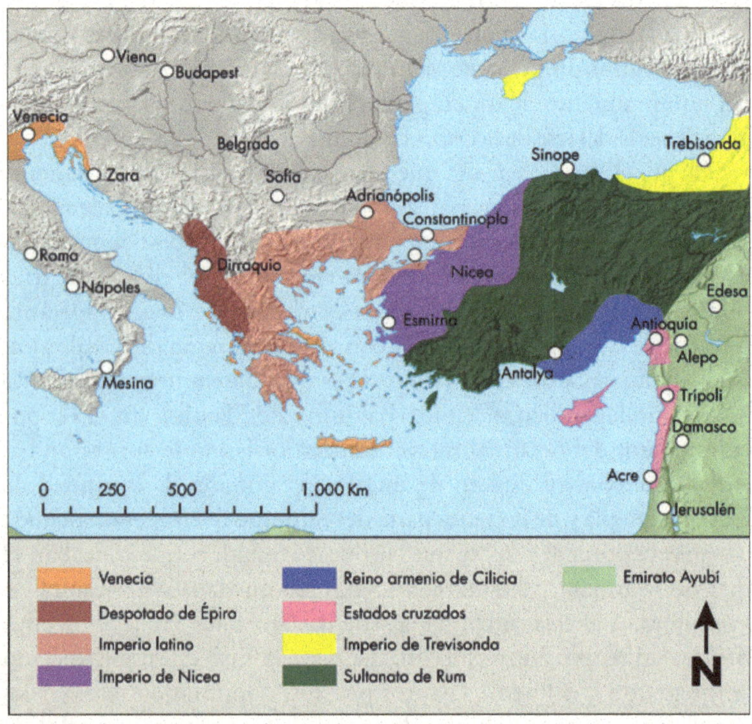

Fig. 22: Consecuencias de la cruzada: constitución del Imperio latino de Constantinopla

La caída de Constantinopla puso término a la "cruzada" que no se planteó ya de ninguna manera acudir en socorro del reino de Jerusalén, y desde luego el balance, salvo para los intereses venecianos, no podía ser más pobre. Es cierto que el viejo Imperio bizantino había sido abatido, pero no es menos cierto que la nueva construcción política generada por los latinos –la *Romania* o Imperio latino– constituía un complejísimo mosaico de poderes feudales no bien articulados en torno a la teórica soberanía del emperador de Constantinopla. Su capacidad de maniobra, estrechamente vigilada por el *podestà* que representaba los intereses de Venecia en la capital, se hallaba mediatizada al máximo por la constitucionalización de las tendencias del feudalismo menos respetuosas hacia la autoridad central. Esta ni siquiera estuvo en condiciones de responder a las exigencias papales de una efectiva unión de las Iglesias sobre la base de una política de relatinización que siempre fue contestada.

Por si fuera poco, los griegos no tardaron en articular su resistencia en torno a tres entidades políticas independientes. La primera y más importante era el llamado *Imperio de Nicea*. Bajo la aristocrática familia de los Láscaris, sus titulares se consideraban como legítimos sucesores de los emperadores bizantinos, y su dominio extendido por todo el occidente de Asia Menor era una seria amenaza para la pervivencia del Imperio latino. El segundo estado griego era el *Despotado de Epiro* que abarcaba todo el oeste de la península balcánica, incluida buena parte de la Grecia central, y era gobernado por los restos de la dinastía de los Ángeles. Finalmente, en la zona noreste de Asia Menor, a lo largo de la costa del mar Negro, se constituyó el *Imperio de Trebisonda*, que, en buenas relaciones con los turcos, fue regido por miembros de la dinastía Comneno.

El descontento del papa Inocencio, quejoso del cruel saqueo de Constantinopla y del vergonzoso reparto de los despojos del Imperio al margen del control de la Sede Apostólica, era el mejor exponente de una frustración que la casi inmediata desaparición del emperador Balduino –1205– en un enfrentamiento contra los búlgaros no hizo sino aumentar. Aquel año moría también Enrique Dandolo siendo enterrado en Santa Sofía. Inmediatamente se trasladaba a Tierra Santa y a sus debilitadas autoridades la sensación de que, cara a su supervivencia, nada podía esperarse ya de la *cuarta* de las grandes cruzadas.

EL GIRO APOCALÍPTICO Y LA *QUINTA CRUZADA*

Los comienzos del siglo XIII van acompañados en la cristiandad occidental, y no solo en ella, de una cierta convulsión apocalíptica. Descubrir claves ocultas que, en momentos de pesadumbre y crisis, nos revelen el futuro incierto de los últimos tiempos, constituye un irrenunciable y recurrente anhelo de esperanza que con intermitencia asoma en el horizonte de la curiosidad humana, y que muy particularmente jalonó todo el movimiento cruzado. Uno de esos momentos coincide con las primeras décadas del siglo XIII, y sin duda contribuyó a ello el frustrante sentimiento generado por la *cuarta cruzada*. La empecatada fragilidad del hombre había torcido los planes de Dios, y ello había inundado de pesadumbre y sufrimiento a la sociedad cristiana en su conjunto. No se habían podido hacer peor las cosas, y la experiencia de frustración, miedo y desesperanza se había apoderado de no pocos fieles. Eran momentos en que se demandaba más que nunca una milagrosa y definitiva intervención de Dios que enderezara lo que los agentes de Satán, incluido el Anticristo, habían desbaratado. Todo ello remitía al tiempo escatológico que se consumaría en el Juicio Final. ¿Pero cómo habría de producirse su desarrollo? ¿En cuánto tiempo se desplegaría? ¿Qué papel desempeñaba en ese desarrollo el islam?

No faltaron respuestas a estas preguntas, y algunas tan cualificadas como la del mismísimo papa Inocencio III. La especial amargura que le produjo el desastroso desenlace de la *cuarta cruzada* hizo desplazar el ánimo de este hombre templado en el estudio de la teología y el derecho canónico al nebuloso mundo de la interpretación apocalíptica. Lo hizo en la bula *Quia maior* de abril de 1213 por la que se convocaba una nueva cruzada, la que pasaría a la historia como la *quinta cruzada*. En esa bula se resucitaban las ensoñaciones escatológicas de Urbano II, pero su discurso se enriquecía ahora con un nuevo elemento que servía para explicar qué cuota de protagonismo correspondía al islam en todo ello. Con este fin, Inocencio III apelaba a las figuras de las dos bestias que se nos describen en el capítulo 13 del *Apocalipsis*: la bestia salida del mar, que sería propiamente el Anticristo y cuyo poder venía directamente de Satán, y la bestia proveniente de la tierra que, a su vez, era la servidora del Anticristo. El *Apocalipsis* describe a esta última como un pseudo-profeta seductor que lanza un mensaje religioso destinado a alimentar el culto al Anticristo. Pues bien, en la *Quia maior*, Inocencio III habla del poder seductor del pseudo-profeta *Machometus*, cuyos efectos han apartado de la verdad a muchísimos fieles. Pero –y esto es la gran novedad del Papa– se trataba de una situación próxima a finalizar: el dominio del servidor del Anticristo, marcado con el 666, tenía los días contados. De hecho, para el Papa esa cifra era el número de años de la vigencia de ese servidor del Anticristo, es decir, del islam, y teniendo en cuenta que este había aparecido en época del papa Gregorio el Grande, es decir, hacia el 600, el cumplimiento de los 666 años nos situaría en torno a 1260. En ese momento, el islam habría de desaparecer, la cristianización sería completa y se entiende –aunque no lo dice el papa expresamente– que el Anticristo iniciaría su combate escatológico contra el bien, porque el Anticristo no puede luchar contra sus servidores, los musulmanes, sino solo contra los fieles de Cristo.

Es evidente que en la lógica de esta interpretación a los cristianos les correspondía como exigencia moral contribuir a que los acontecimientos se precipitaran, a eliminar a los musulmanes provocando el momentáneo triunfo del Anticristo porque no había otro signo mejor de que la victoria definitiva de la causa de Dios no tardaría en producirse, y es que ese triunfo no era sino el anuncio esperanzador de la *parusía*, de la segunda y definitiva venida de Cristo a la tierra y la consiguiente consumación del Juicio final y de la propia Historia. Lo que no había es unanimidad a la hora de interpretar si esa consumación era inmediata a la derrota del Anticristo o, por el contrario, como creía Joaquín de Fiore, podía verse acompañada de un periodo previo de preparación purificadora. Este monje y visionario calabrés, muerto en 1202, identificó esa fase con la del triunfo del Espíritu y, aunque contaba con precedentes, no se impondría definitivamente hasta los años centrales del siglo XIII; era la culminación de un proceso histórico que constaba de otros dos periodos anteriores presididos por el Padre y el Hijo respectivamente. Su visión trinitaria de la historia era una vía de perfección para el hombre que triunfaría gracias al espiritualismo de los monjes. En cualquier caso, estaba claro que el tiempo presente estaba llegando a su fin, y que en ese fin jugaba un papel importante la crisis del islam. La famosa lámina XIV del *Liber figurarum* que sirvió de ilustración al pensamiento joaquinita representa al Dragón apocalíptico de las siete cabezas, la última, la del Anticristo, precedida de las de Mahoma, de *Mesemoto* o califa almohade y de Saladino. Y en este sentido, la charla que había mantenido Joaquín de Fiore con Ricardo *Corazón de León* en vísperas de la *tercera cruzada* nos confirma en la importancia que el abad calabrés concedió al islam en el final del tiempo presente, al menos según la versión que del encuentro nos proporciona el cronista inglés, contemporáneo de los hechos, Roger de Hoveden, encuentro al que ya hemos tenido ocasión de aludir.

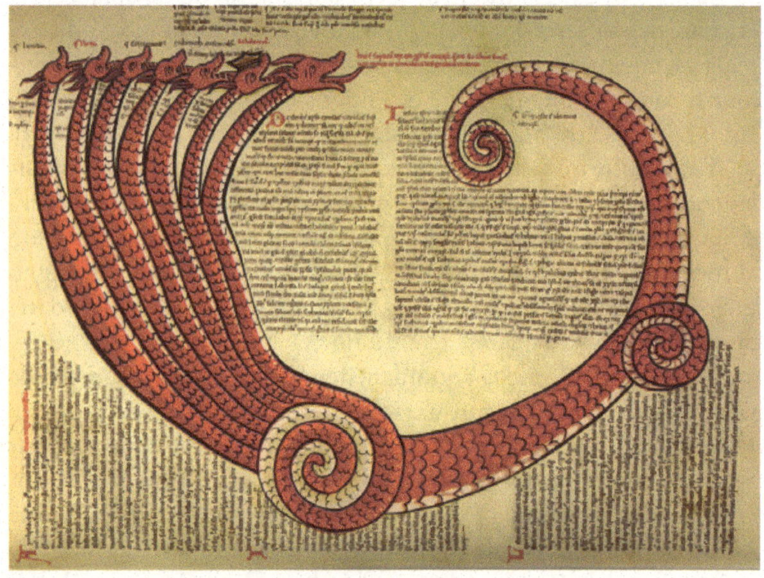

Fig. 23: El Dragón de las siete cabezas. *Liber figurarum*

Pero los fracasos de reyes y nobles, cuando no sus traiciones, no eran buenas aliadas de la justa causa de Dios. La *tercera* y *cuarta* cruzadas lo habían puesto sobradamente de manifiesto, y es que el cumplimiento cabal de sus auténticos objetivos exigía corazones puros que, desde la inocencia y con la sola fuerza de una fe incontaminada, consiguieran alcanzar la liberación de los *Santos Lugares* y la consiguiente rehabilitación de Cristo humillado. Tal fue la perspectiva que animó a miles de niños y adolescentes, y sin duda a muchos adultos pobres también, a tomar el camino de la peregrinación liberadora. Es la conocida como "cruzada o cruzadas de los niños".

EL INCIERTO PRÓLOGO DE LAS "CRUZADAS DE LOS NIÑOS"

Las "cruzadas de los niños" –una expresión tardía de finales ya del siglo XIII–, constituyen tal y como se nos han presentado de forma tradicional, un fenómeno difícil de explicar desde nuestra actual perspectiva. Según esa presentación convencional, en la primavera de 1212 casi simultáneamente se habrían puesto en marcha dos expediciones infantiles con destino a Tierra Santa, una desde el noroeste de Francia y otra desde Renania, sin que nadie se opusiera seriamente a tan ingenua como descabellada empresa. No estaría claro cuál de ellas habría iniciado su periplo antes y, en consecuencia, cuáles fueron los medios que habrían podido facilitar las interinfluencias, pero el paralelismo entre las dos habría sido evidente. En ambos casos hubo liderazgo infantil o más bien adolescente –un muchacho llamado Esteban de oficio pastor dirigía a los franceses y otro, un campesino de nombre Nicolás, a los alemanes–, y también en ambos casos estos profetas, que proclamaban su directa relación con Cristo, de quien habrían recibido cartas ordenándoles la cruzada, se habrían lanzado a una convincente predicación. El resultado habría sido que miles de niños y jóvenes, que difícilmente superarían los quince años, se congregaran en torno a ellos atraídos por su halo de santidad. Pensaban que, desde Marsella o Génova, los puntos que de manera independiente cada expedición habría elegido para su pasaje a Ultramar, las aguas se abrirían a su paso, como le ocurriera en otro tiempo a Moisés en el mar Rojo. A partir de ese momento, armados exclusivamente con el entusiasmo de su fe y guiados por la inspiración de Dios, encaminarían sus pasos a la *Tierra Prometida*.

Hasta aquí el relato tradicional que la moderna historiografía tiende a matizar considerablemente. Cuando las fuentes hablan de *pueri* (niños) en realidad están haciendo alusión a gente desinstalada, pobres, muchos de ellos ciertamente jóvenes e incluso niños que, junto con otras personas marginadas, como muchachas igualmente pobres, campesinos sencillos, y también por qué no ancianos abandonados, se habrían erigido en los "preferidos de Dios" a la hora de restañar la ira que había provocado en él el pecado de guerreros poderosos, llenos de orgullo y guiados por la codicia. La sencillez del niño, del pobre y del marginado, identificada con el sufrimiento de la pasión de Cristo y guiada únicamente por el amor a Dios, sería la respuesta al mal que se abatía sobre la cristiandad en estos comienzos del siglo XIII, y es que en torno a 1212 el obsesivo ambiente cruzado de connotaciones apocalípticas se había convertido en un peligroso caldo de cultivo para la exaltación de sentimientos que desbordaban el objetivo último de los predicadores. Muy pronto iba a ponerse en marcha la *quinta cruzada* para enderezar los malos efectos de la *cuarta*, pero es que aquel mismo año de 1212, como también veremos más adelante, la cruzada se desarrollaba en la Península Ibérica fuertemente avalada por el papa, que asimismo se hallaba volcado en la tarea de represión que, bajo la cobertura legal igualmente de una cruzada, se desarrollaba en el Midi francés contra la herejía de los cátaros. Aquel fue también el año en que un joven Francisco de Asís intentó sin éxito embarcarse hacia Siria con uno de sus hermanos.

Todo ello nos habla de un trasiego de predicadores y de iluminados que no siempre contaban con el marchamo oficial de los enviados papales y episcopales, también movilizados en aquel momento supuestamente decisivo para el destino de la cristiandad. En unos casos y en otros, la viva imaginación, especialmente de los jóvenes, se abriría ante perspectivas de un heroico martirio que, en muchos casos, la necesidad económica de sus ambientes familiares y su escaso nivel de alfabetización, no harían sino espolear. Lo cierto, sin embargo, es que los *pueri* movilizados no iban solos. Algunos sacerdotes los acompañaban alimentando, sin duda, las ya de por sí imponentes dosis de fanatismo expedicionario, y puede que no faltaran junto a ellos adultos laicos dispuestos a explotar en beneficio propio el patetismo de la situación y la generosidad con que la ingenuidad popular compensaba el martirio de los inocentes elegidos por Dios a su paso por aldeas y ciudades. En cualquier caso, hoy también se pone en cuestión la comunicación entre ambos fenómenos, el alemán y el francés, e incluso se duda de que este último estuviera claramente vinculado a la peregrinación a Tierra Santa. A fin de cuentas, fenómenos penitenciales con protagonismo juvenil y no vinculados con la cruzada se detectan a nivel local en el transcurso del siglo XII. Mayer en su momento nos recordaba que en esa centuria se documentan grupos de jóvenes penitentes dispuestos a expiar sus pecados integrando comitivas que se trasladaban a iglesias y catedrales en construcción para colaborar en el duro trabajo de sus obras, y lo hacían liderados por adolescentes con fama de taumaturgos.

En cualquier caso, "las cruzadas de los niños" no dejaron testimonios claros. Prácticamente no sabemos cómo se desarrollaron ni cuál fue el destino real de sus integrantes. Casi todo está envuelto en relatos legendarios o afirmaciones cuestionables e imposibles de contrastar. Pensemos en la supuesta recepción que Inocencio III habría dispensado en Roma al joven Nicolás y algunos de sus discípulos a los que se habría limitado a aconsejarles vivamente que regresaran a sus casas. Pero, según algunos de esos relatos legendarios, nada habría impedido el desastre. Cuando los jóvenes llegados a las costas del Mediterráneo vieron que las aguas no se abrían a su paso, algunos, desesperados por el hambre y la fatiga, habrían abandonado la empresa intentando regresar a sus hogares, aunque solo muy pocos lo habrían conseguido. Otros, los más constantes en sus propósitos, habrían caído en el engaño de desaprensivos transportistas que los habrían embarcado para venderlos como esclavos en las costas norteafricanas y especialmente en Egipto. Tampoco faltan otros relatos legendarios que nos narran las peripecias de algún superviviente que, habiendo recobrado la libertad, habría regresado a Europa unos veinte años después. Todo ello es preciso contemplarlo con mucho escepticismo.

EL IV CONCILIO DE LETRÁN Y LA *QUINTA CRUZADA*: CONVOCATORIA Y PLANTEAMIENTO

El 19 de abril de 1213, mediante la bula *Vineam Domini Sabaoth*, Inocencio III procedía a la convocatoria formal del IV Concilio de

Letrán, el duodécimo de los ecuménicos, que se celebraría un año y medio después con una participación récord de mil doscientos asistentes entre los que se contaban algo más de cuatrocientos obispos, incluida la veintena procedente de las diócesis latinas de Oriente. La propia bula de convocatoria, y también el discurso de apertura pronunciado por el papa el 11 de noviembre de 1215, expresaban con absoluta claridad los dos motivos, estrechamente relacionados entre sí, que le habían llevado a reunir uno de los concilios más importantes de la historia de la Iglesia: promover su reforma y liberar Tierra Santa. Ya hemos tenido ocasión de apuntar que eran estas dos las preocupaciones esenciales de Inocencio III desde el inicio mismo de su pontificado, y ahora, cuando la cruzada contra los musulmanes de la península ibérica vencidos en las Navas de Tolosa parecía entrar en fase de irreversible triunfo, y la predicada contra los cátaros del sur de Francia se mostraba igualmente favorable para la Iglesia, el papa no dudó en plantear de manera definitiva la consumación de su ambicioso programa. De hecho, en la propia encíclica *Quia maior* de aquel mismo mes de abril de 1213 por la que, como ya sabemos, se convocaba específicamente la cruzada con destino a Oriente, el papa hacía de la victoria peninsular un signo anunciador de un nuevo tiempo para los cristianos, que permitía arrostrar la cruzada de Oriente con esperanza. Por otra parte, tampoco podía retrasarlo mucho más porque el deterioro de su salud era visible y, además, las circunstancias políticas –los reyes y príncipes de Occidente se hallaban enzarzados una vez más en enfrentamientos sin fin–, permitirían ensayar lo que no había sido posible materializar con ocasión de la *cuarta cruzada*: la recuperación por parte del pontificado de su auténtico papel de líder de una cristiandad renovada interiormente y con capacidad para, de una vez por todas y en palabras del propio papa, "vengar la injuria hecha al crucificado que a causa de nuestros pecados se ha visto arrojado de su tierra y del trono que se había granjeado con su sangre".

Mediante la constitución conciliar *Ad liberandam* el papa diseña todo el planteamiento organizativo de la que iba ser convencionalmente considerada como la *quinta cruzada*. En este sentido, el texto conciliar, en efecto, recoge cinco iniciativas esenciales. Con la primera de ellas, en la que se anuncia la presencia papal junto al ejército convocado en Sicilia para el mes de junio de 1217, se quería reafirmar el indiscutible liderazgo pontificio y la consiguiente exclusión del mismo de los grandes próceres políticos de Occidente. La segunda iniciativa, apuntada ya en años anteriores, adquiere ahora plena vigencia canónica: la genérica aplicación de la indulgencia plenaria –remisión de penas por pecados cometidos– no solo en beneficio de los cruzados participantes, sino de aquellos que, sin acudir físicamente a Tierra Santa, pusieran a disposición del ejército cristiano medios o dinero para comprar los servicios de mercenarios, siendo también estos últimos objeto de las mismas indulgencias. La tercera iniciativa profundizaba en los habituales argumentos jurídicos tendentes a proteger a las personas, familias y bienes de los cruzados, así como a dejar sus deudas en suspenso. El cuarto punto abordado por la constitución conciliar es el espinoso asunto de la financiación que, como se había intentado sin mucho éxito en el pasado más reciente, aspiraba a depender en buena medida de los recursos propios de la Iglesia: la curia romana, dando ejemplo, aportaría 30.000 libras y 3.000 marcos de plata más con destino al fletamento de un barco para los cruzados de Roma y su territorio; el conjunto de todos los clérigos de la cristiandad debería contribuir con la vigésima parte de las rentas provenientes de sus correspondientes beneficios por un espacio de tres años, porcentaje que en la persona del papa y de los integrantes del colegio cardenalicio se ampliaba a una décima parte de sus ingresos. Finalmente, la quinta iniciativa papal recogida por la constitución conciliar consistía en una reformulación actualizada de la vieja *Paz de Dios* haciendo un llamamiento general al cese de la violencia en toda la cristiandad durante cuatro años, periodo en el que, por otra parte, ningún cristiano podría comerciar con los musulmanes de Oriente.

La constitución conciliar se ve complementada con el contenido de la bula de convocatoria *Quia maior* en la que, quizá con mayor precisión, acaba cristalizando el ideario cruzadista del pontificado en un contexto apocalíptico en que queda expresamente involucrado Mahoma y al que ya hemos hecho referencia. En la bula, además, el papa insiste en el valor redentor y martirial de la cruzada en unos términos inéditos hasta el momento, y que contraponen el combate que purifica y salva con la inhibición; de esta última Dios pedirá cuentas el día del Juicio aplicando la correspondiente condena. Utiliza, por otra parte, una interesante analogía político-feudal: si algún rey temporal fuera expulsado de su reino por sus enemigos, y sus vasallos no expusieran bienes y personas para que lo recuperasen, serían duramente castigados por desleales; del mismo modo que lo serán por el Rey de Reyes quienes le nieguen su ayuda. Por lo demás, todo el esfuerzo de la cristiandad debe ir dirigido a Tierra Santa: los frentes hispano y provenzal dejaban de ser escenario de cruzada para foráneos, y el reclutamiento se agilizaba. Finalmente, se establecían rogativas y procesiones propiciatorias que organizarían mensualmente hombres y mujeres por separado para pedir a Dios que liberase de los paganos su tierra restituyéndola al pueblo cristiano.

Quedaba así planteada una nueva cruzada que, aunque envuelta en la nebulosa apocalíptica de las primeras décadas del siglo XIII, respondía a las características "desnaturalizadoras" que se detectan en el movimiento desde por lo menos la caída de Jerusalén. Por lo pronto la considerable puesta en juego de recursos económicos regularizados fiscalmente amenazaba de nuevo con convertir la cruzada en un campo de apetencias generador de rivalidades políticas: ¿cuánto tiempo tardarían los poderes seculares en pretender adueñarse de los nuevos sistemas de tributación eclesiástica? Por otra parte, la conversión de las indulgencias en tarifas monetarias no ayudaba tampoco a la necesaria espiritualización de un movimiento como el cruzado que aspiraba a despertar la credibilidad de todos los cristianos.

EL DESARROLLO DE LA CRUZADA: LA CAMPAÑA DE DAMIETTA

En cualquier caso, los acontecimientos, como era habitual, no discurrieron exactamente por los caminos de la previsión realizada por el papa. La predicación de la cruzada fue un éxito entre el pueblo, arrebatado por premonitorias visiones celestes, pero la movilización de los caballeros dejó mucho que desear, incluso la de aquellos que se habían comprometido con el correspondiente voto. Por eso, además de amenazas espirituales, hubo que poner en juego todos los recursos de la propaganda. Predicadores de renombre como Jacques de Vitry, recompensado con el obispado de Acre en vísperas de la cruzada, se aplicaban a una fiel interpretación de los mensajes que la Iglesia deseaba hacer llegar a los creyentes.

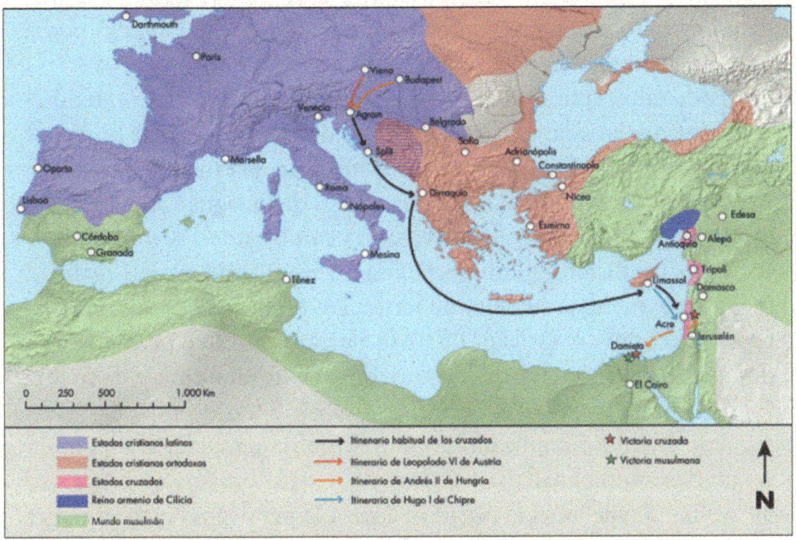

Fig. 24: Quinta cruzada

Pero hay que decir que el balance de la convocatoria fue, por lo menos desigual, del mismo modo que lo fueron sus iniciales resultados. Por lo pronto, la salida de la cruzada, prevista para junio de 1217 desde los puertos del sur de Italia, no fue la de los contingentes deseados y hubo de retrasarse. Los franceses se hallaban demasiado entretenidos con las secuelas de su propia cruzada contra los cátaros, y la comprometida flota frisona se distrajo más de la cuenta en las costas de Portugal contribuyendo a la particular cruzada que mantenía por entonces el reino atlántico peninsular. Inocencio III ya no pudo ser testigo de este decepcionante inicio pues había muerto en mayo de 1216. Su sucesor, el papa Honorio III (1216-1227), asumió su herencia con entusiasmo, pero en un primer momento nada pudo hacer para resucitar la fe en la cruzada. Incluso los informes que venían de Oriente no eran nada alentadores: Jacques de Vitry, nada más tomar posesión de su nueva diócesis, escribía al papa transmitiéndole la escasa motivación de los francos de Oriente, y es que había que tener en cuenta que la relativa paz que trajo consigo el desenlace de la *tercera cruzada* había generado una cierta prosperidad que el cese del comercio con los musulmanes decretado por el concilio podía poner seriamente en peligro.

Todo ello explica que el comienzo de la *quinta cruzada*, reducido a descoordinadas acciones protagonizadas por tropas húngaras que capitaneaba el rey Andrés II, las austriacas al mando del duque Leopoldo VI y las chipriotas del rey Hugo de Lusignan, constituyera un lamentable fracaso, que ni las órdenes militares ni el voluntarioso rey Juan de Brienne pudieron evitar. Este último era en realidad regente del menguado reino de Jerusalén. Había casado con la reina propietaria del trono María de Monferrato en 1210, pero enviudó dos años después convirtiéndose así en regente en nombre de su hija Isabel II hasta 1225. Las expectativas que Occidente tenía puestas en él como eficaz líder cruzado no se tradujeron en nada, al menos en un primer momento.

Solo más adelante, la llegada a Tierra Santa de los barcos frisones y de contingentes de cruzados franceses en la primavera de 1218, contribuyó a transformar rápidamente el panorama. De común acuerdo con el rey de Jerusalén y los maestres de las órdenes militares, el recompuesto ejército cristiano decidió volver a una vieja idea que estuvo presente en la estrategia del reino jerosolimitano desde mediados del siglo anterior, la de asestar el golpe de gracia al islam en su corazón egipcio: Damietta, el estratégico puerto del Delta, se convirtió de nuevo en el objetivo. El cerco comenzó inmediatamente, pero hasta un año y medio después –noviembre de 1219– no se consumaría la conquista. Las operaciones fueron lentas y muy dificultosas. El medio pantanoso donde se hallaba Damietta no facilitaba las cosas, y mucho menos las inundaciones, inclemencias climáticas y epidemias que sitiados y sitiadores hubieron de sufrir en el transcurso de tan dilatado tiempo. Períodos de euforia se sucedían a los de desesperanza y fueron muchos los cruzados que fueron abandonando el cerco. De todas formas, estas ausencias inevitables eran compensadas con refuerzos como los que aportó el legado papal, el cardenal portugués Pelayo de Albano, y que no eran sino la reorganizada expedición que debía haber partido del sur de Italia hacía más de un año.

Inclemencias naturales y enfermedades aparte, la larga lucha de asedio se explica más por la división de los cristianos que por la resistencia musulmana. En efecto, desde un principio la autoridad del rey Juan de Brienne, reconocido como líder de la cruzada, le era disputada por el impetuoso cardenal Pelayo quien, en calidad de legado pontificio, no admitía autoridad superior que la que él representaba. Los personalismos se mezclaron con planteamientos estratégicos muy dispares. Las diferencias se hicieron patentes cuando el sultán ayyubí, al-Kāmil (1218-1238), hijo y sucesor de al-'Adil, el hermano de Saladino, al frente del gobierno egipcio, ofreció una transacción muy ventajosa para los cristianos. En efecto, a cambio del abandono del cerco de Damietta, los musulmanes –y en ello había acuerdo entre ayyubíes egipcios y sirios– estaban dispuestos a entregar a los cristianos Jerusalén y el resto de las tierras palestinas y galileas que habían perdido, salvo Transjordania, que resultaba vital para garantizar la conexión de Egipto y Siria. El rey de Jerusalén era partidario de aceptar, pero no así el intransigente legado, que en su decisión se veía apoyado por las órdenes militares, y es que para los freires la defensa de Jerusalén resultaba inviable sin contar con la retaguardia transjordana.

El rechazo de la oferta provocó el prolongamiento de los enfrentamientos y la crueldad de una guerra que suscitó el rechazo más radical en un testigo de los acontecimientos realmente excepcional. En efecto, poco antes había llegado al escenario de la contienda el hermano Francisco de Asís, que, como vimos, hacía pocos años, en 1212, había intentado sin éxito embarcar hacia Siria en pacífica peregrinación evangelizadora. Era el fundador del más importante de los movimientos de pobreza voluntaria de la Iglesia y su integridad despertaba tanto respeto, como asombro la provocadora extravagancia de que hacía gala, mal vestido con un sucio y raído hábito. Había acudido a la cruzada convencido de que las palabras eran mejor medio que las armas para obtener la paz, y en su ingenua osadía no dudó en entrevistarse con el sultán egipcio que, siendo como era persona culta e intelectualmente inquieta, en todo momento se mostró respetuoso ante este inofensivo hombre de Dios. Todo fue inútil, el sultán lo devolvió al campamento cristiano con un delicado cuerno de marfil que es el único obsequio que el *Poverello* decidió aceptar de entre los muchos que le ofreció y él rechazó. Finalmente Francisco hubo de asistir a la caída de Damietta en manos cristianas.

Fig. 25: Visita de S. Francisco al sultán al-Kāmil

Se trataba en realidad de una victoria que el legado papal, con un empecinamiento teñido de esperanzas apocalípticas, transformó en pírrica, y es que, antes de que pasaran dos años de su ocupación, Damietta fue nuevamente recuperada por los musulmanes. Con anterioridad, al-Kāmil había vuelto a ofrecer Jerusalén a cambio del puerto egipcio, pero el legado volvió a rechazar el ofrecimiento. Esperaba que el nuevo emperador de Alemania, Federico II, un protegido papal que se había comprometido a acudir a la cruzada, se personase con fuerzas capaces de ocupar todo Egipto, y aunque esas fuerzas nunca llegaron, sí lo hizo una avanzadilla al mando del duque Luis de Baviera. El cardenal-legado, ciego ante el escepticismo del rey de Jerusalén, consideró el refuerzo suficiente para acometer la conquista de Egipto. En realidad, los cristianos no llegarían a rebasar la zona costera del Delta ya que en agosto de 1221 fueron literalmente barridos en Sharamsah, entre Damietta y el campamento egipcio situado en al-Mansurah. La victoria musulmana significaba la evacuación cristiana de Egipto. El estrepitoso fracaso de la *quinta cruzada* lo era también el de la última expedición que pretendió ser directamente controlada por la Iglesia.

LA APOCALÍPTICA POSTCRUZADA Y SUS MANIFESTACIONES MILENARISTAS

En el transcurso de la *quinta cruzada*, y hasta el último momento, estuvieron presentes sentimientos de carácter apocalíptico premonitorios del fin del islam. El ambiente era extraordinariamente favorable a ellos tanto en Occidente como en no pocas comunidades cristianas de Oriente. Por eso no resultaba demasiado difícil reconducir hacia planteamientos propagandísticos esa sensibilidad realmente enraizada en el tejido social. Así ocurrió en la propia Damietta cuando, tras su conquista, fueron oportunamente hallados ciertos textos proféticos a los que se atribuían autorías antiquísimas y más que venerables. El *Apocalipsis de Pedro*, por ejemplo, lo habría escrito su discípulo Clemente y anunciaba que, tras la caída de Damietta, dos reyes acabarían definitivamente con el islam. Mayor precisión podía encontrarse en la *Profecía de Hannan*, un cristiano nestoriano de origen persa que había vivido en el siglo IX y que habría previsto la conquista de Damietta a manos de un gran ejército liderado por un hombre "delgado y grande" que acabaría haciéndose con el control de El Cairo y de todo Egipto; a él le seguiría un rey de Abisinia que destruiría La Meca mientras otro, proveniente de Ultramar, conquistaría Damasco y se reuniría con el primero en Jerusalén. Obviamente ambos textos fueron confeccionados a raíz mismo de la ocupación de Damietta, entre 1219 y 1220, pero al cardenal Pelayo le faltó tiempo para ordenar que fueran traducidos del árabe y sus contenidos predicados en Oriente y difundidos por Occidente. No era difícil hacer creer a la gente que él mismo, hombre de cierta envergadura física, era el líder conquistador de Damietta, mientras que el rey proveniente de Ultramar bien podía referirse al esperado Federico II.

El ambiente era ciertamente propicio para que resucitara la figura del *Preste Juan*, incluso no faltaron quienes quisieron identificarlo con el rey abisinio de la *Profecía de Hannan*. Pero cabían otras interpretaciones. Una de ellas es la que, por aquellas fechas inmediatas a la caída de Damietta, ofrecía la *Historia de las Gestas de David, rey de las Indias*, y que hallamos transcrita en una carta circular enviada por el obispo de Acre, Jacobo de Vitry, al papa Honorio III, al duque Leopoldo de Austria y a las autoridades académicas de la Universidad de París. En ella se dice que el rey David, "a quien el pueblo llama preste Juan" se hallaba en ese momento ya muy cerca de Tierra Santa, a punto de someter al califa de Bagdad, después de haber conquistado Irán. Pues bien, sobre la base de este "informe", interesadamente "autentificado" por el cardenal Pelayo, el papa Honorio no dudó en enviar el 14 de marzo de 1221 una circular a todos los arzobispos de la Iglesia –se ha conservado la dirigida al arzobispo de Tarragona– para pedirles la movilización de cruzados bien equipados y con buena cantidad de caballos y bestias de carga para ayudar a sus correligionarios apostados en Egipto, y lo hacía precisamente a la luz de las buenas nuevas que de allí llegaban, y que detalla con toda minuciosidad. El papa, en efecto, alude a cómo el rey David, vulgarmente conocido como *Preste Juan*, hombre católico y temeroso de Dios, había entrado en Persia y derrotado a su sultán en "batalla campal" ocupando durante veinticuatro días ciudades fortificadas y castillos; de hecho, había avanzado tanto que se hallaba a menos de diez días de Bagdad, famosa ciudad en la que tenía su sede el califa, al que los sarracenos llamaban *summum sacerdotem*. Precisamente por temor al citado rey, el sultán de Alepo, hermano de los de Damasco y Babilonia, que había reunido un ejército contra los cristianos que sitiaban Damietta, decidió marchar contra él. Por información del legado, el papa decía también que había enviado nuncios a Georgia, tierra de hombres católicos y buenos guerreros para que combatiesen a los sarracenos. Por todo ello, Honorio confiaba que, si el ejército de Damietta contaba con la posibilidad de este contingente de apoyo, podría ocupar Egipto con cierta facilidad, dada la necesidad que tendrían los musulmanes de atender a varios frentes, tantos como aliados se disponían a acudir en ayuda de los cruzados.

Al contenido de esta encíclica hay que añadir el de las cartas enviadas por los templarios de que nos informa Alberico de Trois-Fontaines y en las que se iban abultando las cifras: el reino de Persia conquistado por el *Rey David* tenía trescientas ciudades sin contar castillos y explotaciones rurales, y otro de los reinos por él conquistado constaba de trescientas fortalezas y por él discurrían sesenta y seis ríos, y todo ello gracias a un ejército constituido por cuarenta secciones integrada cada una por cien mil guerreros.

Fantasía, propaganda y credulidad en un ambiente apocalíptico y, sobre todo, necesitado de esperanza, actuaron como catalizadores de una revitalizadora moral de victoria que inevitablemente acabó en frustración. En cualquier caso y como en ocasiones anteriores, la referencia en concreto al *Preste Juan* tenía una base histórica. Un tal Küchlüg en 1213 se había hecho con el poder en el khaganato de los kara-kitan, el pueblo convertido en imperio por obra de Ye Liu Dashi, el *Preste Juan* de las vísperas de la *segunda cruzada*. Küchlüg pertenecía a una etnia muy próxima a la de los kara-kitan, la de los naimanes, y era cristiano por su matrimonio con una princesa nestoriana, biznieta de aquel mítico fundador. Una vez perpetrado el "golpe de estado", abandonó a su mujer y también el credo cristiano, pero los ecos de la persecución que entonces organizó contra los musulmanes, mayoritarios entre los kara-kitan, llegaron hasta los latinos de Tierra Santa en forma de presentimiento esperanzador. A partir de aquí, se reescribió la leyenda idealizada. Poco importaba que Küchlüg hubiera muerto en 1218 resistiendo el incontenible avance de los mongoles de Gengis Khan, y que el antiguo imperio kara-kitan –base legendaria del reino del *Preste Juan*– hubiera desaparecido bajo la soberanía del nuevo emperador de Asia. Nada de ello impidió que la necesidad de creer en salvadores apocalípticos embargara el ánimo del obispo de Acre, del cardenal Pelayo y del mismísimo papa. Todos ellos se hicieron eco de la inminente victoria del "rey David".

Mientras los cristianos en Oriente esperaban la decisiva intervención de sacralizados monarcas orientales, en Occidente las expectativas apocalípticas se traducían, por las mismas fechas, en movimientos mesiánicos de carácter popular. El mesianismo consistía en la creencia de que el *Reino de Dios* se haría políticamente presente al final de los tiempos, y lo haría, como reacción reivindicativa, en beneficio de los pobres y marginados; sería el mismo Cristo quien gobernaría entonces en la Tierra, pero su venida podía ser anunciada por anticipos parciales en forma de reyes santos directamente ungidos por Dios. La caracterización concreta de estos "reyes mesiánicos" podía variar, aunque con frecuencia adoptaba la forma de monarcas idealizados que, por sus méritos, no habían muerto, sino que permanecían dormidos hasta que el cumplimiento de su sagrada misión exigía de nuevo su retorno. Una modalidad distinta era la del "emperador de los últimos días", llamado desde su providencial nacimiento a combatir la encarnación islámica del mal, inevitable antesala de la aparición del Anticristo y, por lo mismo, anuncio certero del juicio escatológico de Dios.

No nos faltan ejemplos de unos y otro. El *Pseudo-Balduino* encarna bien el ideal de monarca durmiente. A raíz de la prematura desaparición en 1205 de Balduino, el conde de Flandes convertido en primer emperador de la Constantinopla latina, sus territorios europeos cayeron bajo la creciente influencia de la soberanía francesa sin que su heredera, la condesa Juana, pudiera hacer nada por evitarlo. Cuando el rey de Francia, Felipe Augusto, murió en 1223, la oposición antifrancesa, fundamentalmente articulada en torno a la burguesía urbana y secundada por los sectores populares, estaba a punto para la insurrección. Solo la falta de un caudillo adecuado lo impedía. Fue en este ambiente, tan influido por la apocalíptica poscruzada de los primeros años de la década de los veinte, cuando surgió la leyenda del *Pseudo-Balduino*. El conde-emperador había muerto a manos de los búlgaros, pero su cuerpo nunca fue recuperado. En realidad, se decía, que Balduino no había muerto, sino que, presa de un grave pecado, deambulaba arrepentido cumpliendo una severa penitencia impuesta por el papa. El plazo de la purificación estaba a punto de finalizar y entonces volvería para liberar a su pueblo de la insoportable opresión francesa. En 1224 un ermitaño, mendigo andrajoso, pero de facciones y porte muy dignos, se hizo pasar por Balduino y, en medio de un fervor popular sin precedentes, ocupó el poder en el condado declarando una auténtica cruzada contra la aristocracia filofrancesa y las tropas capetas de ocupación. Meses después fue identificado como impostor y fue ahorcado, pero su aventura había durado más de un año, y su imagen, en la mente de las gentes sencillas, siguió identificándose con la de uno de esos monarcas durmientes que algún día habrían de volver.

Alemania fue cuna por aquellos mismos días de uno de los emperadores del final de los tiempos, el único que superó la indefinición simbólica para encarnarse en un personaje real y visible. La desaparición de Federico *Barbarroja* al comenzar la *tercera cruzada* había levantado expectativas mesiánicas en el sentido de que otro Federico estaba llamado a completar su obra de modo definitivo. De hecho, este "emperador de los últimos días" conquistaría el Santo Sepulcro y acabaría con el islam; e incluso, como más adelante dirían los radicales del profetismo joaquinita, prepararía con su purificadora acción punitiva sobre la Iglesia, la venida de la *Tercera Edad*, la nueva era que llevaba consigo el decisivo triunfo del Espíritu de Dios. No es de extrañar, por eso, que cuando en noviembre de 1220 el papa Honorio III ceñía la corona imperial sobre las sienes de Federico II, el fervor popular, azuzado por la predicación apocalíptica, viera en él al mesías salvador que, en nombre de Cristo, destruiría el poder del infiel y contribuiría eficazmente a restaurar el orden cristiano de manera ya irreversible. Por lo pronto los cruzados de Oriente, hasta su evacuación de Damietta en 1221, habían esperado con ansiedad, aunque vanamente, su venida.

LA *SEXTA CRUZADA*: LA "ANTICRUZADA" DE LA NEGOCIACIÓN. FEDERICO II (1220-1250) Y LA RECUPERACIÓN DE JERUSALÉN

La cruzada emprendida por el emperador Federico II en realidad no debe ser considerada como tal. Se trata más propiamente de una "anticruzada" que el papa por todos los medios había intentado impedir y que protagonizó un excomulgado. Por si ello fuera poco, la expedición, nada más desembarcar en Tierra Santa, renunció a combatir con los infieles y, en cambio, y de manera automática, aceptó de ellos una negociación que, eso sí, alcanzaría un sorprendente resultado: la recuperación de Jerusalén. Tan atípico capítulo en el desarrollo del movimiento cruzado exige una breve explicación que, ante todo, ha de tener presente dos circunstancias coyunturales: por un lado, la situación de tensa confrontación que en aquel momento mantienen imperio y pontificado y, por otro lado, las dificultades por las que también entonces atraviesa el régimen islámico de la dinastía ayyubí.

La primera cuestión, la del enfrentamiento imperio-pontificado, nace de la propia concepción programática de Federico II, radicalmente incompatible con el proyecto papal. El Staufen había crecido curiosamente al abrigo de la protección de Inocencio III, y desembarcó en el complejo escenario alemán a condición de abandonar su primera herencia, el reino de Sicilia. Al papa le resultaba imposible mantener su seguridad y la de sus estados si un mismo monarca, como ocurriera en los días de Enrique VI, asumía la corona imperial sin renunciar al control del sur de Italia. Pero una vez desaparecido Inocencio III, durante el pontificado de Honorio III, Federico II fue descubriendo sus cartas: sobre la base de un centralizado reino de Sicilia al que no estaba dispuesto a renunciar, y con la mirada más puesta en la Roma clásica que en la imperfecta tradición imperial de carolingios y otónidas, dejó patente su intención de controlar de manera efectiva y excluyente la cristiandad convirtiendo a la Iglesia, y con ella a la propia Sede Apostólica, en una obediente estructura de legitimación. El colofón lo pondría la cruzada, un imprescindible complemento que permitiría recubrir el proyecto stáufico de la prestigiosa mística que solo Jerusalén podía proporcionar. El sucesor del confiado Honorio III, el papa Gregorio IX (1227-1241), sobrino del gran Inocencio III, sería el encargado de neutralizar los planes de dominación italo-germánica del emperador Federico; para ello no tenía más que apoyar la oposición de los príncipes territoriales alemanes y las aspiraciones de libertad de las ciudades lombardas.

La segunda cuestión, la debilidad del régimen ayyubí, se puso irreversiblemente de manifiesto a raíz del triunfo de al-Kāmil (1218-1238) frente a la *quinta cruzada.* Este voluntarioso y culto sobrino de Saladino no pudo mantener mucho tiempo la acción coordinada con sus hermanos, y Siria –Palestina incluida– se convirtió en la manzana de la discordia, y ello en un momento en que al este de las posesiones controladas por los ayyubíes se alzaba la amenaza del poderoso ejército de los jwarizmíes, un belicoso pueblo de origen turco que había sido desplazado por los mongoles de sus antiguas bases de la región centroasiática de Jwarizm. La situación de al-Kāmil no era cómoda y por eso, en 1227, se decidió a solicitar la colaboración del emperador alemán, que por entonces preparaba su cruzada, ofreciéndole las mismas ventajas territoriales que años antes había brindado inútilmente a los responsables de la *quinta cruzada*, es decir, el dominio sobre Jerusalén y sobre una buena parte de las conquistas de Saladino. La "cruzada de la negociación" fue, de hecho, una realidad antes de que Federico II llegara a pisar Tierra Santa.

Desde luego, todas las circunstancias aconsejaban al Staufen no diferir por más tiempo una expedición a la que se había comprometido muchos años atrás y cuyos sucesivos aplazamientos acabaron por provocar algo más que el recelo del papa. En efecto, Federico había abrazado la cruz en 1215, pero sus planes de consolidación política eran incompatibles con una expedición a Oriente, y la difirió hasta que en 1225 asumió con decisión el proyecto. Aquel año adoptaba dos importantes decisiones que convertían la cruzada en un secularizado medio para alcanzar sus fines políticos. Por un lado, en la dieta de San Germano se proclamaba el liderazgo personal del emperador para una cruzada que, en su realización, excluía medios económicos provenientes de la curia: el papa –como se encarga de subrayar Mayer– quedaba totalmente marginado del proyecto. Por otro lado, a finales de aquel año, Federico II contraería matrimonio con la reina titular de Jerusalén, Isabel II, hija del regente Juan de Brienne; la propuesta había partido de un íntimo colaborador del emperador, el maestre de la orden Teutónica, Herman de Salza, y convertía automáticamente a Federico en rey de Jerusalén. La cruzada, ahora sí, debía ser materializada, y se fijó la marcha para el verano de 1227. Para entonces, sin embargo, el papa Gregorio IX haría todo lo posible para evitarla, ya que el triunfo de los planes del emperador acabarían convirtiéndolo, frente al pontificado, en el auténtico árbitro de la cristiandad.

La ocasión no tardó en presentársele. Cuando en el verano de 1227 Federico II concentraba su ejército cruzado en Apulia, se declaró una agresiva epidemia de malaria que hizo mella en la propia salud del emperador. Una vez más hubo que posponer la marcha, al menos la del grueso de la expedición, y el papa no perdió la oportunidad para excomulgar precipitadamente al Staufen por incumplimiento de voto. El hecho de que quizá por vez primera el emperador esgrimiera una causa plenamente justificada, no arredró a Gregorio IX a la hora de tomar una decisión que, en tanto fuera firme, le incapacitaba formalmente para liderar la dirección de la cruzada. La respuesta del emperador no se hizo esperar: en el manifiesto de Capua calificaba a la Iglesia de Roma de madrastra injusta más atenta a satisfacer sus intereses que los de la cristiandad.

La herida abierta entre papa y emperador parecía ya incurable, y Federico II, ante la perplejidad del pontífice, optó por una huida hacia adelante embarcándose para Tierra Santa en el verano de 1228. Casi todo parecía estar en su contra. El papa, además de confirmar su excomunión, lanzaba el entredicho contra todos los lugares en que residiese el Staufen, lo cual era una forma de legitimar cualquier insurrección contra su autoridad; al mismo tiempo, puso manos a la obra para facilitar la invasión de Sicilia por parte de un ejército avalado por la propia Sede Apostólica. Por si fuera poco, desde hacía unos meses la muerte de la esposa del emperador, Isabel, le privaba del título de rey de Jerusalén, capacitándole únicamente, y siempre que así lo aceptase la *Haute Court* de Jerusalén, para ejercer la regencia en nombre de su hijo recién nacido, Conrado. Contaba, eso sí, con el deseo de negociación de al-Kāmil, su principal baza política.

Federico II desembarcó en Palestina en septiembre de 1228 tras una escala en Chipre donde había renovado la pretensión soberana sobre la isla que el imperio germánico esgrimía desde los días de Enrique VI, cuando el canciller alemán, el obispo de Hildesheim, coronó al segundo representante de la dinastía Lusignan. Pero la posición del emperador en Tierra Santa era más que delicada. Contaba únicamente con el apoyo de su ejército, el de los comerciantes genoveses y, sobre todo pisanos, pero tenía en frente al conjunto del reino de Jerusalén, empezando por los barones que, capitaneados por Juan de Ibelin, señor de Beirut, no estaban dispuestos a dejarse avasallar en sus derechos feudales por un emperador extranjero; pero en segundo lugar, y de manera especial, contaba con la oposición de los sectores eclesiásticos, tanto del clero latino como de las órdenes militares, a excepción naturalmente de los Teutónicos. Con el recelo de los barones y sin el apoyo de la Iglesia y de su brazo armado, los freires de las milicias del Temple y del Hospital, ¿qué cruzada podría protagonizar el excomulgado emperador? En efecto, en estas circunstancias su mejor aliado era el sultán egipcio y su única salida la negociación que este le ofreció renovar casi al mismo tiempo que desembarcaba.

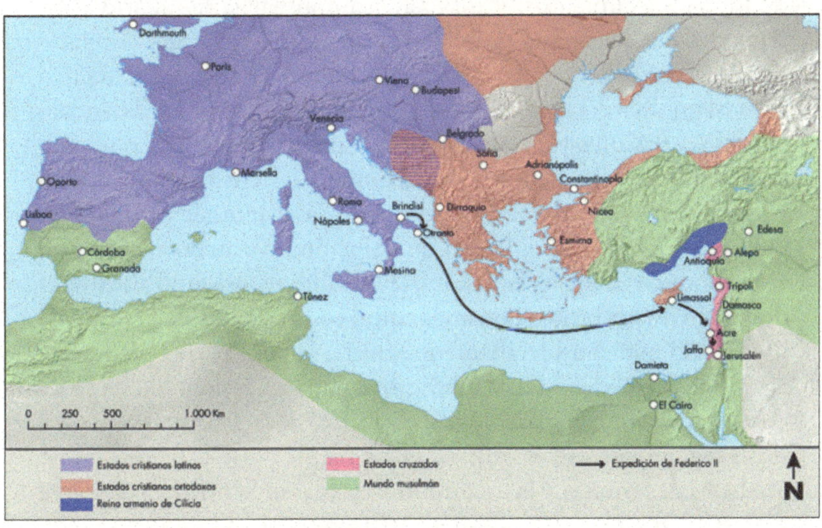

Fig. 26: Sexta Cruzada

No tardaron mucho tiempo en ponerse de acuerdo, el suficiente para que un controlado despliegue militar con amenaza de combate predispusiera a las respectivas "opiniones públicas" a la aceptación de un tratado que se venía gestando desde hacía tiempo. Por fin, sin que se llegara a producir un solo enfrentamiento, fue suscrito en Jaffa a mediados de febrero de 1229, y en él, además de una tregua de diez años –el máximo que el islam permitía fijar–, se estipulaba la devolución de Jerusalén y Belén a los cristianos, asegurando a la capital un pasillo de acceso a la costa por Lydda, que lógicamente también se reintegraba al control cristiano; se les devolvía igualmente el occidente de Galilea, Nazaret incluido, y la región costera de Sidón. Al-Kāmil, finalmente, quiso resguardar sus espaldas de las iras del fundamentalismo religioso reservándose el control de la explanada jerosolimitana del Templo, donde se hallaban los santuarios de la *Cúpula de la Roca* y la mezquita de al-Aqsa, y el libre acceso de todos los creyentes musulmanes a dichos santuarios.

La firma del acuerdo no suscitó las positivas reacciones que los firmantes esperaban. En realidad, resultaba difícil entender el curso de los acontecimientos, y más aún comprobar la familiaridad de trato con que llegaron a intimar el emperador y el sultán. Ninguno de ellos se caracterizaba por su fervor religioso, en especial el Staufen cuya islamofilia era bien conocida y no dejaba de producir escándalo entre los cristianos y cierta perplejidad preventiva entre los musulmanes. ¿Qué podía pensarse de un emperador cristiano que, según se decía, había soñado durante años con pisar Jerusalén para poder escuchar a los muecines llamar a la oración invocando al atardecer el nombre de Alá? No es extraño que, aunque al-Kāmil sufriera el desprecio de sus propios imames como consecuencia de la firma de un tratado que consideraban entreguista, la peor parte se la llevara el emperador Federico. Las nuevas fronteras del restaurado reino de Jerusalén resultaban inviables sin el control de la Transjordania, y el infiel seguía presente en la *Ciudad Santa*.

Lejos de levantarse la excomunión contra el Staufen, el patriarca de Jerusalén, creyendo interpretar el ánimo del papa, amenazó con poner en entredicho la propia capital del reino si, como en efecto ocurrió, el emperador intentaba hacer su entrada solemne en ella. La recepción no pudo ser más fría. Arropado únicamente por su ejército y los caballeros teutónicos, contra todo derecho y haciendo caso omiso de las tradiciones del reino, se autocoronó rey en el Santo Sepulcro sin que ninguna ceremonia religiosa legitimara el acto. La posición personal y política del emperador se hacía insostenible, y en seguida decidió abandonar Palestina. Lo hizo el primer día del mes de mayo de 1229, en medio de la más irrespetuosa de las despedidas, no sin antes haber nombrado a un par de gobernadores afectos para que hicieran lo posible por mantener los intereses stáuficos en un reino recuperado con tan escaso entusiasmo.

NOTAS BIBLIOGRÁFICAS

La interpretación más espiritual del cambio cualitativo operado en el movimiento cruzado a partir de la batalla de Hattin, en J. RICHARD, "1187: Point de départ pour une nouvelle forme de la croisade", en B.Z. Kedar (ed.), *The Horns of Hattin,* Variorum, 1992, pp. 250-260. En relación con el importante tema de la fiscalidad cruzadista, vid. B.Z. KEDAR, "The general tax of 1183 in the crusading kingdom of Jerusalem: innovation or adaption?", *English Historical Review,* 89 (1974), pp. 339-345; reed en Id., *The Franks in the Levant, 11th to 14th Centuries,* Variorum, 1993, VII. Sobre la inclusión de esa fiscalidad cruzadista en los programas de los reyes de Francia e Inglaterra: J. BALDWIN, *Philippe Auguste et son goubernement. Les fondations du pouvoir royal en France au Moyen Âge,* Fayard, 1991, pp. 81-83, y W.L. WARREN, *Henry II,* Londres, 1991, pp. 607-608. Vid. asimismo H.E. MAYER, "Henry II of England and Holy Land", *The English Historical Review,* 97 (1982), pp. 721-739; reed. en Id., *Kings and Lords in the Latin Kingdom of Jerusalem,* Variorum, 1994, X.

Una muy buena descripción de la iniciativa cruzada de Federico I en F. CARDINI, *Barbarroja. Vida, triunfos e ilusiones de un emperador medieval,* Barcelona: Ediciones Península, 1987, pp. 270-284. Es interesante consultar también la obra más reciente de J. FREED, *Frederick Barbarossa: The Prince and the Myth.* New Haven, CT: Yale University Press, 2016. Sobre el *Ludus de Antichristo* y el papel que en él juegan el emperador y el rey de Jerusalén, vid. J. WRIGHT, *The Play of the Antichrist,* Toronto, 1967, en especial pp. 70-73. Para el tema de los fines propagandísticos de la supuesta carta enviada por Federico I a Saladino, vid. B.Z. KEDAR, *Crusade and misión. European Approaches toward the Muslims*, Princeton University Press, 1984, p. 70.

La figura central de la *tercera cruzada* es, sin duda, Ricardo *Corazón de León.* Es muy importante tener en cuenta los distintos trabajos que sobre su reinado y contexto ambiental publicó J. Gillingham, *Ricardo Corazón de León*, Madrid: Sílex, 2012 (trad. a partir de la edición original ampliada de 2002), así como la monografía de J. Flori, *Ricardo Corazón de León, el rey cruzado*, Barcelona: Edhasa, 2002 (orig. francés de 1999). Concretamente la noticia de la conversación de ribetes apocalípticos que habría mantenido el rey Ricardo con Joaquín de Fiore, en los relatos de Roger de Hoveden de su *Gesta regis Henrici [et] regis Ricardi* (ed. W. Stubbs, *The Croniche of Reigns of Henri II and Richard I*, Londres, 1867), II, pp. 151 y ss; y *Chronica* (ed. W. Sttubs, Londres, 1868-1871) III, p. 75 y ss. Sobre el otro gran protagonista de la cruzada, Felipe II Augusto, rey de Francia pueden seguir consultándose J. Baldwin, *The Governement of Philip Augustus. Foundations of French Royal Power in the Middle Ages*, University of California Press, 1986, y J. Bradbury, *Philip Augustus, King of France, 1180-1223*, London & New York: Longman, 1998. Sobre el sitio de Acre contamos con una monografía reciente: J.D. Hosler, *El sitio de Acre, 1189-1191. Saladino, Ricardo Corazón de León y la batalla que decidió la Tercera Cruzada*, Barcelona: Edhasa, 2019 (orig. inglés 2018). La revista *Desperta Ferro. Antigua y Medieval* dedicó dos monográficos, 58 (2020) y 68 (2021) a la *tercera cruzada*.

Para todo lo relativo a la particular personalidad de Joaquín de Fiore y su pensamiento escatológico, en parte relacionado con la *tercera cruzada*, pueden consultarse: A. Rucquoi, "No hay mal que por bien no venga: Joaquín de Fiore y las esperanzas milenaristas a fines de la Edad Media", *Clío & Crimen* 1 (2004), pp. 217-240; G.L. Potestà, *El tiempo del Apocalipsis. Vida de Joaquín de Fiore*, Trotta, 2010 (orig. italiano 2004), pp. 259-262; y O. Groppa, "Historia y escatología en Joaquín de Fiore", *Stromata* 67 (2011), pp. 219-244.

El desarrollo de la *cuarta cruzada* puede seguirse a través de algunas obras específicas que constituyen referencia casi obligada. Tal es el caso de D.E. Queller, *The Fourth Crusade. The Conquest of Constantinople, 1201-1204*, 1978; D.E. Queller and TH. F. Madden, *The Fourth Crusade. The conquest of Constantinople*, University of Pennsylvania, Philadelphia, 1997; y, sobre todo, J. Phillips, *La cuarta cruzada y el saco de Constantinopla*, Barcelona: Crítica, 2005 (orig. inglés 2004). La bibliografía sobre la discutible planificación originaria de la cruzada y su ulterior rectificación es abundante, pero antes que nada es preciso aclarar la posición de la Sede Apostólica liderada por el gran Inocencio III que cuenta con una breve pero clarificadora monografía, la de J. Sayers, *Innocent III, leader of Europe, 1198-1216,* 1994; otra especialista, B. Bolton, ha reunido estudios sobre el papa que permiten clarificar aspectos relativos a las sucesivas cruzadas por él predicadas: *Innocent III: Studies on Papal Authority and Pastoral Care,* Variorum, 1995.

Por su parte, el complejo debate historiográfico planteado en torno a las verdaderas intenciones que motivaron la *cuarta cruzada* fue muy bien resumido hace ya muchos años por D.E. Queller y S.J. Straton, "A Century of Controversy on the Fourth Crusade", *Studies in Medieval and Renaissance History,* 6 (1969), pp. 235-277. El pasaje de la *Crónica de Morea* que atribuye responsabilidades al papa acerca del destino de la cruzada, en J.M. Egea (ed.), *La Crónica de Morea,* Madrid, 1996, pp. 25-26.

Sobre las "cruzadas de los niños", vid. una primera voz crítica en P. Raedts, "The Children's Crusade of 1212", *Journal of Medieval History,* 3 (1977), pp. 279-323; es conveniente consultar también G. Dikson, *The Children' crusade. Medieval History. Modern Mythistory,* Palgrave Macmillan, 2008. En relación con la preparación y convocatoria de la *quinta cruzada* puede resultar útil revisar la documentación del IV Concilio de Letrán que básicamente se encuentra, traducida al castellano, en R. Foreville, *Historia de los Concilios Ecuménicos, 6/2. Lateranense IV,* Vitoria, 1973, pp. 139 y ss. Contamos, además, con un importante libro colectivo sobre la faceta cruzadista del concilio: J. Bird y D. Smith (eds.), *The Fourth Lateran Council and the Crusade Movement. The Impact f the Council of 1215 on Latin Christendom and the East,* Brepols, 2018. Para el desarrollo de la cruzada tenemos la clásica obra de J.M. Powell, *Anatomy of a crusade, 1213-1221,* Philadelphia: University of Pennsylvania Press, 1986, y la más reciente y centrada en el liderazgo de Honorio III, de Th.W. Smith, *Curia and Crusade. Pope Honorius III and the Recovery of Holy Land, 1216-1227,* Brepols, 2017. Disponemos, además, de una monografía sobre el rey Juan de Brienne: G. Perry, *John of*

Brienne, King of Jerusalem, Emperor of Constantinople, c. 1175-1237, Cambridge University Press, 2013.

Por otra parte, es de gran interés la correspondencia mantenida por ese intérprete del ideario pontificio de la cruzada que fue el obispo de Acre, Jacques de Vitry; la encontramos en R.B.C Huygens y G. Duchet-Suchaux, *Jacques de Vitry. Lettres de la Cinquième Croisade,* Brepols, 1998. A los sermones de Jacques de Vitry y a los de otros predicadores del siglo XIII ha dedicado una obra monográfica Ch.T. Maier, *Crusade Propaganda and Ideology. Model Sermons for the Preaching of the Cross,* Cambridge University Press, 2000.

Sobre la cuestión concreta de la reformulación de la leyenda del *Preste Juan*, vid. J. Richard, "The *Relatio de Davide* as a source for Mongol History and the Legend of Prester John", en Ch. Beckingham y B. Hamilton (eds.), *Prester John. The Mongols and the Ten Lost Tribes*, Variorum, 1996, pp. 139-158; asimismo, deben tenerse en cuenta las obras ya citadas en el capítulo anterior de Gumilev, *La búsqueda de un reino imaginario,* en especial pp. 182-188, y de Ayala, "El Preste Juan: el 'Otro' cristiano en la frontera del mito...", pp. 155-186. Todas las fuentes relativas al fenómeno del Preste Juan y sus "actualizaciones" en K. Brewer, *Prester John: The Legend and its Sources. Compiled and translated*, Ashgate, 2015. En lo que se refiere a manifestaciones del mesianismo apocalíptico en Occidente, no conviene olvidar la clásica obra de N. Cohn, *En pos del Milenio. Revolucionarios milenaristas y anarquistas místicos de la Edad Media,* Madrid, 1981, en especial pp. 89-92 y 110-111. Por supuesto, para este y otros capítulos, debe tenerse muy presente la obra de síntesis de J. Flori, *El islam y el fin de los tiempos. La interpretación profética de las invasiones musulmanas en la Cristiandad medieval*, Madrid: Akal, 2010 (orig. francés 2007).

El protagonismo de Federico II en la *sexta cruzada* resulta evidente. Una muy buena y ya clásica monografía sobre el emperador es la de D. Abulafia, *Frederick II: a medieval emperor,* Londres, 1988. Un estudio específico sobre su expedición a Oriente, en J.H. Pryor, "The Crusade of Emperor Frederick II, 1220-29: The Implications of the Maritime Evidence", *The American Neptune,* 52 (1992), pp. 113-132.

8.
EL FIN DE LA PRESENCIA CRISTIANA EN TIERRA SANTA

LA DEFINITIVA CAÍDA DE JERUSALÉN

La intervención de Federico II en Tierra Santa trajo consigo, directa o indirectamente, consecuencias muy graves para el futuro de la presencia de los cristianos en ella. De hecho, los quince años que transcurren entre su regreso a Occidente en 1229 y la irreversible derrota de La Forbie en 1244, son los de la descomposición institucional y política de la monarquía jerosolimitana, cuya capital, la *Ciudad Santa*, referente y símbolo de todo el movimiento cruzado, es entonces definitivamente perdida para la cristiandad.

LAS POLARIDADES DEL REINO Y LA "CRUZADA DE LOS POETAS"

En efecto, aquella intervención exacerbó los contradictorios intereses que desde hacía décadas tensaban el ambiente de los territorios francos. Podemos hablar, en principio, de tres polaridades de creciente intensidad y que se muestran resueltamente insuperables en el periodo que comentamos. Son ellas, mucho más que la fragmentada realidad en que vivía el entorno islámico, las que acabaron con la propia presencia cristiana en Jerusalén.

La primera de esas polaridades la genera una clase aristocrática situada al frente de las baronías palestinas, consciente de su protagonismo institucional y de su fuerza política, y enfrentada a un principio monárquico de autoridad que pretendió ser revitalizado en toda su crudeza por el régimen stáufico. En efecto, desde finales del siglo XII la poderosa nobleza local, privada de buena parte del antiguo solar del reino de Jerusalén amputado por Saladino, recompuso sus patrimonios, y en alguna medida los incrementó, procediendo a la colonización señorial del recién constituido reino de Chipre. Este había sido una creación de Ricardo *Corazón de León* que conquistó la isla en 1191. Desde entonces, y con independencia de que el imperio alemán impusiera en ella su soberanía antes de finalizar aquel siglo, Chipre fue un gran punto de apoyo para la Siria franca, base de avituallamiento expedicionario y, sobre todo, fuente de rentas para una buena parte de las más destacadas familias palestinas cuyos patrimonios se hallaban a caballo entre la isla y el continente. El ejemplo de los Ibelin es suficientemente ilustrativo. Emparentados con las dinastías jerosolimitana de los Anjou y chipriota de los Lusignan, su mentor, Juan, el "viejo señor" de Beirut, actuó durante mucho tiempo como cabeza del "partido de los barones" y garante de sus libertades y privilegios. Había sido condestable y más tarde regente del reino de Jerusalén, y fue el líder de la oposición antigermana. Contra él se dirigió la furia del representante alemán, Ricardo Filangieri, que en 1231 Federico II, reconciliado con el papa, había enviado a Tierra Santa para controlar la regencia que ejercía en nombre de su hijo Conrado. Y en torno a él se organizaron también los nobles que hicieron de la *Haute Court* el muro de protección constitucional frente al autoritarismo de Filangieri. El resultado fue el del enfrentamiento civil, tanto en Chipre como en los dominios continentales de Jerusalén. El conflicto fue más grave en estos últimos en los que se prolongó algunos años después de la muerte de Juan de Ibelin en 1236.

La segunda de las polaridades que contribuyeron a precipitar la caída de Jerusalén y a destruir su antiguo reino, es la que enfrentaba los intereses de las distintas repúblicas italianas que competían por el control del tráfico mercantil en la zona. En este momento la rivalidad de genoveses y pisanos primaba sobre cualquier otra, adecuándose al contexto de enfrentamiento civil en que se vivía. Así, mientras los genoveses apoyaban al "partido de los barones", los pisanos se hallaban firmemente alineados con los intereses germánicos. No es fácil comprender este creciente protagonismo comercial desligándolo del nacimiento de auténticos patriciados urbanos como el que en Acre estimuló la formación de la comuna que se puso a las órdenes de Juan de Ibelin para resistir la amenazadora y competitiva presencia de Filangieri en la ciudad portuaria de Tiro, cuartel general del germanismo stáufico.

Finalmente, la tercera de las polaridades es la que enfrentaba, por muy diversas consideraciones políticas y económicas, a las grandes órdenes militares entre sí, especialmente a templarios y hospitalarios. Su inicial antagonismo respecto a Federico II, que nada más regresar a Occidente les había despojado de no pocos de sus bienes en Sicilia, los mantuvo unidos en un común recelo. Sin embargo, el formal apoyo del papa, con que el emperador contaba a raíz del tratado de San Germano de 1230, los situó en un primer momento al margen de la confrontación que mantenían los partidarios de los barones y los del régimen stáufico, entre los que, naturalmente, formaban parte activa los freires de otra orden militar, la de los Teutónicos. Pero esa inactividad neutral y convergente no iba a durar mucho. Es cierto que, como tiende a matizar la actual historiografía especializada, no conviene simplificar hasta el reduccionismo en lo que se refiere a enfrentamientos entre templarios y hospitalarios; y es también verdad que no procede alinear sin más a los primeros con las tesis feudalizantes de los barones y a los segundos con el centralismo de un poder real fuerte. Pero de lo que no cabe duda –Barber lo ha subrayado– es de que templarios y hospitalarios eran inevitables competidores en la posesión de bienes cada vez más escasos en la debilitada Siria de los francos, y es precisamente esa inevitable competitividad la que les llevó a enfrentarse de manera muy especial entre 1240 y 1244 defendiendo alianzas estratégicas entre los divididos musulmanes de muy diverso signo: mientras los templarios abogaban por un acercamiento, tradicional por otra parte, hacia los ayyubíes damascenos, los hospitalarios consideraban mucho más ventajoso el alineamiento con los ayyubíes egipcios. Ambos se enfrentaron seriamente por defender sus respectivas posturas y ambos extrajeron de ellas ventajas más que considerables: gracias a sus tratos con los damascenos, los templarios, por ejemplo, recuperaron en 1240 la fortaleza de Safed y con ella el control de toda la alta Galilea.

Fue precisamente la división de los musulmanes lo que permitió a la no menos dividida realidad franco-latina sobrevivir todavía algún tiempo manteniendo bajo su teórico control la ciudad santa de Jerusalén. No iba a ser, en efecto, mucho tiempo, pero sí el suficiente como para que, en un nuevo contexto de ruptura con Federico II, el papa Gregorio IX hubiera predicado una nueva cruzada en 1239, el año en que expiraban las treguas establecidas en su momento entre el emperador y al-Kāmil. La historiografía tradicional no quiso reconocer a esta nueva expedición el numeral acreditativo de las que fueron más sobresalientes, pese a que todo un rey la encabezaba, Teobaldo I (1234-1253), rey de Navarra y conde de Champagne. Le acompañaba el duque Hugo de Borgoña y un buen plantel de caballeros entre los que no faltaban trovadores de fama como el propio rey o Felipe de Nanteuil. Por eso René Grousset la calificó como "una cruzada de poetas". En realidad, no fue mucho más que eso. Pese a la importante movilización militar que supuso, sus resultados fueron más que escasos. Fracasó en las cercanías de Gaza donde quedaron en el campo de batalla más de mil cruzados mientras otros seiscientos eran conducidos como prisioneros a Egipto, entre ellos el poeta Felipe de Monteuil que ya no vivió más que para acusar a las órdenes militares del fracaso de una expedición que habían considerado imprudente. La cruzada ni siquiera pudo evitar que los musulmanes ocuparan momentáneamente y saquearan Jerusalén en el transcurso de aquel aciago año de 1239. Apenas unos meses después, en septiembre de 1240, Teobaldo, humillado, abandonaba Palestina.

LOS JWARIZMÍES Y LA BATALLA DE LA FORBIE

Los acontecimientos no tardarían en precipitarse, comenzando por el fin de la presencia de la autoridad stáufica en Palestina. En efecto, en 1243, a raíz de la mayoría de edad del joven rey de Jerusalén, Conrado, el hijo de Federico II que no tenía la más mínima intención de trasladarse a Oriente, el representante imperial, Filangieri, intentó un golpe de efecto consistente en la ocupación de Acre, capital de la resistencia de los barones. Contaba con el apoyo de los hospitalarios, celosos de la identificación de los templarios con la estrategia de la nobleza. Pero la tentativa fue un fracaso, y Filangieri hubo de abandonar precipitadamente Palestina. El triunfo de la clase señorial era evidente, y no tardarían en imponerse los puntos de vista de los templarios en lo que se refería a estrategias a seguir frente al entorno islámico. Fue este el principio del fin.

La muerte del sultán al-Kāmil en 1238 había precipitado la descomposición del régimen ayyubí en una complejísima crisis que, básicamente como ya sabemos, escindió el antiguo imperio en dos grandes zonas de influencia, la siria o damascena y la egipcia, y ello tuvo lugar en un delicado momento en que nuevos pueblos de origen asiático irrumpieron en el escenario del Próximo y Medio Oriente. Más adelante volveremos sobre ellos, concretamente sobre los mongoles. Baste ahora indicar que su amenazadora presencia en la meseta iraní había obligado a evacuar de ella a los pueblos turcos que la ocupaban, ejerciendo una creciente presión sobre Iraq, Anatolia y la Siria islámica. A uno de esos pueblos ya lo conocemos, el de los turcos jwarizmíes, cuyo efímero imperio situado sobre las ruinas del Gran Imperio Selyúcida, concretamente sobre la provincia de Jwarizm (Amu-Daria), había sido prácticamente destruido hacia 1220. Los jwarizmíes, obligados a evacuar la zona, descabezados y sin un control político bien definido, comenzaron una larga carrera de desestabilizador nomadismo militar por la zona septentrional de Mesopotamia, al servicio siempre del pagador más solvente. Los ayyubíes, divididos y preocupados por el avance mongol, no dudaron en apoyarse en estos temibles mercenarios. Lo hicieron concretamente los ayyubíes egipcios que, de este modo, deseaban contrarrestar la firme alianza que los francos, por mediación templaria, habían establecido con los ayyubíes sirios.

Fue en el contexto de este juego de intereses cruzados en el que Jerusalén fue arrasada y definitivamente perdida para la cristiandad. En efecto, en julio de 1244, y atendiendo a la llamada de los ayyubíes egipcios, los jwarizmíes, desde Edesa, marcharon hacia Damasco e invadieron Palestina. Jerusalén estaba en el objetivo de mira. La rápida reacción del patriarca de la ciudad y la activa colaboración de los maestres templario y hospitalario, ahora unidos ante la catástrofe que se avecinaba, no pudieron salvar la *Ciudad Santa*. La resistencia duró poco más de un mes, pero la crueldad de los asaltantes, que superaba con mucho la de cualquier otro poder islámico anterior, hizo estragos. La matanza indiscriminada de cristianos afectó prácticamente a toda la población excepto a unas trescientas personas que lograron ponerse a salvo en Jaffa. El Santo Sepulcro fue incendiado y las tumbas de los reyes profanadas. Los símbolos del reino quedaban de este modo destruidos.

En un desesperado intento, las fuerzas cristianas se reagruparon en Acre bajo el liderazgo de los barones y el apoyo de los ayyubíes sirios. Se trataba de alcanzar a los jwarizmíes que marchaban a reunirse con el grueso del ejército ayyubí egipcio concentrado en Gaza. La tropa reunida por los cristianos era, sin duda, la más numerosa de cuantas hasta aquel momento habían podido organizar los francos en la ya larga historia de la cruzada, probablemente mayor que la de Hattin. Contaba con más de medio millar de caballeros laicos y una cifra sensiblemente superior de freires de órdenes militares: unos seiscientos templarios y hospitalarios y cerca de cuatrocientos entre teutónicos y lazaristas. Sin duda, era todo el potencial movilizable por lo que quedaba de reino de Jerusalén. Sin embargo, el ejército egipcio, coaligado con el jwarizmí, aunque probablemente equivalente en número, se hallaba muy bien cohesionado por el indiscutible liderazgo militar de un joven emir mameluco, Rukn al-Dīn Baybars al-Bunduqdāri. Estaba concentrado en una aldea cercana a Gaza llamada Herbiya o La Forbie. El choque, el 17 de octubre de 1244, fue rápido y espectacular. De resultas de él los sirios abandonaron el campo de batalla y los cristianos fueron literalmente barridos. El número de bajas fue extraordinariamente elevado, entre ellas las del arzobispo de Tiro, el obispo de Ramleh y el maestre del Temple, aunque es posible que la desaparición de este último, como la del maestre del Hospital, fuera fruto del cautiverio. En un documento redactado por el "maestre interino" de los templarios, Guillermo de Rochefort, se dice que solo sobrevivieron treinta y tres templarios, veintiséis hospitalarios y tres caballeros teutónicos.

El sultán egipcio Ayyub (1240-1249) fue el gran vencedor. A raíz de su victoria, pudo deshacerse de sus peligrosos aliados jwarizmíes, obtener el control de Damasco reunificando el imperio ayyubí y redondear la ofensiva frente a los cristianos arrebatándoles Galilea oriental y, lo que era mucho peor, el estratégico enclave portuario de Ascalón (1247). La presencia cristiana en *Tierra Santa* era ya un regalo que no podía prolongarse por mucho más tiempo.

LA *SÉPTIMA CRUZADA*: EL FRACASO EGIPCIO DE SAN LUIS

Cuando Luis IX de Francia (1226-1270) decidió consagrarse mediante voto solemne a la empresa cruzada, las noticias de la caída de Jerusalén y del desastre de La Forbie casi con toda seguridad no habían llegado a Occidente. Su decisión, firmemente adoptada aquel año de 1244 a raíz de una grave crisis de salud, fue pues espontánea, más relacionada con la imagen idealizada de rey cristiano que siempre encarnó, que con los concretos avatares políticos del panorama internacional. De hecho, se ha llegado a afirmar que la cruzada, expresión fiel de esa idealizada imagen, fascinó hasta tal punto al monarca que la llegó a convertir en el referente condicionador de toda su política. Le Goff, el último gran biógrafo de san Luis, aun moderando la eventualidad de tal perspectiva, no duda en afirmar que la cruzada fue una de las ideas centrales del reinado.

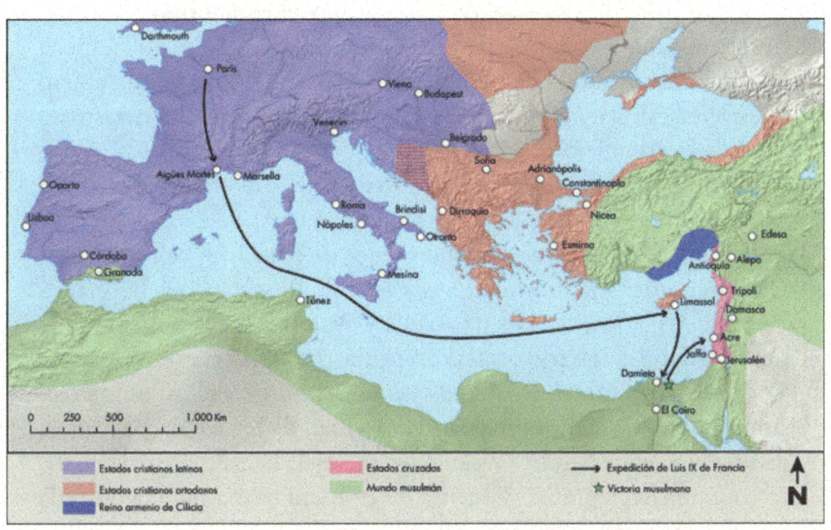

Fig. 27: La séptima cruzada

Como es obvio, los acontecimientos aceleraron los preparativos y, sobre todo, aconsejaron que las prisas no fueran acompañadas de improvisación. Los tres años que el rey invirtió en ultimar la expedición dieron como resultado una buena base financiera soportada fundamentalmente por las ciudades francesas, sometidas a empréstitos forzosos, y, sobre todo, por la Iglesia del reino que hubo de aceptar una exigencia tributaria de un diezmo que, como de costumbre, el clero no encajó nada bien. Templarios y banqueros italianos, especialmente genoveses, se encargarían de materializar los pagos responsabilizándose del enorme volumen de las transacciones monetarias. Sin embargo, desde un punto de vista estrictamente diplomático, el éxito no acompañó a los preparativos. El conflicto abierto entre el emperador Federico II y el papa Inocencio IV, aseguraba al rey un protagonismo total en la empresa. El Staufen, padre del teórico rey de Jerusalén, Conrado II, fingió apoyar el proyecto, pero en realidad envió aviso de lo que se preparaba a sus amigos musulmanes, y el pontífice, aunque no dejó de ordenar la predicación de la cruzada en Francia, a la hora de la verdad no consintió desviar ninguna suma significativa de la vigésima de cruzada que el concilio de Lyon había autorizado en 1245 y que Inocencio deseaba destinar a su lucha contra el emperador. La actitud del papa no dejaría de ser objeto de severas críticas cuando, más adelante, se conociera el desastroso final de la expedición.

El numerosísimo ejército reunido por san Luis era prácticamente francés, y pudo rondar los veinte mil hombres, de los que dos mil quinientos serían caballeros y no menos de cinco mil ballesteros. Al rey le acompañaba su mujer, Margarita de Provenza, sus hermanos Roberto y Carlos, condes de Artois y Anjou respectivamente, y la plana mayor de la aristocracia francesa presidida por el duque de Borgoña y los condes de Bretaña y Flandes; junto a ellos, numerosísimos nobles de menor categoría como Juan de Joinville, el entonces joven senescal de Navarra y que ya en su vejez, hacia 1309, redactó ese testimonio hagiográfico y fuente de primera mano para la cruzada que fue su *Histoire de Saint Louis*.

Tan impresionante contingente arribó a Chipre en septiembre de 1248, y allí se le unieron los maestres de las órdenes militares y un significativo número de barones sirios. El objetivo iba a ser Egipto y es que, como se vio con claridad en los días de la *quinta cruzada*, era evidente, en expresión de Grousset, que las llaves de la *Ciudad Santa* estaban en El Cairo. Desde luego, era la plataforma fundamental del reconstruido imperio ayyubí.

La espera en Chipre fue larga, pues era preciso aguardar condiciones climáticas favorables. Al fin, la cruzada partió para la costa egipcia en la primavera del año siguiente de 1249, y en junio el centenar largo de los pesados navíos de transporte cristianos anclaba frente a Damietta. Los musulmanes repitieron estrategias del pasado: evacuaron Damietta atrayendo a los cristianos al sur del Delta para detenerlos, mucho antes de alcanzar El Cairo, en las fangosas tierras de al-Mansurah. La previsión volvió a dar fruto, aunque en esta ocasión la detención de los cruzados en Damietta fue lo suficientemente larga como para establecer un obispado, asignar barrios a los mercaderes italianos y proceder al repartimiento de bienes entre los integrantes del cuerpo expedicionario. También ahora hubo un ofrecimiento tentador por parte del sultán: Jerusalén a cambio de Damietta, y también ahora fue rechazado. Luis IX, al menos en su etapa de cruzado primerizo no admitía tratos con el infiel, y con toda probabilidad eso es precisamente lo que buscaba el sultán, en ese momento agonizante; en efecto, un ofrecimiento de estas características mostraba una debilidad que invitaba a proseguir la conquista. Fuera por esta razón, o sencillamente porque la muerte de Ayyub lo parecía aconsejar, lo cierto es que las tropas de los cruzados avanzaron en dirección a al-Mansurah. Allí se consumó el desastre.

Como tantas veces ese desastre fue fruto de provocadoras imprudencias. En esta ocasión la protagonizada por el conde Roberto de Artois que comandaba, junto a los templarios, la vanguardia expedicionaria. De resultas de la temeridad cometida, el conde y buena parte de sus efectivos fueron masacrados obligando a intervenir a destiempo al rey y al grueso del ejército. Los enfrentamientos, desarrollados en febrero de 1250, no fueron favorables a los cruzados, quienes, según Joinville, se resintieron de modo especial de los terribles chorros de nafta que los musulmanes proyectaban sobre ellos: "El aspecto del fuego griego es tal que la parte delantera llegaba tan grande como un tonel de agraz, y la cola de fuego que partía de ahí era tan grande como una gran lanza. Y hacía tal ruido al venir que parecía que fuese el rayo del cielo; parecía un dragón que volase por el aire. Lanzaba tan gran claridad que se veía en el campamento como si fuese de día". Pero lo peor estaba por venir. El nuevo sultán, Turan Shah (1249-1250), hijo del anterior, llegó a tiempo para liderar el combate, y este se intensificó a partir de la primavera, coincidiendo con hambre y brotes de todo tipo de enfermedad entre los cristianos.

Una retirada ordenada fue imposible, y los egipcios capturaron a buena parte de los cruzados, y aunque los más débiles fueron muertos, obviamente al rey, muy enfermo, le fue respetada la vida, siendo cubierto de cadenas. Las condiciones para su rescate y el de sus hombres fueron durísimas, pero una vez negociadas se produjo un hecho de profundas consecuencias políticas: una revolución palaciega acabó con el corto reinado, y también con la vida, del sultán Turan Shah en 1250. La protagonizaron los *mamluk* o mamelucos, antiguos esclavos blancos de origen turco educados para la milicia en la que solían ser liberados. Habían sido profusamente empleados por los ayyubíes egipcios hasta el punto de formar una privilegiada casta militar que vio peligrar su posición al acceder al poder el nuevo sultán, más inclinado a favorecer sus apoyos sirios. Se instauró así un duradero régimen mameluco en Egipto cuyo primer sultán, un viejo caudillo militar, Aybak (1250-1257), se apresuró a confirmar las lucrativas cláusulas de la liberación de Luis IX y los cruzados.

EL EPÍLOGO DE LA CRUZADA: CRISIS DE LAS CONCIENCIAS Y GUERRA CIVIL

A estas alturas era bastante evidente que la presencia de personalidades del Occidente en Tierra Santa no contribuía a solucionar los problemas de Palestina. Se vio con claridad en el caso de Federico II, y no sería menos evidente en el de Luis IX. Cuando el monarca francés fue liberado y desembarcó en Acre, adoptó la firme solución de no abandonar Tierra Santa hasta poder restañar algunas de las heridas que su fracasada cruzada había provocado o podía provocar en el futuro. Fue una decisión responsable y extraordinariamente valiente, pero resultó inútil.

"LA CRUZADA DE LOS PASTORES"

La cruzada de san Luis supuso un golpe mortal para la conciencia del movimiento. Ahora no era fácil como en otros tiempos achacar el fracaso a los pecados de los hombres, a sus envidias y ambiciones. Luis IX era un hombre cabal, y todos reconocían en él la grandeza de la honestidad, incluso sus enemigos. Era el momento de plantearse seriamente si la cruzada podía ser el camino realmente adecuado y querido por Dios para defender la cristiandad. No faltaron mentes sensatas que lo hicieron seriamente. Pero como en todos los contextos críticos para la conciencia colectiva, aquel era también el momento en que el milenarismo apocalíptico, arraigado en el más profundo sentimiento popular, dio rienda suelta a sus esperpénticas manifestaciones.

Una de ellas fue precisamente la del movimiento de los *pastoureaux* de 1251. Cuando comenzaron a llegar a Occidente las noticias del fracaso cruzado y del cautiverio del rey, constatándose que no regresaba junto al grueso de los cruzados vencidos, se activaron los mecanismos de respuesta popular estimulados por los santones y predicadores de siempre. Así ocurrió en la Francia del norte en la Cuaresma de 1251, cuando un antiguo monje probablemente cisterciense llamado Jacob, y conocido como el "maestro de Hungría" porque se decía que esta era su procedencia, comenzó a predicar al pueblo mostrándole una carta que le había entregado en persona la Virgen y en la que se decía que debían ser las gentes más sencillas, pastores y boyeros, los encargados de ayudar al rey Luis a liberar el Santo Sepulcro. El viejo motivo de la incapacidad de los ensoberbecidos señores para hacer triunfar la causa de Dios reaparecía ahora con fuerza: los pastores habían sido los primeros receptores del anuncio del nacimiento del niño Dios, y serían también ellos los encargados de permitir que se manifestara su gloria. Pronto varios miles de jóvenes pastores, hombres y mujeres, a los que se unieron desclasados, prostitutas y huidos de la justicia, comenzaron una marcha errante por pueblos y ciudades que acabaría desembocando en la orilla de un mar que, como pensaron los niños "cruzados" de hacía más de una generación, se abriría para permitirles alcanzar andando las costas de Palestina.

Igual que entonces, la ingenuidad popular consideraba santos a los nuevos cruzados, y su credulidad milagrera ponía ante ellos a enfermos desesperados de curación. Jacob no ahorraba críticas al clero y a la Iglesia de Roma, y en su proceso de endiosamiento personal se proclamaba único mediador veraz entre Dios y los hombres. Los sacramentos no tenían sentido, y ciertos pecados, como el asesinato de un sacerdote, se lavaban con la simple ingestión de un vaso de buen vino. El pueblo de Amiens los recibió con entusiasmo, y no menor fue el de París, donde parece que, sorprendentemente, la reina regente, Blanca de Castilla, no dejó de caer, al menos inicialmente, bajo la fascinación del "maestro de Hungría". Pero pronto los excesos se materializaron en escenas de violencia y pillaje. Los sacerdotes eran asesinados y los frailes mendicantes eran objeto de especial saña; sus cuerpos mutilados eran arrastrados por las calles de Tours, Orleans y del propio París.

El movimiento de los *pastoureaux* se extendía como una plaga con el apoyo o al menos la indiferencia cómplice de sectores populares y burgueses. El gobierno de la regencia reaccionó entonces con dureza, y en Bourges comenzó a cambiar la suerte del "maestro de Hungría" quien, víctima de sus propios excesos, hubo de huir precipitadamente de la ciudad muriendo descuartizado a manos de la misma furia popular que él, irresponsablemente, había contribuido a excitar. Tras su muerte, y un conato de extensión por los dominios continentales e incluso insulares del rey de Inglaterra, el movimiento se extinguió.

LA "GUERRA DE SAN SABAS" Y SUS CONSECUENCIAS

Todos estos sucesos eran ajenos a las preocupaciones del recién liberado rey de Francia que permanecería en Palestina hasta que en abril de 1254 hubo de volver a Occidente reclamado por la gravedad de los acontecimientos de su reino, privado desde hacía poco tiempo de la enérgica regencia de su madre, la reina Blanca.

Como ya hemos indicado, la estancia de san Luis en Tierra Santa no fue muy provechosa. Es cierto que, presionados por la amenaza mongola, tanto el triunfante régimen mameluco de Egipto como los últimos ayyubíes de Siria competían por establecer acuerdos con el disminuido poder de los francos. Ninguna de esas negociaciones trajo consigo resultado positivo alguno, como tampoco las embajadas enviadas por Luis IX a la nebulosa corte de los mongoles, y mucho menos aún la más que cuestionable alianza que el rey cristiano estableció con la secta más disolvente del siísmo ismailí, la de los "asesinos". El rey había superado los iniciales escrúpulos hacia la negociación con el infiel, pero esta actitud más realista y pragmática no aportó el más mínimo efecto estabilizador para lo que quedaba del reino de Jerusalén. En efecto, muy poco después de zarpar de Acre, una guerra civil, especialmente cruenta y de muy negativos efectos económicos, se enseñoreó de la Siria cristiana.

Aquel mismo año de la partida de san Luis, 1254, moría el primer rey de Jerusalén que no llegó nunca a poner un pie en Tierra Santa, Conrado, el hijo de Federico II. A Conrado le sucedería, a su vez, su jovencísimo hijo de igual nombre pero que ha pasado a la historia con el diminutivo de Conradino. Al igual que el padre, nunca llegaría a conocer Palestina. Los francos sabían que navegaban hacia la deriva, que ya nadie querría ocupar un trono vacío de poder, y que más valía procurarse los últimos beneficios de una empresa que política y espiritualmente estaba muerta. Al menos, los comerciantes italianos que continuaban negociando en la costa siria así lo entendieron. Fue entonces cuando recrudecieron sus ya tradicionales rivalidades y con ellas encendieron la mecha que destruiría lo que quedaba del reino.

Por lo pronto, desataron una guerra civil, especialmente intensa en sus cinco primeros años de desarrollo, pero que en realidad permanecería más o menos latente durante más de una década. El motivo inmediato, casi anecdótico, del enfrentamiento fue la pugna por la posesión del viejo monasterio de San Sabas, en la ciudad de Acre; el monasterio y sus casas adyacentes estaban situados en la cima de la colina de Montjoie, la que separaba el barrio genovés del veneciano. El motivo de fondo, sin embargo, no era otro que la competencia que ambas repúblicas mercantiles proyectaban sobre las actividades comerciales en la cuenca oriental del Mediterráneo. A comienzos de 1256 los genoveses ocuparon violentamente el monasterio y barrio circundante de San Sabas. La respuesta veneciana no se hizo esperar, y toda la ciudad de Acre fue pasto de un cruel enfrentamiento entre los miembros de las dos colonias italianas. El protagonismo de estas oligarquías comerciales era tal que su frontal oposición se propaló al resto de las exiguas posesiones francas comprometiendo a los más diversos estamentos del reino, en especial los vinculados a intereses comerciales. Los venecianos contaban con el apoyo de una buena porción del aun poderoso sector de los barones, en concreto el viejo linaje de los Ibelin que controlaba los puertos de Beirut y Jaffa; junto a ellos también se hallaban templarios y teutónicos, y tenían igualmente a su lado las colonias pisana y marsellesa de la costa siria. Frente a ellos, los genoveses estaban respaldados por Felipe de Montfort, un destacado noble emparentado con los Ibelin, pero que no veía con buenos ojos que un tercio de la ciudad de Tiro, que ahora gobernaba, estuviera desde antiguo en manos de los venecianos; a los genoveses tampoco les faltaban apoyos entre las órdenes militares y el resto de las colonias mercantiles: los hospitalarios y catalanes, por sus rivalidades históricas con templarios y marselleses, respectivamente, se contaban entre sus aliados.

Tras los primeros años de enfrentamiento se vio con claridad que Venecia acabaría ganando la partida. Los genoveses, en efecto, aunque establecidos en Tiro, fueron expulsados de Acre, lo que cabía interpretar como toda una derrota política. Pero Génova no se rindió y decidió trasladar la pugna al agonizante Imperio latino de Constantinopla. Este, como sabemos, había sido una criatura de Venecia, y fue ella la gran beneficiaria de su constitución. Ahora Génova, aprovechando las dificultades de supervivencia del gobierno latino, estableció un auténtico tratado ofensivo-defensivo con el Imperio griego rival de Nicea, concretamente con Miguel Paleólogo. El tratado, firmado en *Nymphaeum* en marzo de 1261, suponía la sustitución de Venecia por Génova en el que se adivinaba como próximo imperio griego reunificado. En efecto, los genoveses obtenían libertad perpetua de comercio en todas las provincias presentes y futuras del imperio, alcanzando privilegios insuperables en Constantinopla y el control directo sobre la ciudad de Esmirna. Los genoveses, por su parte, se comprometían a poner a disposición del nuevo emperador su flota, siempre que no fuera empleada contra el papa o sus propios aliados.

Tres meses después Constantinopla era ocupada por las tropas de Miguel Paleólogo mientras el emperador Balduino II y el patriarca y clero latinos abandonaban la capital.

Génova quedaba resarcida así de su fracaso sirio, pero la guerra no había acabado todavía. Solo la mediación en la distancia de Luis IX aplacó los ánimos, y sería en la década de 1270 cuando Génova recuperara su barrio de Acre y Venecia pudiera volver a Tiro. Para entonces la situación del Próximo Oriente había cambiado radicalmente: el factor mongol, que explica que los musulmanes no pudieran aprovechar el enzarzamiento de los cristianos para engullir sus dominios, lo había transformado todo.

EL FACTOR MONGOL Y EL RÉGIMEN HEGEMÓNICO DE BAYBARS

Los cruzados y los cristianos en general mantuvieron durante algún tiempo una actitud de contradictoria perplejidad respecto a los mongoles. El terror que infundían sus devastadoras campañas que hacia 1240 habían llegado por tierras europeas hasta las puertas mismas de Viena, disparaban los resortes más pesimistas de la imaginación. Se les identificaba con aquellos pueblos de Gog y Magog que, rebasando los muros de su infernal confinamiento, constituían, según el Apocalipsis, las hordas de Satanás dispuestas a devorar a los santos en el preanuncio del final mismo de los tiempos. Por otra parte, y en dirección completamente distinta, un insistente rumor acerca de su inminente cristianización les dotaba del halo de pueblo elegido que, resucitando las viejas esperanzas puestas en el reino del *Preste Juan*, los convertía en baza necesaria para la definitiva liberación del Santo Sepulcro y la salvación de una cristiandad permanentemente amenazada por la insidia musulmana.

UNA ELECCIÓN DIFÍCIL

Esta contradictoria perspectiva explica las reiteradas embajadas que los papas y el propio rey cruzado Luis IX enviaban a los mongoles con una indefinida pero esperanzadora ilusión. En efecto, ya en 1245

Inocencio IV había mandado a la corte mongola del gran khan a un emisario, el franciscano Juan Pian de Carpino, y poco después al dominico Ascelino. Ambos llegaron a sus destinos y trajeron consigo información e incluso algún enviado dispuesto a negociar. En cuanto a Luis IX, sabemos que en Chipre, antes de iniciar el asalto a Damietta, había recibido una embajada del gran khan Güyük (1246-1248) compuesta por dos mensajeros cristianos nestorianos que hicieron propuestas concretas de colaboración frente al islam. El rey de Francia se mostró esperanzado y contestó enviando una misión de respuesta dirigida por todo un experto en cuestiones orientales, el dominico Andrés Longjumeau. Su objetivo era concretar la eventual colaboración y enviar los regalos oportunos. La muerte de Güyük en 1248, el mismo año que enviara sus nuncios a Occidente, vació de contenido la operación diplomática de Longjumeau al que se despachó con buenas palabras y actitudes dilatorias que ponían el acento en una eventual sumisión del solícito rey de Francia al poder de los mongoles. El equívoco no arredró a Luis IX que, tras el fracaso de la cruzada egipcia, intervendría en el impulso de una nueva misión, aunque en esta ocasión de sabor más netamente evangelizador, la del franciscano Guillermo de Rubruk quien, en 1253, partía de Constantinopla hacia la corte mongola. Renovados rumores de conversiones de príncipes tártaros justificaban tan voluntarioso empeño.

La realidad, sin embargo, no permitía alimentar tantas esperanzas. Es cierto que los herederos del gran Gengis Khan, el fundador del imperio mongol muerto en 1227, se mostraron siempre respetuosos con el cristianismo y que no pocos de ellos contrajeron matrimonio con princesas cristiano-nestorianas, pero estas circunstancias no eran tanto signo de una inclinación providencial cuanto la muestra de una actitud tolerante en materia religiosa que afectaba al conjunto de todos los credos. Otra cosa es que la tradicional indiferencia religiosa de los mongoles fuera interesadamente explotada por los nestorianos que, desde sus comunidades asiáticas del Próximo y Medio Oriente, propalaban los rumores de una inminente conversión.

Lo único que resulta evidente es que el islam fue la primera gran víctima de la expansión mongola hacia Occidente. Ya hacia 1220-1223 una gran incursión devastadora, la que deshizo el imperio jwarizmí, arruinó la prosperidad cultural de las viejas tierras islámicas de Afganistán, Turkmenistán y Uzbekistán, destruyendo centros como Kabul, Bujará o Samarcanda, y alcanzando más tarde las regiones ucranianas. Años después, entre 1233 y 1241, una segunda oleada mongola arrasó Irán, y kurdos y armenios fueron aplastados bajo una horda que llegó a las puertas mismas del sultanato de Rūm, cuyas autoridades no dudaron en reconocer la soberanía mongola; las campañas prosiguieron poco después hacia los principados rusos y llegaron a Polonia, Hungría y las cercanías de Viena provocando el pánico en Europa occidental. La tercera gran oleada expansiva fue la protagonizada por un nieto de Gengis Khan, Hulagu, el que poco después sería primer responsable del Ilkhanato mongol de Persia. Fue esta tercera oleada la que transformó decisivamente el panorama próximo-oriental en los días posteriores a la *séptima cruzada*. El año que Luis IX abandonaba Palestina, en 1254, los mongoles se impusieron las metas de Irán, Iraq y Siria, y no como meros campos de razia sino como auténticos objetivos de conquista. Fue entonces cuando los mongoles destruyeron el poder de la secta de los "asesinos" en Persia acabando con ese estratégico foco de sustentación, casi legendario, que fue la fortaleza de Alamut con su biblioteca de ancestrales y esotéricos saberes. Inmediatamente después, ya en 1258, Bagdad cayó en poder de los mongoles, y estos no dudaron en poner fin al histórico califato abbasí metiendo en un saco a su último representante, el califa al-Musta'ṣim, que recibió la ignominiosa y cruel muerte de ser pateado por caballos.

Desaparecido el califato, los ayyubíes sirios, privados de legitimación política, quedaron a merced de los mongoles, mientras las viejas comunidades cristianas de georgianos y armenios se pusieron incondicionalmente del lado de Hulagu, y es que su mujer Dokuz Khatun, nestoriana, había velado en todo momento por el más escrupuloso respeto hacia las personas y los símbolos cristianos, y su general, Kitbuqa, era un cristiano, también nestoriano, que se enorgullecía de descender de uno de los tres *Reyes Magos*.

En los primeros meses de 1260 los mongoles ocupaban Alepo y Damasco. Era un momento decisivo, y los francos de los enclaves cruzados de Palestina se vieron en la necesidad de adoptar una postura definida frente a los que apuntaban como nuevos señores del Próximo Oriente. Cabían dos posibilidades, ninguna de las cuales, en principio, resultaba tranquilizadora. La primera era optar por el entendimiento con los mongoles. Desde luego, estaban dando muestras de respeto hacia el cristianismo, y no pocos fieles de las Iglesias orientales se encontraban entre sus incondicionales. El rey Hethoum I de los armenios (1226-1270), a través del príncipe de Antioquía, Bohemundo VI, que era también conde de Trípoli y que se hallaba en estrecha relación familiar y política con él, intentó influir en el ánimo de los francos para favorecer esta primera posibilidad de alianza. Pero el gobierno de Acre no lo tenía tan claro. La inclinación de los mongoles a la aceptación del cristianismo oriental no significaba en modo alguno reconocimiento del cristianismo latino y mucho menos de la Iglesia romana. La dependencia en que quedarían los francos respecto a una soberanía mongola podía distar mucho de una situación de comodidad teniendo en cuenta el abismo cultural que les separaba. En cualquier caso, este punto de vista crítico con una eventual alianza mongola era plenamente compartido por el papa Alejandro IV (1254-1261) que, antes de acabar aquel año de 1260, solicitaba el envío de expertos a la curia para adoptar las medidas necesarias contra los tártaros quienes, después de destruir el califato, estaban dispuestos a invadir el reino de Jerusalén: entre los convocados figuraban los maestres de las órdenes militares hispánicas; conservamos en concreto la carta remitida al de Calatrava.

Quedaba una segunda posibilidad, la de una alianza estratégica con los musulmanes. Más valía decantarse por lo malo conocido que por un futuro incierto y previsiblemente lleno de sorpresas. Ahora bien, en este caso la opción no la constituía el islam ayyubí de Siria, que prácticamente había ya sucumbido, sino el joven régimen mameluco de Egipto que aún se preservaba incólume. Esta posibilidad la avalaba también el interés económico. El gobierno de Acre se hallaba prácticamente en manos de los venecianos, vencedores de los genoveses en la compleja "guerra de San Sabas", y Venecia tenía importantes intereses comerciales en litoral egipcio. Indisponerse con los mamelucos echándose en brazos de los mongoles, no reportaría ningún bien al limitado panorama mercantil del empequeñecido territorio franco.

LA DECISIVA BATALLA DE AYN JALUT

La posición del gobierno de Acre acabó, pues, siendo más proclive a Egipto, pero eso no significaba que los barones latinos abandonaran su destino sin más a la causa de los mamelucos. La intervención del maestre teutónico Anno de Sangerhausen fue decisiva a la hora de adoptar la solución más prudente: cuando se produjera el inevitable enfrentamiento entre egipcios y mongoles, los francos permitirían el libre de acceso de las tropas mamelucas por su territorio, pero en ningún caso intervendrían activamente en el conflicto.

Con esta importante baza, el ejército del nuevo sultán egipcio, Qutuz (1259-1260), avanzó por Gaza hacia Galilea, y presentó batalla a los hombres del cristiano Kitbuqa en Ayn Jalut, las *Piscinas de Goliath*, en septiembre de 1260. La batalla constituyó un éxito rotundo para las fuerzas, superiores en número, de los egipcios. En realidad, estos sabían que parte de los efectivos mongoles habían sido enviados al este previendo dificultades por la crisis sucesoria que acababa de provocar la reciente muerte del gran khan Möngke en 1259. Sea de ello lo que fuere, la victoria egipcia de Ayn Jalut trajo consigo consecuencias de todo orden. Para empezar, reforzó extraordinariamente el régimen mameluco que se convirtió en la primera potencia del islam reunificando, una vez más, Egipto y Siria. En segundo lugar, detuvo en seco el avance mongol en el Próximo Oriente, haciendo del Éufrates una frontera relativamente segura, al otro lado de la cual los mongoles establecerían una formación política independiente, el Ilkhanato de Persia que, andando el tiempo, poco antes del 1300, acabaría islamizándose. Por ahora, y en tercer lugar, la victoria de Ayn Jalut significaba una directa amenaza para la sombra del poder cruzado en Palestina.

El nuevo hombre fuerte de Egipto era Baybars (1260-1277); venía siendo un destacado oficial del ejército egipcio desde los días de La Forbie, y su actuación fue decisiva en Ayn Jalut. Su ambición le impulsó a no regresar a Egipto sino como sultán. En efecto, tras a asesinar a Qutuz en el camino de regreso a El Cairo, se hizo con el control del sultanato al frente del cual fue casi inmediatamente reconocido. Para legitimar su golpe de Estado restauró en El Cairo el viejo califato utilizando una dudosa línea familiar de la dinastía abbasí que, mientras duró el régimen mameluco –y lo hizo hasta el siglo XVI–, se encargaría de proyectar sobre él la fuerza justificadora de la credibilidad religiosa.

Una vez consolidado en el poder, Baybars tardó muy poco en iniciar su decisivo acoso contra el nominal reino de Jerusalén. Una ofensiva en toda regla fue desplegada ya en 1265: Cesarea, Haifa y Arsuf cayeron aquel año, recortando peligrosamente la frontera en torno a Acre. Al año siguiente fue el castillo templario de Safed del que se apoderaron los mamelucos, y con él del control de toda Galilea. En 1268 fue tomado el enclave meridional de Jaffa y, sobre todo, la ciudad de Antioquía, sede del viejo principado, que acababa su existencia histórica víctima de una cruel devastación; era el castigo al colaboracionismo de sus responsables políticos con los mongoles. Después de estas operaciones, Baybars se tomó un breve respiro. Eran crecientes los rumores acerca de una nueva cruzada y su peligrosa conexión con el Ilkhanato persa. Resultaba prudente ralentizar la ofensiva y neutralizar en lo posible las eventuales amenazas. No fueron más que eso, amenazas, pero es cierto que entre 1269 y 1272 hubo varios proyectos de cruzada y negociaciones de intensidad intermitente con los ilkhanes persas.

LA FRUSTRANTE REACCIÓN DE OCCIDENTE

En efecto, desde muy pronto los mongoles del nuevo khanato persa quisieron contrarrestar la hegemonía egipcia en el Próximo Oriente estableciendo contactos con el Occidente cristiano. El propio Hulagu ya en 1262 había ofrecido al papa Urbano IV –patriarca de Jerusalén en el momento de su elección– una alianza contra los musulmanes a cambio de la recuperación cristiana de Jerusalén y los *Santos Lugares*; el ejército del rey de Francia jugaría un papel fundamental en este proyecto que, en cualquier caso, pasaba por el reconocimiento de la soberanía mongola en toda la zona. Este último punto no dejaba de ser un escollo para la negociación. Por eso el hijo y sucesor de Hulagu al frente del Ilkhanato, Abaqa (1265-1282), no puso el acento en él en sus nuevas propuestas de alianza contra Egipto que, aunque dirigidas al papa, fueron en esta ocasión acompañadas de misivas a varios monarcas occidentales, en concreto los reyes de Francia, Inglaterra y Aragón. La acogida fue muy positiva, y en este contexto hay que situar los sucesivos proyectos de cruzada a los que hemos aludido un poco más arriba. Como en seguida veremos todos ellos se frustraron, y lo hicieron por los motivos más diversos, pero conviene advertir que la larga e inteligente mano de Baybars no anduvo lejos de los sucesivos fracasos. Para empezar, logró que el Ilkhanato quedara prácticamente inmovilizado gracias al pacto que estableció con otro khanato mongol, el de la *Horda de Oro*, situado al norte del Cáucaso, musulmán desde la primera hora, y claramente competitivo del persa por razones de control de zonas estratégicas y políticas contradictorias en relación con el restaurado Imperio bizantino.

Al parecer hubo un primer proyecto de cruzada conjunta franco-aragonesa en 1267. De común acuerdo con el papa, fue enviado incluso un emisario, Jaime Alarico de Perpiñán, a la corte mongola de Abaqa. El ilkhan, en guerra con sus parientes de la *Horda de Oro*, no pudo responder. Pero no fue este el único inconveniente que haría abortar el proyecto conjunto. Desde 1265 ocupaba el trono de Sicilia Carlos de Anjou, el ambicioso hermano de Luis IX de Francia, que era además conde de Provenza. Con la bendición del papa, Carlos puso fin violentamente a la presencia stáufica en el sur de Italia derrotando y dando muerte en 1266 al que entonces era rey de Sicilia, Manfredo, un hijo natural de Federico II. Con Carlos de Anjou se inauguraba la andadura de un nuevo proyecto de hegemonía mediterránea. Su objetivo último era la reinstauración del recién suprimido Imperio latino en Constantinopla. Como es obvio, el rey de Aragón, cuya política catalana aspiraba a obtener elevadas cotas de control en el Mediterráneo, no podía ver con buenos ojos el expansionismo angevino, máxime desde el momento en que las aspiraciones aragonesas se habían basado en una estrecha alianza con Manfredo: el heredero aragonés, Pedro, el hijo de Jaime I, había contraído matrimonio con Constanza, la hija de Manfredo.

Por si esto fuera poco, se planteaba un problema más en el que, de alguna manera, pudo intervenir la sutil diplomacia de Baybars. La posible reinstauración del Imperio latino de Constantinopla significaba el encumbramiento de Venecia –forjadora, como sabemos, del anterior Imperio latino–, frente a Génova, actual sostenedora comercial del Imperio griego. Pero Venecia tenía muy importantes intereses en Egipto, que solo una actitud no provocadora hacia Baybars, podría garantizar. En definitiva, a Carlos de Anjou no le interesaba indisponerse, al menos no mediante acciones efectivas, con el sultán mameluco. Por eso la Francia de san Luis, en la que la opinión del todopoderoso angevino era, al final del reinado, algo más que tenida en cuenta, no intervendría nunca en una operación que supusiera enfrentamiento directo contra Baybars. Este complejo entramado de circunstancias e intereses diplomático-comerciales ayuda a explicar dos cosas: que finalmente Jaime I organizara en solitario su particular cruzada con destino al Próximo Oriente, y que la protagonizada por san Luis –en realidad por su hermano Carlos– desviara su objetivo de Egipto a Túnez.

La cruzada de Jaime I fue un rotundo fracaso, y un duro golpe para el prestigio y la sensibilidad de un viejo monarca que ya muchos años antes, a raíz del concilio de Lyon de 1245, había sido requerido por el papa para liberar el *Santo Sepulcro* de manos de los infieles. Ahora, casi veinticinco años después, al comenzar el mes de septiembre de 1269, embarcaba en el puerto de Barcelona con destino a la costa siria al frente de una considerable fuerza naval. Pero una impresionante tormenta a la altura de las Baleares la desbarató casi por completo, y el rey hubo de regresar a puerto con la mayoría de las naves. Las condiciones meteorológicas y la interpretación providencialista que de ellas hizo el propio monarca, según nos narra su crónica autobiografiada del *Llibre dels Feits,* fueron decisivas, no menos que los prudentes consejos del almirante Raimundo Marquet, para abortar un proyecto de cruzada que empezó y terminó en aquel septiembre de 1269. Es cierto, sin embargo, que una pequeña proporción de navíos logró atravesar el Mediterráneo al mando de dos bastardos del rey, los infantes Fernando Sánchez y Pedro Fernández, y aunque desembarcaron en Acre antes de finalizar aquel año, sus posibilidades de acción fueron nulas y no tardaron en volver a tierras peninsulares.

La segunda cruzada de san Luis tuvo lugar el año 1270. Solo el voluntarismo historiográfico permitiría definirla, como a veces se ha hecho, como la *octava cruzada*. Sin duda podría haberlo sido si el proyecto original de socavar el poder de Baybars se hubiera mantenido, pero Carlos de Anjou consiguió de su hermano el rey desviar el objetivo hacia Túnez. Esta es, al menos, la opinión tradicionalmente sostenida por los especialistas y, desde nuestro punto de vista, la más razonable. Es cierto, sin embargo, que desde hace tiempo no pocos investigadores defienden la idea de que fue el propio Luis quien, con la cruzada ya en marcha, cambió de intención y que solo entonces Carlos se sumó al proyecto. Tal interpretación, que parece dominante hoy en la historiografía y que a decir verdad no carece de cierto apoyo documental, resulta, no obstante, algo forzada.

En realidad, el angevino no tenía la más mínima intención de provocar a Baybars, y lo único que deseaba era reconstruir el Imperio latino. Para ello era bueno consolidar su presencia en Sicilia, e incrementarla a través del control efectivo sobre esa llave del Mediterráneo que es el canal de separación entre la isla y la costa africana de Túnez. Además, el emir tunecino, al-Mustansir, aprovechando el cambio de régimen, había dejado de hacer efectivo el tributo que venía pagando al rey de Sicilia, y por si fuera poco, protegía a quienes, desde posiciones gibelinas, atizaban la revuelta antiangevina en la isla. Para Carlos, que descartaba poder contar con la potencia francesa para directamente destruir el Imperio griego de Constantinopla, al menos le resultaba bastante provechoso encauzar esa potencia ante un objetivo que, siendo más sencillo, le reportara beneficios inmediatos. Situándonos en esta perspectiva, la santa ingenuidad del rey Luis se habría dejado atrapar por las insinuaciones de su hermano en el sentido de una inminente conversión del emir de Túnez, que la presencia cruzada no haría sino precipitar; por otra parte, con un pie en África, la intervención en Egipto sería más viable. Aunque no pocos leales allegados desaconsejaron al monarca francés esta interesada aventura, no hubo posibilidad de discusión. El rey Luis, junto a su yerno el rey Teobaldo II de Navarra (1253-1270) y no pocos nobles de la más alta alcurnia, zarpaba de Aigues Mortes a comienzos del mes de julio de 1270, y a mediados se hallaba ya frente a las costas de Túnez, pero no se encontró con otro enemigo que un sofocante calor húmedo y una mortífera enfermedad infecciosa que se llevó consigo al propio rey. La llegada de las fuerzas comandadas por Carlos de Anjou evitó que el desastre fuera aún mayor: antes de acabar el año la cruzada volvía a sus bases no sin asegurarse una fuerte indemnización que compensaba el impago tributario de los últimos tiempos.

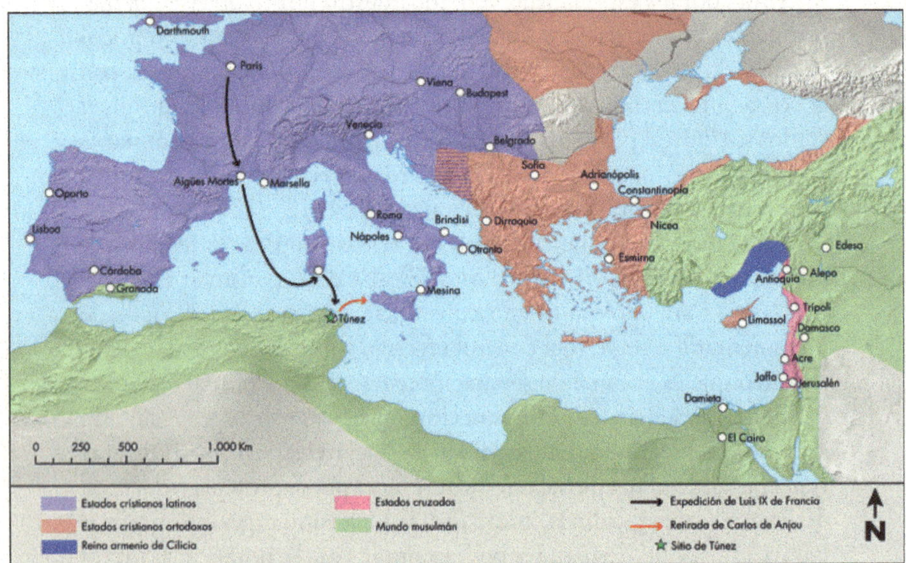

Fig. 28: La octava cruzada

El alivio que Baybars sintió ante el desvío de la cruzada de san Luis, le animó en 1271 a cercar Trípoli haciéndose con el control de las tres grandes fortalezas de órdenes militares que controlaban lo que quedaba del viejo condado: la templaria de Chastel Blanc, la hospitalaria del Krak de los Caballeros y la teutónica de Monfort. Pero el acoso egipcio se detuvo ante la presencia de una nueva cruzada, la liderada por el heredero del rey de Inglaterra, el príncipe Eduardo, la conocida como *novena cruzada*.

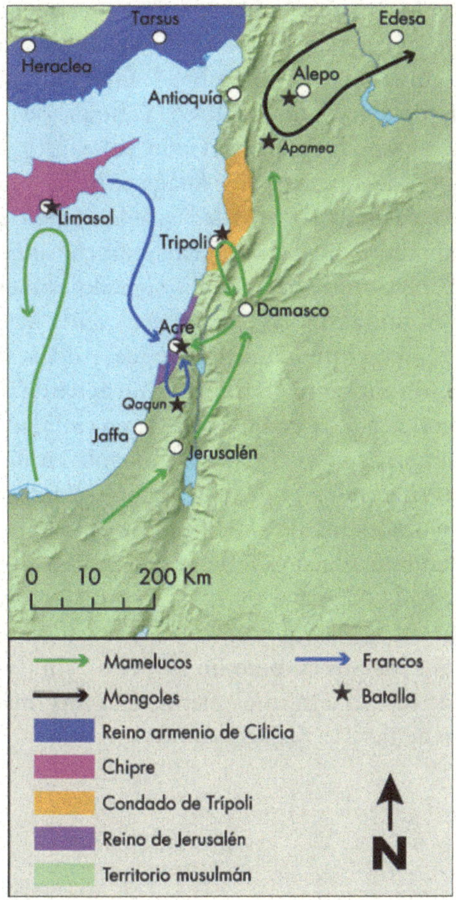

Fig. 29: La novena cruzada

Eduardo, que recogía el reiteradamente incumplido voto de cruzada que su viejo padre Enrique III nunca estuvo en condiciones de materializar, debía haberse unido a Luis IX en Túnez, pero el fracaso de esta intervención le llevó a desembarcar directamente en Acre en la primavera de 1271. Le acompañaba un buen contingente de soldados ingleses, algunos bretones y un destacamento de brabanzones al mando de Teobaldo Visconti, un laico que ocupaba el arcedianato de Lieja y que hubo de volver precipitadamente a Occidente por haber sido elegido papa, dignidad que asumió antes de que finalizara aquel año con el nombre de Gregorio X (1271-1276). El príncipe Eduardo creía firmemente en la eficacia de una alianza con el ilkhan mongol, y nada más pisar Tierra Santa inició conversaciones a tal efecto. Como de costumbre, Abaqa se hallaba embargado por problemas en áreas fronterizas alejadas de Siria, pero respondió con voluntad colaboradora, y de hecho envió un contingente de tropas; estas, sin embargo, unidas a las de los cruzados, no eran ni de lejos comparables en número a las que Baybars tenía desplegadas en el territorio. No hubo enfrentamientos serios, y desde luego no pudo ser reconquistado para el reino franco ni un ápice de tierra. Eduardo se conformó con negociar una tregua, que en realidad el sultán egipcio necesitaba hasta que la presencia mongola en Siria pudiera ser definitivamente neutralizada. A fin de cuentas, el testimonial puñado de cristianos en Palestina no resultaba especialmente problemático para el régimen mameluco y su definitiva absorción podía esperar. La tregua, firmada en mayo de 1272, tendría una validez de diez años y diez meses. Una vez concluida la negociación, el príncipe decidió volver a Inglaterra, pero un atentado, sin duda propiciado por Baybars, le retuvo aún unos meses. Cuando finalmente volvió en septiembre de 1272 lo hizo como rey.

LA CAÍDA DE ACRE Y LA EVACUACIÓN DE PALESTINA

Durante la década de vigencia de la tregua se produjeron dos hechos de especial interés: la última crisis constitucional de la monarquía jerosolimitana y la muerte del propio Baybars. La desaparición de Conradino en 1268 como consecuencia de su frustrado intento de recuperar Sicilia, había dado paso, en efecto, a una doble pretensión al trono de Jerusalén, la del rey Hugo III de Chipre, que con menor legitimidad familiar ofrecía la garantía de haber sido regente con anterioridad, y la de María de Antioquía, emparentada más próximamente con el último monarca fallecido. El hecho no habría tenido mayor trascendencia –Hugo fue coronado y las protestas de

María tendían a ser ignoradas–, si esta última, con la bendición del papa Juan XXI, no hubiera vendido a Carlos de Anjou sus derechos al trono en 1277. El hecho, insólito, carecía de precedentes, pero resultaba significativo del grado de descomposición institucional a que se había llegado. En cualquier caso, la sombra moribunda del reino quedó, por lo menos, dividida en dos obediencias, si bien es verdad que bastante teóricas. La de Carlos de Anjou resultaba relativamente más efectiva, porque, a fin de cuentas, su absentismo –lo representaba su lugarteniente Roger de San Severino– no disgustaba a quienes se habían acostumbrado a imponer voluntades particularistas al margen de criterios centralizadores, y, a decir verdad, quienes así sentían eran casi todos. Más claramente apoyaban al angevino las ciudades de Acre y de Sidón, o más bien sus oligarquías mercantiles, buena parte de la nobleza y la orden del Temple. El rey de Chipre, más dispuesto a hacer presente su autoridad, apenas era reconocido en las ciudades de Tiro y Beirut. El resto de los territorios e instituciones no se molestaron en tomar un claro partido.

Aquel mismo año de 1277 fue el de la muerte de Baybars. A este brutal pero perspicaz estratega sucedió una crisis de algunos años hasta que, finalmente, pudo imponerse en el sultanato su hijo al-Mansūr Sayf al-Dīn Qala'oun al-Alfi (1280-1290). Apenas consolidado en el poder, el ilkhan persa Abaqa invadió parte de Siria. Inmediatamente el sultán, antes de que concluyeran, renovó en Acre las treguas con los francos –en realidad con las órdenes militares– para impedir una funesta alianza estratégica con los mongoles. Aun así, los hospitalarios de Margat no respetaron la firma de la tregua y se unieron, junto con cristianos georgianos, a la hueste invasora que, por lo demás, se vio pronto obligada a regresar a sus bases.

Este repliegue prácticamente coincidió con ese acontecimiento tan decisivo para la historia del Mediterráneo que fue el de las *Vísperas Sicilianas*, al atardecer del 30 de marzo de 1282, en el que Carlos Anjou perdió su control sobre Sicilia debiendo abandonar sus ambiciosos proyectos políticos. Qala'oun, que había heredado de su padre el respeto hacia el angevino, creyó llegado el momento de acabar, definitiva aunque gradualmente, con la presencia de los francos en Palestina. Era claro que quebrantos de treguas como el protagonizado por los hospitalarios de Margat podrían producirse en cualquier momento, y no iba a ser él el más escrupuloso en observarlas.

El primer objetivo fue, como no podía ser de otro modo, el magnífico enclave fortificado de Margat, una de las posiciones latinas en este momento más septentrionales. La resistencia de los freires duró cinco semanas hasta que hubieron de capitular en mayo de 1285. La caída de Margat da paso al último acto del drama en que se halla envuelto el fin de la cruzada palestina. Ese acto presenta una escenificación casi esperpéntica y que, en la distancia, nos llena de perplejidad. Uno de los elementos de esa escenificación nos viene dado por el ceremonial celebrativo con motivo de la coronación del último rey de Jerusalén, Enrique II de Chipre, hijo de Hugo III y hermano de su breve antecesor Juan I. El rey Enrique, un joven de quince años, fue coronado en Tiro en agosto de 1286 e inmediatamente después trasladado a Acre donde se desarrolló un apretado calendario de actividades festivas que se prolongaron durante quince días. Nada importaba que su autoridad fuera prácticamente desoída y que su reino, cercado, viviera los últimos meses de vida. De espaldas a la realidad, no faltaron juegos y torneos, y menos aún montajes teatrales de corte caballeresco en los que se representaban los ciclos del *Rey Arturo* y de la *Tabla Redonda*.

Fig. 30: Fortaleza hospitalaria de Margat

El derroche y el lujo de una corte que se divertía ajena al drama que vivía el reino, contrasta vivamente con otro elemento muy significativo en el entramado escénico del fin de la cruzada: un soberano ajeno, que no era siquiera cristiano, el ilkhan mongol Arghun (1284-1291), mendigaba el auxilio de las cortes de Occidente para que sus responsables acudieran en apoyo de sus correligionarios palestinos sin más respuesta que buenas palabras. En efecto, Arghun, superada la crisis proislamista del breve reinado de su tío Ahmad, heredaba de su padre Abaqa el tradicional talante de indiferentismo religioso de sus antepasados, y como ellos no dudaba en tender un puente de activa colaboración con los cristianos de Siria que pusiera freno al imperialismo islámico de Egipto. Arghun, además, tenía por buen consejero y amigo personal al *katholikós* nestoriano Yahballaha II, de origen mongol, que no era del todo reacio a una posible unión con Roma. Varias embajadas partieron de la corte persa de Tabriz con destino a la curia romana y a las cortes de los reyes de Francia e Inglaterra. Había ofrecimientos firmes de devolución de Jerusalén y los antiguos territorios cristianos a cambio de colaboración militar, y ya no se mencionaba el espinoso reconocimiento de soberanía. Todo fueron buenas palabras y contestaciones diplomáticas, pero nadie en Occidente se tomaba muy en serio la irreversible pérdida de Tierra Santa, y si lo hicieron, como fue el caso de Eduardo I de Inglaterra, los problemas domésticos de una Europa convulsa impidieron adoptar ningún tipo de solución práctica.

Entre tanto, Qala'oun no había permanecido inactivo. En 1287 se hizo con el control del puerto de Latakia, y dos años después, en 1289, caía Trípoli gracias a la inestimable colaboración del enfrentamiento fratricida que protagonizaban genoveses, prácticamente dueños de la ciudad, y venecianos, que aspiraban a controlarla. Trípoli, la vieja capital del condado histórico, fue literalmente destruida. El próximo objetivo era Acre, y Qala'oun lo puso en marcha justo cuando iba a morir, pero su hijo al-Ashraf Ṣalāh al-Dīn Khālīl (1290-1294) lo consumó con diligencia, aunque no sin esfuerzo.

Una inoportuna y caótica cruzada, la última que arribó a Tierra Santa, fue el desencadenante del ataque a Acre. La componían campesinos y sectores urbanos empobrecidos de la Italia continental. Fue la única respuesta al llamamiento del papa Nicolás IV (1288-1292), sinceramente afectado por la caída de Trípoli. La nueva cruzada no era como para entusiasmar, pero era lo único que había frente a la insensibilidad de príncipes y reyes. De este modo, los italianos, al mando del obispo de Trípoli, que se había refugiado en Roma, desembarcaron en Acre en el verano de 1290. Su presencia no provocó más que disturbios, y la extrema ignorancia de sus miembros los hizo responsables de matanzas indiscriminadas entre los pacíficos campesinos de la zona. Era más de lo que podían soportar las autoridades mamelucas. Tras la muerte de Qala'oun, su hijo Khālil, iniciaba el cerco de la ciudad en los primeros días de abril de 1291. Se utilizaron cerca de un centenar de pesadas máquinas de asedio. A última hora unos pocos refuerzos llegaron de Occidente, en especial algunos caballeros del Temple y del Hospital que se añadieron a las escasas fuerzas cristianas disponibles, apoyadas por el ejército chipriota. El sistema de doble amurallamiento de la ciudad resistió mes y medio. El 15 de mayo los mamelucos entraban en Acre sin ahorrarse una cruel matanza. No muchos consiguieron huir. Entre los que lo hicieron estaba el rey Enrique que volvió a sus bases de Chipre y el maestre del Hospital, Juan de Villiers, que, herido, hubo de ser evacuado. Peor suerte corrió el maestre del Temple, Guillermo de Beaujeu.

El resto de lo poco que aún quedaba del reino se rindió sin apenas resistencia. Entre la primavera y el verano de aquel año de 1291 fueron capitulando Tiro, Sidón, Beirut, Haifa y Tortosa, al tiempo que los mamelucos destruían sistemática y concienzudamente todos los puertos e infraestructuras defensivas del litoral para imposibilitar el retorno de los cristianos. Chipre fue el destino de la mayor parte de las arruinadas familias nobles. Los templarios, por su parte, se concentraron en la pequeña isla fortificada de Ruad, dos millas frente a la costa de Tortosa, donde permanecieron a la espera de un imposible retorno hasta 1303. Más prácticos, hospitalarios y teutónicos optaron por blindarse bajo la cobertura de auténticos estados teocráticos; así lo hicieron los hospitalarios que en 1309 completaban la ocupación de la isla griega de Rodas, convirtiéndola en base territorial de un principado por ellos controlado, y así lo hicieron también los teutónicos en Prusia situando en Marienburg su capital en el transcurso de aquel mismo año.

NOTAS BIBLIOGRÁFICAS

Una vez más llamamos la atención sobre la necesidad de consultar las obras generales que, sobre el desarrollo de las cruzadas han sido mencionadas en capítulos precedentes. A ellas conviene añadir, para el periodo más tardío, los dos libros clásicos de S. SCHEIN, *Fideles Crucis. The Papacy, the West, and the Recovery of the Holy Land, 1274-1314,* Oxford, 1991, y de N. HOUSLEY, *The Later Crusades. From Lyons to Alcazar, 1274-1580,* Oxford, 1992. También, aunque orientado a un periodo posterior, conviene ver algunas de las aportaciones del primer volumen de *Les Croisades Tardives*: J. PAVIOT (dir.), *Les Projets de croisade: Géostratégie et diplomatie européenne du XIVe au XVIIe siècle.* Nouvelle édition [en ligne]. Toulouse: Presses universitaires du Midi, 2014 (généré le 02 mars 2020). Disponible sur Internet: *http://books.openedition.org/pumi/16251.*

También hemos insistido aquí en aspectos concretos como el protagonismo comercial y político de las repúblicas italianas en esta fase final de la presencia latina en *Tierra Santa.* Pueden consultarse al respecto los trabajos de J. RILEY-SMITH, "Government in Latin Syria and the Commercial Privileges of Foreign Merchants", en D. Baker (ed.), *Relations between East and West in the Middle Ages,* 1973, y de D. Jacoby, "The Venetian Privileges in the Latin Kingdom of Jerusalem: Twelfth and Thirteenth-Century. Interpretations and Implementation", en Kedar-Riley-Smith-Hiestand (eds.) *Montjoie. Studies in Crusade History in Honour of Hans Eberhard Mayer,* Variorum, 1997, pp. 155-175. Sobre el papel de las órdenes militares en estos delicados momentos, vid. J. Prawer, "Military Orders and Crusader Politics in the second half of the XIIIth century", en *Die Geistlichen Ritterorden Europas,* ed. J. Fleckenstein y J. Hellmann, Sigmaringen, 1980; y en general los títulos relativos a templarios y hospitalarios ya citados en capítulos precedentes de BARBER, DEMURGER, RILEY-SMITH o NICHOLSON.

Sobre las cruzadas de san Luis y la centralidad de las mismas en su discurso político, pueden verse las opiniones matizadamente diversas de los tres grandes especialistas actuales sobre el reinado: W.Ch., JORDAN, *Louis IX and the Challenge of the Crusade. A Study in Rulership,* Princeton, 1979; J. RICHARD, *Saint Louis, roi d'une France féodale, soutien de la Terre sainte,* París, 1983, y J. LE GOFF, *Saint Louis,* Gallimard, 1996. Algunos trabajos más recientes han abordado monográficamente las cruzadas: W.B. BARTLETT, *The Last Crusade. The Seventh Crusade and the Final Battle for the Holy Land,* Stroud: Tempus, 2007; X. HÉLARY, *La dernière croisade. Saint Louis à Tunis (1270)*, París: Perrin, 2016; y M. LOWER, *The Tunis Crusade of 1270. A Mediterranean History*, Oxford: Oxford University Press, 2018, autor que afirma categóricamente que Carlos de Anjou no deseaba la conquista de Túnez, sino más bien llegar a un acuerdo comercial con sus autoridades, si bien no niega que la cruzada fuera la expresión de un doble objetivo, espiritual y material, sustanciado en un acuerdo entre el rey y su hermano. Por otra parte, contamos con una reciente edición española de la "Vida de San Luis" de Jean de Joinville, fuente principalísima para ambas cruzadas: M. ALVIRA (ed.), *Jean de Joinville. Vida de San Luis*, Cáceres: Universidad de Extremadura, 2021.

La cuestión de la "cruzada de los pastores" aparece bien contextualizada en N. COHN, *En pos del Milenio, ob. cit.*, pp. 93-97; vid. asimismo R. PERNOUD, *Blanca de Castilla. La gran reina de la Europa medieval,* Barcelona, 2002, pp. 249-254.

El complejo contexto general mediterráneo en el que es preciso abordar el fenómeno cruzado en la segunda mitad del siglo XIII, fue magistralmente abordado por S. RUNCIMAN, *Vísperas Sicilianas. Una historia del mundo mediterráneo a finales del siglo XIII,* Madrid, 1979 (orig. inglés 1958), y más recientemente por D. ABULAFIA, *La guerra de los doscientos años. Aragón, Anjou y la lucha por el Mediterráneo*, Barcelona: Pasado y Presente, 2017. El problema mongol y las relaciones de sus dirigentes con el Occidente cristiano pueden ampliarse mediante los viejos trabajos de D. SINOR, "Les relations entre les Mongols et l'Europe jusqu'à la mort d'Arghoun et de Bela IV", *Cahiers d'Histoire Mondiale,* 3 (1956), pp. 39-62, y J.A. BOYLE, "The Il-Kans of Persia and the Princes of Europa", *Central Asiatic Journal,* 20 (1976), pp. 25-40.

En concreto sobre la cruzada aragonesa de 1269, vid. F. CARRERAS CANDI, "La creuada a Terra Santa", en I *Congreso de Historia de la*

Corona de Aragón, 1909, pp. 106-138; R. RÖHRICHT, "Der Kreuzzug des Koenigs Jacobs I. von Aragonien", *Mitteilungen des österreichischen Instituts für Geschichtsforschung,* 11 (1890), pp. 372-395; C. de AYALA Martínez, "Reflexiones en torno a la cruzada aragonesa de 1269", en *Dona Ferentes. Homenaje a Francisco Torrent,* Madrid, 1994, pp. 17-28; y D.J. SMITH, "Guerra santa y Tierra Santa en el pensamiento y en la acción del rey Jaime I de Aragón", en D. Baloup y Ph. Josserand (eds.), *Regards croisés sur la guerre sainte. Guerre, religión et idéologie dans l'espace méditerranéen latín (XIe-XIIIe siècle),* CNRS – Université de Toulouse-Le Mirail, 2006, pp. 305-321. Por otra parte, un estudio muy detallado de la cruzada de Eduardo de Inglaterra en S. LLOYD, *English Society and the Crusade, 1216-1307,* Oxford, 1988, pp. 113-153.

El protagonismo de los ayyubíes en el escenario del Próximo Oriente ha sido objeto de una extraordinaria producción bibliográfica. Al menos hasta 2015 es una guía muy útil el artículo de I. CALLEJAS MARTÍN, "Los ayubíes (564 h./1168-658 h./1260): un recorrido historiográfico", *En la España Medieval,* 38 (2015), pp. 399-467. El "factor mongol" y, sobre todo, el triunfo del régimen mameluco de Egipto introdujeron variaciones definitivas en aquel escenario. Algunos títulos clarificadores: S. HUMPHREYS, *From Saladin to the Mongols: The Ayyubids of Damascus 1193-1260,* Albany: SUNY Press, 1977, y del mismo autor: "Ayyubids, Mamluks and the Latin East in the Thirteenth Century.", *Mamluk Studies Review,* 2 (1998), pp. 1-17. Igualmente útiles son las obras de R. IRWIN, *The Middle East in the Middle Ages: The Early Mamluk Sultanate 1250-1382,* Londres y Sidney: Croom Helm, 1986, y la de P. THORAU, *The Lion of Egypt: Sultan Baybars I and the Near East in the Thirteenth Century,* Londres: Longman, 1992. Concretamente para los mongoles, resulta muy aconsejable consultar los diversos artículos del número 12 (2012) de la revista *Desperta Ferro* dedicado al tema.

9.
OTROS ÁMBITOS PARA LA CRUZADA

Al comenzar estas páginas establecíamos algunas precisiones conceptuales en torno a la noción de cruzada, y ya entonces veíamos que, en tanto manifestación de un tipo específico de guerra santa pontificia, desde muy pronto se reconoció como propia en diversos ámbitos de la cristiandad, en realidad en cualquier rincón del mundo conocido que, reconociendo en el papa al líder indiscutible, se viera amenazado por los enemigos de Cristo y de su Iglesia. La peregrinación liberadora con destino al *Santo Sepulcro* había creado el arquetipo, pero en seguida el pontificado asumió que el camino de purificación para el cristiano comprometido en la defensa de la fe podía ser igualmente transitado allí donde la causa de Dios así lo exigiese. Desde finales del mismo siglo XI los papas identifican ya en este sentido los escenarios de Palestina y la Península Ibérica. Sin duda será esta un ámbito especialmente adecuado para el desarrollo de la idea de cruzada. También lo será la zona germano-báltica. Pero la defensa de la fe frente a los enemigos de Cristo no solo concernía al combate contra infieles y paganos, también los herejes eran adversarios de Dios, y a ellos igualmente la Iglesia aplicaría la cruzada desde finales del siglo XII. A estos distintos frentes, todos ellos ajenos a Ultramar, dedicaremos el presente capítulo.

EL COMBATE CONTRA EL ISLAM EN LA PENÍNSULA IBÉRICA: EL CONCEPTO DE "RECONQUISTA"

DE LA RECUPERACIÓN DEL TERRITORIO A LA PUGNA POR LA FE

La "reconquista" es una palabra moderna, surgida a finales del siglo XVIII para designar el combate contra el islam que tuvo por escenario la Península Ibérica durante la Edad Media. Pero cuando la palabra acabó de afianzarse popularizándose fue a mediados del siglo XIX, el momento en que el nacionalismo español quiso designar con ella un heroico mito de origen para España, el del surgimiento de la esencia patria frente a la violencia de un invasor de raza y religión distintas.

Obviamente la Edad Media peninsular fue ajena a la perspectiva propia del nacionalismo decimonónico, pero a lo que no fue ajena es a una ideología de "reconquista" que pudiera justificar la expansión cristiana frente al islam. Esa ideología adoptó diversas formas de presentación, pero sin duda la llamada a una mayor presencia discursiva sería la "neogótica" creada en la corte de Oviedo en torno al año 900. En efecto, fueron los reyes asturianos y los intelectuales que trabajaban a su servicio los que hicieron no de la palabra, pero sí de la idea de reconquista el recurso que convertía su carrera expansiva en recuperación de tierras previamente ocupadas por los musulmanes: ya que España se había perdido violentamente a manos de ellos, era justo que los herederos de los desposeídos visigodos la reconquistaran mediante la fuerza.

Durante siglos esta justificación, que era sobre todo política y territorial, obedecía al planteamiento típico de una "guerra justa" de origen clásico, tal y como la definíamos en el primer capítulo: se buscaba recuperar la tierra injustamente arrebatada. Esto no quiere decir que, desde un principio, esa guerra justa no se viera provista de un significativo fundamento religioso, impregnada, como estaba, de muchas connotaciones providencialistas e incluso sacrales. No olvidemos que, desde el primer momento, la recuperación del territorio estaba vinculada, como no podía ser de otro modo, a la restauración de la Iglesia en él. Estaríamos, por tanto, ante una "guerra justa sacralizada".

Ahora bien, esta cobertura ideológica, tan bien construida en torno a la guerra peninsular contra los musulmanes, experimentó una importante transformación a partir de la segunda mitad del siglo XI. Nuevos elementos ideológicos, provenientes del horizonte conceptual de la cruzada naciente, enriquecieron el discurso justificativo, y la "reconquista", sin dejar de serlo, se revistió de un halo de especial sacralidad que la convirtió ocasionalmente en cruzada. No solo se trataba ya de recuperar tierras arrebatadas injustamente, ahora se convertía en exigencia moral sobreponerse a la maldad de quienes combatían a los fieles de Cristo. Esos nuevos elementos enriquecedores pertenecían obviamente al arsenal del "reformismo gregoriano" y formaban parte del material cohesionador que permitió transformar el Occidente europeo en cristiandad controlada ideológicamente por el papa. La península ibérica fue incorporada con decisión, aunque no sin contradicciones, a este proyecto común, hasta el punto de que el pontificado no dudará en intentar hacer efectiva en ella su propia soberanía. En cualquier caso, la progresiva ideologización sacralizadora de la "reconquista" fue una realidad estimulada por la necesidad de contrarrestar las no menos ideologizadas invasiones africanas que, en oleadas consecutivas, se suceden a partir del último tercio del siglo XI. Será frente a ellas, y junto al tradicional argumento de la recuperación territorial, cuando los reyes peninsulares apelen a la pura y simple pugna por la fe. Por eso, nuestro análisis ha de partir necesariamente del periodo de guerra peninsular frente a la primera de esas oleadas, la de los almorávides.

GUERRA CONTRA LOS ALMORÁVIDES

a) Precedentes pontificios

El factor almorávide fue decisivo, en efecto, a la hora de impulsar la ideologización cruzada de la "reconquista", pero conviene insistir que dicha ideologización fue, ante todo, la consecuencia de la política reformista de los grandes papas de la segunda mitad del siglo XI. El papel de Cluny, muy presente en la realidad peninsular desde los años veinte de esa misma centuria, fue también importante, aunque no conviene sobrevalorarlo. Se limitó, y no es poco, a aprovechar su amplia red de establecimientos religiosos para hacer tomar conciencia a muchos cristianos europeos de que el éxito o fracaso del combate que se llevaba a cabo en la Península no era indiferente al futuro de la cristiandad de la que aquella formaba parte. Su labor estimuló a no pocos de esos europeos a interesarse e incluso a participar en las iniciativas "reconquistadoras". En cualquier caso, Cluny se sitúa en la lógica del "reformismo gregoriano", y es en esa lógica en la que hay que buscar la clave del surgimiento en la Península del fenómeno cruzado.

A la conocida "protocruzada" de Barbastro de 1064 ya tuvimos oportunidad de referirnos en el segundo capítulo de esta exposición. Es un episodio que sigue planteando interrogantes, pero el protagonismo en él del papa Alejandro II (1061-1073) y sus novedosas bulas alusivas a la obtención de indulgencia para quienes se comprometieran en las operaciones, no es cuestionable. Otra cosa es que la expedición, capitaneada por el duque Guillermo VIII de Aquitania, y secundada por borgoñones, normandos y catalanes, constituyera una victoria pírrica de muy escasos resultados prácticos.

Este interés del pontificado por el combate contra el islam en la Península se activó aún más durante el gobierno de Gregorio VII (1073-1085), el alma de la reforma que lleva su nombre. El proyecto de expedición de 1073, heredado de su antecesor y confiado a Ebles de Roucy –también tuvimos oportunidad de aludir a él en su momento–, subraya la estrecha e inicial conexión entre una renovada noción de "reconquista" y las aspiraciones papales a ejercer la soberanía sobre los territorios de Occidente afectados por la "Donación de Constantino". Como sabemos, era esta una vieja doctrina enraizada en la leyenda y a la que se dio forma jurídica hacia mediados del siglo VIII; pretendía nada más y nada menos que el papa era el dueño directo de todas las tierras occidentales pertenecientes al antiguo Imperio romano por expresa donación penitencial de Constantino. Ahora bien, que el papa quisiera utilizar este antiguo argumento para hacer valer su suprema autoridad sobre la Península, pudo surtir efecto en el rey de Aragón Sancho Ramírez (1063-1094) que podría necesitar de la benevolencia papal traducida en guerreros ultrapirenaicos cara a completar sus limitados efectivos, pero desde luego no hizo sino generar el rechazo del poderoso Alfonso VI de León y Castilla (1065-1109), cuyo deseo sincero de conectar la realidad de sus considerables dominios con la cristiandad papal no significaba necesariamente compartir con la Sede Apostólica ni un ápice de su soberanía.

b) Alfonso VI y los almorávides: ¿una cruzada sin papa?

El régimen hegemónico de Alfonso VI llegó a su punto culminante en 1085, cuando fruto de una tenaz política de presión sobre un al-Andalus atomizado y sometido a la humillante fiscalización de las *parias*, se hizo con el control de la importante *taifa* toledana, desplazando del trono, por vez primera, a una emblemática dinastía musulmana, la de los Dhū-l-Nūníes. Era más de lo que el orgullo de estos reyezuelos, refinados y poco proclives al yihad, podía soportar. Uno de ellos, al-Mu'tamid de Sevilla prefirió echarse en manos de los almorávides africanos que someterse a las implacables y amenazadoras exigencias del monarca castellano-leonés. No fue el único. En la misma posición se encontraban los responsables de las *taifas* de Badajoz y Granada, al-Mutawakkil y 'Abd Allāh, respectivamente. Los tres crearían una coalición que, de manera espontánea o tal vez inducida, facilitó el tránsito de los almorávides a la Península prometiendo entregarles como base de operaciones la propia Algeciras.

Pero ¿quiénes eran los almorávides? La palabra *al-mūrabiṭūn* significa literalmente "el que se encuentra en un *ribāt*". El *ribāṭ* es una institución vinculada al yihad, una especie de oratorio más o menos fortificado desde el que un conjunto de voluntarios se consagraban de manera temporal al "esfuerzo" de seguir la senda de Dios y defender y hacer efectivo su mensaje, incluso mediante el uso de las armas. Aunque los primeros *ribāt*-s aparecen durante el gobierno del abbasí Hārūn al-Raṣīd (786-809) en la frontera islámico-bizantina, la espiritualidad combativa que simbolizan se adaptó desde muy pronto a la cultura magrebí, ya que los bereberes dieron siempre muestra de inclinaciones místico-radicales. Precisamente en el Magreb es donde los *ribāt*-s adoptaron su condición clásica de auténticos conventos poblados temporalmente por musulmanes entregados al yihad.

Uno de esos *ribāt*-s se levantaba en una isla situada frente a las costas de Mauritania, probablemente no muy lejos de la actual capital de Nuakchot, entonces poblada por la tribu *sinhayi*. Allí un rigorista ulema malequí llamado Ibn Yasin, que había estudiado en al-Andalus, constituyó un grupo de adeptos entre los que aplicó normas de extraordinario ascetismo. Fueron los primeros almorávides.

De la irradiación de su doctrina y del éxito alcanzado en torno a 1048 entre los *sinhayi*, surge el movimiento almorávide, germen del futuro imperio. Este fue la expresión política de la restauración de un islam ortodoxo que pretendía devolver a su pureza primigenia el mensaje del profeta Muhammad. Suprimir la injusticia, y con ella los impuestos ilegales, constituyó parte de su atractivo mensaje.

Entre 1070 y 1084 se produce la integración del Magreb occidental bajo los almorávides. Fue un proceso posible gracias a la sedentarización del movimiento en torno a la ciudad de Marrakech, que ellos crearon en aquella primera fecha de 1070, la de la constitución de un emirato relativamente complejo desde el punto de vista administrativo, y bien estructurado militarmente gracias a la organización de escuadrones de caballería compuestos por esclavos negros y mercenarios hispano-cristianos. Esta fue la gran obra del cuarto emir de la dinastía Yūsuf b. Tasufin (1073-1106). Con él es con quien entraron en contacto algunos reyezuelos de *taifas*. Como ya sabemos, la llamada formal se produjo tras la pérdida de Toledo en 1085, apenas un año después de que el emir hubiera completado la unificación del Magreb occidental con la conquista de Ceuta en 1084. En efecto, en 1086 Yūsuf b. Tasufin, utilizando la base cedida de Algeciras, atravesará el Estrecho, convocando al conjunto de los *taifas* a la guerra santa. Se produjo un primer encuentro victorioso con Alfonso VI en la batalla de *Zallaqa* o Sagrajas, junto a Badajoz.

Fue entonces cuando Alfonso VI tomó conciencia del auténtico peligro que significaban los almorávides, y fue también entonces, aunque advertimos que no es más que una hipótesis, cuando probablemente intentó poner en práctica lo que podríamos definir como una "cruzada sin papa". Pero conviene que nos detengamos a hacer aquí una pequeña digresión explicativa que se relaciona con la propia concepción que tenía del poder el monarca castellanoleonés y de las estrategias que la materializaron.

Como hoy día ha demostrado Andrés Gambra, uno de los últimos y más documentados especialistas en Alfonso VI, es este el primer monarca hispánico que se autodenomina rey y más tarde emperador de Hispania entre los años 1072 y 1077. Es interesante fijarse en el contexto en que tal titulación nace. Hace años el profesor

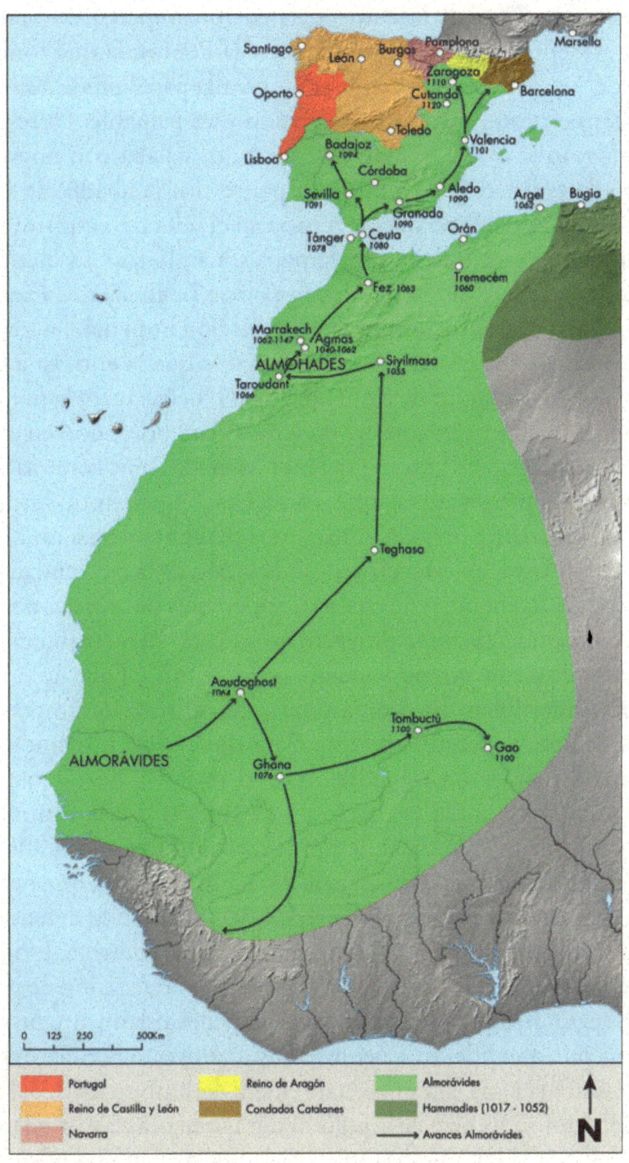

Fig. 31: Imperio almorávide

Bishko insinuaba que la autoproclamación imperial era respuesta a una evidente injerencia pontificia en la Península que tomaba el reino de Aragón como vehículo y la cruzada papal predicada contra Barbastro en 1064 como manifestación más palpable. La respuesta alfonsina no se haría esperar: por un lado, sellaba con nuevas iniciativas la amistad heredada de su padre con la abadía de Cluny, cuyos titulares rivalizaban con el papa en el liderazgo espiritual de la cristiandad; por otro lado, proclamaba sin ambages su superioridad jerárquica respecto al resto de los monarcas peninsulares a través de una inequívoca y autocomplaciente titulación imperial. La respuesta de Alfonso VI fue eficaz: no es impensable que la entrega a Cluny en 1073 del monasterio de San Isidoro de Dueñas fuera la prenda de una oportuna intervención del poderoso abad borgoñón en orden a evitar la verificación de esa inquietante "cruzada" que, como sabemos, Gregorio VII proyectaba verificar aquel año en territorio hispánico.

Ante semejante presión, podríamos preguntarnos si un hombre como Alfonso VI, abierto a la renovada visión de la cristiandad papal, pero declarado enemigo de cualquier injerencia pontificia, no intentaría construir su propio "proyecto cruzadista" al margen de Roma. Para ello, desde luego, no le faltaban elementos en que apoyarse.

En primer lugar, su propia política de afirmación imperial. La nueva noción imperial tiene una clara dimensión hispánica y una evidente legitimación religiosa: "por el mismo Dios, constituido emperador sobre todas las naciones de España", es la fórmula que se lee en la intitulación real de un documento fechado el año 1087. Se trata de una fórmula de clara afirmación soberana que otorga al monarca castellanoleonés plena responsabilidad en la defensa de la cristiandad peninsular, un año después de que la derrota de Sagrajas contra los almorávides la llegara a poner en clara situación de peligro.

En segundo lugar, su empeño en romper el aislamiento hispánico concediendo a su liderazgo peninsular y al proyecto político-religioso que lo sostenía una clara proyección fuera del ámbito ibérico. En este sentido, Alfonso VI hizo de la política ultrapirenaica clave fundamental de su reinado. Hay muchas iniciativas que avalan esta afirmación. Para empezar la relación con Cluny, a la que ya hemos hecho referencia, y que se ve intensifica a partir de 1077 en condiciones que algún investigador, como Bishko, ha llegado a calificar con notable exageración de vasalláticas. También, una política matrimonial obsesivamente anclada en el ámbito franco: al menos cuatro de las cinco esposas legítimas del rey fueron de origen franco, como también lo fueron sus tres yernos, uno de ellos, Raimundo de Saint Gilles, conde de Tolosa, casado con su hija Elvira, fue, como sabemos, un destacadísimo participante de la *primera cruzada*. Y finalmente, una excepcional actividad protectora de la ruta jacobea o *camino francés*; de hecho, y en opinión de José María Lacarra, Alfonso VI "fue el más decidido protector de los peregrinos y el que más trabajó por mejorar las condiciones de la ruta".

No es difícil pensar que, sobre estas bases, Alfonso VI construyera su propio "modelo de cruzada". Un modelo hispánico pero que contaba con el aval universalista de una cristiandad de la que la Península era solidaria. Ese aval venía de tierras francas y se expresaba ideológicamente a través de Cluny, que tanto luchó siempre para que los cristianos tomaran conciencia, en todas partes, de la importancia que para ellos tenía el combate peninsular contra el islam. De ese aval ciertamente se excluía, en principio, al papa y a la Sede Apostólica; por ello era tan importante cuidar esa otra sede apostólica que se hallaba en el noroeste peninsular y que se conectaba con el resto de la cristiandad a través del camino jacobeo. Peregrinaje, purificación y guerra santa también aquí se confundían, como no tardaría en demostrar ese grito de guerra que apelaba a "Santiago" y que constituiría para las tropas castellanas eficaz medicina frente al enemigo musulmán.

Que este "modelo hispánico de cruzada" –ciertamente con algunas modificaciones– se impondría claramente en el siglo XII, es algo difícil de discutir, pero la cuestión es si efectivamente lo llegó a aplicar Alfonso VI durante su reinado. Con claridad, desde luego, no antes del desembarco de los almorávides. Estos proporcionaron la gran justificación que las refinadas *taifas* no estaban en condiciones de ofrecer. Los musulmanes andalusíes no eran unos extraños: el *sistema de parias* los convertía en aliados y, en el peor de los casos, en una reserva para la futura incorporación al mundo cristiano que nadie ponía en duda. Los almorávides, en cambio, constituían un movimiento ideologizado cuya virulenta guerra santa era una amenaza real para la cristiandad. Sería, pues, frente a ellos, cuando Alfonso VI ensayaría su particular concepción de "cruzada": en 1087 –ocho años antes que lo hiciera el papa– habría convocado con éxito a príncipes francos para que colaboraran con él en la defensa de Toledo, amenazada tras la derrota de Sagrajas. Entre ellos estaría el duque Eudes I de Borgoña, Guillermo le Charpentier, vizconde de Melun, y probablemente también los futuros tres yernos de Alfonso VI: Raimundo de Borgoña, Enrique de Borgoña y Raimundo de Saint-Gilles, conde de Tolosa. La retirada de los almorávides a sus bases africanas abortó la iniciativa. Pero ¿podemos dudar de que se trató de "una cruzada" convocada con éxito por el rey Alfonso VI, el emperador de los cristianos ibéricos, al margen de la autoridad pontificia?

Dejemos la cuestión en interrogante porque no deja de plantear problemas. Lomax, para empezar, niega que los nobles franceses tuvieran la más mínima intención de acudir a Toledo, y sí de saquear el valle del Ebro y asediar inútilmente Tudela. Lo que sí se puede decir es que frente a los almorávides solo un personaje que bascula entre el mito y la realidad, Rodrigo Díaz de Vivar *el Cid*, logró con éxito vencerlos en campo abierto, y no se trata ciertamente de ninguna buena ejemplificación del nuevo espíritu cruzado que soplaba desde Europa.

c) Los cruzados del Oriente peninsular

Es precisamente esta escasa permeabilidad que mostraron inicialmente las tierras castellanoleonesas hacia la auténtica concepción de cruzada, lo que llevó a los papas a fijarse fundamentalmente en el ámbito aragonés y catalán, bastante más proclive a ella. El ejemplo del propio Urbano II es muy significativo. Seis años antes de convocar en Clermont la *primera cruzada* el pontífice hacía un llamamiento, en julio de 1089, dirigido a príncipes y obispos catalanes permitiéndoles conmutar su voto de peregrinaje a Jerusalén por una permanencia en su tierra consagrada a la restauración de la ciudad y sede arzobispal de Tarragona. El papa equiparaba, de este modo, los méritos de la peregrinación y del esfuerzo económico que comportaba, con una iniciativa destinada a fortalecer la frontera cristiana en la península ibérica. Otros documentos del mismo papa hablan expresamente de indulgencia o remisión penitencial para quienes se empeñaran en tan sagrado objetivo.

A raíz de Clermont, con la cruzada oriental ya en marcha, la identificación de objetivos entre esta y la ofensiva peninsular era una realidad ya en vida del papa Urbano, una realidad que no tardaría en formalizarse canónicamente en las primeras décadas del siglo XII. En buena parte esa formalización pretendía evitar el flujo no espectacular pero sí constante de peregrinos de origen hispánico que, en contra de los deseos de sus príncipes y del propio papa, se trasladaban al Jerusalén recién conquistado por mera devoción o con la intención de incorporarse a la cruzada, restando de este modo fuerza combativa a la guerra peninsular. En este contexto se entiende que en 1101 el rey navarroaragonés Pedro I (1094-1104) conmutara su voto cruzado con destino a Jerusalén por su contribución personal al asedio de Zaragoza en donde se hallaba *cum Christi vexillo,* es decir, con la enseña cruzada que, por vez primera, era enarbolada en una acción conquistadora peninsular.

A partir de entonces las cruzadas canónicamente formalizadas fueron una realidad entreverada con la guerra peninsular. El conde catalán Ramón Berenguer III (1082-1131), que se convertiría en *confreire* profeso del Temple poco antes de morir, organizó una con la bendición papal y la indulgencia correspondiente para expulsar a los musulmanes de las Islas Baleares en 1114. Se obtuvo el concurso de las flotas pisana y genovesa, interesadas en cortar de raíz la piratería protegida y potenciada por los reyezuelos *taifas* de *Mayūrqa.* La bula fue predicada en Cataluña y en el norte de Italia, y la operación fue todo un éxito, aunque de muy escasa duración, y es que los almorávides no tardarían en recuperar el control del archipiélago.

Los almorávides, que tantos daños causaban a los dominios de Alfonso VI, eran también, desde luego, la gran amenaza que pendía sobre el oriente peninsular. A neutralizarla dedicó todos sus esfuerzos ese monarca, paradigma del cruzadismo, que fue Alfonso I *el Batallador* (1104-1134). Una de sus mayores realizaciones fue la de arrebatar en 1118 Zaragoza a los almorávides encabezando una cruzada victoriosa que, de este modo, dio a Aragón el control del Ebro afianzándolo como un reino sólido. La cruzada, decretada en un concilio que reunió en Tolosa a obispos de ambos lados de los Pirineos a comienzos de aquel mismo año, fue asumida con especial interés por el papa Gelasio II (1118-1119) quien no dudó en introducir una novedad en la incipiente doctrina de las indulgencias llamada a tener un amplio desarrollo: se beneficiarían de ellas no solo los asistentes a las operaciones militares sino quienes contribuyeran a ellas con sus limosnas; comenzaba así la carrera hacia la mercantilización de la indulgencia.

En el asedio participaron nobles y obispos tanto aragoneses, navarros y catalanes como provenientes del Midi francés, donde la bula papal fue activamente predicada. Entre estos últimos sobresalían algunos destacados participantes de la *primera cruzada* como el conde Gastón V de Bearn, cuyo papel en la organización de la maquinaria de guerra destinada a conquistar Jerusalén había sido decisivo.

Pero el cruzadismo de Alfonso *el Batallador* no solo se manifiesta en sus acciones bélicas bendecidas por Roma, sino en sus iniciativas institucionales. Él es el responsable de la creación de varias cofradías militares emparentadas con la inicial orden militar del Temple creada en Tierra Santa en 1120. Pues bien, solo dos años después, y para garantizar la conquista cruzada de Zaragoza, el monarca navarroaragonés creaba la cofradía militar de Belchite, una institución compuesta por miembros permanentes y temporales, en torno a los que la Iglesia desplegó todo un código de indulgencias que, como tipología, cristalizó más adelante en la legislación canónica de la cruzada. Así, mientras los cofrades permanentes obtenían una remisión penitencial completa equivalente a la de la profesión religiosa, los cofrades temporales debían satisfacer un año de compromiso si querían obtener la indulgencia propia de Tierra Santa. En cualquier caso, la duración del servicio suponía una correlativa condonación de penas perfectamente establecida. Se contemplaba, asimismo, el beneficio de la indulgencia para quienes se hicieran reemplazar en el servicio de la cofradía mediante el pago de una cantidad, y también, naturalmente, para los benefactores de la institución. No fue la de

Belchite la única cofradía instituida por el Alfonso *el Batallador*. Otro interesante ejemplo es el de la *Militia Christi de Monreal*, creada algunos años después y de la que el propio rey se hizo cofrade. Como en el caso de la anterior, sus miembros se consagraban al servicio de Dios quedando exentos de cualquier iniciativa que supusiera combatir contra cristianos. Su objetivo era la guerra contra los musulmanes y, en último término, la liberación de Jerusalén. El sistema de indulgencias no presenta mayores novedades.

Finalmente, fueron los gestos del *Batallador* los que de forma más clara delataron su inequívoco espíritu cruzado, y entre todos ellos, el de su testamento, redactado en 1131 y confirmado en 1134, año de su muerte. Como es sabido, la decisión del rey fue la de convertir su herencia política en donativo repartiendo el conjunto de sus dominios entre el Santo Sepulcro de Jerusalén y las órdenes del Hospital y del Temple. Con independencia de la valoración historiográfica que pueda hacerse de semejante iniciativa y de su inviabilidad política, lo cierto es que el testamento expresa desde la rotundidad de su contenido no solo la identificación del monarca con los presupuestos de las instituciones cruzadas por antonomasia, sino la voluntad política de acelerar su hasta entonces incipiente proceso de implantación en la realidad peninsular.

No muchos años después de la muerte del *Batallador* Cataluña pondría fin a su propia expansión conquistadora en un ambiente de extraordinaria sensibilidad cruzada. Ello fue posible gracias a las espectaculares acciones del conde Ramón Berenguer IV (1131-1162) que acabó situando en el Ebro la frontera con el islam. Su ofensiva tuvo su momento clave en la cruzada de Tortosa de 1148-1149, a la que, al concurso de aragoneses, genoveses y una parte de cruzados ingleses y flamencos que se dirigían a Tierra Santa, se unió la decisiva intervención del papa Eugenio III (1145-1153); este, en aplicación de las oportunas prescripciones canónicas, concedió a las operaciones la misma consideración jurídica que en su día tuvo la toma de Jerusalén. El especial significado y contexto ideológico de la conquista de Tortosa ha sido tradicionalmente subrayado por la historiografía hasta el día de hoy.

d) La Hispania imperial de Alfonso VII y el reino cruzado de Portugal

A raíz de que el primero de los concilios ecuménicos del Occidente medieval, el Lateranense I de 1123, sancionara en su canon décimo la identificación entre cruzada oriental e hispánica, extendiendo a familiares y bienes de los correspondientes cruzados la protección apostólica, la incentivación estricta y formalmente cruzada afectó también al occidente peninsular con una intensidad semejante a la que hemos visto ya en tierras aragonesas y catalanas. En el fragor de este renovado espíritu cruzadista, el arzobispo Gelmírez, titular de la sede metropolitana de Santiago, no dudó en 1125 en proclamar una cruzada en la que significativamente se hacen converger los dos planos de actividad religioso-militar: una expedición que, tras vencer a los musulmanes de la Península, utilizara el camino "más breve y menos trabajoso" de las tierras hispanas para alcanzar el definitivo objetivo, el del Santo Sepulcro de Jerusalén. Con independencia de la errónea perspectiva geográfica del arzobispo, el simbolismo de la propuesta no puede tener más fuerza.

En este contexto resalta la figura de Alfonso VII (1126-1157), el rey de León y Castilla que, proclamándose como su abuelo Alfonso VI emperador de Hispania, aspiraba a justificar su hegemonía ibérica liderando a la cristiandad hispánica en su pugna contra el islam. En este sentido es oportuno subrayar iniciativas como la revitalización de las cofradías militares instituidas por Alfonso *el Batallador* –concretamente la de Belchite en 1136– o el impulso dado, siguiendo también su ejemplo, a la implantación peninsular de la orden militar del Temple y la muy pronto militarizada del Hospital, que precisamente entonces eran capaces de cristalizar en una primitiva pero muy eficaz organización administrativa.

Pero el gran proyecto de Alfonso VII fue el de la expedición que, en 1147, recuperó Almería de manos musulmanas. El imperio almorávide estaba ya prácticamente deshecho, pero no cabía duda de que controlar el puerto andalusí de Almería significaba hacerse con la clave de las comunicaciones con el norte de África y el Levante mediterráneo. Génova y Pisa apoyaron activamente los preparativos de la conquista e intervinieron eficazmente en ella. También lo hizo la marina catalana desplegada por Ramón Berenguer IV. Colaboraron asimismo el rey García Ramírez de Pamplona y nobles provenientes del Mediodía francés. La capitulación de Almería se produjo en octubre de aquel año de 1147. Aunque el protagonismo episcopal aseguró el carácter cruzado de las operaciones, no conocemos ninguna bula papal que las avalara. Goñi Gaztambide asegura que los preparativos habían sido seguidos muy de cerca por Eugenio III, y lo que no es discutible es que este mismo papa, tan complaciente con el movimiento cruzado, asumía meses después todas las iniciativas militares del emperador al que gratificaba con la "rosa de oro" pontificia, un galardón del que solo se hacían acreedores los grandes campeones de la fe.

Para entonces el flanco más occidental de la antigua monarquía castellanoleonesa, el que desde el Miño al Tajo se corresponde con las tierras del primitivo Portugal, había alcanzado su independencia *de facto* respecto al emperador. La victoria que Alfonso Henriques, primo carnal de Alfonso VII y primer monarca luso, obtuvo en Ourique frente a los almorávides en 1139, en buena parte fue el arma ideológica esgrimida para una segregación, desde un principio legitimada, aunque no formalmente, por la Sede Apostólica. De hecho, desde finales de 1143, el antiguo condado de Portugal, situado bajo la protección de San Pedro, se vincula vasalláticamente al papa para, de este modo, blindar su independencia frente al emperador Alfonso. La lógica justificativa del nacimiento del reino portugués se inscribe, así, en el discurso cruzadista del pontificado, aunque este tardara años en reconocer formalmente el título de rey para Alfonso Henriques. En cualquier caso, no es una casualidad que, desde muy pronto, la orden del Temple, teórico brazo armado de la autoridad pontificia, se convirtiera en pieza fundamental en el nuevo entramado de la naciente monarquía. En esta perspectiva conviene analizar la conquista de Lisboa de 1147. Y es que, al mismo tiempo que capitulaba Almería, Alfonso I Henriques, con la inestimable colaboración de un episcopado adicto, utilizaba los cruzados alemanes, ingleses y flamencos que surcaban sus costas con destino a Tierra Santa, para consumar el asedio y conquista de la ciudad del estuario del Tajo.

CRUZADA ANTIALMOHADE

Si los almorávides ayudaron a estimular y acoger en la Península las corrientes de pensamiento cruzadista provenientes de más allá de los Pirineos, la avasalladora presencia de sus herederos almohades, aún más poderosos e ideologizados, contribuyó con mayor rotundidad a consolidar el alcance cruzado de la legitimación reconquistadora.

a) El nuevo imperio norteafricano y la respuesta peninsular

El movimiento almohade surge en el Magreb, en medios bereberes, en torno a la doctrina de Ibn Tūmart, un beréber *masmuda* –tribu sedentaria del Alto Atlas–, que, según la tradición, estudió en Córdoba y peregrinó a La Meca. Inició su rigorista predicación hacia 1120, autoproclamándose *mahdī* o "guía inspirado por Dios". Su doctrina giraba en torno a tres ideas fundamentales. En primer lugar, la necesidad de depurar el discurso islámico de cualquier desviación antropomorfista, proclamando sin titubeos ni matices la radical unicidad de Dios; precisamente, la palabra "almohades" o *al-muwaḥḥidūn* significa "los que profesan la unicidad divina". En segundo lugar, un estricto cumplimiento de la preceptiva religiosa, en contra del acomodamiento o relajación de que dieron muestras los almorávides en la última fase de su desarrollo político. En tercer lugar, finalmente, la creencia en el imamato puro e infalible que se inaugura con Adán, los grandes profetas del Antiguo Testamento, Jesús y Muhammad hasta la muerte de Ali en 661, fecha a partir de la cual el mundo cae en la injusticia y el desorden hasta la recuperación que el nuevo imamato encarna; vemos aquí ciertas conexiones con el siísmo y, desde luego, un rechazo a las fórmulas califales sunníes, que llevó a los sucesores del *mahdī* Ibn Tūmart a autoproclamarse califas.

La doctrina de Ibn Tūmart fue recogida después de su muerte, en 1130, en el llamado *Libro de Ibn Tūmart*, que sirvió de base ideológica para la construcción de un movimiento muy jerarquizado, superador de esquemas tribales y base de una auténtica formación estatal, el imperio o califato almohade, cuyo primer representante fue el califa 'Abd al-Mu'min (1130-1163). El primer objetivo de al-Mu'min fue la unificación del Alto Atlas y la consiguiente derrota de los almorávides, que se consumó tras la llamada "guerra de los siete años" (1139-1146). Todo su gobierno estuvo presidido por la preocupación restauradora del islam en el antiguo espacio político almorávide, que llegó a sobrepasar. En efecto, hacia el final de su califato queda prácticamente completada la labor reconquistadora. El califato almohade, desde su capital de Marrakech, gobierna desde los confines septentrionales del Sáhara hasta casi la mitad de la península ibérica, en la que, sin embargo, hubo siempre de hacer frente a importantes núcleos resistentes andalusíes como el del mítico Ibn Mardanish, el famoso *Rey Lobo* de las crónicas cristianas.

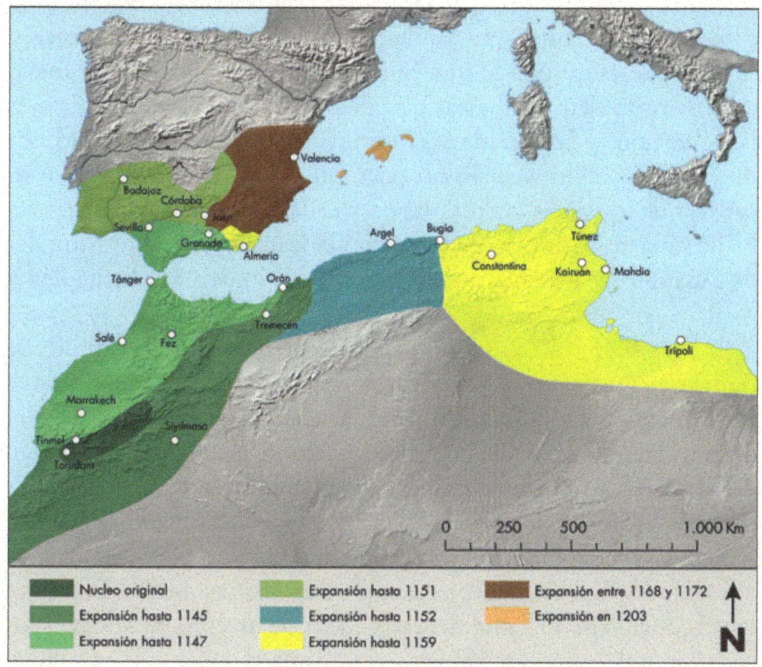

Fig. 32: El califato almohade

La fortaleza del nuevo califato almohade y su consistencia doctrinal obligaron, por tanto, a un rearme ideológico y, desde luego, material por parte de los reyes cristianos de la Península. Ese rearme afectó obviamente a todos ellos, pero de modo muy especial fueron los castellanos y leoneses los que asumieron una mayor cuota de responsabilidad, acorde con el amplio espacio territorial que dominaban. El hecho coincide cronológicamente con la desaparición del imperio hispánico de Alfonso VII y el protagonismo creciente de los reinos, individualizados sobre espacios más coherentes y mejor vertebrados, a los que aquel dio paso. Estos reinos experimentan auténticos procesos de institucionalización que van poniendo en manos de sus monarcas instrumentos de poder más perfeccionados, unos instrumentos que, en último término, les permiten controlar de manera más efectiva tanto el territorio que gobiernan como la sociedad que administran. La Iglesia se erige en objetivo prioritario de ese control. A una cristiandad parcelada en reinos de vocación soberana se corresponde una Iglesia igualmente parcelada e inevitablemente sujeta a la autoridad del rey correspondiente. Esta es la aspiración, y la cruzada será uno de sus cauces. Nadie duda de que el papa y el universalismo eclesiástico son las únicas instancias capaces de legitimar la cruzada, pero cada vez es más claro que esta ha de situarse al servicio de las particularizadas políticas territoriales de cada uno de los reyes. Al menos estos últimos así lo entienden y pugnan por ello.

Ahora bien, este enfoque más territorializado de la cruzada se traduce en nuevos modos de actuación y, sobre todo, requiere nuevos instrumentos. En cuanto a los modos, dos datos nos servirán para ilustrar el nuevo ambiente que poco a poco va generándose. El primero de ellos es el cese de las asambleas conciliares integradas por obispos de muy distintas procedencias geográficas y que hasta este momento habían sido relativamente frecuentes a la hora de fijar objetivos de cruzada e incluso diseñar concretas estrategias de actuación. El último fue el concilio de Valladolid de 1155 en el que un conjunto de obispos castellanos y leoneses se habían reunido con el de Pamplona y cinco portugueses bajo la presidencia de un legado pontificio. A partir de ahora los reyes tenderán a asumir de modo mucho más personal las decisiones en esta materia. El segundo de los datos que nos permite ejemplificar el nuevo ambiente es el del prudente rechazo por parte de la propia Sede Apostólica de cualquier intervención cruzada que, desde fuera de la Península, pretendiera hurtar a los reyes hispánicos su capacidad de decisión. Mucho habían cambiado los tiempos desde los días de Gregorio VII, lo cierto es que uno de sus sucesores, el papa Adriano IV, en 1159 desautorizaba el proyecto de Luis VII de Francia quien, en colaboración con Enrique II de Inglaterra, pretendía, sin consulta previa a los reyes hispanos, traspasar los Pirineos y combatir a los musulmanes en suelo peninsular.

Pero decíamos que esta progresiva territorialización de la cruzada, o si se quiere, su integración en los idearios políticos de los reyes respectivos como fuente legitimadora de incremento de poder, requería la implementación de nuevos medios instrumentales. Fijándonos en el caso de los monarcas castellanos y leoneses, desde mediados del siglo XII, es muy evidente la sistemática utilización de dos recursos de muy distinta naturaleza, pero de conexiones evidentes, el de la imagen apostólica de Santiago y el de una serie de órdenes militares propias. Se trataba, en último término, de reconstruir a nivel peninsular las condiciones objetivas de una "tierra santa", bendecida por la presencia del Apóstol y defendida por unos caballeros religiosos encargados de vengar la injusta agresión de los infieles. Desde luego, no resulta una casualidad que ambos hechos, la revigorización de una imagen de Santiago comprometida en el combate y la creación de las órdenes militares hispánicas, tengan lugar en el contexto de una nueva y más que intranquilizadora ofensiva islámica, la del ideologizado movimiento almohade.

Lo cierto es que fue precisamente muy poco antes de la creación de la primera orden hispánica, la de Calatrava, cuando se producen las primeras referencias a Santiago Apóstol como *miles Christi* y eficaz colaborador de la "reconquista" castellanoleonesa. Las invocaciones a su protección que hasta entonces se habían producido, se transforman, en la primera mitad del siglo XII, en su milagrosa aparición sobre blanco corcel para apoyar la acción de los monarcas. Sabemos ya –aludimos a ello en el primer capítulo– que por vez primera la *Crónica Silense*, compuesta a comienzos del siglo XII, lo representa de este modo anunciando a Fernando I la victoriosa caída de Coimbra. Pero antes de mediar la centuria no hace acto de presencia en textos escritos –las representaciones iconográficas vendrán después– la clásica imagen bélica que convierte a Santiago en un guerrero más cuya directa intervención decide el destino de las batallas.

Al mismo tiempo surgen las primeras órdenes militares hispánicas, aquellas que, a diferencia de templarios y hospitalarios, fueron creadas por los reyes castellanoleoneses no constituyendo, por tanto, meros apéndices de organizaciones internacionales cuyos centros de decisión se hallaban fuera de la Península. Así ocurrió de manera evidente con las dos más importantes órdenes militares hispánicas: la de Calatrava, creada en 1158 por Sancho III de Castilla, y la de Santiago, en 1170, por Fernando II de León. No cabe duda de que las órdenes militares son expresión de cruzada. Sus freires son, de hecho, cruzados permanentes en cuyo hábito debe figurar necesariamente la cruz, y bajo cuyo estandarte cualquier fiel podría acogerse a los beneficios espirituales que reportaba la cruzada.

b) Del desastre de Alarcos a las victorias de Las Navas de Tolosa y de Alcácer do Sal

Sin embargo, los primeros efectos que trajo consigo la parcelación territorial de la Hispania cristiana no fueron positivos en lo tocante a la cruzada. Cada reino aspiraba al control de un espacio coherente que todos interpretaban siempre en clave expansiva. Los enfrentamientos entre los distintos reyes se convirtieron prácticamente en endémicos en el transcurso de la segunda mitad del siglo XII. Es decir, en el momento en el que el frente oriental de la cruzada sufría el estrepitoso revés de la caída de Jerusalén a manos de Saladino en 1187, el frente occidental de la cruzada peninsular amenazaba con algo más que su paralización como consecuencia de las pugnas intracristianas. Las circunstancias eran, además, especialmente graves teniendo en cuenta que la permanente amenaza almohade recobraba nuevos bríos bajo el gobierno de su tercer califa Abū Yūsuf Ya'qūb al-Manṣūr (1184-1199).

En efecto, la ofensiva almohade se manifestó de manera patente en la toma de Alcácer do Sal en 1191, en la batalla de Alarcos de 1195 y en las campañas inmediatamente posteriores de 1196 y 1197. La toma de Alcácer supuso su ocupación por espacio de más de veinticinco años, y fue acompañada del abandono y destrucción de las fortalezas de Palmela y Almada. Con ello, la monarquía portuguesa no solo perdía el control de la ruta fluvial del Sado, sino que, con el bajo Tajo seriamente amenazado, quedaba comprometida la seguridad de Lisboa. Por su parte, la desastrosa derrota de Alarcos, en la que Alfonso VIII no quiso esperar la ayuda que en esa circunstancia sí iba a recibir de los reyes de León y Navarra, llegó a amenazar seriamente la línea defensiva del Tajo castellano, máxime cuando las dos campañas de 1196 y 1197 que la complementaron, tuvieron también efectos devastadores sobre ella. La propia ciudad de Toledo se sintió alarmantemente insegura.

Ante semejante panorama, la Sede Apostólica se vio obligada a intervenir. Descartada cualquier ayuda institucional que pudiera venir de fuera, era preciso concertar la paz entre los reyes cristianos y arbitrar medidas muy duras contra quienes la contravinieran. Fue esta la labor desarrollada por Celestino III (1191-1198), un buen conocedor de la realidad peninsular donde previamente a su elección papal había desarrollado, como cardenal Jacinto Bobbone, eficaces labores de legado. La contundencia del pontífice no se arredró ni ante la excomunión ni ante el entredicho con que fueron fulminados el rey Alfonso IX y su reino leonés en los últimos meses de 1196. La alianza ocasional del monarca con los almohades contra sus propios correligionarios lo justificaba. Pero el papa fue todavía más lejos y ordenó la predicación de la cruzada contra él. Era la primera vez que un rey cristiano era objeto de una cruzada que tendría para los que participaran en ella el beneficio de la indulgencia de Tierra Santa.

La gravísima situación por la que atravesaban los reinos cristianos solo se vio aliviada por la retirada del califa Abū Yūsuf a Marruecos donde casi inmediatamente después moriría, no sin antes haber establecido unas treguas con el rey Alfonso VIII de Castilla que habrían de prolongarse hasta 1210. Fue este lapso de tiempo de algo más de una década lo que permitió a los reyes cristianos reconducir sus propias trayectorias redefiniendo objetivos y planificando la gran revancha antialmohade que caracterizaría los comienzos del siglo entrante.

Pedro II de Aragón (1196-1213) fue el pionero de la contraofensiva cristiana. Incluso cuando todavía no habían expirado las treguas castellano-almohades, este celoso defensor de la cristiandad al que el papa Inocencio III ponía de ejemplo en una misiva enviada al rey de Castilla a comienzos de 1210, se empeñaba en hostigar a los musulmanes. Pero no cabe duda de que el símbolo de la contraofensiva cristiana y su vinculación al ideario cruzadista fue el rey de Castilla Alfonso VIII (1158-1214). A él se refiere el arzobispo-cronista Jiménez de Rada como el hombre "confortado por la virtud del Altísimo [que] tornó su poder contra los infieles para luchar por la fe". Y, sin embargo, quizá más que él, es en su hijo y heredero el infante Fernando, en quien parece encarnarse la voluntad de resistencia frente a los almohades, tal y como se desprende de la documentación papal de 1210 y 1211. La muerte del infante en este último año no detuvo, sin embargo, los preparativos de la guerra. Es más, se vieron acelerados por la coincidente noticia de la caída del enclave de Salvatierra en manos de los musulmanes, una fortaleza bien elegida porque desde ella, según opinaba el nuevo califa conquistador, Muhammad al-Nāsir (1199-1214), "se habían tendido las redes de la cruz y con ella se atormentaba el corazón de los dominios del islam". De hecho, la noticia de la caída de Salvatierra, que supuso un duro golpe en la conciencia de los cristianos y que se propaló por todos los monasterios cistercienses de Occidente a través de su capítulo general, obligó a replantear tácticas y técnicas tradicionales, convirtiendo la batalla campal –*campestre bellum*– en objetivo prioritario. A un enfrentamiento de estas características, desarrollado fuera de recintos fortificados, fue destinado el esfuerzo organizativo de la conocida cruzada de Las Navas de Tolosa de 1212. Aquel año, el papa Inocencio III (1198-1216), que, como su predecesor Celestino III, había intentado imponer la paz entre los reyes cristianos peninsulares, y había procurado implicar a obispos y príncipes extranjeros en los planes del rey de Castilla, ordenaba solemnes rogativas procesionales en Roma con el objeto de impetrar la ayuda divina al tiempo que otorgaba indulgencia plenaria para quien se comprometiera en la empresa.

El ejército movilizado fue sencillamente impresionante. Como resulta habitual, no es posible dar crédito a las cifras que nos facilitan las fuentes de que disponemos, pero autores modernos, que tienden a recortarlas considerablemente, nos hablan de más de doce mil hombres, lo cual seguiría siendo un contingente extraordinariamente abultado. Su composición era heterogénea. Además de efectivos castellanos, y aragoneses y navarros al mando de sus respectivos monarcas Pedro II y Sancho VII, colaboró en las operaciones un buen número de caballeros franceses, movilizados, entre otros, por los arzobispos de Burdeos y Narbona y por el obispo de Nantes, o quizá más bien Nîmes. La sustanciosa aportación pecuniaria del clero castellano –la mitad de sus ingresos anuales– fue decisiva, y la participación de todas las órdenes militares extraordinariamente efectiva. El resultado fue una derrota de los almohades en toda regla.

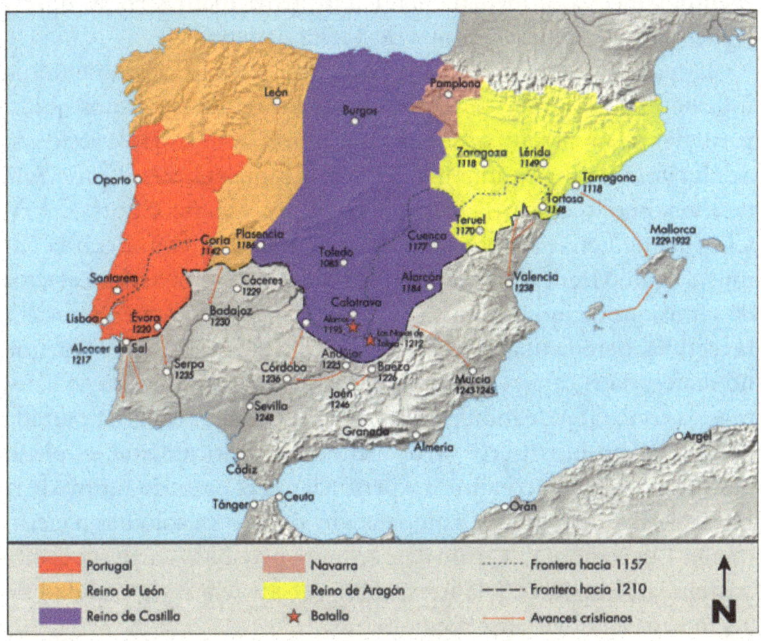

Fig. 33: Los reinos cristianos frente al califato almohade

La victoria de Las Navas tuvo resonancia en todos los rincones de Europa, y sus consecuencias no tardarían en dejarse sentir. Por lo pronto, el joven y derrotado califa al-Nāsir murió casi inmediatamente después como consecuencia de una conspiración cortesana.

Era el principio del fin del califato almohade que, apenas repuesto de la jornada de Las Navas, hubo de encajar una nueva y humillante derrota en Alcácer do Sal en septiembre-octubre de 1217. El protagonismo fue allí de los obispos de Lisboa y Évora que convencieron a un contingente cruzado de procedencia holandesa y renana, que había arribado a la costa portuguesa con destino a la cruzada egipcia de Damietta, para que colaborara en el bloqueo del Sado, mientras efectivos de las órdenes militares tomaban la estratégica fortaleza de Alcácer, garantizando de este modo la frontera cristiana del Tajo y protegiendo Lisboa. El papa Honorio III (1216-1227), informado del evento, concedió inmediatamente a los participantes en las operaciones las indulgencias propias de Tierra Santa.

La victorias de Las Navas y de Alcácer señalan el momento de inflexión de la trayectoria expansiva de los reinos cristianos que, a partir de este momento, les será favorable en el contexto de la acelerada disolución del califato almohade. La curia romana fue tan consciente de ello como lo eran los monarcas hispanos, y ya poco antes del IV Concilio de Letrán, Inocencio III había dejado de considerar la Península como frente cruzado equiparable al de Tierra Santa a efectos de remisiones e indulgencias. Es cierto que poco después revocaría la medida, pero la iniciativa era muy significativa. Por supuesto que no se negaría el carácter cruzado de la "reconquista" ni, como veremos, la concesión de indulgencias, pero la consagración a la cruzada peninsular no justificaría ya, al menos automáticamente, el pleno desentendimiento económico y personal por el precario futuro de la Iglesia latina de Oriente. Equiparación sí, pero ya solo hasta cierto punto. Era el inevitable fruto del contraste percibido entre la pujante cristiandad hispánica y la irreversible decadencia de la realidad de los francos en el Levante mediterráneo.

DEFINITIVA "HISPANIZACIÓN" DEL ESPÍRITU CRUZADO: LA "GRAN RECONQUISTA"

Las Navas y Alcácer suponen también un nuevo giro en la "hispanización" del espíritu cruzado, mucho más patente que en la etapa inmediatamente anterior. De hecho, en aquellas dos ofensivas cruzadas el "internacionalismo" pontificio sigue planeando como una sombra dominante. Su última gran manifestación sería el nombramiento papal, en 1218, del arzobispo de Toledo, Rodrigo Jiménez de Rada, como legado para la cruzada en Hispania con amplios poderes políticos y capacidad de mando militar. Se revitalizaba así la vieja figura del representante eclesiástico del pontífice que, al frente de las huestes cruzadas, actuaba con independencia de los reyes. Era una imagen obsoleta, desprovista de la más mínima dosis de realismo, y el fracaso de la legación del arzobispo, viva hasta 1224, así se encargó de manifestarlo. A estas alturas, los reyes no se dejarían arrebatar el protagonismo en materia tan decisiva para el reforzamiento de su propia autoridad. Se empieza a advertir, más bien, un cierto desasimiento por su parte de los planes papales, sin abandonar en modo alguno, más bien al contrario, el ideario cruzadista.

Reyes como Fernando III de Castilla y de León (1217/1230-1252), Jaime I de Aragón (1213-1276) y Sancho II de Portugal (1223-1248), conquistadores por excelencia, representan, además de un cambio generacional y político, tomas de postura menos dóciles hacia la Iglesia y más inclinadas a asumir el liderazgo cruzado en sus propios reinos. La cruzada podía servir –ya lo habían percibido así sus predecesores y así lo entendía con más contundencia la nueva generación real– como un mecanismo de reforzamiento de su propio poder y una justificación de proyectos expansivos que permitían una más sólida fundamentación de sus respectivos reinos. La cruzada se "hispaniza", y sin perder nunca la única referencia legitimadora posible, la de la Sede Apostólica, tiende a someterse a la voluntad real, de la que cada vez más claramente va a depender su convocatoria y, sobre todo, su gestión.

La "nacionalización" de la cruzada en beneficio de los intereses políticos de un reino concreto es un fenómeno característico de la Península, y, sin mucho temor a equivocarnos, podemos ver en la persona de Fernando III al principal responsable de dicho fenómeno, o al menos a aquel que lo puso irreversiblemente en marcha. No hace falta decir que las órdenes militares, en especial las menos comprometidas con el "internacionalismo" papal, es decir, las de origen hispánico, mucho más mediatizadas que aquellas por la autoridad real, adquieren, ahora un protagonismo decisivo. Fue en la solemne curia de Carrión del mes de julio de 1224 donde se acordó formalmente un sistemático plan ofensivo contra el islam. De hecho, a esta trascendente asamblea, que pondría fin mediante decisión política a las treguas que tras La Navas habían sido concertadas con el tambaleante imperio almohade, fueron expresamente convocados los responsables castellanos de las órdenes militares.

Esta alianza de la monarquía con las órdenes militares, renovada en el contexto de un cruzadismo hispanizado, se produjo también en el resto de los reinos peninsulares. Y sin embargo, la gran ofensiva, la "gran reconquista" que prácticamente pondría fin a la secular lucha mantenida con el islam, no se produjo hasta algunos años después, en la década de 1230. Una serie de circunstancias incentivaron desde esta última fecha el tono de la ofensiva. En efecto, la unión definitiva de Castilla y León llevada a cabo en 1230 por Fernando III, eliminaría tensiones entre ambos reinos y facilitaría acciones coordenadas de envergadura. En Aragón, por su parte, Jaime I había estado prácticamente prisionero de los nobles hasta que en 1227 obtuvo sobre ellos una primera y significativa victoria que le permitiría materializar sus ambiciosos planes de conquista. Y en Portugal, por último, no fue hasta poco antes de 1230 cuando, ante el incremento de la tensión entre los obispos del reino y Sancho II, este se vio obligado a apuntalar su discutida legitimidad dinamizando las tareas de conquista.

Estas fueron las circunstancias objetivas que, desde un punto de vista estrictamente político, crearon las condiciones favorables para llevar a cabo la gran ofensiva que se desarrollaría entre 1230 y 1250. Naturalmente que en ella no faltó en ningún momento el apoyo papal. Fernando III contaba expresamente con él desde 1225. En ese año el papa Honorio III lo tomaba bajo su protección a él y a su reino, comprometidos como estaban en el servicio a Cristo y a su Iglesia. Volvía a extender también la indulgencia, que según disposiciones conciliares disfrutaban los cruzados de Tierra Santa, a cuantos se implicaran en la lucha reconquistadora dirigida por el rey, nombrando al arzobispo toledano Jiménez de Rada y al obispo Mauricio de Burgos predicadores de dicha indulgencia y *protectores* de los cruzados castellanos. Y finalmente, animaba de modo personal al rey Fernando a proseguir su ofensiva *contra sarracenos Ispanie.*

Años después, en 1228-1229, la presencia en los reinos peninsulares del legado papal Juan de Abbeville, encargado entre otras cosas de difundir en Hispania las decisiones conciliares del IV lateranense, constituyó un importante refuerzo ideológico en los planes expansivos y cruzados de los distintos reyes. Desde luego, no se puede decir que los papas se desentendieran de la ofensiva peninsular contra el islam, pero esta se desarrolló según pautas e intereses marcados por los respectivos monarcas.

La primera acción reseñable es la conquista de Mallorca llevada a cabo en 1229 por Jaime I. El *Llibre dels Feits* la concibe como una auténtica cruzada. En un discurso puesto en boca del obispo de Barcelona se la define como obra de Dios en la que "los que en ella murieran, morirán por nuestro Señor y alcanzarán el paraíso". Muy distinto es el panorama en lo que a la conquista de Valencia y su "reino" se refiere. Esta segunda y decisiva gran empresa militar de Jaime I fue tácticamente planificada desde la sede calatrava de Alcañiz a finales de 1231, aprovechando la desgarradora guerra civil que enfrentaba a los agónicos representantes del califato almohade con el pujante "indigenismo" andalusí. El carácter cruzado de la empresa, en el que tanto ha insistido el gran conocedor del tema, Robert I. Burns, no es fácilmente desestimable, pese a las reservas de algunos especialistas. Concretamente el cerco de la capital valenciana, desarrollado entre 1236 y 1238, y la batalla campal que tuvo lugar no lejos de sus muros, antes de la capitulación, fueron operaciones que tenían la expresa consideración de cruzada gracias a las once bulas que sobre la cuestión emitió el papa Gregorio IX (1227-1241) en febrero de 1237.

En tanto la ofensiva aragonesa prácticamente aniquilaba los territorios islámicos del oriente peninsular, el *Sharq al-Andalus,* el resto de la Iberia musulmana, liberada de la soberanía almohade, intentaba organizarse bajo el poder "indigenista" de Muhammad ibn Hūd, autoproclamado descendiente de los antiguos Banu Hūd zaragozanos, que hizo del legitimismo abbasí la bandera justificativa de su corta hegemonía sobre al-Andalus. Frente a él y otros caudillos andalusíes que inmediatamente surgirían, la unificada monarquía castellanoleonesa decidió materializar el plan ofensivo diseñado ya por Fernando III en 1224. El objetivo principal era la ocupación de los valles del Guadalquivir y del Segura, pero junto a ellos, quedaba aún bajo dominio musulmán el flanco suroeste, tierras de conquista leonesa y portuguesa que se situaban a un lado y otro del Guadiana, y que a partir de 1230 fueron sometidas al control de los reinos correspondientes gracias a la labor fundamentalmente desarrollada por las órdenes de Santiago y Alcántara. Aquélla participó ya en 1231, junto con calatravos y freires de otras órdenes, en la campaña dirigida por el infante Alfonso de Molina y Álvaro Pérez de Castro, que, pasando por Sevilla, tenía por objetivo raziar los campos de Jerez obteniendo una resonante victoria frente a Ibn Hūd, victoria en la que, según testimonio de los propios musulmanes, se habría aparecido Santiago montado en su caballo blanco, enarbolando la espada y acompañado de una legión de caballeros igualmente blancos.

La victoria de Jerez de la Frontera fue el principio del fin de la efímera hegemonía de Ibn Hūd. Sería la orden de Santiago la encargada de abatir el dominio del caudillo andalusí en el flanco suroeste peninsular, y lo hizo entre 1234 y 1242 progresando sobre sus dos ejes de extensión meridional: el que, desde Mérida, tenía por meta las tierras sevillanas, y el que, al oeste del Guadiana, en zona portuguesa, se había fijado el Algarve musulmán como destino. Para entonces, y desde hacía ya algún tiempo, un caíd andalusí, Ibn Mahfūz, había creado un pequeño reino en torno a la ciudad de Niebla, la histórica *Labla,* y otro musulmán de depurado linaje árabe, Muhammad ibn al-Ahmar, consolidaba su incontenible poder desde sus bases jiennenses y granadinas hasta que, tras la muerte de In Hūd en 1238, pusiera las bases del futuro emirato nazarí. La propia fragmentación de al-Andalus en este periodo postalmohade de "terceras *taifas*" facilitó la ofensiva castellanoleonesa.

Ésta, directamente dirigida por el rey Fernando III o su heredero Alfonso, contó con cuatro hitos fundamentales, los de las respectivas conquistas de Córdoba, Murcia, Jaén y Sevilla, un periodo de quince intensos años, entre 1236 y 1248, en el que se decide de manera definitiva e irreversible la primacía castellana no solo sobre lo que quedará de al-Andalus sino sobre el conjunto de la realidad peninsular. La incorporación de toda Andalucía, salvo el reino vasallo de Granada creado por Ibn al-Ahmar, y de las tierras de Murcia, convertidas en reino igualmente feudatario de Castilla bajo el gobierno controlado de los descendientes de Ibn Hūd, supone el traslado de la realidad fronteriza hacia el sur, la mutación de esa realidad a través de nuevas percepciones, y, en definitiva, el término virtual de la expansión cristiana bajo la cobertura ideológica de la "reconquista".

Las características propias de cruzada en esta magna empresa de incorporación son manifiestas. La financiación, la concesión de indulgencias y el protagonismo de las órdenes militares son algunas de sus expresiones. Sobre financiación, no se establecieron cauces normalizados por parte de la Iglesia hasta después de la toma de Córdoba en junio de 1236. De hecho, para llevarla a cabo, Fernando III se había apropiado de ciertos porcentajes de derechos eclesiásticos que provocaron la iracunda reacción de Gregorio IX. Pero una vez que el primer gran objetivo "reconquistador" era una realidad, la Sede Apostólica se avino a reconsiderar posturas anteriores, y entró en el juego de la negociación: concedería un subsidio sobre las iglesias y monasterios castellanos y leoneses que ascendía a cuarenta mil monedas de oro, y que se recaudaría durante tres años. Más adelante, en vísperas de la ofensiva sevillana y con destino a ella, el rey Fernando, reconocido como *specialis athleta Christi,* recibía de Inocencio IV (1243-1254) la mitad de las tercias diezmales correspondientes a la fábrica de todas las iglesias de León y Castilla durante los tres años siguientes.

El tema de las indulgencias a favor de las campañas de Fernando III, como ya hemos visto, había recibido tratamiento específico por parte de Honorio III en 1225. Ahora, en 1236, después de la toma de Córdoba, Gregorio IX las ofrecía, bajo la misma consideración de las de Tierra Santa, a los cruzados hispanos. Diez años después, en 1246, sería Inocencio IV quien las otorgaba a quienes participaran en la expedición que preparaba el heredero castellano, el futuro Alfonso X.

La cuestión del protagonismo de las órdenes militares en esta intensa ofensiva constituye un último argumento digno de ser reseñado. En cierto modo podría decirse que las órdenes militares constituyeron el "gran descubrimiento" de Fernando III. Durante su reinado, en efecto, y en especial a través de las campañas andaluzas y murciana, las milicias de los freires alcanzan un protagonismo y una consideración que hasta ese momento no habían tenido. Sus miembros, cruzados permanentes, eran expresión viva de una guerra santa cuya radical legitimación se hallaba en la Sede Apostólica, responsable última de todas y cada una de ellas. Y si los freires eran verdaderos cruzados y beneficiarios de indulgencias, aquellos voluntarios que les ayudaban en sus empresas también gozaban de la consideración de cruzados y participaban de sus mismos beneficios espirituales. De hecho, desde 1220 Honorio III hacía extensiva la indulgencia propia del voto cruzado a quienes combatieran con los freires calatravos en sus fortalezas fronterizas, y privilegios papales posteriores identificaban con auténticos cruzados a todos los que combatieran y murieran bajo los estandartes de los freires. En este sentido, conocemos bulas pontificias concedidas en el periodo de la "gran reconquista" a favor de alcantarinos (1238), calatravos (1240) y santiaguistas (1250).

OFENSIVA MERINÍ Y COMIENZOS DE LA "GUERRA DEL ESTRECHO"

Al iniciarse la segunda mitad del siglo XIII, y pocos años después de que Alfonso X (1252-1284) hubiera accedido al trono de Castilla, era este el único reino peninsular que limitaba geográficamente con el islam y, en consecuencia, contaba con un incentivo "reconquistador". Tal incentivo se tradujo en la fijación de dos objetivos: el establecimiento de una frontera firme y segura con Granada, emirato vasallo del que políticamente no era aconsejable prescindir por el momento, y la consideración de Marruecos como ámbito de eventual intervención defensiva.

El segundo aspecto no cabe duda de que permitía mantener vivo el ideal de cruzada, esgrimible contra alguien más que un emirato doméstico, feudatario de Castilla. La frontera seguía siendo, de este modo, un factor claramente asociado a la seguridad del reino, un elemento consustancial a su propia esencia. Ahora bien, ese "traslado de la frontera" a Marruecos iba a provocar efectos imprevisibles, estimulando la reacción del Magreb, que a partir de septiembre de 1269 contaba con un nuevo e indiscutible líder, el sultán meriní Abū Yūsuf Ya'qūb (1258-1286), que en aquel momento entraba victorioso en Marrakech, aniquilando la sombra de poder almohade e iniciando la unificación de Marruecos. A partir de entonces, los meriníes se convertirían en una seria amenaza para Castilla y para el conjunto de la Península.

En realidad, esa amenaza se había materializado ya muy pocos años antes cuando los nuevos dueños del Magreb decidieron apoyar la rebelión que en 1264 había puesto en pie de guerra a los musulmanes sometidos a la corona de Castilla en colaboración con el emirato vasallo de Granada. Esta desestabilizadora sublevación duraría hasta 1268, y en su represión se enarbolaría la bandera de la cruzada gracias a las bulas otorgadas por el papa Clemente IV en 1265.

Ahora bien, fue años después, estando Abū Yūsuf plenamente consolidado al frente de su sultanato, cuando los meriníes pensaron seriamente en una intervención en la Península que les permitiera controlar las dos orillas del Estrecho, cuyo creciente tráfico mercantil era, sin duda, una presa codiciable. El desembarco se produjo en 1275, después de que los marroquíes recibieran Tarifa, Algeciras y Gibraltar por cesión del emir granadino. La ausencia del rey Alfonso, en conversaciones con el papa, incrementó notablemente la sensación de inseguridad, y la muerte del heredero, infante Fernando, y del arzobispo de Toledo, este en enfrentamiento contra los invasores, generó el caos. La respuesta cruzada no tardaría. Antes de separarse del papa, Alfonso X había obtenido de este el uso por seis años frente a la ofensiva meriní de la *décima* de todas las rentas eclesiásticas de sus reinos, que el reciente concilio II de Lyon había decretado con carácter universal y destino a Tierra Santa; por otra parte, el papa encomendaba al arzobispo de Toledo, muerto precisamente entonces, la predicación de la cruzada.

Abū Yūsuf repetiría en años sucesivos desembarcos devastadores. De especial gravedad fue el que en 1282 protagonizó nada más y nada menos que con la colaboración del propio Alfonso X, prácticamente despojado del trono por su hijo, el que no tardaría en ser Sancho IV (1284-1295). Desde luego, será este, ya en el trono, quien hará frente con más éxito tanto al viejo sultán como a su sucesor Abū Ya'qūb Yūsuf (1286-1307). Sería el asedio y conquista de Tarifa –octubre de 1292– el hecho de armas más relevante y la gran empresa cruzada de

Sancho IV. Allí es donde las órdenes militares mostraron una mayor implicación. A los santiaguistas en concreto no les faltaban incentivos para ello. Apenas unos meses antes, en agosto de 1291, el papa Nicolás IV les había concedido una bula de significativo contenido cruzado por la que los que prestaran su ayuda personal o económica a la orden obtendrían indulgencias y ventajas espirituales idénticas a las que se alcanzaban en Tierra Santa.

Pese a la toma de Tarifa, la "guerra del Estrecho" tardaría en ser resuelta. Los meriníes seguían contando con los puertos de Algeciras y Gibraltar para próximos desembarcos, pero estos tardarían todavía algún tiempo en producirse. Por el momento, Tarifa se convertía en el simbólico contrapunto de la caída de Acre, consumada apenas unos meses antes.

LA EXPANSIÓN CRUZADA EN EL BÁLTICO

La cruzada en el ámbito báltico nace en los años centrales del siglo XII, en el contexto "universalista" de la predicación bernardiana. En efecto, el santo cisterciense impulsor de la *segunda cruzada* intentó imprimir a esta –lo vimos en su momento– cierta dimensión totalizadora que superaba las previsiones iniciales del papa Eugenio III. Por eso, porque el abad de Claraval pensaba que la cruzada era instrumento neutralizador del infiel con independencia de dónde se encontrara, es por lo que, en el transcurso de su ocasional predicación por tierras germánicas, fue captado por los príncipes alemanes para legitimar una primera acción armada contra los eslavos situados al otro lado del Elba.

Este es el punto de arranque de las "cruzadas bálticas" que, en cualquier caso, es preciso analizar desde una perspectiva muy distinta a la del proceso hispánico que acabamos de estudiar. En este sentido no conviene olvidar que, mientras en la Península Ibérica la cruzada se puso al servicio de un impulso mediatizado por la idea de "reconquista", y que, por tanto, la recuperación de tierras "perdidas" fue casi siempre motor de la lucha contra el islam, en el noreste de Europa la cruzada sirvió para imponerse, con sus métodos violentos, a viejas y más o menos pacíficas tentativas de colonización agrícola

–*Drang nach Osten*– y, sobre todo, de colonización cristianizadora. Es decir, que, frente a la cruzada hispánica "reconquistadora", se perfila la imagen báltica de una cruzada "misionera", sin que naturalmente ello nos permita negar otras dimensiones bastante menos espiritualistas, pero igualmente presentes en el fenómeno sobre el que ahora brevemente vamos a centrar nuestra atención.

LA CRUZADA BERNARDIANA CONTRA LOS WENDOS

Las viejas regiones costeras de Pomerania situadas entre las desembocaduras del Elba y del Vístula fueron históricamente objeto de presencia colonizadora tanto por parte de los príncipes alemanes situados al oeste como de los príncipes polacos del sur. Por no retrotraernos más en el tiempo, podemos aludir a las misiones efectuadas por el obispo Otto de Bamberg en la desembocadura del Oder al finalizar el primer tercio del siglo XII, primero bajo la cobertura de los duques polacos (1124-1125) y más tarde bajo impulso de la sede arzobispal alemana de Magdeburgo (1128).

Los resultados de la misión fueron extraordinariamente pobres. Por eso cuando, en un ambiente enfervorecido por el ímpetu de la cruzada, san Bernardo pisó suelo germánico para predicar la nueva expedición que se dirigiría a Tierra Santa, los príncipes germánicos, poco motivados ante la perspectiva jerosolimitana, ofrecieron al abad cisterciense una alternativa, la de llevar la cruz a las reacias tierras eslavas de la Pomerania donde wendos, obroditas y liúticos, a las puertas del Imperio, se resistían a la evangelización. Se trataba de una propuesta formal que probablemente se hacía eco de viejos proyectos y que formuló la nobleza sajona en la dieta celebrada en Fráncfort en marzo de 1147.

San Bernardo se mostró receptivo. En una conocidísima carta de su amplio epistolario –la 457– habla de los paganos que viven más allá del Elba como de esos degenerados hijos del maligno que la fortaleza de los cristianos "ha soportado ya demasiado tiempo" sin aplastar su "cabeza envenenada". Había llegado, por tanto, el momento de dejar expedito el camino a Jerusalén, haciendo que los fieles hijos de la Iglesia tomaran el "emblema de la salvación para lanzarse a destruir por completo esos pueblos, o al menos convertirlos". En la mente de san Bernardo, por consiguiente, quedaba claro que la misión dejaba de ser motivación prioritaria para pasar a serlo el violento sometimiento mediante el ejercicio de las armas, que naturalmente aseguraba a quienes las emplearan los beneficios espirituales propios de la cruzada jerosolimitana. La posterior intervención del papa Eugenio III procuró moderar los planteamientos bernardianos, pero, una vez autorizada la cruzada, fundamentalmente contra los wendos, no era razonable esperar que los métodos de los nuevos *athletae Christi* fueran muy distintos a los empleados en otras latitudes.

El lugar de concentración del ejército debía ser Magdeburgo, y la fecha la de la festividad de los apóstoles Pedro y Pablo de aquel año de 1147. Hubo, sin embargo, cierta precipitación ante los movimientos preventivos de los eslavos liderados por el príncipe wendo Niklot. Contra él marchó un inmenso ejército comandado por el duque Enrique de Sajonia, el margrave de Brandemburgo Alberto *el Oso* y los arzobispos de Bremen y Magdeburgo, pero, además de efectivos provenientes de la Alemania del norte, lo integraban también caballeros suabos, checos y polacos; el papa se hallaba representado por su legado, el obispo Anselmo de Havelberg.

La cruzada no constituyó ningún éxito. La saña antigermánica del mundo eslavo se vio exacerbada, y el triunfo de los alemanes se limitó a propuestas de formal conversión que no tenían otro objetivo que comprar la retirada de los cruzados. La cristianización de Pomerania continuaría siendo una asignatura pendiente. Solo el permanente goteo de la colonización y acción evangelizadora de benedictinos, cistercienses y premonstratenses daría sus frutos hacia el 1200, y no mucho más allá del Oder.

LOS "PORTAESPADA" Y LA CONQUISTA DE LIVONIA

La incorporación a la cristiandad de ese inmenso conjunto de tierras bálticas que, desde la eslava Pomerania se despliega hasta los lejanos países de Letonia y Estonia, próximos ya al golfo de Finlandia, fue un proceso muy irregular que se corresponde bien a la heterogeneidad étnica y cultural de tan complejo mosaico de pueblos, todos ellos paganos, orientados al gélido mar y separados de los principados cristianos rusos y polacos por masas boscosas e intransitables zonas cenagosas.

Una de esas alejadas tierras, concretamente la Livonia histórica –la moderna Letonia– era una zona de especial atractivo comercial. Al abrigo del golfo de Riga y articulada en torno al caudaloso Dvina, era un país rico en ámbar, pieles y madera, que desde antiguo codiciaban los mercaderes escandinavos y alemanes. La ruta abierta por ellos fue seguida por los misioneros cristianos que, ya antes de que concluyera el siglo XII, contaban con un obispado en Üxküll. La precariedad de la presencia cristiana en la zona fue motivo de preocupación para los grandes papas misioneros de en torno a 1200, Celestino III e Inocencio III. Este estímulo misional es el que llevó al tercer obispo de Üxküll, Alberto de Buxhövden, a solicitar a raíz de su nombramiento, en 1199, la presencia de cruzados que garantizaran la cristianización del territorio. Inocencio III se mostró receptivo y procuró el envío de caballeros de origen alemán. Fueron ellos los que hacia 1200, con el respaldo de los beneficios espirituales propios de la cruzada, consolidaron un espacio relativamente amplio de poder en la desembocadura del Dvina en torno a la nueva y más segura ciudad de Riga. Allí trasladó su residencia el obispo Alberto y desde ella coordinó una intensa labor colonizadora que no tardaría en convertirla en un auténtico emporio comercial.

Pero para ello era preciso contar con una fuerza permanente o no circunstancial y muy temporal como era la del envío de cruzados. Fue entonces, en 1202 concretamente, cuando el obispo Alberto pensó en la creación de una cofradía militar permanente destinada a defender los derechos y bienes de la iglesia de Riga sirviendo a su expansión. Parece que el cisterciense Teodorico, consejero del obispo y futuro abad de Dünamünde, tuvo un papel esencial en la nueva fundación, convertida en orden militar por el papa Inocencio III apenas dos años después. Se trata de la *Milicia de Cristo de Livonia*, cuyos miembros, de procedencia germánica, eran más conocidos como los "Hermanos de la Espada" o "Portaespada", dado el emblema distintivo que llevaban en el hábito. Adoptaron la regla del Temple.

Fueron ellos los principales responsables de la conquista de Livonia y de buena parte de Estonia, dominios en los que les correspondía un tercio de la jurisdicción. El despliegue se consumó hacia 1230, pero no sin dificultades y permanentes desencuentros de los freires con el obispo de Riga, al que debían obediencia, y con la propia Sede Apostólica, fuente legitimadora de su propia existencia. Su desastrosa derrota de 1236 frente a los lituanos, en la que perdieron gran parte de sus efectivos, justificó finalmente su incorporación a la pujante orden Teutónica, instalada en Prusia desde 1230.

ORDEN TEUTÓNICA Y CRISTIANIZACIÓN DE PRUSIA

La cristianización de Prusia es desde luego anterior a la presencia en su territorio de la orden Teutónica, pero se trata de una cristianización tenue que no permitía el desarrollo pacífico de los principados polacos situados al sur del territorio, permanentemente amenazados en sus marcas fronterizas de Pomerania y Sudovia por los prusianos paganos. Con todo, algunos bastiones de cristianización se habían atrevido a situarse en las cercanías de Danzig, próximos a la desembocadura del Vístula. Fue el caso de la abadía cisterciense de La Oliva fundada en 1178. Para defender estos enclaves y contener la agresividad de los prusianos, los príncipes polacos estimularon la presencia de órdenes militares en la Pomerania oriental en donde ciertamente se documenta la presencia de hospitalarios y también de los calatravos del convento de Thymau. Fue en este contexto en el que, un poco más al sur, surgió la segunda de las órdenes militares de origen báltico, la de Dobrin, que tomó su nombre de la fortaleza que ocupó –Dobrzyn– en el curso medio del Vístula. Como la de Cristo de Livonia fue una creación episcopal, asociada en este caso a las tareas misioneras de un antiguo monje de La Oliva, el obispo Christian de Prusia. La orden fue aprobada por el papa Gregorio IX en 1228.

No parece, sin embargo, que la nueva milicia respondiera a las expectativas generadas, y es por ello por lo que el duque Conrado de Mazovia llamó en su lugar a la orden Teutónica concediéndole en propiedad la región de Kulmerland. En 1230 el papa Gregorio IX autorizaría a los teutónicos instalarse en Prusia con el fin de imponer la fe cristiana a la población sin renunciar a la acción misionera. Por su parte, el emperador Federico II confirmaba la donación del duque polaco y confería a los freires, sobre los territorios que se incorporaran, los derechos y regalías propios de un príncipe del Imperio, es decir, la práctica inmunidad jurisdiccional. No era esta la intención del papa que aspiraba a hacer depender de la autoridad pontificia unas tierras que, a fin de cuentas, lo eran de misión. En cualquier caso, Hermann de Salza, maestre de la orden Teutónica, tenía muy claro su objetivo: forjar un principado autónomo que sirviera de refugio y legitimador medio de vida a una orden cuyo porvenir en Tierra Santa distaba ya entonces de ser halagüeño.

Los teutones, en efecto, se aplicaron a su tarea con entusiasmo, y entre 1230 y 1242 prácticamente llegaron a controlar la mayor parte de Prusia. En su carrera expansiva lograron prescindir del resto de las órdenes militares. Ya nunca se volvió a hablar de los calatravos de Thymau y las órdenes de Dobrin y Cristo de Livonia fueron incorporadas a su propia estructura entre 1235 y 1237.

Pero los prusianos daban permanentes muestras de insumisión, y fue preciso movilizar cruzadas de apoyo a la orden para neutralizar los levantamientos. No era difícil porque desde 1245 los teutónicos gozaban de un extraordinario privilegio, la posibilidad de conceder ellos mismos indulgencia plenaria a cuantos alemanes estuvieran dispuestos a ayudarles frente a los prusianos, y ello sin una específica autorización pontificia. El rey Ottokar II de Bohemia y el landgrave de Turingia, Alberto de Brunswick, formaron parte de esas cruzadas que hubieron de ser repetidas hasta que en 1283 se consiguió la definitiva pacificación del territorio aplicando métodos de una extraordinaria dureza.

Sin embargo, no fueron los prusianos los únicos enemigos de la cruzada teutónica. Años antes los freires alemanes se habían enfrentado a otros infieles con resultados bastante negativos. Así ocurrió cuando en 1241 sumaron sus esfuerzos a los de las autoridades polacas para frenar la devastadora incursión que entonces protagonizaban los mongoles por el centro de Europa. Pero mucho más decisiva fue su derrota frente a los cismáticos ortodoxos de

Alejandro Nefski en 1242. La ofensiva del príncipe de Novgorod era la respuesta a la voluntad expansiva que los teutones quisieron ensayar en tierras rusas como prolongación de sus escarceos al norte de Livonia. La impresionante derrota junto a las aguas heladas del lago Peipus, en tierras de Estonia, puso fin al expansionismo germánico hacia el Este.

No cabía la menor duda de que el porvenir de los caballeros teutónicos estaba en Prusia. Allí fue, tras la caída de Acre, donde situaron en 1309 la sede central de la orden, desde la que gobernaron su peculiar estado teocrático. Lo hicieron en Marienburg, no lejos de la desembocadura del Vístula.

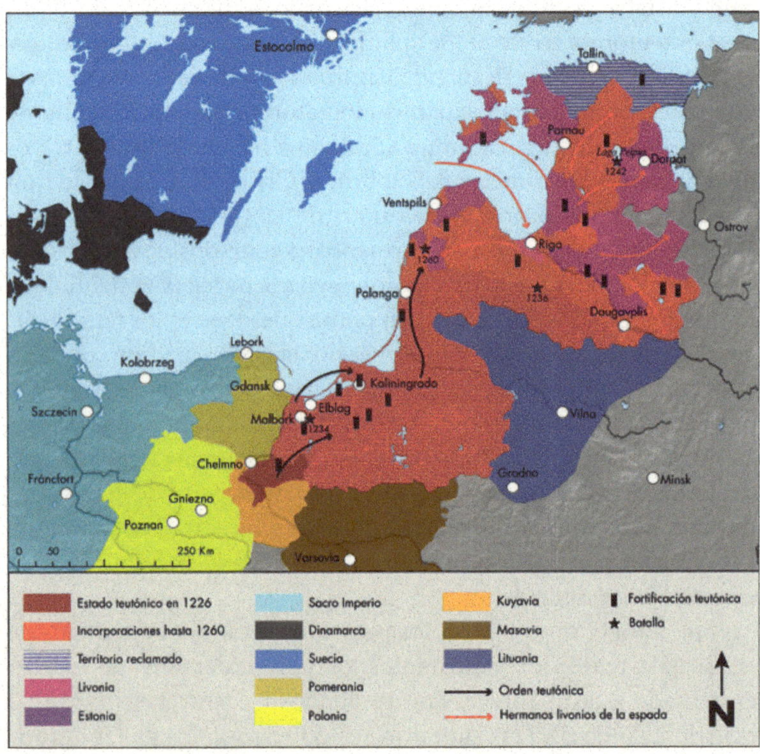

Fig. 34: Expansión de la Orden Teutónica

LA CRUZADA CONTRA LA HEREJÍA: LA REPRESIÓN DE LOS CÁTAROS

El año 1179 el III concilio de Letrán introducía una llamativa novedad que afectaba al concepto y naturaleza originaria de la idea de cruzada. Esta había nacido para combatir a los infieles enemigos de la religión cristiana, pero ahora el concilio decidía aplicarla también a los herejes surgidos en el interior de la Iglesia. En efecto, en su canon veintisiete se refería expresamente a los "cátaros" especialmente radicados en tierras albigenses –en ese momento pertenecientes al vizcondado de Béziers y Carcasona– y en el condado de Tolosa. Se decidía su excomunión y se conminaba a los fieles a combatirlos a cambio de la condonación, al menos, de dos años de penitencia que hubiese sido impuesta por la Iglesia, y la seguridad de recompensa eterna en caso de muerte; sus bienes y personas en tanto durase el combate permanecerían bajo la protección de las autoridades eclesiásticas, como ocurría en el caso de los peregrinos al Santo Sepulcro.

DESAFÍO Y CLAVES DOCTRINALES

Pero ¿quiénes eran los "cátaros"? El mismo concilio de Letrán ya apuntaba que eran conocidos con diversos nombres. Tres fueron los más comunes. El de "cátaro" proviene de la palabra griega que podemos traducir por "puro" y parece que fue el nombre que originalmente se impuso en tierras germánicas. En Francia era más común identificarlos como "albigenses" porque la ciudad de Albi, sin mucho fundamento, se tenía como su centro irradiador. También se los denominó "búlgaros" en alusión al posible pero discutible origen oriental de la secta. Lo cierto es que los cátaros –nombre que acabó prevaleciendo– no eran más que una de las manifestaciones, sin duda la más importante en Occidente, de una tendencia filosófico-religiosa que podemos definir como gnóstico-dualista. El gnosticismo, muy presente en la vida de la Iglesia desde sus primeros tiempos, apostaba por la existencia de dos principios divinos, uno bueno, espiritual, radicalmente trascendente e identificado con el dios del bien, y otro malo, comprometido con la materia que había sido fruto de su creación e identificado con el dios del mal. Era, en realidad, una manera de explicar la existencia de ese mal, ligado a la materia, la corrupción, la enfermedad y la muerte, sin que se pudiera atribuir responsabilidad alguna a la bondad de Dios.

Se produjeron con frecuencia brotes de este dualismo en el conjunto de la cristiandad, y concretamente en Occidente hubo casos de cierta significación en el transcurso del siglo XI, pero será desde mediados del XII cuando se reproduzcan con virulencia de la manos de los cátaros. Quizá la influencia de Oriente en un siglo de cruzadas e intercambios mercantiles y culturales por el Mediterráneo puedan explicar este reverdecer que con frecuencia se ha vinculado a una herejía similar radicada en Bulgaria y que conocemos como *bogomilismo*, pero como hemos indicado, el dualismo se venía produciendo desde hacía tiempo también en Occidente al margen de influencias orientales: en un cristianismo que concedía tanta importancia al protagonismo de Satanás, no es raro pensar en derivas que convirtieran su poder en equivalente a Dios, al menos en el imaginario de las creencias populares.

En cualquier caso, la Iglesia consideró gravísima la fuerza y capacidad de expansión del *catarismo*. Varias razones lo explican. En primer lugar, el peligro que precisamente suponía esa expansión. Es cierto que fundamentalmente los cátaros eclosionaron en el Midi francés, al abrigo de una protección más o menos encubierta de las autoridades de la zona, sobre todo del conde de Tolosa y del vizconde de Beziers y Carcasona, lo cual era otro motivo de preocupación para las autoridades eclesiásticas. Esa protección conviene relacionarla con la equidistancia en que se movían los príncipes feudales del Languedoc presionados, por un lado, por la voluntad centralizadora de los Capeto del norte de Francia y, por otro, por la vocación expansiva de los reyes de la Corona de Aragón. En cierto modo esta popular herejía podía constituir un argumento reforzador de identidad y de reafirmación diferenciadora, estando como estaba muy vinculada a la rica cultura occitana de la zona. Con todo, y pese a esta focalización geográfica, no tardarían en producirse brotes de *catarismo* o herejías similares en Italia, tierras germánicas o la península ibérica.

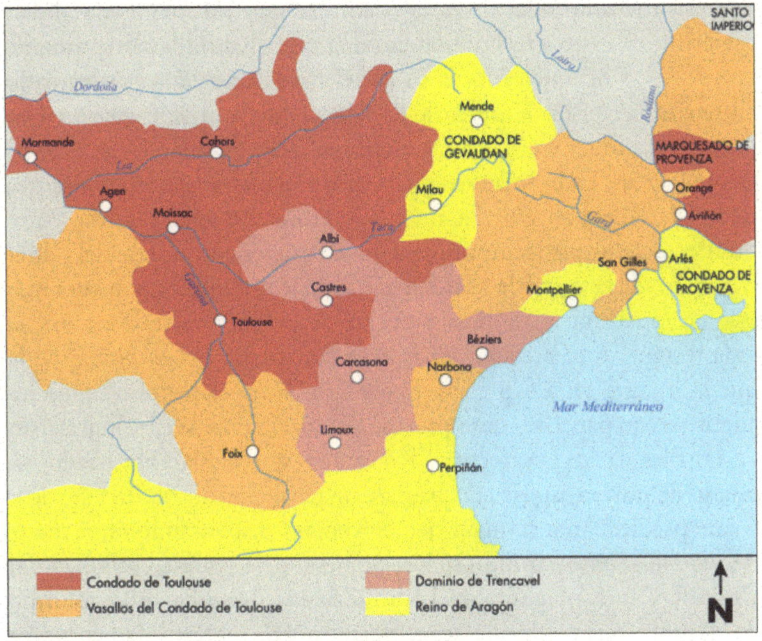

Fig. 35: el Midi francés

En segundo lugar, se trataba de una opción religiosa que impregnaba todos los estratos de la población con independencia de su caracterización sociológica. Sus adeptos, además, conformaban una auténtica Iglesia alternativa, invisible y puramente espiritual, pero las más de las veces camuflada en la propia sociedad religiosa en la que desarrollaban con sigilo sus prácticas. Al menos uno de sus principales antagonistas, el benedictino alemán Ecberto de Schönau, los acusaba de ser "hombres ocultos, pervertidos y pervertidores, que han mentido de forma solapada a lo largo de los tiempos, y han corrompido secretamente la fe cristiana de muchos hombres necios y simples, de manera que se han multiplicado en todas partes..."

Pero es que, sobre todo, en tercer lugar, la herejía por su contenido doctrinal resultaba extraordinariamente disolvente para la sociedad del momento y especialmente provocadora para la institución eclesial.

Su espiritualismo dualista negaba consistencia no solo a la realidad material de Cristo, cuya presencia en la tierra habría sido meramente aparencial, sino que reducía su papel redentor a haber estimulado entre sus discípulos la toma de conciencia de la prisión corpórea en la que vive el ser humano. Naturalmente esto tenía consecuencias eclesiológicas. La propia estructura institucional, material, por tanto, de la Iglesia, era obra de Satán, y la jerarquía no tenía sentido, entre otras cosas, porque la administración de sacramentos, base del poder coercitivo de la autoridad eclesial a través de la penitencia, no era más que un espejismo diabólico, y es que no existía más infierno que la vida terrenal mediatizada por la realidad material y corpórea, de la que la muerte sería expresión liberadora. Curiosamente las mujeres adquieren un papel de cierto protagonismo, algunas de ellas ingresaban en las filas de los "perfectos", los cátaros que habían alcanzado un estado de pureza espiritual a base de una exigente austeridad de vida, y que predicaban a la masa de "creyentes" dispensándoles, a través del *consolamentum* o imposición de manos, la realidad salvífica del Espíritu. Cabría preguntarse el porqué de este llamativo protagonismo de la mujer, que no dejaba de ser trasmisora de materialidad corpórea a través de la gestación, aunque quizá precisamente el hecho de que los cátaros despreciaran el sexo pudo hacer ver en la mujer algo muy distinto a ser un mero instrumento de placer y procreación, como frecuentemente ocurría. Lo cierto es que todo este conjunto de proposiciones eran radicalmente incompatibles con la visión ordenadora de una Iglesia que aspiraba al control, estabilidad y reproducción de la sociedad.

RESPUESTA ECLESIAL Y DESARROLLO DE LA CRUZADA

Con todo, antes de la aplicación de la cruzada, la Iglesia quiso ensayar procedimientos menos expeditivos. En los últimos años del siglo XII y los principios del XIII se intensificó la presión sobre las autoridades locales del Midi para que cesasen en su protección a los herejes y colaborasen en la extirpación de su doctrina. En la zona destacaban dos importantes líderes feudales: el conde Raimundo VI de Tolosa (1194-1222), biznieto de Raimundo IV, uno de los caudillos de la *primera cruzada*, y Raimundo Roger de Trencavel, vizconde de Béziers y Carcasona (1194-1209). Ambos eran vasallos del rey Pedro II de Aragón (1196-1213), lo cual venía a complicar políticamente una ya de por sí compleja situación.

No parece que las presiones sobre los dirigentes occitanos dieran los frutos apetecidos, y la Iglesia ya con anterioridad había empezado a optar por un seguimiento inquisitorial que acabó con la depuración de algún importante prelado, como el arzobispo de Narbona, considerado tibio en su respuesta a la herejía. Pero hubo también episodios de diálogo católico-cátaro, y misiones evangelizadoras en las que jugó un papel importante un burgalés de nombre Domingo de Guzmán, llamado poco después a fundar la orden de los predicadores o dominicos.

Toda esta fase previa a la cruzada se interrumpió violentamente cuando en enero de 1208, el legado pontificio destacado en la zona, el cisterciense Pedro de Castelnau, fue asesinado por un vasallo del conde Raimundo VI probablemente sin su conocimiento. Lo cierto es que solo unos meses antes el legado había excomulgado al conde por negarse a secundar un proyecto de constitución de una liga de paz para combatir militarmente a los herejes. La cruzada era ya inevitable. En realidad, Inocencio III la rumiaba desde hacía algún tiempo; será una de las cuatro cruzadas predicadas durante su pontificado. El llamamiento formal lo hizo en marzo de 1208, y lo hizo en términos apocalípticos asimilando los cátaros a demonios que urgía destruir e insistiendo en una peculiar idea: los herejes eran más peligrosos que los musulmanes, y por eso era preciso aplicarles las medidas que a ellos se aplicaban pero con mayor rigor.

La cruzada, ante la inicial inhibición del rey Felipe II Augusto, contó con un legado papal como máximo responsable, el abad Arnaldo Amalric de Cîteaux, y con un caudillo militar, Simón, señor de Montfort, "un fanático y cruel defensor de la ortodoxia", en palabras de Emilio Mitre. Era un franco de las regiones del norte y había participado en la *cuarta cruzada*. Pues bien, fue él quien, después de mostrar sus habilidades en las primeras operaciones, se acabaría poniendo al frente del ejército movilizado: unos cinco mil caballeros y más del doble de peones, provenientes todos de las regiones del norte.

La primera campaña se desarrolló en 2009 y su primer objetivo fueron los dominios del vizconde de Béziers y Carcasona Raimundo Roger de Trencavel. La erradicación de la herejía fue acompañada de una sistemática política de ocupación territorial que no ahorró episodios de una extraordinaria violencia. Nos ha quedado la imagen de la masacre de Béziers que tuvo lugar en aquel mismo año. Un monje alemán contemporáneo, Cesáreo de Heisterbach, es quien nos ha trasmitido lo que allí aconteció, y también la frase atribuida al legado Arnaldo cuando fue consultado acerca de cómo distinguir herejes de fieles a la hora de la represión: "matadlos a todos, el Señor sabe quiénes son los suyos".

La frase con toda seguridad nunca fue pronunciada, pero el solo hecho de incluirla en un relato de los hechos y parecer creíble a los lectores del monje, ya nos está indicando el grado de crueldad utilizado en la operación. Se trataba de aplicar una metodología de terror que permitiera quebrar la resistencia, y en parte dio sus frutos. El vizconde, atrincherado en Carcasona, acabó entregando la ciudad por capitulación. Raimundo Roger de Trencavel fue hecho prisionero muriendo pocos días después, y su vizcondado, confiscado por la Iglesia, fue finalmente entregado a Simón de Monfort, quien acabó por completar en el transcurso de 1210 la pacificación del territorio mediante la toma de un conjunto de estratégicas fortalezas defendidas por los vasallos del anterior vizconde.

El siguiente objetivo era el condado de Tolosa, cuyo titular Raimundo VI ya había solicitado la protección de su señor, el rey Pedro II de Aragón, que en ese momento era además hermano de su mujer Leonor. Estaba claro que la cruzada, aun sin la participación directa de Felipe Augusto, servía a los intereses estratégico-territoriales de la monarquía capeta, y ello acabó por decidir la participación del aragonés en la contienda. Dos significativos acontecimientos producidos en el transcurso de 1212 fueron la causa inmediata de su intervención: la sustitución del viejo arzobispo de Narbona por el propio legado Arnaldo Amalric, y la promulgación de los "Estatutos de Pamiers" con los que Simón de Monfort se aprestaba a dirigir el condado de Tolosa en el momento en que su titular fuera definitivamente vencido, un marco jurídico por y para los intereses de la Francia del norte que se imponía sobre la tradición y costumbres occitanas.

Pedro II contaba con el aval de prestigio y consideración en Roma que se derivaba de su decisivo protagonismo en la reciente cruzada de Las Navas de Tolosa. Pero ese aval no le evitó ser reconvenido por el legado papal y por el propio pontífice en vísperas de su traslado a tierras languedocianas, ni desde luego evitó que su enfrentamiento liderando la coalición tolosano-aragonesa frente a los cruzados de Simón de Monfort, apoyado por el príncipe Luis, heredero de Felipe Augusto, acabara en un auténtico desastre. Tuvo lugar al pie de la fortaleza de Muret, al sur de Tolosa, en septiembre de 1213, donde el rey Pedro perdió la vida. En aquella ocasión, la de una guerra expresamente prohibida por el papa, el rey aragonés, que había movilizado un importante ejército de entre dos mil y tres mil jinetes y no menos de cuatro mil peones, no pudo contar ni con efectivos de órdenes militares ni con mesnadas movilizadas por los obispos. El ejército era superior en número al de los cruzados de Simón de Montfort, pero eso no impidió la contundente derrota de los hispano-occitanos. Sus consecuencias fueron la huida del conde Raimundo, la toma de posesión del condado por parte de Simón de Montfort y la idea equivocada del papa Inocencio III de que el problema cátaro había quedado resuelto.

La realidad no fue así. Si bien, lo que aconteció en los años siguientes ya no fue propiamente la cruzada contra los cátaros que aún persistían. Lo que se llevó a cabo fue en realidad la guerra de los Capeto por integrar definitivamente las tierras meridionales, unas guerras amparadas, eso sí, en bulas de cruzada. En efecto, entre 1216 y 1218 se produjo un levantamiento de los tolosanos frente al gobierno impuesto de Simón de Montfort que murió intentando recuperar la ciudad de Tolosa donde se había vuelto a instalar la casa de Saint-Gilles con el viejo conde Raimundo VI al frente, eficazmente auxiliado por su hijo, el futuro Raimundo VII, que asumiría la dirección del condado en 1222. Pero no fue más que una restauración pasajera. Todo el aparato ideológico de la cruzada se había puesto al servicio de una ofensiva, en cuyo contexto no faltaron pequeñas órdenes militares encargadas de defender la ortodoxia. Fue el caso de la *milicia* o *hermandad de la Fe de Jesucristo* y también de la *orden de Santiago para la Fe y la Paz en Gascuña*, creadas ambas en torno a la década de 1220.

Con todo, la respuesta en forma de contundente reacción vino, como no podía ser de otro modo, de la monarquía de los Capeto. Se implicó en ella de manera clara y directa el nuevo rey Luis VIII (1223-1226), que ya lo había hecho siendo príncipe heredero, pero muy pronto fue sucedido por su hijo Luis IX (1226-1270). Fue este último quien acabó derrotando a Raimundo VII en 1243. La causa de la autonomía languedociana finalizaba y con ella los restos de catarismo cuyos últimos defensores protagonizaron una épica resistencia al año siguiente en la casi inexpugnable fortaleza de Montségur.

Fig. 40: Fortaleza de Montségur en la región francesa de Midi-Pyrénées

NOTAS BIBLIOGRÁFICAS

La obra que ha permitido situar cronológicamente con precisión el uso moderno del término "reconquista" es la de M.F. Ríos Saloma,

La Reconquista. Una construcción historiográfica (siglos XVI-XIX), Madrid: Marcial Pons, 2011, que se completa con el trabajo del mismo autor: *La Reconquista en la historiografía española contemporánea*, Universidad Nacional Autónoma de México-Sílex Ediciones, 2013.

Una síntesis que nos permite centrar adecuadamente el concepto de "reconquista" la encontramos en F. García Fitz, *La Reconquista*, Granada: Universidad de Granada, 2010; así como su balance historiográfico: "Crítica e hipercrítica en torno al concepto de Reconquista. Una aproximación a la historiografía reciente", en Carlos de Ayala Martínez, Isabel Cristina Ferreira Fernandes y José S. Palacios Ontalva (coords.), *La Reconquista. Ideología y justificación de la Guerra Santa peninsular*, Madrid: La Ergástula, 2019, pp. 79-98. En la senda marcada por el profesor García Fitz, hemos propuesto algunos ensayos destinados a clarificar la cuestión enfatizando la dimensión ideológica de la "reconquista" y la pertinencia del uso del término, únicamente en esta perspectiva, la de la legitimación de una guerra de conquista: C. de Ayala Martínez, "La Reconquista: ¿ficción o realidad historiográfica?", en Ángel Gordo Molina y Diego Melo Carrasco (coords.), *La Edad Media peninsular. Aproximaciones y problemas*, Ediciones Trea, 2017, pp. 127-142; Id., "Pelayo y Covadonga: La formación del discurso reconquistador", en Ayala - Fernandes - Palacios, *La Reconquista... ob. cit...*, pp. 17-52; e Id., "Reconquista o reconquistas? La legitimación de la guerra santa peninsular", *Revista del Centro de Estudios de Granada y su Reino*, 32 (2020), pp. 3-20, donde se exponen los diversos modelos que presenta la ideología reconquistadora. Una visión muy distinta del tema y radicalmente contraria al uso del término "reconquista" en A. García Sanjuán, "La Reconquista, un concepto tendencioso y simplificador", *http://www. alandalusylahistoria.com.* El profesor García Sanjuán ha sistematizado sus propuestas acerca del tema en: "Cómo desactivar una bomba historiográfica: la pervivencia actual del paradigma de la Reconquista", en Ayala - Fernandes – Palacios, *La Reconquista... ob. cit.*, pp. 99-119. Esta doble y diferente visión del problema ha sido recientemente constatada de nuevo en A. García Sanjuán, "*¿Eppur si muove*? Consideraciones críticas sobre la noción de *Reconquista*", en E. López Martínez de Marigorta (ed.),

Una nueva mirada a la formación de al-Andalus. La arabización y la islamización desde la interdisciplinariedad, Universidad del País Vasco, 2022, pp. 225-246, y C. de Ayala Martínez, "En efecto, *eppur si muove*. De nuevo en torno a la noción de Reconquista", ibídem, 2022, pp. 247-253.

Más allá de los problemas estrictamente terminológicos y conceptuales, deben consultarse trabajos anteriores como los de R. Fletcher, "Reconquest and Crusade in Spain, c. 1050-1150", *Transactions of the Royal Historical Society*, 37 (1987), pp. 31-47; G. Reynaud, "La lutte chrétienne contre le pouvoir musulman en Occident ou l'origine ibérique de la croisade d'Orient", *Sharq al-Andalus. Estudios Árabes*, 8 (1991), pp. 243-247; y J. Flori, "Réforme, *reconquista*, croisade. L'idée de reconquête dans la correspondance pontificale d'Alexandre II à Urbain II", *Cahiers de civilisation médiévale*, 40 (1997), pp. 317-335. Por su parte Ph. Josserand plantea cuestiones de interés relativas a la articulación de los conceptos de 'cruzada' y 'reconquista' en "Croisade et reconquête dans le royaume de Castille au xiie siècle. Élements pour une reflexión", en *L'expansion occidentale (xie-xve siècles). Formes et conséquences. Actes du 33e Congrès de la SHMES (Madrid, 23-26 mai 2002)*, París, 2003, pp. 75-85.

Visiones claras, sintéticas y bien articuladas del desarrollo del proceso militar que se desplegó bajo la cobertura ideológica de la "reconquista", las de D.W. Lomax, *La Reconquista*, Barcelona: Crítica, 1984 (orig. inglés 1978); R. Reilly, *Cristianos y musulmanes, 1031-1157*, Barcelona: Crítica, 1992; J.F. O'Callaghan, *Reconquest and Crusade in Medieval Spain*, University of Pennsylvania Press, 2003, e Id., *The Gibraltar Crusade. Castile and the Battle for the Strait*, University of Pennsylvania Press, 2011. Un tema específico y de mucho interés, el de la participación de cruzados foráneos en la guerra de "reconquista" peninsular, en F. García Fitz y F. Novoa Portela, *Cruzados en la Reconquista*, Madrid: Marcial Pons, 2014.

Para la perspectiva islámica, todo lo relativo a almorávides y almohades ha recibido un tratamiento historiográfico importante. Para los almorávides, aparte de la clásica obra de J. Bosch, *Los Almorávides*, Tetuán: Editora Marroquí, 1956, es preciso conocer la producción de V. Lagardère, *Les Almoravides jusqu'au règne de*

Jusuf B. Tasfin, 1039-1106, París: L'Harmattan, 1989; Id., *Le vendredi de Zallaqa, 23 octobre 1086*, París: L'Harmattan, 1989; Id. *Les Almoravides: le djihad andalou (1106-1143)*, París: L'Harmattan, 1998; así como la obra de R. MESSIER, *The Almoravids and the Meanings of Jihad*, Santa Bárbara: Praeger, 2010. Para el tema de los almohades contamos también con un clásico: A. HUICI MIRANDA, *Historia política del Imperio Almohade*, Tetuán: Instituto General Franco de Estudios e Investigación Hispano-Árabe, 1956, así como con nuevos estudios metodológicamente renovados: M. FIERRO ha reunido un conjunto de trabajos de extraordinario interés en *The Almohad Revolution. Politics and Religion in the Islamic West During the Twelfth-Thirteenth Centuries*, Asghate, 2012; de la misma autora vid. asimismo: "La palabra y la espada: posturas frente al 'otro' en la época almohade", en María Antonia Carmona y Carlos Estepa (coords.), *La Península Ibérica en tiempos de Las Navas de Tolosa*, Madrid: Sociedad Española de Estudios Medievales, 2014, pp. 53-77; y también, centrándose en la figura del primer califa almohade: *'Abd al-Mu'min. Mahdism and Caliphate in the Islamic West*, Oneworld Academic, 2021; en relación concretamente con el yihad: J. ALBARRÁN, "Ruptura, memoria y guerra santa: una lectura del yihad almohade", en R. Torres Jiménez y F. Ruiz Gómez (eds.), Órdenes militares y construcción de la sociedad occidental (ss. XII-XV), Madrid: Sílex, 2017, pp. 279-306. Perspectivas más generales en P. BURESI, "La réaction idéologique almoravide et almohade à l'expansion occidentale dans la péninsule Ibérique (fin XIe-mi XIIIe siècles)" en *L'expansion occidentale (XIe-XVe siècles) Formes et conséquences XXXIIIe Congrès de la S.H.M.E.S.*, París: Publications de la Sorbonne, 2003, pp. 229-241; y J. ALBARRÁN, *Ejércitos benditos. Yihad y memoria en al-Andalus (siglos X-XIII)*, Granada: Universidad de Granada, 2020. Una visión de conjunto de almorávides y almohades en A. BENNISON, *The Almoravid and Almohad Empires*, Edimburgo: Edinburgh University Press, 2016. Sobre los meriníes la obra de referencia es M.A. MANZANO RODRÍGUEZ, *La intervención de los Benimerines en la Península Ibérica*, Madrid: CSIC, 1992. Y finalmente como síntesis general: Mª J. VIGUERA MOLINS, *Los reinos de taifas y las invasiones magrebíes (Al-Andalus del XI al XIII)*, Madrid, 1992.

Si pasamos a focalizar ciertos aspectos concretos analizados en el capítulo, hemos visto la importancia del reinado de Alfonso VI tanto por los cambios que en él se operan como por las novedades introducidas en lo que se refiere al tema que nos ocupa. En su momento, fue una renovada aproximación al periodo, la de B.F. Reilly, *El Reino de León y Castilla bajo el Rey Alfonso VI (1065-1109)*, Toledo, 1989 (orig. inglés 1987). Hoy día es preciso tener en cuenta la revisión, sobre firme base documental, de A. Gambra, *Alfonso VI. Cancillería, Curia e Imperio. Estudio,* I, León, 1997. Las alusiones a Ch.J. Bishko provienen de su obra clásica "Fernando I y los orígenes de la alianza castellano-leonesa con Cluny", en *Cuadernos de Historia de España,* 47-48 (1968), pp. 31-135 y 49-50, (1969), pp. 50-116, y la cita de Lacarra relativa al *camino francés* del no menos clásico trabajo conjunto de L. Vázquez de Parga, J.Mª Lacarra y J. Uría Ríu, *Las peregrinaciones a Santiago de Compostela,* Madrid, 1949, II, pp. 20-22. Algunas atinadas observaciones sobre las implicaciones familiares de carácter cruzado de Alfonso VI en E. Benito Ruano, "Alfonso Jordán, conde de Tolosa, un nieto de Alfonso VI de Castilla", en *Estudios sobre Alfonso VI y la reconquista de Toledo. Actas del II Congreso Internacional de Estudios Mozárabes,* I, Toledo, 1987, pp. 83-98.

Para un desarrollo de la realidad histórico-jurídica de la cruzada en España, es de obligada referencia la completísima obra de J. Goñi Gaztambide, *Historia de la bula de cruzada en España,* Vitoria, 1958. La significación de la concesión papal de la "rosa de oro" a favor de Alfonso VII, en D.J. Smith, "A Golden Rose and the Deaf Asp that Stoppeth her Ears: Eugenius III and Spain," en Iben Fonnesberg-Schmidt and Andrew Jotischky (eds.), *Pope Eugenius III (1145-1153): The First Cistercian Pope,* Amsterdam, 2018, pp. 219-242. Un resumen clarificador de lo que sabemos de las cofradías aragonesas de Alfonso *el Batallador,* en J.Mª Lacarra, *Alfonso el Batallador,* Zaragoza, 1978, pp. 75-77 y 98-99; vid. también P. Rassow, "La cofradía de Belchite", *Anuario de Historia del Derecho Español,* III (1926), pp. 200-226; E. Lourie, "The confraternity of Belchite, the ribat and the Temple", *Viator. Medieval and Renaissance Studies,* 13 (1982), pp. 159-176, y J.A. Lema

PUEYO, *Instituciones políticas del reinado de Alfonso I el Batallador, rey de Aragón y Pamplona (1104-1134)*, Universidad del País Vasco, 1997, en especial pp. 219-221. Sobre órdenes militares hispánicas, vid. C. de AYALA MARTÍNEZ, *Las órdenes militares hispánicas en la Edad Media (siglos XII-XV)*, Madrid: Marcial Pons, 2003.

En el texto citábamos la especial significación que la historiografía ha concedido a la cruzada y conquista de Tortosa. Sobre el particular, vid. N. JASPERT, "*Capta est Dertosa, clavis Christianorum:* Tortosa and the crusades", en J. Phillips y M. Hoch, *The Second Crusade. Scope and consequences*, Manchester University Press, 1999, pp. 90-110. Sobre cifras de participación militar en Las Navas puede consultarse el libro de C. VARA THORBECK, *El Lunes de Las Navas*, Universidad de Jaén, 1999, en especial p. 347 y ss., aspecto este que también se toca en las dos grandes monografías sobre Las Navas, la de F. GARCÍA FITZ, *Las Navas de Tolosa*, Barcelona: Ariel, 2005, y la de M. ALVIRA CABRER, *Las Navas de Tolosa 1212. Idea, liturgia y memoria de la batalla*, Madrid: Sílex, 2012.

Sobre el carácter cruzado de la conquista de Valencia profundizó mucho en su día R.I. BURNS, *L'islam sota els croats. Supervivència colonial en el segle XIII al Regne de València*, Valencia, 1990 (2 vols.). Por otra parte, el problema de la "guerra del Estrecho" se encuentra bien planteado en las obras citadas un poco más arriba de O'CALLAGHAN, *The Gibraltar Crusade*, y de MANZANO RODRÍGUEZ, *La intervención de los benimerines en la Península Ibérica*. Un par de monografías específicas sobre Alfonso X y la cruzada en J.M. RODRÍGUEZ GARCÍA, *La cruzada en tiempos de Alfonso X*, Madrid: Sílex, 2014, e *Ideología cruzada en el siglo XIII. Una visión desde la Castilla de Alfonso X*, Cátedra Alfonso X el Sabio-Universidad de Sevilla, 2014.

Sobre las cruzadas bálticas la mejor visión de conjunto es la de E. CHRISTIANSEN, *The Northern Crusades. The Baltic and the Catholic Frontier, 1100-1525*, Londres-Minneapolis, 1980. Puede consultarse asimismo la visión renovadora de L. CHOLLET, *Les Sarrasins du Nord, Une histoire de la croisade balte par la littérature (XIIe-XVe siècle)*, Neuchâtel, 2017. Algo más recientemente se ha abordado el tema de la cristianización postcruzada del Báltico y sus efectos sociales y medioambientales en un conjunto de trabajos reunidos en dos volúmenes coordinados por A. Pluskowski: *Enviroment, Colonisation and the Baltic Crusader States. Terra Sacra I* y *Ecologies of Crusading, Colonization, and Religious Conversion in the Medieval Baltic. Terra Sacra II*, ambos volúmenes publicados por Brepols en 2019.

Volviendo al específico tema de la cruzada báltica, siguen siendo muy útiles las aportaciones de algunas obras de síntesis sobre órdenes militares: A.J. Forey, *The Military Orders from the Twelfth to the Early Fourteenth Centuries,* Londres, 1992, en especial pp. 32-39, y A. Demurger, *Caballeros de Cristo. Templarios, hospitalarios, teutónicos y demás órdenes militares en la Edad Media (siglos XI a XVI)*, Universidad de Granada-Universitat de València, 2005 (orig. francés 2002), en especial pp. 73-85. Pero contamos con una importante monografía sobre la orden Teutónica: S. Gouguenheim, *Les Chevaliers Teutoniques*, Paris: Tallandier, 2007. Por otra parte, concretamente la carta 457 de san Bernardo a la que se alude en el texto en *Obras completas de San Bernardo. Edición bilingüe,* VII. *Cartas,* edición preparada por los monjes cistercienses de España, Biblioteca de Autores Cristianos, Madrid, 1990, pp. 1216-1219.

Para la cruzada contra los cátaros contamos con una cuantiosa bibliografía, empezando por aquellas obras que nos permiten calibrar convenientemente la importancia del discurso doctrinal de los herejes. En este sentido, pueden consultarse, aparte de algún título general que ofrece síntesis muy clarificadoras, como E. Mitre y C. Granda, *Las grandes herejías de la Europa cristiana (350-1520)*, Madrid: Istmo, 1983, pp. 151-165, trabajos más específicos, como son los de P. Labal, *Los cátaros, herejía y crisis social,* Barcelona: Crítica, 1984 (orig. francés 1982); A. Brenon, *La verdadera historia de los cátaros. Vida y muerte de una Iglesia ejemplar*, Barcelona: Martínez Roca, 1997 (orig. francés 1996); M. Lambert, *La otra historia de los cátaros*, Barcelona: Martínez Roca, 2001 (orig. inglés 1998); y M. Roquebert, *Nosotros los cátaros. Prácticas y creencias de una religión exterminada,* Barcelona: Crítica, 2010 (orig. francés 2001). En todos ellos podemos hacer un seguimiento también del desarrollo de la cruzada propiamente dicha. Conviene asimismo consultar las actas monográficas sobre la cruzada: M. Roquebert (dir.), *La Croisade Albigeoise. Actes du Colloque International du Centre d'Études Cathares (Carcassonne, 4-6 octobre 2002), Heresis,* nº extraordinaire, Balma, CEC, 2004. Sobre la batalla de Muret, es imprescindible tener presente los magníficos trabajos de M. ALVIRA, *12 de septiembre de 1213. El Jueves de Muret*, Universitat de Barcelona, 2002, y *Muret 1213. La batalla decisiva de la cruzada contra los cátaros*, Barcelona: Ariel, 2008. Resulta útil también el conjunto de trabajos reunidos en 2015 en la serie Monografías de la Sociedad Española de Estudios Medievales, 6, bajo el título *La encrucijada de Muret*.

EPÍLOGO. CRÍTICAS A LA CRUZADA Y CONTINUIDAD DE SUS MANIFESTACIONES

Una de las muestras más evidentes de la complejidad del fenómeno cruzado es el haber podido simultanear entusiasmo con críticas, y críticas, a veces demoledoras, con continuidad. En efecto, pocos movimientos históricos han levantado tan extraordinario fervor religioso y entusiasmo popular como las cruzadas, pero tampoco han sido muchos los que han logrado no solo sobrevivir sino perpetuarse indefinidamente a pesar de que una línea de contumaz criticismo no haya dejado en ningún momento de socavar sus cimientos.

En estas páginas finales no pretendemos estudiar de manera exhaustiva ni la cara contestataria frente a las cruzadas, ni tampoco detenernos en todas y cada una de las cruzadas predicadas y sostenidas en la Edad Media contra el infiel después de que los francos hubieran de abandonar Tierra Santa de manera definitiva. Solo queremos, a modo de muestra, presentar algunos datos que nos ayuden a tomar conciencia de esa complejidad a la que hace un momento nos referíamos, y que nos permitan entender que esa misma complejidad fue también vivida y sentida por quienes, durante siglos, fueron testigos de ella.

Crónicas monásticas y canciones trovadorescas fueron los dos caminos, bien distintos, que sirvieron desde muy temprano para propalar por todo el occidente europeo la perplejidad que para muchos supuso desde el principio la puesta en marcha del movimiento cruzado. Es cierto que buena parte de esa perplejidad nacía no tanto del movimiento en sí como de algunas de sus abusivas manifestaciones. No se entendía, por ejemplo, que los peregrinos combatientes admitieran entre sus filas a tantas personas incapaces para la guerra, masas de ancianos, mujeres, niños y enfermos que entorpecían la marcha y dificultaban las estrategias. Todavía se comprendía peor la estrecha y pecaminosa convivencia que se producía en los campamentos de los cruzados entre los caballeros y aquellas mujeres que, en las movilizaciones militares profanas y solo en ellas, no había más remedio que admitir; desde luego, nunca en un peregrinaje penitencial. Además, muchos monjes y sacerdotes abandonaban sus compromisos espirituales y su cura de almas para mezclarse con el turbio ajetreo de las armas y de la vida militar. Ante semejante cúmulo de despropósitos, no era extraño que se produjeran frecuentes derrotas entre los cruzados: eran el justo castigo de Dios contra sus indignos soldados.

Pero no pensemos que todas las críticas iniciales se relacionan con las formas y no con el fondo. Es difícil captar el verdadero sentido que un monje alemán, Ekkehard, abad del monasterio de Aura del Saale, quiso dar a su comentario de que, para muchos, la cruzada era en sí misma una idea vana, carente de sentido e incluso frívola. Ekkehard había acudido a Tierra Santa con los cruzados alemanes que lo hicieron en 1101. Al regreso a su tierra, años después, compuso una crónica acerca de la *primera cruzada* no carente de interés, la *Hierosolymitana,* y es en ella donde deja caer ese comentario. No debemos perder de vista, por otra parte, que las expediciones de 1101 acabaron todas, incluida la alemana en la que se enroló Ekkehard, de manera absolutamente desastrosa, sin sentido.

Alguien que tenía las ideas mucho más claras era el gran abad de Cluny Pedro *el Venerable.* Él, aunque no formuló propiamente una crítica directa, jamás entendió el movimiento cruzado, y eso que estuvo implicado en uno de sus proyectos fallidos, el de 1150. En realidad, era más proclive a la discusión que a la confrontación. En 1143 había ordenado traducir el Corán al latín. ¿Cómo podía atacarse con fundamento lo que realmente no era conocido? La agresividad de Pedro fue la de la palabra y la razón, pero no la de las armas. Quizá por ello, en 1148, en carta dirigida al mismísimo maestre del Temple, Ebrard de Barres, mostraba sus dudas acerca de la oportunidad de los fines de la milicia.

Más contundente resulta, sin duda, el conocido testimonio de otro abad, en este caso el cisterciense Isaac de la Estrella –un monasterio cercano a Poitiers– quien por las mismas fechas ironizaba acerca de un "quinto evangelio" que permitía a cierta nueva caballería –sin duda el Temple– extender la fe mediante el uso de la fuerza. Y es que los templarios, fruto de la cruzada y quintaesencia del movimiento, centraron no pocas de las primera críticas hacia la agresividad del cristianismo guerrero. Pensemos por ejemplo en Walter Map, un letrado clérigo de la corte inglesa de Enrique II que, con relación a los templarios, escribía a finales del siglo XII el siguiente juicio: "... para proteger la cristiandad empuñan la misma espada que le fue arrebatada a Pedro cuando intentaba defender a Cristo...". Este alegato "pacifista" proviene de un influyente clérigo y un colaborador de la monarquía, pero también de un irónico narrador de historias que nunca sabemos cuándo habla o no realmente en serio. No pensamos, sin embargo, que asunto tan delicado pudiera ser objeto de chanza; de hecho, el propio carácter "popular" de algunas de sus reflexiones nos ponen sobre la pista de una cierta sensibilidad de la que el sutil arcediano de Oxford no sería sino portavoz.

El Temple está claro que suscitaba el recelo de cierta "opinión pública" cristiana, pero ¿y la cruzada en sí misma? ¿También sobre ella tenemos testimonios cuestionadores tempranos y directos? Sin duda sí, aunque para encontrar el más claro de ellos hay que esperar a 1189, es decir, al ambiente crítico creado en Occidente a raíz de la caída de Jerusalén en manos de Saladino. Un cualificado portavoz de ese ambiente fue el clérigo inglés Raúl *el Negro* cuya oposición hacia la *tercera cruzada* que entonces se predicaba tuvo cierto eco social. Su obra *Arte militar y triple camino de peregrinaje a Jerusalén* contiene todo un alegato contra la cruzada al final del libro tercero en el que se aborda el tema de la caída de la *Ciudad Santa*. Sus palabras no tienen desperdicio. Por un lado, descalifica la violencia: "Dios no desea la venganza humana ni la propagación de la fe por la violencia". Por otro lado, los musulmanes son sustancialmente iguales a los cristianos: "los sarracenos son hombres, su condición natural es la nuestra". Y por si fuera poco pone en entredicho la propia doctrina de las indulgencias: "nunca podrá ser una satisfacción adecuada la que consista en verter sangre, y mucho menos la de un ser humano; en consecuencia, es incongruente marchar a la cruzada en penitencia sea cual sea el pecado por el que se va". Era una enmienda a la totalidad del movimiento cruzado. Estaba claro para Raúl *el Negro* que era más razonable pensar que no era la voluntad de Dios perseverar en el camino de la violencia para defender la cristiandad.

Pero fue también en este ambiente depresivo generado por la caída de Jerusalén donde se hicieron presentes otras críticas que, siendo menos intelectuales, calaron mucho más hondo en la conciencia colectiva. Como sabemos, dos de los tres grandes protagonistas de la *tercera cruzada*, Enrique II de Inglaterra y Felipe II Augusto de Francia, decidieron imponer con destino a la nueva expedición lo que se llamó el "diezmo de Saladino". Toda la población, clérigos y laicos, se vieron sometidos a una exacción que gravaba el diez por ciento de sus rentas a cambio de una indulgencia que eliminaba la mitad de las penitencias impuestas. El diezmo mismo, y sobre todo los métodos recaudatorios, que en Francia concretamente dependían de comisiones laicas, provocaron una oleada de protestas. Estas no hicieron sino incrementar su tono a la vista del desastroso resultado de la cruzada, que, por cierto, no pocos atribuyeron al escandaloso diezmo. En cualquier caso, ¿qué sentido había tenido tanto esfuerzo? Pedro de Blois, canciller del arzobispo de Canterbury y asiduo colaborador cortesano de Enrique II, se preguntaba qué fin podía justificar haber privado a los pobres de los tesoros de las iglesias a ellos destinados; para él la cruzada no era, desde luego, un motivo suficiente. Por su parte, el trovador Conon de Béthune, participante en la *tercera cruzada*, era más directo en sus acusaciones: los ladrones se habían hecho cruzados para extorsionar a clérigos y ciudadanos.

La cruzada era inútil y no justificaba el esfuerzo que la sociedad debía realizar para sostenerla. Este fue el gran argumento que se impuso a partir de finales del siglo XII en algunos de los sectores más críticos hacia ella. Hubo quienes, incluso, vieron en el destino de Federico *Barbarroja*, muerto no en combate contra el infiel, sino en un río y como consecuencia de un accidente fortuito, el símbolo más claro del perfecto sinsentido de la cruzada. Era claro que el hombre, cuyo destino está siempre en manos de Dios, no podía ni debía erigirse en intérprete de su voluntad, máxime cuando los hechos no parecían ser expresión de aquiescencia divina. En este sentido, años atrás, antes incluso de que se produjera la *tercera cruzada*, el autor de los *Anales de Wurzburgo*, había criticado a los predicadores que lanzaban a los cruzados a la matanza de los sarracenos "creyendo que de este modo rinden homenaje a Dios".

Pero ¿cuál era realmente la voluntad de Dios? Desde aproximadamente el 1200 se va dibujando toda una línea de valoración alternativa de signo espiritualista y vocación evangelizadora. La inicia Joaquín de Fiore que se llega a preguntar si no será más efectiva la predicación que el combate; desde luego, a la vista de los resultados de la *tercera cruzada*, estaba claro que la victoria no dependería tanto de grandes ejércitos movilizados como de la fe de los cristianos más comprometidos. Años después, san Francisco asumiría con decisión los presupuestos de la alternativa evangelizadora, y en 1219 decidía ir a tierra de infieles con el propósito de convertirlos incluso a costa del propio martirio. Como sabemos, asistió en el contexto de la *quinta cruzada* a la toma de Damietta, reprobó los métodos de los cruzados y obtuvo autorización para entrevistarse con el sultán al-Kāmil. Nada de ello dio resultado, pero algunas décadas después, como en seguida veremos, algunos conspicuos franciscanos y también dominicos no dudarían en reconsiderar, actualizándola, esta perspectiva evangelizadora.

Por ahora, sin embargo, la cruzada nada tenía que temer de estos iluminados apóstoles de la no violencia. Su mensaje participaba de un elitismo espiritual socialmente respetado pero incomprendido. Más daño podían hacer al movimiento las críticas, más prácticas, de inutilidad y gasto injustificado. Una vez más fueron templarios y miembros de otras órdenes militares los principales blancos de la diatriba. Pero en ella se mezclaban consideraciones de muy diversa índole, aunque siempre rondaba una misma idea: si la cruzada no daba los resultados esperados, si incluso no era evidente que se ajustara a los designios de Dios, ¿qué sentido tenían esos cruzados permanentes que intentaban justificar sus inútiles objetivos mediante el acaparamiento de bienes materiales? Es cierto que en el fondo de estas críticas se adivinan rencillas "estamentales" protagonizadas por obispos y abades que no querían compartir con los nuevos monjes los limitados recursos a que estaban sujetos los fieles en forma de pago de diezmos u otros derechos eclesiásticos. Críticas como las de los obispos del siglo XII Juan de Salisbury o nuestro conocido Guillermo de Tiro podrían ir en esta dirección, una dirección que también compartiría, ya en el siglo XIII, el cronista Mateo París, monje de la abadía benedictina de St. Albans. Pero sus ataques a las órdenes militares, cuyos miembros serían poco menos que insaciables devoradores de bienes ajenos, no cayeron en saco roto, y desde luego afectaron negativamente a la imagen de la cruzada. Esta es la razón de que, en 1218, Honorio III, ante los rumores propalados contra templarios y hospitalarios y su atesoramiento de riquezas, se viera obligado a dar cuenta de las inversiones de los freires en tierras de cruzada, al tiempo que daba instrucciones a los prelados para que se proclamara su inocencia en las celebraciones dominicales de las distintas iglesias.

El daño estaba ya hecho. Desde por lo menos el IV concilio de Letrán de 1215, el papa no había dejado de recibir críticas de un modo u otro relacionadas con la financiación de la cruzada. A las viejas protestas relativas al odioso "diezmo de Saladino", se habían sumado en 1199 las de los cistercienses, en radical desacuerdo con el impuesto cruzado del dos y medio por ciento que había establecido la Sede Apostólica sobre las rentas del clero. Ahora, con motivo de la celebración del concilio, el papa repetía la exacción, y las críticas se hicieron aún más intensas, hasta el punto de arbitrarse la creación por diócesis de auténticos departamentos de propaganda cruzada, encargados de convencer de la bondad del proyecto ultramarino. A ello había que añadir la mercantilización de las indulgencias, es decir, la cada vez más estricta tasación de las redenciones penitenciales por servicios económicos prestados. No era difícil convertir tales prácticas en materia de sospecha, máxime cuando hubo cruzadas que, por la misma naturaleza de sus objetivos, generaron un terrible escándalo. Tal había sido el caso de la *cuarta cruzada*. En referencia a ella, Guillem Figueira, un mordaz poeta provenzal, solidario por otra parte con las víctimas de la cruzada contra los cátaros, no dudó en dejar por escrito esta terrible acusación: "Roma traidora, la avaricia te lleva por mal camino, esquilas demasiada lana a tus ovejas (...) haces poco daño a los sarracenos, pero masacras a griegos y latinos". En términos mucho menos hirientes, el cluniacense Guiot de Provins, sin embargo, quiso interrogar al papa Inocencio III sobre el porqué de una cruzada contra cristianos.

Los "porqués" se fueron haciendo cada vez más frecuentes conforme se cosechaban una tras otra las derrotas de los cruzados. Un momento especialmente tenso se vivió con motivo del fracaso y cautiverio de san Luis en 1250. De nuevo, las viejas dudas acerca de la interpretación verdadera de la voluntad de Dios afloraron con fuerza. Si un hombre devoto y virtuoso, atento a los preceptos de la Iglesia, era tan manifiestamente apartado del favor de Dios, valía la pena plantearse en qué consistía el auténtico seguimiento de Cristo en materia de cruzada. En este sentido, resulta muy significativo el testimonio del cronista franciscano Salimbene de Parma. Fue contemporáneo de san Luis y tan admirador suyo que su crónica es, en buena parte, todo un argumento apologético a favor de la santidad del rey. Pues bien, las alusiones que incluye la narración acerca de la cruzada no dejan de estar envueltas en cierta ambigüedad. Una de esas alusiones consiste en la conocida anécdota del encuentro que el autor tuvo en 1248 con un par de franciscanos muy imbuidos de joaquinismo –uno de ellos era el famoso Gerardo da Borgo San Donnino– que aprovecharon la ocasión para burlarse de los preparativos del peregrinaje regio prediciendo su catastrófico final. Tal testimonio nos pone sobre la pista del escaso respeto que suscitaba la cruzada, al menos en los críticos círculos del joaquinismo. Pero es que el mismo Salimbene no oculta tampoco que los mendicantes que habían predicado la cruzada, tras su fracaso, fueron objeto de todo tipo de insultos por parte de la irreprimible ira popular.

A mediados del siglo XIII para muchos era ya evidente que la presencia cristiana en Tierra Santa era cuestión de muy poco tiempo. Se habían acumulado demasiados errores, y frailes mendicantes y predicadores retoman la crítica moralizante implícita en la perspectiva evangelizadora. El ejemplo típico es el del franciscano inglés Roger Bacon, quien, en su *Opus Maius* dirigida al papa Clemente IV en 1267, planteaba una acusadora y muy cruda crítica: la acción devastadora de templarios, hospitalarios y caballeros teutónicos no hacía sino impedir la conversión de los musulmanes de Tierra Santa y de los paganos del Báltico.

El ámbito báltico, en efecto, constituía también fuente de acusaciones para con los métodos empleados por los cruzados, acusaciones que curiosamente provenían de la propia jerarquía eclesiástica. Sabemos, por ejemplo, que en 1222 Honorio III había ordenado a los "Portaespada", predecesores de los teutónicos en Livonia, que no hostigaran a los nuevos conversos, y en 1240 Gregorio IX se veía en la obligación de recordar las acusadoras críticas que el obispo Christian de Prusia había lanzado contra la orden Teutónica: impedían el bautizo de los conversos de origen pagano y perseguían a quienes se mostraban sumisos a la autoridad del prelado.

El argumento no podía ser más demoledor: la cruzada como obstáculo para la conversión. En esta misma línea, en 1273, un dominico de Acre, Guillermo de Trípoli, ponía en cuestión, de modo general, la ofensiva cristiana sobre Tierra Santa utilizando este mismo argumento: las cruzadas, a las que tanto había animado más de un siglo antes san Bernardo, constituían un tremendo error que dificultaba la inminente conversión de los musulmanes. Tales posiciones destilaban un trasfondo de genial ingenuidad, que es la misma de que hacía gala por aquellos años un mallorquín aspirante a franciscano, Ramón Llull, predicador incansable de la paz con los musulmanes, para quien esa paz, condición necesaria para la convivencia, daría como fruto, en último término, la conversión. Se ha argüido con frecuencia que, en realidad, Llull fue contradictorio y cambiante en su discurso doctrinal, y en parte es cierto, pero, como hace unos años nos recordaba Martín Aurell, incluso después de la caída de Acre, cuando Llull diseñó un programa de cruzada dedicado al papa franciscano Nicolás IV, nunca llegó a olvidar la preeminencia que sobre la acción militar debía tener la conversión mediante el ejemplo y la palabra.

Ciertamente, a menos de veinte años de la definitiva caída de Acre, ánimos, sentimientos y creencias no soplaban a favor de la cruzada. De ello se dio perfecta cuenta Gregorio X, el arcediano de Lieja a quien la elección papal sorprendió en Tierra Santa, cuando pulsó la opinión del Occidente cara a la nueva cruzada que habría de ser solemnemente convocada en el II concilio de Lyon a celebrar en 1274. Los tanteos papales se tradujeron en informes de los que nos han llegado cuatro. Uno de ellos ya lo conocemos porque es el que contiene la opinión del dominico Guillermo de Trípoli a la que acabamos de hacer referencia. Guillermo no plantea ideas para renovar la cruzada, tal y como pedía el papa, sino sencillamente piensa que debe ser superada por sus perniciosos efectos sobre la conversión. Los otros informes, en cambio, no descartan la cruzada, y por ello mismo son, si cabe, más significativos. El que probablemente debemos al franciscano Gilberto de Tournay lleva por título nada más y nada menos que el de *Collectio de Sacandalis Ecclesiae*, y contiene alusiones al abuso de indulgencias y desvío de exacciones que hubieran hecho las delicias de Lutero. Por su parte, otro de los informes, el de Humberto de Romanos, que había sido general de los dominicos entre 1254 y 1263, expresa con crudeza la generalizada falta de fe en los beneficios espirituales que reportaba la cruzada, y propone como medio para neutralizar el descontento popular que provocaban las imposiciones tributarias promovidas desde la Sede Apostólica, que esta contribuyera con la venta de parte de los muchos tesoros y ornamentos que históricamente había venido acumulando. Menos interés tenía el informe remitido por el obispo checo Bruno de Olmütz, cuyo empeño partidario en orden a resolver el interregno abierto en ese momento en el Imperio alemán, aparta su atención del escenario asiático centrándolo en la expansión germánica en el Báltico y, eso sí, criticando de paso la prepotencia y codicia de los caballeros teutónicos.

No es de extrañar que, ante tal panorama, el concilio de Lyon, pese a que el papa anunciara en el discurso inaugural que se pondría al frente de una nueva cruzada palestina, no llegara al más mínimo acuerdo práctico, si exceptuamos un nuevo *subsidium Terrae Sanctae* que gravaría la décima parte de los ingresos eclesiásticos en los próximos seis años. Pronto un conocido proverbio se encargaría de inmortalizar irónicamente esta iniciativa conciliar: "como su propio nombre indica, Gregorio décimo decimó la Iglesia". Nada, en definitiva, que contribuyera a neutralizar la creciente oposición hacia la desgastada idea de cruzada.

Este fue el ambiente que precedió y acompañó a la evacuación cruzada de Palestina. También fue el contexto en el que dieciséis años después de la caída de Acre, se procedía a la detención de los templarios franceses y al secuestro de sus bienes. Ellos habían sido todo un símbolo de la cruzada. No deja de ser significativo que el concilio ecuménico que sucedió al cruzadista de Lyon II, el de Vienne, formalizara en 1312 la disolución de la orden.

La decadencia de la idea de cruzada no supuso, sin embargo, el final de sus manifestaciones. En realidad, desde las últimas décadas del siglo XII, coincidiendo con lo que páginas atrás definíamos como "desnaturalización del fenómeno cruzado", este había ampliado sus objetivos haciendo formar parte esencial de ellos a los herejes. Como hemos visto, la equiparación entre infiel y hereje data del III concilio de Letrán de 1179, y es allí donde se estableció que la cruzada y su sistema de indulgencias podían ser indistintamente aplicados a unos u otros. No cabe duda de que esta ampliación de horizontes multiplicó las ocasiones para la cruzada e hizo que, por esta vía, pudiera prolongarse considerablemente en el tiempo.

Con todo, los ejemplos más claros y conocidos de cruzadas antiheréticas los encontramos en el siglo XIII, siendo el de la desplegada contra los cátaros, de la que nos ocupábamos en el último capítulo, el inevitable arquetipo precursor. Es evidente que, si la cruzada fue siempre un arma política en manos del pontificado, esa instrumentación adoptó llamativas manifestaciones en la lucha contra la herejía. Naturalmente es al papa a quien correspondía determinar qué era o no herejía, y ello dependía en no pocas ocasiones del mayor o menor grado de afinidad de los presuntos herejes con los proyectos de hegemonía papal o simplemente con la defensa de su autoridad territorial. Y es que una vez que el pontificado se identifica sin más con la ortodoxia cristiana y considera que cualquier posición contraria a la Iglesia o a los intereses que ella defiende debe ser considerada un ataque a esa ortodoxia, la línea de separación entre apuesta heterodoxa, actitud cismática o mera desobediencia al papa, no aparece definida con claridad.

Así se observa, por ejemplo, en las llamadas "cruzadas italianas" de los siglos XIII y XIV. En la primera de esas centurias el enemigo a abatir era el poder germano-stáufico y sus ramificaciones gibelinas. Contra Federico II, sus sucesores –Conrado IV, Manfredo y Conradino– y sus aliados italianos se predicó toda una serie de cruzadas que, finalmente, entre 1265 y 1268, acabaron entregando el reino de Sicilia a Carlos de Anjou. También en este contexto surgieron órdenes militares, o quizá mejor cofradías de carácter militar, que, creadas por obispos y avaladas por el papa, tenían por objeto la lucha contra el gibelinismo sobre todo en el urbanizado norte de Italia. Una de ellas, la cofradía de *Santa María Virgen Gloriosa,* fue regulada canónicamente por Urbano IV en 1261. Sus freires, sujetos a la autoridad de los obispos, podían actuar en los conflictos civiles y, por tanto, en el interior de las propias ciudades italianas, siempre en defensa de la fe y de la "libertad" eclesiástica, aunque, eso sí, solo con armas defensivas. Sus actuaciones en Florencia concretamente suscitaron todo tipo de críticas que venían a sumarse a la imagen licenciosa con que han pasado a la Historia, la de los *fratres gaudentes* a los que se alude en el canto veintitrés del *Infierno* de Dante.

En el siglo XIV, cuando los papas se hallaban "exiliados" en Aviñón, hicieron diversos intentos de regresar a Roma, recuperando el control de los Estados Pontificios y su preeminente autoridad en las regiones centrales de Italia. En esta ardua tarea en la que, a mediados de siglo y por expreso encargo papal, se emplearía a fondo el cardenal español Gil de Albornoz, se utilizó también con cierta profusión el expediente de la cruzada contra ciudades rebeldes o príncipes que, como los Visconti de Milán, mostraban claramente su oposición a los planes pontificios.

Esta incontinencia papal en el uso y abuso de la cruzada y de las indulgencias correspondientes adquirió un protagonismo muy especial en el contexto del *Cisma de Occidente.* Comenzó Urbano VI por proclamar la cruzada contra los seguidores de Clemente VII ya en el mismo año de la doble elección papal, el de 1378. A partir de entonces, papas romanos y aviñonenses –también lo harían los pisanos, terceros en discordia– se lanzaron mutuas ofensivas cruzadas con la consiguiente predicación de indulgencias. Al amparo de una de ellas el inglés Juan de Gante, pretendiente al trono castellano, intentó invadir las tierras de Juan I de Trastámara en 1387, aunque ciertamente sin resultado alguno. En realidad, sería inacabable relacionar siquiera todas las cruzadas predicadas en el contexto del gran cisma. Norman Housley ha señalado que fue entonces un momento de especial intensidad al respecto.

La superación del cisma llegó con el concilio de Constanza (1414-1418), pero con él, obviamente, no finalizarían las cruzadas político-ideológicas frente a cristianos. Valgan de ejemplo final las decretadas contra los husitas entre 1421 y 1434. Juan Hus, el reformista checo que influido por Wyclif negaba la autoridad papal, había sido precisamente juzgado y condenado a muerte en la hoguera por el concilio de Constanza. Este hecho encrespó los ánimos del nacionalismo checo, y en especial de los husitas radicales o *taboritas* que, imbuidos de un sentimiento milenarista ajeno a Hus, se convirtieron en la quinta esencia del espíritu de resistencia bohemio frente al Sacro Imperio. Contra ellos se dirigieron las cruzadas a las que hemos aludido.

Pero no pensemos que el fracaso de Tierra Santa reorientó sistemáticamente el espíritu cruzado contra cristianos rebeldes. De hecho, el infiel siguió siendo durante siglos su objetivo preferente. Lo fue, desde luego, en la península ibérica donde la "guerra del Estrecho" planteada a finales del siglo XIII, desembocaría en 1340 en la batalla campal de los vados del río Salado, en la que la hueste real de Alfonso XI de Castilla, con la activa colaboración portuguesa y un relevante protagonismo de las órdenes militares, combatió bajo el pendón de cruzada enviado por la Sede Apostólica y también bajo los beneficios dispensados por el papa Benedicto XII para la ocasión. La batalla, precedida de una misa, predicación y absolución general impartida por el arzobispo toledano Gil de Albornoz, el mismo que años después actuaría en Italia a las órdenes del papa, fue decisiva cara a la eliminación del poder meriní en la Península: solo cuatro años después Alfonso XI recuperaba el estratégico puerto de Algeciras con ayuda financiera de Clemente VI.

Los meriníes africanos dejaban de ser un problema para el Occidente cristiano, pero ¿qué ocurría mientras con los mamelucos egipcios, los desbaratadores de la cruzada palestina? Los proyectos occidentales para recuperar Tierra Santa no pasaron de tales. Algunos eran interesados y ocultaban segundas intenciones como el de Felipe IV de Francia, siempre obsesionado por acaparar rentas eclesiásticas. Otros, en cambio, se mostraron sencillamente inviables como el del rey Felipe VI, sobrino de aquel. Solo el reino de Chipre, cuyo titular lo era también de la quimérica corona de Jerusalén, dio algún paso firme en este sentido. Ya en 1292 hubo un frustrado intento de desembarco en las costas egipcias por parte de una flota chipriota reforzada por navíos papales. Pero sería el rey Pedro I (1359-1369) quien protagonizaría la última gran cruzada clásica de la Historia. Desde joven había mostrado un sincero interés por la causa jerosolimitana, y poco después de acceder al trono inició un largo periplo por Europa para entretejer las alianzas pertinentes. Cuando al fin la cruzada pudo reunirse en la isla de Rodas en el verano de 1365, realmente solo contaba con el apoyo de la orden del Hospital, de Venecia y, naturalmente, del papa Urbano V quien, inútilmente, había intentado transformar las buenas palabras de los gobernantes de Occidente en ayuda efectiva. Con todo, el rey Pedro juntó una flota de más de ciento cincuenta navíos. Con ellos conquistó el doble puerto de Alejandría, realizó una masacre sin precedentes y obtuvo un impresionante botín. Nada más. El monarca chipriota siguió toda su vida obsesionado por el proyecto cruzado, pero sus súbditos no compartían su entusiasmo y acabaron eliminándolo para así poder restablecer tranquilamente las interrumpidas relaciones comerciales con el sultanato egipcio. Ya no hubo más proyectos que se plantearan seriamente la recuperación de Tierra Santa.

Pero la cruzada, lejos de desaparecer, se activó ante lo que iba a constituir el último gran reto para la cristiandad occidental: el nacimiento y rápida expansión del Imperio otomano. Sus orígenes son los de uno de tantos poderes locales turcos que emergieron de la descomposición política de Anatolia, acelerada tras la ocupación y pronto deterioro de la presencia mongola en la zona. En torno a 1300 uno de esos jefes locales, un tal Osmán, pondría las bases de lo que muy pronto se convertiría en el sultanato otomano. La incapacidad política de Bizancio no pudo evitar su formación junto a las costas del mar de Mármara: en 1354 los otomanos se hacían con *Gelibolu*

–Gallípoli–, una estratégica fortaleza que les daba el control de los Dardanelos. El salto a Europa lo dio un nieto de Osmán, Murad I (1362-1389), y el susto de Occidente se tradujo en una primera cruzada, la de Amadeo IV de Saboya, cuya recuperación de Gallípoli en 1366 fue algo menos que efímera. La reacción otomana supuso la incorporación de Bulgaria y Serbia, y la amenaza para Europa se dibujaba ya con tintes dramáticos: los turcos habían alcanzado el Danubio. Tanto el papa romano Bonifacio IX como el aviñonense Benedicto XIII promulgaron sendas bulas de cruzada, y el rey Segismundo de Hungría (1387-1437), directamente amenazado, la acaudilló con el apoyo del príncipe ortodoxo de Valaquia y la colaboración de un fuerte contingente franco-borgoñón al que se sumaron ingleses y alemanes. La cruzada fue literalmente aplastada junto a Nicópolis, un inexpugnable fuerte turco del Danubio, en 1396.

A partir de entonces, la idea de cruzada se redujo a una dimensión puramente defensiva. Era la respuesta a la amenaza turca sobre Europa y el Mediterráneo. Por eso, el pontificado procuró a partir de entonces facilitar las cosas con la interesada colaboración de los monarcas; bulas remitidas a la península ibérica establecen, desde los días del papa Martín V (1417-1430), tasas fijas para quienes quisieran obtener indulgencias de cruzada, es decir, lucrarlas entraba en las cómodas vías del automatismo al tiempo que sus administradores, los propios poderes políticos, alcanzaban márgenes seguros de beneficio. Con todo, los ocho ducados establecidos como tarifa por Martín V resultaban una cantidad excesiva que excluía de las indulgencias a cuantiosos sectores sociales. Esta es la razón de que los papas sucesivos fueran “democratizando” la tasa reduciéndola a cinco florines durante el pontificado de Eugenio IV (1431-1447) y a tres durante el de Nicolás V (1447-1455). Fue precisamente durante este último, en 1453, cuando se produjo la llamada a rebato con motivo de la caída de Constantinopla en el mes de mayo y la heroica muerte del último emperador griego, Constantino XI.

Es verdad que el Imperio bizantino no era ya desde hacía tiempo ningún activo político pero su capital había mantenido hasta el final la fuerza simbólica del más tradicional de los cristianismos. Que sus portentosas defensas cayeran ante la no menos espectacular artillería turca de Mehmed II (1451-1481) era algo más que un aviso. Ante él hubo solo dos respuestas. Una fue la patética cruzada predicada y liderada personalmente por el papa Pío II (1458-1464) el último año de su vida, 1464. Nadie le quiso acompañar, aunque, eso sí, pudo financiarla gracias al oportuno descubrimiento en sus propios Estados, los pontificios, de unas minas de alumbre, competitivas de las turcas. Es una ironía de la Historia que este papa, Eneas Silvio Piccolomini, de formación moderna y humanista, fuera el protagonista de la última gran cruzada pontificia, al menos de la última que un papa en persona tuvo la intención de liderar. Murió de camino, en Ancona, antes de poder hacerlo, y sin ser realmente consciente de la situación: sus colaboradores quisieron ahorrar al papa agonizante el disgusto de saberse abandonado prácticamente por todos.

La segunda respuesta la dio la España dinásticamente unificada de los *Reyes Católicos*. No fue por tanto ni inmediata ni directa, pero sus resultados no dejaron de ser efectivos. Y es que la guerra de Granada, último episodio cruzado con el que concluye la ofensiva peninsular contra el islam bajo el paraguas legitimador de la "reconquista", es preciso entenderla –así al menos la presentaron los monarcas– como una réplica a la expansión turca por el Mediterráneo. No es una casualidad que el mismo año de 1480, el de las Cortes de Toledo en buena medida constituyentes del proyecto político de los *Reyes Católicos*, y en las que se bendijeron los estandartes que habrían de participar en la contienda granadina, fuera también el de la gran ofensiva turca sobre Rodas y el del amenazador desembarco otomano en Otranto, al sur de Italia. La defensa de la cristiandad, tarea de la futura monarquía católica, pasaba necesariamente por la destrucción de la Granada islámica, la más occidental de las referencias con las que contaban los infieles y, en expresión de Luis Suárez, la "válvula de seguridad para el estrecho de Gibraltar".

El pontificado también lo entendió así, y Sixto IV (1471-1484), además de conceder una bula de cruzada para la guerra granadina en 1479, acordaba tres años después con los monarcas españoles un auténtico reparto de papeles: mientras la Sede Apostólica se responsabilizaba del ataque contra los turcos, los *Reyes Católicos*, en lo que se consideraba como una acción combinada, se encargarían de poner fin al emirato nazarí. Naturalmente ello comportaba la concesión de una décima sobre las rentas eclesiásticas españolas, de la que el papa cobraría un porcentaje con destino al turco. Más adelante, los monarcas dejarían de compartir con el papa las rentas concedidas, pero no por ello fueron privados de sucesivas renovaciones de la bula y sus beneficios. Por lo demás, un inmenso crucifijo de plata regalado por Sixto IV se convirtió en estandarte de la cruzada granadina hasta su consumación en 1492.

❋

1453 y 1492 son dos fechas que tradicionalmente han venido siendo consideradas como los grandes goznes de acceso a la modernidad. Para nuestra particular historia, la de las cruzadas, suponen ciertamente hitos que ponen fin a una época, la época en que las cruzadas constituían esencia para el desarrollo político e ideológico de los pueblos de Occidente. Más adelante siguió habiendo cruzadas, pero nuestra actual perspectiva nos hace contemplarlas como perfectos anacronismos, y es que con la Edad Media desapareció el auténtico espíritu cruzado.

NOTAS BIBLIOGRÁFICAS

El tema de la crítica a las cruzadas sigue contando en el viejo estudio de P.A. Throop, *Criticism of the Crusade. A Study of Public Opinion and Crusade Propaganda,* Amsterdam: N. V. Swets & Zeitlinger, 1940, con una útil fuente de información. Más actual es el trabajo de E. Siberry, *Criticism of Crusading, 1095-1274,* Oxford: Clarendon Press, 1985. La dialéctica cruzada-misión fue tratada ya en una obra de referencia: B.Z. Kedar, *Crusade and Mission. European Approaches toward the Muslims*, Princeton University Press, 1988. Centrado en el aspecto concreto de las órdenes militares, contamos con el trabajo de H. Nicholson, *Templars, Hospitallers and Teutonic Knigths. Images of the Military Orders, 1128-1291,* Leicester University Press, 1993. Una breve síntesis sobre el tema puede verse en C. de Ayala Martínez,

"Iglesia y violencia en torno a la idea de cruzada (siglo XII)", *Hispania Sacra,* 49 (1997), pp. 349-361, y un repaso sistemático y bastante más reciente en un libro de obligada consulta: M. AURELL, *Des chrétiens contre les croisades (XIIᵉ-XIIIᵉ siècle),* Fayard, 2013.

El gran libro-manual sobre las cruzadas de la última época es el de N. HOUSLEY, *The Later Crusades. From Lyons to Alcazar, 1274-1580,* Oxford University Press, 1992. El mismo autor había publicado diez años antes *The Italian Crusades. The Papal-Angevin Alliance and the Crusades against Christian Lay Powers, 1254-1343*, Oxford: Clarendon Press, 1982. Los antecedentes de las "cruzadas políticas" contra los cristianos también los analizó el mismo autor en su trabajo "Crusades Against Christians: Their Origins and Early Development, c.1000-1216", en P.W. Edbury (ed.), *Crusade and Settlement,* Cardiff, 1985, pp. 17-36. Otros autores de referencia para estas postreras cruzadas: S. SCHEIN, *Fideles Crucis. The Papacy, the West, and the Recovery of the Holy Land, 1274-1314*, Oxford: Clarendon Press, 1991, y A. LEOPOLD, *How to Recover the Holy Land. The Crusade Proposals of the Late Thirteenth and Early Fourteenth Centuries*, Asghate, 2000. Es preciso consultar también la importante serie de *Les Croisades Tardives* publicada por las *Presses universitaires du Midi* en su colección *Méridiennes*: J. PAVIOT (dir.), *Les Projets de croisade. Géostratégie et diplomatie européenne du XIVᵉ au XVIIᵉ siècle* (1214, en línea desde 1220); M. NEJEDLÝ et J. SVÁTEK (dir.), *La noblesse et la croisade à la fin du Moyen Âge. France, Bourgogne, Bohême* (2015, en línea desde 2020); M. NEJEDLÝ et J. SVÁTEK (dir.), *Histoires et mémoires des croisades à la fin du Moyen Âge* (2015, en línea desde 2020); y D. BALOUP et M. SÁNCHEZ MARTÍNEZ (dir.), *Partir en croisade à la fin du Moyen Âge. Financement et logistique* (2015, en línea desde 2020). Vid. asimismo L. CHOLLET, *Dernieres croisades. Le voyage chevaleresque en Occident à la fin du Moyen Âge*, Paris: Vendémiaire, 2021. Los últimos proyectos de cruzada y su relación con nuevos horizontes mercantiles y misionales es abordado por el sugerente libro de A. GARCÍA ESPADA, *Marco Polo y la Cruzada. Historia de la literatura de viajes a las Indias en el siglo XIV*, Madrid, 2009.

Una panorámica sistemática y clara sobre la formación y significado del Imperio turco de los otomanos lo constituye la primera parte de la síntesis de M.A. de Bunes Ibarra, *El Imperio Otomano (1451-1807)*, Madrid: Editorial Síntesis, 2015, a la que pueden añadirse igualmente los capítulos iniciales de F. Veiga, *El turco. Diez siglos a la puerta de Europa*, Barcelona: Debate, 2019. Las cruzadas concebidas por el pontificado contra la nueva potencia islámica en B. Weber, *Lutter contre les Turcs. Les formes nouvelles de la croisade pontificale au XVe siècle*, Roma: École française de Rome, 2013.

Sobre la política internacional de los Reyes Católicos y su objetivo de neutralización del Imperio otomano puede consultarse el trabajo de L. Suárez Fernández, "La política internacional durante la guerra de Granada", en M.A. Ladero (ed.), *La incorporación de Granada a la Corona de Castilla,* Granada, 1993, pp. 731-745. Del mismo autor, una narración detallada del desarrollo de la guerra de Granada en época de *Reyes Católicos,* con todas sus implicaciones internacionales y su dimensión cruzada, en: *Los Reyes Católicos. El tiempo de la guerra de Granada*, Madrid: Rialp, 1989. Vid. asimismo D. Baloup y R. González Arévalo (eds.), *Les Croisades Tardives. La guerra de Granada en su contexto internacional, Presses universitaires du Midi*, 2017, en línea desde 2020. Conviene tener también muy en cuenta los trabajos relativos a la conquista de Granada reunidos por R.G. Peinado Santaella en su *Guerra santa, cruzada y yihad en Andalucía y el reino de Granada (siglos XIII-XV)*, Granada: Universidad de Granada, 2022.

ESTE LIBRO SE TERMINÓ DE IMPRIMIR
EN EL MES DE MARZO DE 2024